Mémoires

Commissaire Broussard

Mémoires

avec la collaboration de son fils Philippe

PLON

ISBN : 2-259-02735-0.

A Isabelle et Raymond, mes parents.
A mon épouse et mes enfants.

Tout homme qui dirige, qui fait quelque chose, a contre lui
Ceux qui voudraient faire la même chose
Ceux qui font précisément le contraire, et surtout la grande armée des gens beaucoup plus sévères, qui ne font rien.

J. Clarétie

D'Aulnay-de-Saintonge à El Bayadh

Je n'ai jamais voulu être policier. Du moins jusqu'à vingt-deux ans. Avant cet âge, je ne me souviens pas d'avoir envisagé un destin de « flic ». Le terme, lui-même, m'était pour ainsi dire inconnu. Dans les Deux-Sèvres et en Charente-Maritime, les départements de mon enfance, on était à la rigueur garde champêtre ou gendarme, pas « flic ».

Ce mot évoquait Paris. Et Paris c'était loin : quatre cents kilomètres au nord-est, le bout du monde ! Une autre vie, surtout. Chez moi, au plus profond de la France rurale, il n'y avait pas de truands mais des voleurs de poules, pas d'inspecteurs mais des brigadiers à képi. La police, c'était pour les gens de la ville, les gens à soucis, là-haut, tout là-haut. Or j'étais un enfant de la terre et je voulais y prendre racine, dans cette terre, comme mon père et le père de mon père. Ni la capitale ni ses policiers ne m'attiraient et je n'avais pas pour héros des enquêteurs de légende, pas plus Sherlock Holmes qu'Hercule Poirot. Mes héros à moi, fils et petits-fils de cheminot, étaient des champions de muscles et de panache : Bobet, Cerdan, Prat, des coureurs cyclistes, des boxeurs, des rugbymen.

Aussi loin que je puisse me souvenir, c'est l'ébénisterie qui m'attirait. Travailler le bois, ciseler un meuble, sentir l'odeur du chêne ou du châtaignier... Cette vocation m'est venue à l'âge de huit ans alors que j'avais une admiration sans bornes pour un vieil ébéniste, le père Louis. Je passais des heures à l'observer dans le bric-à-brac de son atelier. Avec ses moustaches de poilu de « 14 », son regard malicieux, il était de ces gaillards qui comptent dans l'existence d'un gamin. Coiffé de son « bounet », aussi mince et robuste que ses planches, il avait des airs de Gepetto, le créateur de Pinocchio. Il parlait peu, c'était un sage.

A l'époque, fin 1943, nous habitions à l'écart de Bois-Renard, un hameau d'une cinquantaine d'habitants situé dans les Deux-Sèvres, en bordure de la Charente-Maritime. Comme mes deux sœurs, j'aimais cet endroit où la famille s'était installée après avoir vécu dans différentes bourgades de Charente-Maritime : le Maine-Allain, Saint-Bris-des-Bois, Pouzou...

Notre nouvelle maison n'avait que deux chambres et une petite cuisine mais elle suffisait à notre bonheur. Oh, ce n'était pas une simple maisonnette perdue au milieu des bois à champignons et à châtaignes : c'était une gare, « La Chapelle Pouilloux-Lorigné », une gare minuscule, mais une gare tout de même, blottie le long d'une ligne secondaire.

Mon père, issu d'une famille modeste, avait été ouvrier agricole dès l'âge de treize ans puis il avait intégré les Chemins de fer départementaux. Il posait des traverses et des rails sur des voies aujourd'hui désaffectées.

Ma mère n'avait pas connu ses parents. Ils l'avaient abandonnée, une nuit de janvier 1912, sur les marches du palais de justice de Saintes, alors qu'elle n'était qu'un nourrisson. Elevée par l'Assistance publique, elle avait par la suite été placée dans une famille d'accueil, des marchands de poissons qui sillonnaient la campagne avec une charrette à bras. Elle était rapidement devenue leur « Cosette », bonne à tout faire et souffre-douleur. Ses conditions de vie s'étaient améliorées quand elle avait obtenu une place d'employée de maison chez un médecin d'Aulnay-de-Saintonge.

A Bois-Renard, les locos à vapeur rythmaient nos journées. Mon père travaillait sur « la » voie, ma mère vendait les billets et agitait le drapeau de signalisation. Les passagers n'étaient pas nombreux, les trains non plus, deux ou trois par jour, et encore, pas tous les jours. Ces tortillards paresseux se traînaient de village en village et je les regardais passer comme on salue de vieux amis.

La région étant située en zone occupée, la guerre ne fit qu'accentuer nos difficultés matérielles et financières. Même si j'étais trop jeune pour tout comprendre, je garde de ces années des souvenirs très précis, des images que d'autres enfants de ma génération n'ont pas oubliées, eux non plus ; celles d'une existence de sacrifices et de restrictions, de vacances sans voyage, de Noël sans jouet, de repas sans viande. Malgré tout cela, nous étions heureux.

Ayant remarqué que mon père s'absentait souvent, en pleine nuit, pour rejoindre d'autres gars du coin, je finis par me convaincre qu'il y avait, dans ce jeu étrange, des bons et des méchants, des héros et des canailles. Mon père étant obligatoirement dans le camp des premiers nommés – puisque c'était mon père –, je décidai d'intégrer à mon tour l'armée des ombres, dans un « régiment » annexe, celui des culottes courtes, des mômes de France égarés entre leurs rêves d'aventure et les réalités du conflit. La résistance et ses mystères me fascinaient tant que je devins à huit ans, en 1944, une sorte d'artiste de la croix de Lorraine, symbole de la France libre et du gaullisme. J'étais continuellement à la recherche d'un morceau de plomb à fondre pour le transformer en croix, offertes aux copains dignes de confiance.

Quand sonna l'heure de la Libération, après les ultimes bombardements dans la poche de Royan, je ne me fis pas prier pour applaudir les prisonniers de retour au pays et chanter *La Marseillaise.* J'étais patriote, nous étions tous patriotes. N'ayant jamais connu d'autre région, je n'avais pourtant qu'une idée assez sommaire de ce qu'était ce pays hexagonal dont nous célébrions la libération. Mais comme les « bons » avaient gagné et les « méchants » perdu, la chute de l'histoire me comblait.

En 1947, la famille emménagea à Saint-Jean-d'Angély, en Charente-Maritime, à seize kilomètres d'Aulnay-de-Saintonge, le village où j'étais né onze ans plus tôt, le 24 avril 1936. Saint-Jean comptait environ dix mille habitants, des cafés, des restaurants et même une foire, le troisième samedi du mois. Une vraie métropole, comparée à Bois-Renard ! Mon père travaillait désormais dans les bureaux de la Compagnie et ma mère restait à la maison. Elle gagnait trois sous en confectionnant des fleurs artificielles pour les couronnes mortuaires.

A la communale puis au collège, j'étais ce qu'il est convenu d'appeler un « bon-élève-peut-mieux-faire ». Pour « mieux faire », il aurait peut-être fallu renoncer à mes loisirs préférés, le sport et le clairon, mais c'était inimaginable. Je m'étais pris de passion pour le football et surtout pour le rugby, un sport qui allait d'ailleurs jouer un rôle déterminant dans ma vie, une dizaine d'années plus tard.

Quand je ne m'activais pas devant les buts ou dans les mêlées, je soufflais dans un clairon au « Réveil angérien », la fanfare locale. On faisait appel à moi pour interpréter les sonneries « Au drapeau », « Aux morts »... lors des cérémonies d'anciens combattants. A quatorze ans, je fus même désigné, avec mon copain Jacques, pour jouer devant le général de Gaulle à l'occasion d'une commémoration au monument aux morts de la ville.

Je passais parfois mes vacances chez l'un de mes oncles, cultivateur à Coudiou, un hameau situé entre Aulnay et Saint-Jean. J'adorais la campagne, ses coutumes, ses gens. Le remembrement excessif et le machinisme n'avaient pas encore transformé le paysage ni modifié les rapports humains. La moisson, le battage du grain, les vendanges étaient autant de fêtes. Je crois que je savais tout faire ou presque : atteler les bœufs, labourer, faucher, couper et fendre le bois... Un vrai paysan.

Mais il était temps de penser à mon avenir, de trouver ma voie. Mes projets d'ébéniste n'avaient pas survécu au départ de Bois-Renard. Sans grande conviction, j'envisageais plusieurs pistes, y compris l'enseignement. Après tout, puisque le lycée me réussissait assez bien, pourquoi ne pas devenir instituteur dans un village ?

Je ne songeais pas encore à la police ; pas plus qu'à la gendarmerie. J'appréciais malgré tout – et c'était peut-être un signe – mes séjours chez un autre oncle, Georges, garde champêtre à Aulnay. Et quel garde champêtre ! Un grognard du terroir comme on n'en voit plus que dans les films en noir et blanc. Aussi large que haut, la bedaine généreuse, le képi sur la tête, la pipe à la bouche, les mains croisées dans le bas du dos, vêtu d'un gilet orné d'une montre à gousset, il arborait sa plaque « la Loi » épinglée sur la poitrine. Car « la Loi », à Aulnay, c'était lui, le Georges ! Il allait à pied ou à vélo, chez les uns, chez les autres, levant le coude plus souvent qu'à son tour, toujours prêt à rire ou à rouspéter, à boire ou à manger. Je le suivais partout, jusque dans les petits abattoirs où il vérifiait la qualité de la viande. Chaque soir nous grimpions dans le donjon, sur la place du château, pour remonter la grosse horloge. Arrivé là-haut, « champêtre » regardait l'heure sur sa montre, reprenait son souffle, tirait sur sa pipe, pestait contre la mécanique défaillante et repartait en marmonnant des jurons en patois : « tarze a queurva o beurdasse ! », « fi de garce ou queune ! »...

Ces vacances-là ne s'oublient pas.

Mon échec au bac, en 1954, précipita mon entrée dans la vie active. Pour avoir complètement raté l'épreuve d'anglais – une langue qui ne m'a jamais réussi – j'avais été recalé. Un redoublement était impensable car la Compagnie de chemins de fer, victime du modernisme et de l'automobile, avait fermé ses portes, laissant mon père au chômage. Il devait rester plusieurs mois sans emploi avant d'être embauché comme ouvrier dans une usine de contre-plaqué. Même s'ils ne firent jamais la moindre remarque à ce sujet, je savais que je ne pouvais demeurer plus longtemps à la charge de mes parents.

Je renonçai à poursuivre mes études et signai un engagement à l'école des sous-officiers de Saint-Maixent dans les Deux-Sèvres, en espérant que cette orientation faciliterait, plus tard, une carrière dans la gendarmerie. Après avoir bien réfléchi, je voulais en effet être gendarme, cela me permettrait de garder un lien avec la vie rurale et de servir la collectivité. Ce choix, qui n'avait rien du coup de foudre, résultait peut-être, aussi, de mes séjours chez l'oncle « champêtre » et de mes contacts épisodiques avec le monde des anciens combattants.

Mon père ne s'opposa pas à cette décision. Nous nous entendions très bien. C'était un homme de caractère, un paternel à l'ancienne. Il éprouvait une grande admiration pour le général de Gaulle mais il était communiste. Un communiste des heures de lutte, électeur du Parti, syndiqué à la CGT, qui ne renonça jamais à défendre ses idées. Il m'arrivait d'être en désaccord avec lui, les repas de famille donnaient alors lieu à des discussions assez vives. Je respectais néanmoins ses convictions comme je respecte celles des « vrais » hommes de gauche, têtus mais sincères.

Avant de songer à une carrière de gendarme, je devais être soldat, à l'école des sous-officiers de Saint-Maixent. Au terme d'un stage très éprouvant physiquement, j'obtins mes premiers galons : caporal, caporal chef, sergent. Il régnait une excellente ambiance au sein de notre section. Nous formions un groupe de copains, décidés à poursuivre ensemble cette expérience militaire. Aussi, en 1955, lorsque le commandement nous proposa le choix des affectations, nous optâmes comme un seul homme pour les chasseurs alpins de Bourg-Saint-Maurice. « Momo », l'unique Antillais de la bande, rêvait de voir la neige et nous ne voulions pas le priver de ce plaisir !

Notre séjour dans les Alpes dura quatre mois, le temps d'apprendre à crapahuter et à skier. Nous savions cependant qu'il faudrait tôt ou tard rejoindre l'Afrique du Nord.

Au début de l'année 1956, on nous conduisit à Marseille, au

camp Sainte-Marthe. Cette fois, la guerre n'était plus un parcours du combattant, comme à Saint-Maixent, ni une descente à ski, comme dans les Alpes. Elle était là, et bien là, dans les regards de ces milliers d'appelés, rappelés ou militaires de carrière qui ignoraient ce qu'ils découvriraient de l'autre côté de la Méditerranée. Comme tous les autres, j'appréhendais ce brusque passage de la théorie à la pratique, je craignais de ne jamais revenir.

Le Maroc était sur la voie de l'indépendance mais une extrême confusion régnait tout de même dans certaines régions. Le rôle des soldats venus de métropole se limitait essentiellement à la protection des ressortissants et des intérêts français. La situation était plus préoccupante en Algérie où les morts, européens et musulmans, se comptaient par milliers.

La joyeuse bande de Saint-Maixent se disloqua à Marseille. Les uns partirent pour l'Algérie ; certains n'en revinrent pas. Les autres pour le Maroc ; ce fut mon cas. Seuls René (un Charentais), Guy (un Stéphanois) et mon ami « Momo » m'accompagnèrent dans les cales nauséabondes de l'*Athos II*, un cargo affecté au transport de troupes et de matériel. A Casablanca, on nous fit monter dans un train de nuit vers une destination gardée secrète pour des raisons de sécurité. Ce voyage nocturne, dans des wagons à bestiaux, allongés sur la paille, ne fit qu'accroître notre appréhension.

Au petit matin, le train s'arrêta en gare de Marrakech.

Je fus affecté à la surveillance de la morgue où étaient conduits les cadavres découverts dans les rues et sur les terrains vagues ! Cette macabre mission, dans une ville en proie à une violence sporadique, me valut d'assister à une scène rocambolesque. Une nuit « Zouzou le Chouan », un bidasse d'origine vendéenne, vint me voir, tout affolé :

– Sergent, venez vite, il y a un mort qui cogne à la porte !

Le Chouan étant clown dans le civil, je souris de son canular. Il disait pourtant vrai : un vieillard, transporté un peu plus tôt dans la chambre froide, avait recouvré toute sa vigueur et se demandait ce qu'il pouvait bien faire parmi les cadavres !

En mars 1956, notre bataillon de chasseurs à pied, le 16e BCP, prit position dans le Rif, non loin de la frontière algérienne. Cette région montagneuse avait été le théâtre, quatre mois auparavant, d'un drame que tous les soldats du bataillon gardaient en mémoire. A Tizi Ouzli, dix-neuf appelés et rappelés du contingent avaient été tués dans une embuscade contre une ambulance et son escorte. Comme quoi toutes les atrocités commises en « AFN » ne furent pas le fait d'un seul camp...

Le royaume chérifien ayant obtenu son indépendance le 2 mars 1956, le conflit marocain était terminé. Les troupes françaises devaient néanmoins demeurer sur place car le pays redoutait des actes de violence isolés, de la part de « bandes incontrôlées » – c'était le terme officiel –, composées d'irréductibles qui n'acceptaient pas la souveraineté du roi. Ces accrochages étaient d'une gravité limitée. Seules nos conditions de vie étaient vraiment pénibles ; des mois sous la tente, dans les djebels, à manger des boîtes de ration.

De temps à autre, je rentrais en métropole, notamment pour essayer de gagner quelques rangs dans la hiérarchie militaire. La réussite à plusieurs examens et concours me permit ainsi d'obtenir mes galons d'officier à l'issue d'un nouveau stage à Saint-Maixent, entre mai et octobre 1957. Puis ce fut l'affectation au 30ᵉ BCP, basé au Maroc, le long de la frontière algérienne. A vingt et un ans, j'étais, je pense, l'un des plus jeunes sous-lieutenants d'AFN.

Après trois mois dans le Rif et un stage d'instructeur-commando, l'état-major me fit descendre avec le 30ᵉ BCP dans le Sud marocain. La situation y était assez agitée, en particulier dans la région d'Ifni, une possession espagnole revendiquée par le Maroc. Entre l'armée française, l'armée royale marocaine, l'armée espagnole et les « incontrôlés » il y avait foule entre les dunes !

Dans ce secteur de sable et de rocaille, notre rôle consistait essentiellement à être... présents. Ce qui n'empêchait pas la presse parisienne de dramatiser la situation en parlant de « combats sanglants » alors que les coups de feu étaient rares.

Le repérage des « incontrôlés » n'était pas pour autant une opération de tout repos. Je connus ainsi une belle frayeur à bord d'un petit avion de reconnaissance. Nous étions partis à deux, le pilote et moi, en mission d'observation. Au bout d'une demi-heure de vol, le moteur commença à crachoter. Le pilote fut contraint d'atterrir en catastrophe sur une langue de sable, au fond d'un oued. La nuit allait tomber. Nous savions, pour les avoir vus avant la panne, que des rebelles vadrouillaient dans les parages. Après avoir lancé un ultime appel radio, nous trouvâmes refuge derrière les rochers qui surplombaient l'oued. Il fallut attendre deux jours avant qu'un détachement vienne nous secourir, contusionnés, frigorifiés, à bout de forces mais vivants. Nous avions toujours gardé le moral. Je compris ce jour-là qu'en certaines circonstances, l'instinct de survie fait oublier bien des souffrances physiques et morales.

Sur le plan politique, ce séjour au Maroc me conforta dans l'idée que la France se montrait ingrate à l'égard des Nord-Africains qui s'étaient battus pour elle et désiraient rester français. Je me souviens à ce propos d'une émouvante cérémonie au cours de laquelle, en tant que chef de poste, je dus descendre pour la dernière fois le drapeau tricolore qui flottait sur Ouarzazate.

J'avais invité les anciens combattants de la région, devinant que tous ces tirailleurs, goumiers, zouaves et autres spahis des armées d'antan seraient sensibles à ce geste. Je m'attendais à accueillir une poignée de vieux messieurs. Or ils furent plusieurs centaines à se présenter, certains en guenilles, venus à pied, à dos d'âne ou de chameau, des villages les plus reculés. Ils portaient fièrement leurs médailles, épinglées sur des vêtements élimés, ils pleuraient en saluant le drapeau. L'un d'eux mourut d'émotion.

A la fin de l'année 1958, notre bataillon quitta le Maroc pour l'Algérie et le Sud oranais, plus exactement Géryville, devenue, depuis, El Bayadh. L'Algérie était encore française, nous devions faire en sorte qu'elle le restât.

Dans mon esprit, l'intervention militaire était justifiée. Oh, je n'avais pas l'âme d'un va-t-en-guerre ni celle d'un colonialiste borné. Simplement, comme la plupart des soldats de mon âge, j'étais persuadé que nous luttions pour une noble cause puisque la stabilité de la France était menacée par des mouvements minoritaires (ils l'étaient, du moins au début). Nous devions venir en aide aux milliers de Maghrébins qui avaient combattu sous notre drapeau, comme les anciens d'Ouarzazate. Cette vision de l'Histoire peut paraître naïve, quarante ans après les faits, mais elle était celle d'une majorité de jeunes envoyés en Algérie. Nous n'avions pas traversé la Méditerranée avec l'obsession de « casser du Bougnoule », comme le prétendaient quelques intellectuels parisiens, mais pour servir notre pays et secourir des compatriotes, pieds-noirs ou nord-africains.

A la tête de ma section, composée de trente-deux appelés, je participais à toutes sortes d'opérations : patrouilles, embuscades, escortes, ouvertures de routes... Pour la première fois, j'étais au cœur d'une véritable guerre. Les attentats, les fusillades, les actes de sabotage étaient fréquents, les rapports entre les communautés de plus en plus tendus.

Même si j'étais convaincu du bien-fondé de notre présence, l'évolution du conflit m'amenait, comme beaucoup d'autres, à nuancer mon analyse. Je m'interrogeais sur l'attitude de la France et de certains Français. Lorsque je rentrais en métropole, à l'occasion de rares permissions, j'avais le sentiment d'être parachuté en terrain ennemi. A Marseille, des chauffeurs de taxi refusaient de charger les soldats en provenance d'AFN. A Paris, des intellectuels signaient des pétitions outrageantes envers l'armée. Dans les bals de village, les provocateurs cherchaient la bagarre avec les permissionnaires. Il se trouvait toujours quelqu'un pour lancer : « Vous commencez à nous les casser avec votre guerre chez les melons, ça coûte cher au contribuable et vous vous faites descendre pour rien. Laissez-les se démerder entre eux ! »

J'estimais que, si la France voulait renoncer à l'Algérie, elle devait l'annoncer clairement et cesser d'envoyer une partie de sa jeunesse au « casse-pipe ». Dans le cas contraire, elle nous devait un soutien total.

A cette époque, ma section tenait un poste dans le Sud algérien. Six tentes plantées entre des buttes de terre, à l'abri du vent et des tireurs adverses. Nous devions contrôler le secteur et surveiller la piste tracée dans un paysage désertique. Isolés, loin de tout, nous trouvions souvent le temps long. Notre seule distraction ? Le tiercé du dimanche avec nos trois bourricots !

Nous ne mangions que des rations. Sauf le soir de Noël 1958, car ce jour-là, les braconniers de la section avaient piégé des perdrix du désert, que l'on fit griller à la braise de racines séchées. Tout le monde se réunit autour d'un arbuste décoré avec des bouts de papier et des boîtes de conserve vides. Ce repas de fête fut troublé par quelques coups de feu, histoire de nous rappeler à la vigilance. Je garde le souvenir d'une soirée gaie et triste à la fois. Un Noël de guerre.

La section fut relevée après un grave accident de la circulation, au retour d'une mission à Géryville, où nous étions partis chercher du ravitaillement.

Notre convoi, constitué de véhicules civils et militaires, progressait avec prudence sur les pistes de montagne. Quelques jours auparavant, un convoi du même type était tombé dans une embuscade et une dizaine de soldats avaient été tués.

Au détour d'un virage, le camion dans lequel je me trouvais fit une embardée, bascula sur le flanc et s'immobilisa au bord d'un précipice. Ejecté, je dégringolai dans le ravin. Souffrant de diverses contusions, je fus aussitôt évacué vers un hôpital, où j'allais passer près de deux semaines, sans jamais pouvoir effacer l'image obsédante des deux passagers morts à mes côtés.

Peu après ce drame, les autorités me proposèrent de prendre le commandement d'une unité d'intervention dont le responsable venait d'être tué. J'acceptai sans hésiter, autant par respect pour mon prédécesseur que pour oublier l'accident.

Mon commando, compétent sur l'ensemble du district, avait un effectif de soixante soldats dont trente harkis. J'ai toujours éprouvé une sincère admiration pour ces hommes qui avaient fait un choix courageux, celui de la France. Malheureusement, notre pays n'a pas toujours été à la hauteur de leur fidélité.

En cas de coup dur, nous pouvions compter sur le renfort d'une section de première intervention composée de légionnaires du 2e régiment étranger d'infanterie. Notre mission consistait en priorité à secourir les postes isolés, attaqués par les fellagha, mais il nous arrivait aussi de dénicher des caches d'armes, d'intercepter des agents du FLN, des collecteurs de fonds du mouvement.

Ce commandement de plusieurs mois allait s'avérer bénéfique pour la suite de ma vie professionnelle. La rigueur dans la préparation des opérations, le sens des responsabilités, la connaissance des hommes, leurs réactions devant l'imprévu, leur solidarité dans l'adversité... De même, j'ai pu vérifier sur le terrain que le courage physique est un don qui se révèle seulement le moment venu. Avant d'être confronté au danger, on ne sait pas.

Je ne pouvais rêver meilleure école que cette équipe d'hommes, issus de tous les milieux sociaux. Certains étaient plus âgés que moi, comme mon adjoint, l'adjudant Andréas, surnommé le « Grec ». Avec sa barbe bien taillée, sa carrure de lutteur et ses quinze ans de légion, il en imposait. J'appréciais sa manière de diriger, sans excès d'autoritarisme, en tenant le plus grand compte de la personnalité de chacun. Il savait évaluer les capacités des uns et des autres. J'eus d'ailleurs droit, moi-même, à un test, peu après mon arrivée.

A la tombée de la nuit, des coups de feu venaient d'être tirés contre un poste de garde. Accompagné de dix hommes, dont le « Grec », j'inspectais les abords du camp. A en croire Andréas, les éclaireurs avaient repéré quelqu'un derrière un rocher. Progressant par petits bonds successifs, je parvins à l'endroit signalé. En fait, il n'y avait personne. Le « Grec » avait juste voulu voir si j'étais prêt à prendre les mêmes risques que les hommes placés sous mes ordres.

C'était une leçon à retenir : l'autorité ne s'impose pas, elle se mérite.

Une nuit de février 1959, on nous signala qu'une compagnie implantée en bordure de la médina de Géryville faisait l'objet d'une attaque. Une fois sur place, mon commando réussit à pénétrer dans les bâtiments qui faisaient office de caserne. Les soldats se tenaient à leur poste de combat, à l'exception du commandant de la compagnie, que je découvris planqué dans un réduit, dégoulinant de sueur, tremblant de tous ses membres. Je fus d'abord écœuré, choqué qu'un officier abandonne ses troupes, puis le dégoût devint pitié. Ce capitaine n'était qu'un pauvre type, diminué par de multiples blessures, traumatisé par un long séjour dans un camp viêt-minh. Le commandement, jamais à court de mauvaises idées, l'avait sorti d'un bureau de recrutement pour qu'il termine sa carrière en Algérie.

Quelques semaines plus tard, le capitaine en question reçut tout de même la Valeur militaire. A l'issue de la cérémonie le colonel apprit la vérité sur le comportement de cet officier et me reprocha de n'avoir rien dit. Il s'engageait malgré tout à me décorer « la prochaine fois »... Tout cela n'était pas très sérieux et ne fit qu'accentuer mon désir de ne pas renouveler mon contrat à la fin du mois de mars 1959.

Depuis l'embarquement sur l'*Athos II*, à Marseille, ma vision du conflit avait changé. J'avais compris que l'Algérie deviendrait tôt ou tard indépendante, comme le Maroc et la Tunisie. Au-delà de ce constat, j'éprouvais une sensation de malaise. La confusion qui régnait dans l'armée n'était pas faite pour rassurer le jeune officier que j'étais. Entre une partie du commandement, fidèle à Paris, et une autre, séduite par les appels de l'Organisation de l'armée secrète (OAS), je ne savais que penser. Je n'acceptais pas que des officiers, parmi les plus brillants, puissent choisir le terrorisme et la dissidence. N'étant pas un homme de l'ombre et des coups bas, détestant autant la lâcheté que la traîtrise, j'avais décidé de renoncer avant que la situation ne devienne franchement invivable. Je me sentais l'âme d'un baroudeur, pas celle d'un soldat perdu.

Le 31 mars 1959, le départ de Géryville pour la métropole fut pénible. J'éprouvais des sentiments contradictoires, la joie de retrouver les miens, mais aussi l'impression de déserter. Les visages des disparus se superposaient à d'autres, encore vivants, en un troublant chassé-croisé de vie et de mort.

Je comprenais la douleur des pieds-noirs contraints de quitter la terre de leurs ancêtres. Je devinais le sentiment d'abandon ressenti par des centaines de milliers de Français musulmans. Comme eux, j'avais cru, à tort, que l'Algérie pouvait rester française en toute fraternité avec les Algériens. Mes supérieurs me l'avaient dit, je l'avais répété à mes hommes. Que la France accorde son indépendance à l'Algérie était pourtant, avec le recul, une décision logique. On ne peut résister aux volontés profondes d'un peuple (le FLN avait de plus en plus de partisans), à une évolution historique inéluctable. Seulement, il aurait fallu s'y résoudre plus tôt, adopter une attitude plus claire, trouver une issue moins dramatique, pour les uns comme pour les autres.

J'ai passé quatre ans de ma vie dans l'armée, dont trois en Afrique du Nord. Je ne regrette rien. Comme beaucoup d'anciens d'AFN, j'ai souffert des commentaires, souvent partiaux et scandaleux, qui ont donné de la France et de son armée une image caricaturale, au risque de salir la mémoire de nos morts.

Que dire, par exemple, des pseudo-penseurs, prêts à voir dans cette guerre une « croisade » de colons racistes, eux qui n'avaient jamais mis les pieds dans ces régions ni côtoyé la population locale, d'origine européenne ou algérienne ? Je ne nie pas l'existence de pratiques révoltantes de la part d'une minorité de soldats mais elles n'ont pas été aussi systématiques qu'on a voulu le faire croire à l'opinion publique avec des films et des écrits tendancieux, voire odieux. Le contingent français, bras armé d'intérêts qui le dépassaient, n'a pas eu le monopole de la cruauté : certains de ses adversaires se sont comportés comme des tortionnaires particulièrement abjects. Les anciens d'AFN, dans leur immense majorité, ont la conscience tranquille. Ils n'ont pas à avoir honte de dire : « J'y étais. » Je suis de ceux-là.

L'heure du retour avait donc sonné. Qu'allais-je faire ? Devenir gendarme, comme je l'avais prévu en m'engageant sous les drapeaux ? Non. J'avais changé d'avis. Peut-être, d'ailleurs, à cause de mes déceptions militaires. Mon objectif était désormais la police.

Ce métier, plus encore que celui de gendarme, correspondait à ma conception de la vie. Les années passant, je m'étais pris à rêver d'une existence riche en surprises, jalonnée d'obstacles imprévus, de rencontres multiples. J'en avais, je l'admets, une vision un peu idyllique : me lever chaque matin sans savoir de quoi la journée serait faite. D'un crime ? D'un hold-up ? D'une « planque » ? Fréquenter différents milieux sociaux, travailler en équipe, dans l'adversité... J'avais envie de « servir », au sens noble du terme, dans le respect des lois de la République. Tout cela peut paraître désuet, bien naïf, et même prétentieux, mais c'était l'idée que je me faisais de ce métier. Ni justicier ni redresseur de torts. Policier, simplement policier.

Dater de manière précise la révélation de cette « vocation » m'est impossible. Je n'ai pas le souvenir d'un déclic particulier, plutôt d'une lente évolution. Je crois cependant qu'un incident a contribué à ce glissement de la gendarmerie vers la police. C'était en 1958, en plein hiver, à l'occasion d'une permission en métropole.

Ce soir-là, avant de filer rejoindre ma famille à Saint-Jean-d'Angély, j'avais découvert Paris, du moins le Paris des pauvres : un hôtel minable du XIXe arrondissement ; un sandwich au bistrot du coin ; le canal Saint-Martin drapé dans le brouillard de février. J'avais rêvé d'une première rencontre plus joyeuse mais un jeune militaire ne pouvait décemment espérer programme plus réjouissant qu'un camembert-beurre et un décor de grisaille.

Dans l'attente de mon train, prévu le lendemain matin, ni ma solde ni mon baluchon ne m'ouvraient les portes du grand Paris, celui des boulevards ou des Champs-Elysées. Débarquer d'Afrique et porter le cheveu court n'offrait aucun avantage. Au contraire, il n'y avait pas meilleur moyen pour s'attirer des reproches...

J'étais accoudé au comptoir quand un gosse déboula en hurlant : « Papa... Papa... Papa se noie ! »

A l'endroit où le canal s'engouffre sous la place de Stalingrad, un homme se débattait. Ses bras moulinaient pour rejoindre la berge. Il n'avait même plus la force d'appeler à l'aide.

Je plongeai dans l'eau glacée pour le secourir.

Il s'agrippa à moi comme à une bouée de sauvetage, jusqu'au muret qui bordait le canal. D'une main, je maintenais sa tête hors de l'eau, de l'autre je me cramponnais à un anneau en fer scellé dans le béton. Sans cet anneau providentiel, j'aurais sans doute sombré avec lui.

Des pompiers et des gardiens de la paix nous sortirent de là. Une couverture sur le dos, grelottant de froid, j'étais assis à côté du noyé, un Algérien d'une trentaine d'années. Il tardait à recouvrer ses esprits. Je vis alors que ses pieds étaient attachés avec des cordelettes. Du sang dégoulinait de son poignet droit, profondément tailladé. Au commissariat, j'appris qu'il s'agissait d'un responsable du Mouvement national algérien (MNA), que des militants du FLN, l'organisation rivale, avaient voulu éliminer.

L'accueil que je reçus au poste ne fut pas des plus chaleureux, bien trop hostile, en tout cas, pour susciter des vocations. Là encore, la faute aux « événements », comme on disait à l'époque. La police parisienne payait un lourd tribut à cette guerre qui n'osait avouer son nom. Si certains gardiens approuvaient mon comportement, d'autres ne comprenaient pas qu'un soldat censé lutter contre les fellagha dans les djebels ait risqué sa vie en plongeant dans un canal pour sauver un « bicot ».

Leur réaction m'indignait. J'avais secouru cet homme sans savoir qui il était et je ne le regrettais pas. Heureusement, tous n'étaient pas du même avis. Je fis ainsi connaissance d'un vieux brigadier, brave homme et bon flic, qui avait apprécié mon attitude. Je lui confiai mon intention d'entrer dans la gendarmerie, la maison d'en face, ce qui sembla le contrarier. Il me fit promettre de lui rendre visite dès mon retour dans la capitale.

Le lendemain, je pris le train pour Saint-Jean. Je l'ignorais encore mais cet incident du canal Saint-Martin constituerait un événement essentiel dans ma vie : je venais de découvrir Paris et sa police.

Des djebels au Quai des Orfèvres

Cette fois, c'était décidé, je voulais être policier. Et policier à Paris, nulle part ailleurs. Dès lors, je devais quitter ma campagne charentaise, oublier le Mahgreb et « monter » en région parisienne, avec mes seules richesses de l'époque, à savoir une guitare et une vieille Dauphine, achetée avec mes économies de soldat.

J'avais vingt-trois ans. Je ne connaissais personne dans la capitale. Pas un cousin, pas un oncle, pas un copain. Cette solitude ne me préoccupait pas outre mesure. Si je parvenais à entrer dans la police, j'aurais bien, tôt ou tard, la possibilité de rencontrer du monde, de faire des connaissances.

N'ayant pas le bac, il me faudrait débuter au bas de l'échelle : commis de la Sûreté nationale, un emploi administratif! Mais, après tout, dans l'armée aussi, j'avais commencé deuxième classe pour finir lieutenant, moins de quatre ans plus tard. Suite à différents contretemps, je dus, en fait, patienter quelques mois supplémentaires et consulter les petites annonces pour trouver un emploi en attendant le poste de « commis ». C'est ainsi que j'allais troquer la tenue léopard des commandos d'AFN contre une blouse blanche d'employé, les immensités désertiques contre un atelier exigu.

Je fus engagé par une multinationale de l'informatique, pour modifier le mécanisme des caisses enregistreuses que les magasins nous confiaient en prévision du passage du franc « léger » au franc « lourd ». Nous étions cinq dans un local de trois mètres sur quatre. Ce boulot d'attente ne m'enthousiasmait pas vraiment mais je savais qu'il ne durerait qu'un temps. Une seule chose me dérangeait : l'arrivisme sournois d'un responsable commercial. Une vraie caricature de « petit chef » ! Pour ne plus avoir à le croiser dans les couloirs, j'acceptai une mission temporaire auprès du magasin le Bon Marché. Dans mon réduit du troisième sous-sol, loin de la frénésie des étages, je vis défiler toutes les caissières et leurs caisses enregistreuses !

Neuf semaines plus tard, je retrouvai mes collègues à l'agence. L'un d'eux, Roger, était devenu un copain. Le « petit chef », lui, n'avait pas changé. C'est le propre des cons... ces gens-là ne changent jamais, ils sont condamnés au surplace. Un soir, j'en vins même à l'expulser manu militari du bureau parce qu'il avait insulté un collègue, un vieil homme qui ne parvenait pas à suivre la cadence. Il n'osa pas donner suite à l'incident. En réalité, je me moquais d'être viré, j'avais l'esprit ailleurs : dans la police.

Enfin, « police » c'est vite dit, car je fis mon entrée dans la « grande maison » par la petite porte, presque un soupirail. Le 1er juillet 1960, je me présentai en effet au commissariat d'Argenteuil pour un poste de... commis stagiaire !

Ma première entrevue avec le commissaire, un pied-noir aux allures de boxeur, fut assez mouvementée. Il revenait d'une opération dans un quartier où des Algériens de différentes tendances s'étaient affrontés. Informé de mes antécédents militaires, il m'expliqua qu'une forme de guérilla faisait également rage en région parisienne. Tombant la veste, il sortit son revolver de son holster. A force de parler avec les mains, il laissa un coup de feu partir accidentellement. La balle traversa le plancher à mes pieds, puis un registre sur lequel un inspecteur travaillait à l'étage inférieur ! Voilà à peine un quart d'heure que j'étais dans la police – disons plutôt dans l'antichambre de la police – et j'étais déjà témoin d'une bavure ! J'eus alors droit à cette mémorable recommandation : « Vous voyez, Broussard, je vous ai montré ce qu'il ne faut jamais faire ; retirer son arme sans se tourner vers le mur ! »

Commis aux écritures stagiaire...

Je voulais de l'action, j'allais être servi ! Je devins l'homme à tout faire du commissariat. Enregistrer le courrier, classer les fiches, remplacer le standardiste, allumer le poêle à charbon... J'étais malgré tout satisfait dans la mesure où il régnait une bonne entente entre nous, en dépit des difficultés matérielles et de la tension due aux « événements ».

La vie parisienne me plaisait. J'avais trouvé mes marques. Grâce à ce travail, bien sûr, mais aussi grâce au rugby, le roi des sports d'équipe. Si je l'avais découvert dix ans plus tôt, à Saint-Jean-d'Angély, c'est à Paris que je compris tout ce qu'il pouvait offrir. Davantage qu'un sport, le rugby est une alchimie magique, une affaire d'émotion et de beauté, une école de la vie. D'autres sports passionnent, d'autres sports fascinent, aucun ne parvient à associer ainsi le muscle et l'esprit, la violence et le respect. Et la mêlée ! Quoi de plus beau qu'une mêlée ? Le médecin, le flic, le cheminot, l'enseignant, bras dessus bras dessous, têtes contre fesses, les oreilles en chou-fleur et l'œil poché. Des gros, des grands, des teigneux et des timides, prêts à se chamailler pour un ballon puis à se réconcilier devant un verre, lors de la « troisième mi-temps », la seule qui laisse vraiment des traces. Lutter dans les mauls, échapper aux plaquages, prendre une « pigne », cela vous forme des hommes taillés pour l'aventure et la générosité. J'ai rarement rencontré un rugbyman digne de ce nom qui soit vraiment mauvais bougre, « viril mais correct » comme disait Walter Spanghero de sa voix rocailleuse.

Je jouais à Puteaux, avec une bande de joyeux lurons. A leurs côtés, j'ai vécu des moments extraordinaires. Le club n'ayant pas les moyens d'aider financièrement ses joueurs, nous étions quatre, parfois plus, tous célibataires, à loger dans un pavillon de banlieue habité par deux adorables grands-mères. Rue Pilaudo, à Bécon-les-Bruyères.

Nous formions un sacré groupe de boute-en-train que les autres joueurs surnommaient le « club Pilaudo ». Il y avait là Gardrat, le talonneur, employé à la SNCF, discret mais toujours prêt à festoyer ; le Narbonnais Roselle, le pilier qui nous faisait rire avant même d'avoir raconté son histoire. Quant à Rougier, dit « la Callas », c'était le demi de mêlée et le chanteur de la troupe. Ce moustachu biterrois était mécanicien à la SNCF. Pour nous le rappeler, il faisait siffler sa loco lorsqu'il passait, aux aurores, sur les voies situées en contrebas de la rue Pilaudo. D'autres coéquipiers se joignaient souvent à nous : le Palois Cazalis, dit « Cazalis de Pau », prince incontesté de nos festivités ; le Vendéen Castet, prof de gym et trois-quarts aile ; ou encore Jean-Pierre, l'un de mes futurs beaux-frères. Je m'étais lié d'amitié également avec Claude Petit, l'entraîneur des juniors, un gaillard tout en rondeurs, aux bacchantes de flibustier.

Comme nous étions souvent fauchés, il nous arrivait d'effectuer des petits travaux au siège du club, L'Auberge landaise, à Puteaux ; en échange, bien sûr, de quelques repas, qui s'achevaient toujours par des chansons que la morale réprouve mais que la ripaille recommande. Le vendredi soir, nous fréquentions d'autres gargotes, l'une à la porte Brancion, une autre à Asnières. Là non plus, nous n'avions pas toujours les moyens de payer mais les patrons nous offraient le couvert. Avec de tels clients, l'ambiance était assurée.

Le club de Puteaux, parmi les plus solides de l'Ile-de-France, était une famille, au sens figuré comme au sens propre, puisque c'est grâce à lui que je fis connaissance de celle qui allait devenir mon épouse en juin 1962. Elle était l'une des trois filles du vice-président et la sœur de certains de mes coéquipiers. Pour tout dire, elle m'avait remarqué dans des circonstances peu glorieuses, après un beau KO, en sortant du terrain sur une civière... C'était la première fois qu'elle assistait à un match !

Le dimanche soir et le lundi midi, la table familiale de la rue Pasteur, à Boulogne-Billancourt, était ouverte aux sept ou huit célibataires du club. Escalopes, entrecôtes, cassoulet... Comme tous les autres, je manquais rarement ce rendez-vous de la gastronomie et de la joie de vivre, qui s'achevait par des histoires et des chants de rugby. Ma future belle-famille, des parents aux enfants, vivait pour le ballon ovale et ses troisièmes mi-temps. Quelques années plus tard, lors d'un match à Reims, nous devions nous retrouver à six frères et beaux-frères au sein de la même équipe, la plupart dans le « paquet » d'avants !

Au commissariat d'Argenteuil, je devais en principe me limiter à des tâches administratives. J'avais été recruté pour cela et non pour jouer les apprentis policiers. Certains inspecteurs ne comprenaient pas comment un ancien officier de l'armée française pouvait occuper un poste aussi peu actif. Ils m'invitaient alors à les accompagner discrètement. Juste pour observer, car je n'avais évidemment aucun pouvoir de police.

C'est d'ailleurs au cours d'une mission d'« observation », individuelle celle-là, que j'allais procéder à ma première arrestation.

Depuis plusieurs semaines, les commerçants de la rue principale d'Argenteuil se plaignaient des agissements d'un jeune homme de couleur dont l'identité demeurait inconnue. Chaque samedi après-midi, il s'amusait à foncer entre les étals en criant « je suis téléguidé, je suis téléguidé... cachez-vous ! ». Il ne volait rien mais causait pas mal de dégâts. Lorsque la police surgissait, il disparaissait et les agents repartaient sous les quolibets des passants.

Un samedi, je pars donc me promener, dans la rue en question. Fidèle au rendez-vous, celui que le quartier surnomme la « tornade noire » commence son slalom. En embuscade, j'attends le moment idéal pour l'intercepter. Ce sera l'un des plus beaux plaquages de ma carrière, à hauteur des hanches, un vrai « carton » comme on dit sur les terrains !

Appelés à la rescousse, les gardiens de la paix le conduisent au poste. C'est un petit bonhomme rigolard et plutôt sympa qui doit néanmoins avoir des moments d' « égarement ». Dans la cour du commissariat, le brigadier lui suggère de faire une démonstration de ses dons « surnaturels ». Le voilà qui slalome entre les arbres, coups de reins, changements de pied, avec une prodigieuse aisance. Il court ainsi jusqu'au moment où un tilleul en décide autrement. Le visage tuméfié, les arcades gonflées, il garde le sourire. Lorsque les enquêteurs de la « police des polices » viendront vérifier qu'il ne s'agit pas d'un passage à tabac, il confirmera qu'il s'est blessé tout seul, suite à une erreur de « téléguidage » !

Je suis resté onze mois à Argenteuil. Onze mois d'écritures, presque un an de tout et de rien, mais aussi une bonne approche du quotidien dans un commissariat de banlieue. Je côtoyais des gardiens en tenue, des inspecteurs de la Sûreté, ceux de la Police judiciaire ou des Renseignements généraux. Tous me racontaient leurs affaires, leurs difficultés, leurs satisfactions. J'écoutais, j'observais, j'enregistrais. Bien sûr, j'étais encore loin de mon but, à des années lumière des enquêtes et de l'action dont je rêvais depuis mon retour d'AFN. Je n'étais qu'un stagiaire zélé, parachuté dans un commissariat, mais c'était la meilleure manière d'aborder le métier, au contact des « flicards » de base. En prise directe avec la détresse ordinaire, ils sont le pouls de la police.

Je brûlais de prouver à la hiérarchie que je n'étais pas juste bon à noircir un registre ou à allumer un poêle à charbon. Le commissaire – celui qui avait failli me tuer en manipulant son arme – en avait conscience. Il m'encourageait à persévérer.

L'opportunité se présenta en 1961. La Préfecture de police de Paris, confrontée à une pénurie d'inspecteurs en raison de la situation en métropole et en Afrique du Nord, recruta, sur dossier, des « officiers de police adjoints contractuels ». Mon passé militaire ainsi que mon stage à Argenteuil me permirent d'être retenu. Le 2 mai 1961, je me présentai au siège de la première brigade territoriale (BT) [1], rue de la Faisanderie (XVIe). On me remit une carte tricolore, une arme, une paire de menottes...

J'avais vingt-cinq ans. J'étais policier.

La 1re BT, comme les onze autres brigades territoriales, travaillait sur un secteur géographique délimité, en l'occurrence le XVIe arrondissement et la proche banlieue ouest. Elle menait des enquêtes sur la moyenne délinquance et procédait à des arrestations en flagrant délit sur la voie publique. Mon intégration se fit sans problème si ce n'est que mes collègues, là encore, ne comprirent pas comment un ancien officier d'AFN avait pu transiter par les sous-sols du Bon Marché et les coulisses du commissariat d'Argenteuil ! Je les soupçonne même d'avoir cru que je traînais un passé inavouable ou une « casserole » encombrante...

Un inspecteur joua un rôle capital dans ma formation : Roger Stievenart, chef du groupe de voie publique. De vingt-six ans mon aîné, il fut, durant deux ans, un maître merveilleux auquel je dois énormément. Cet homme intelligent, d'une intégrité absolue, m'aida à assimiler les ficelles du métier. « Vous verrez, disait-il, le recours aux indics est un mal nécessaire, un apport essentiel dans beaucoup d'affaires. Mais attention ! la quête de la réussite est un jeu dangereux, parsemé d'embûches. On commence par un pot dans un bar, suivi d'une invitation à déjeuner, puis on en vient aux petits services que l'on se rend réciproquement et le policier imprudent perd l'équilibre, il glisse vers la compromission. Celui qui reste réglo dans ses rapports avec les indics obtient les meilleures informations car il est respecté. »

Je pus vérifier la justesse de ces conseils le jour où, ne disposant d'aucun inspecteur chevronné, le patron de la brigade me demanda d'aller dans une brasserie de la porte Maillot pour entendre une prostituée qui voulait nous donner un « tuyau ». Je rêvais secrètement de l'affaire du siècle et j'appréhendais cette première entrevue avec un – en l'occurrence une – indic.

C'était, comme l'on dit, une « femme d'expérience » qui avait déjà quelques années de métier derrière elle. Assise face à moi, elle commanda une bière. Le garçon nous servit, je réglai aussitôt l'addition, avec un billet de dix francs, je crois. La « belle de nuit » but son demi et repartit sans m'avoir fait la moindre confidence.

1. Les brigades territoriales sont devenues, depuis, des divisions de police judiciaire.

Un tantinet penaud, je m'en retournai au service sans savoir ce qui lui avait déplu dans mon comportement. Entre-temps, elle avait téléphoné au patron :

– Dites, la prochaine fois, vous éviterez de m'envoyer un jeune con !

Ce « jeune con », c'était moi, l'officier de police adjoint « contractuel » Robert Broussard. Madame avait interprété ma volonté de payer comme une marque de défiance ! En sortant si vite mon argent, j'avais mis en doute son « honnêteté » et pris maladroitement mes distances avec elle. M'inspirant des conseils de Stievenart, j'avais simplement voulu lui montrer que je restais maître de la situation. Je payais, je ne lui devais rien, tout était clair entre nous. Il faut croire qu'avec le temps elle apprécia cette attitude puisque, des semaines plus tard, elle me donna le nom de l'assassin d'un chauffeur de taxi...

Le groupe de voie publique comportait neuf inspecteurs. Trois anciens encadraient les plus jeunes, sans rivalité aucune entre Doudou le Breton, Michel le Corse, Etienne le don Juan, Bernard, Daniel et quelques autres.

Nous devions sillonner Paris par équipes de deux ou trois. L'école de la rue ! La meilleure de toutes, pour les flics comme pour les voyous. C'est bien là, sur le bitume, que s'apprend le métier, que se forgent les tempéraments, que s'acquièrent le flair et les réflexes. Il faut sentir l'embrouille, repérer le malfrat, « détroncher » le client, comme on dit en argot. Car le délit de sale gueule existe, qu'on le veuille ou non. Au-delà d'un simple visage, c'est une attitude, une manière de marcher, de s'habiller, d'être sur ses gardes. Un novice débarquant dans les quartiers chauds ne remarquera que des silhouettes anonymes, des camelots, des promeneurs, des commerçants, des ménagères. Le flic, lui, aura l'œil à tout, au toxicomane anxieux guettant son dealer ; au « julot » qui parade ; au pickpocket en action ; au cambrioleur en phase de préparation...

Tout policier de voie publique, spécialiste des vols à la tire, du trafic de stupéfiants ou d'autres types de délinquance, éprouve, à un moment ou à un autre, cette sensation gratifiante d'avoir enfin cerné l'univers de l'adversaire, ses rites, ses points faibles. Il est dans la situation du chasseur qui connaît les ruses du gibier.

Jour après jour, à force d'arpenter les boulevards et les stations de métro, de surveiller les bars et les grands magasins, je finis par être capable, comme mes collègues, de deviner la spécialité des suspects que nous prenions en « filoche » (filature). Cambrioleurs, proxénètes, voleurs à la tire, « roulottiers » (vols dans les voitures)... Nous en arrêtions plusieurs par semaine. Je ne pouvais espérer formation plus complète, nous étions au contact de la vraie vie, avec ses petits malheurs et ses grandes détresses. Chaque jour nous réservait une nouvelle surprise, des moments pénibles, des arrestations cocasses : un curé proxénète ; un célèbre artiste « casseur » d'appartements ; un commissaire détraqué sexuel ; un banquier « piqueur » de troncs d'église ; un instituteur braqueur de banques ; une femme qui obligeait son officier de mari à « tapiner » ; un père, un fils et un petit-fils dont les épouses légitimes faisaient le trottoir à Pigalle.

Il y eut aussi le cas d'un cambrioleur hors pair, un Arsène Lupin acrobate. Des bijoux, des chéquiers, de grosses sommes d'argent disparaissaient des luxueux appartements de l'avenue Foch ou de l'avenue Henri-Martin. Cet oiseau de nuit laissait des messages à ses victimes endormies : « Madame, vous êtes bien plus belle maquillée... », « Monsieur, il faudrait renouveler votre photo du permis de conduire, vous avez changé... », « La dernière fois, j'ai emporté par mégarde vos billets d'avion, je vous les rapporte mais vous comprendrez que je compense mes frais de déplacement... ». Plus d'une centaine de plaintes avaient été déposées.

Les soupçons se portèrent sur un laveur de carreaux si sympathique que les habitants du quartier se recommandaient ses services. Comme je devais le surveiller, un copain de rugby, Momo, m'avait prêté sa mobylette et je filais le suspect à longueur de journée. C'était un employé sérieux, sportif et végétarien, qui logeait dans une chambre de bonne, à proximité de la place de l'Etoile. Une nuit, il enfourcha son vélomoteur et s'arrêta dans la contre-allée de l'avenue Foch. Je le vis escalader à mains nues les sept étages d'un immeuble ! Ce monte-en-l'air d'une agilité stupéfiante pénétrait chez ses victimes par les fenêtres entrouvertes ! J'attendis son retour, les poches pleines, pour lui passer les menottes. L'enquête révéla qu'il disposait d'un compte en banque copieusement garni, d'un chalet dans les Alpes – pour l'entraînement ? – et d'un appartement sur la Côte d'Azur !

Les affaires se succédaient, parfois rocambolesques, comme l'interpellation d'un « julot » au cours d'une partie de pétanque, dans le bois de Boulogne.

Ce jour-là, nous étions trois inspecteurs à le surveiller alors qu'il venait de poster ses deux protégées dans une contre-allée voisine. Histoire de décompresser un moment, nous jouions à la pétanque avec des retraités qui ignoraient bien entendu notre profession. Mais l'un de nous dut s'absenter et le proxénète, qui assistait à la partie, proposa de le remplacer. La situation était pour le moins étonnante mais il fallait bien finir la partie ! Le problème, c'est que notre nouveau coéquipier, s'il était beau gosse, n'avait aucun don pour ce sport. Il ne plaçait pas une boule ! Mauvais perdant, mon collègue Michel lui passa soudain les menottes, sous le regard effaré des retraités :

– Alors toi, tu me fais vraiment trop chier : non seulement t'es julot mais en plus tu me fais perdre !

Nous étions des « accros » du « flag » (flagrant délit) mobilisés le jour, la nuit, souvent le samedi, parfois le dimanche. Lorsque nos enquêtes semblaient déboucher sur des braqueurs ou des perceurs de coffre chevronnés, nous transmettions nos renseignements aux brigades spécialisées du 36, quai des Orfèvres, le siège de la Police judiciaire parisienne. Il y avait notamment la Brigade de recherche et d'intervention (BRI), plus connue sous le nom d'antigang.

Le 36, c'était en quelque sorte le saint des saints. Nous en étions loin, nous, les soutiers de la PJ, cantonnés à fond de cale, dans notre brigade territoriale. Il n'empêche que cette vie-là me passionnait de plus en plus. Disons que j'adorais la nuit, les quartiers louches, les planques, les enquêtes, les arrestations. J'avais le sentiment d'être devenu un policier parisien à part entière. L'argot n'avait plus de secret pour moi. Quand il fallait « faire un crâne » (arrêter un truand), je n'oubliais jamais mon « calibre » et mes « pinces » (menottes), de peur de tomber sur un « casseur » (cambrioleur), prêt à « défourailler » (sortir son arme).

Un incident faillit pourtant refroidir mon enthousiasme et interrompre ma carrière.

Rue Saint-Denis, sur le trottoir le plus fréquenté de Paris, j'attendais un collègue lorsqu'un type m'apostropha :

– Oh, poulet, on se met à trois pour sauter un mec mais une fois seul, on longe les murs !

Il s'agissait d'un proxénète que nous avions interpellé quelques mois plus tôt. Entouré de prostituées et d'une escouade de badauds, il cherchait l'incident. Ses fanfaronnades provoquaient des réactions en chaîne, les insultes pleuvaient. La seule issue honorable était de lui proposer publiquement un rendez-vous afin de régler cela entre hommes parce que les policiers, comme les voyous, ne doivent jamais baisser les yeux s'ils veulent être respectés. J'admets que cela n'entre pas dans les fonctions d'un policier de la République mais l'hypothèse d'une « mise aux poings » sur terrain neutre me séduisait assez.

Deux ou trois jours plus tard, une nuit de samedi à dimanche, je quittai notre modeste studio du XIIIe arrondissement (une pièce, les toilettes sur le palier) en disant à ma femme que j'avais un rendez-vous important, une enquête à boucler. A 1 heure du matin, j'étais devant l'église Saint-Martin. Mon adversaire était seul, il était un peu plus âgé que moi et d'une corpulence comparable.

La bagarre fut équilibrée. Je rendis coup pour coup, l'abandonnant finalement en piteux état mais conscient. Je regagnai mon domicile, pas bien vaillant non plus. J'eus du mal à trouver le sommeil, j'avais fait une connerie, je le savais. Cette histoire pouvait me valoir les pires ennuis ; je les méritais.

Le lendemain, à la première heure, je décidai de me confesser à mon patron, le commissaire Martha. L'état-major de la PJ, au Quai des Orfèvres, était déjà au courant et l'Inspection générale des services (IGS), la « police des polices », s'apprêtait à étudier mon cas. Peu après mon départ, un car de police-secours avait, en effet, repéré le « julot » devant l'église. Malgré une double fracture de la mâchoire, il avait réussi à expliquer au brigadier qu'il s'était battu avec un flic qui l'avait arrêté dans le passé.

A 11 heures, le jour même, j'étais convoqué dans le bureau du directeur de la PJ, Max Fernet. Un homme intelligent et rusé, féru de rugby. Il n'avait pas son pareil pour peaufiner ses pièges avant de déstabiliser son interlocuteur.

– Alors, monsieur Broussard, racontez-moi votre nuit...

J'étais dans la situation du cancre face au vieil instituteur. Un gamin ! Autant jouer la carte de la franchise, tout raconter, de la rue Saint-Denis à l'église Saint-Martin.

Un long silence suivit ma confession. Puis Fernet, tirant des bouffées de sa pipe, prit enfin la parole, à mots comptés :

– Monsieur Broussard, il y a... deux aspects dans cette affaire... Je comprends le premier... pas le second... Vous m'avez habitué à beaucoup mieux... vous allez vous rendre à l'IGS... Je suis sûr que vous avez compris le sens de mes propos...

J'avais compris : s'il appréciait ma réaction d'homme, il désapprouvait mon comportement de policier. Je n'avais rien à ajouter, juste à me fendre d'un timide « oui monsieur le directeur » et à partir affronter les « bœuf-carottes », policiers ainsi surnommés car, dit-on, ils font mijoter leurs collègues pour mieux savourer leurs aveux... Mais l'IGS, qui avait probablement reçu des consignes d'indulgence, ne se montra pas plus sévère que le directeur. Je me sortis de ce guêpier avec une mise en garde solennelle et une gratitude éternelle envers ce patron compréhensif qu'était Max Fernet. J'y gagnai aussi le respect de certains voyous de la rue Saint-Denis. Mon adversaire aurait pu porter l'affaire en justice, inventer je ne sais quelle histoire, il ne l'avait pas fait, nous avions réglé cette affaire entre nous.

Je ne m'efforçais pas seulement de maîtriser les bases techniques du métier, je cherchais aussi à assimiler la mentalité du camp adverse. Une complète découverte pour le provincial que j'étais, car tous ces voyous n'étaient pas conformes à l'idée caricaturale que j'avais d'eux en montant à Paris.

D'abord, le milieu n'existait plus vraiment, il était entré dans une phase de mutation. Les bandits de la vieille école, avec leurs lois et usages, se faisaient rares et je n'avais pas tardé à constater que les images d'Epinal liées à la pègre n'avaient plus lieu de perdurer. Certes, il restait des bandes – et des caïds pour les diriger – mais la France n'était pas l'Italie, Paris n'était pas Chicago. Tout juste savait-on que les vrais de vrais n'appréciaient pas d'être assimilés aux escrocs, aux maîtres chanteurs, aux kidnappeurs, aux dévoyés, aux marginaux... A partir de là, toutes les interprétations devenaient envisageables et les frontières de ce fameux milieu se révélaient bien floues. Les truands de haut rang, s'ils persistaient à revendiquer leur différence, commençaient aussi à s'intégrer à la société, ce qui rendait la tâche des policiers de plus en plus délicate. Quant aux jeunes loups, ils passaient directement du vol de voiture au braquage, sans apprentissage.

J'eus confirmation de cette évolution après l'interpellation d'un truand à l'ancienne que nous pensions accrocher pour une affaire de recel. Rodé aux mésaventures judiciaires, il avait aisément esquivé l'obstacle mais j'eus par la suite l'occasion de discuter avec lui, lors d'une autre rencontre. Nostalgique, il me confia, dans la plus verte des langues :

– Dès qu'ils ont un peu d'oseille [1], les gars veulent vivre comme monsieur tout le monde. Tout pour la flambe et l'artiche ! Seulement, en voulant jouer les bourgeois et donner dans la finance, ils sont devenus individualistes. On oublie l'ami en cabane, la famille dans le besoin, le bavard qui attend sa fraîche. Bref, ils se ramollissent, ils se laissent corrompre, c'est un comble ! En s'écartant du milieu, ou de ce qu'il en reste, ils auront du mal à être invités sur un coup, à fourguer leur came, à trouver une planque, des armes, des faux fafs... Les jeunes sont comme ça, solitaires et non solidaires. L'esprit change. Ils refusent de payer pour leurs conneries, défouraillent pour un rien, prennent des otages. Avant, quand il y avait du rififi entre deux mecs ou deux équipes, il y avait un protocole à respecter : demande d'explication, appel à un arbitre ; en cas d'échec, règlement de comptes. C'était clair. Maintenant, il n'y a plus d'arbitre. Certains caïds ne sont que des gonzesses. Les vrais de vrais, tu les croises dans les coups durs et ceux-là, s'ils se retrouvent en taule, je t'assure qu'ils marchent la tête haute. On ne vient pas les faire chier. Une espèce en voie de disparition, pour sûr ! Crois-moi, un mec du milieu est à la fois sourd, aveugle et muet comme une carpe. Or les truands d'aujourd'hui sont prêts à balancer leur mère pour se tirer d'affaire. Ce n'est même plus la peine de leur mettre une tarte dans la gueule, ils racontent leur vie ! Vous autres, les lardus, vous n'avez pas grand mérite ! Bon, d'accord, je pousse un peu ; il reste de beaux lascars, des messieurs qui savent se conduire...

Tout n'était donc pas perdu ! La suite de ma carrière me prouverait d'ailleurs que des spécimens d'exception étaient encore en activité.

En attendant, des caïds d'un autre genre défiaient la police, ceux de la Sorbonne et de Nanterre, les révoltés de Mai 1968. Dans la capitale, presque tous les policiers étaient mobilisés. Chaque BT devait constituer une équipe de neuf inspecteurs en civil, dirigée par un chef de groupe. Tous les soirs, ces équipes se rassemblaient au Quai des Orfèvres puis s'éparpillaient dans Paris pour des opérations « zigzag ».

Nous devions repérer les meneurs qui exhortaient la foule à rejoindre le Quartier latin. On se débrouillait pour se glisser inco-

1. En argot : l'oseille, le grisbi, le carbure, la fraîche, l'artiche... signifient l'argent. Le bavard, c'est un avocat. Les faux fafs, les faux papiers...
Lire le dictionnaire de l'argot : « *Argotez... Argotez* », d'Auguste Le Breton (éditions Carrère).

gnito entre les spectateurs, apostropher l'orateur et provoquer des incidents sans gravité. Après quelques échauffourées entre les « pour » et les « contre », nous embarquions les véritables agitateurs au poste et nous partions « animer » d'autres débats... En un mot, c'était de la « provoc » pour détecter les plus déterminés. Il nous arrivait aussi de poursuivre des casseurs de banlieue qui profitaient des événements pour piller les magasins ou agresser des passants. Puis ce fut l'évacuation du théâtre de l'Odéon, de la Sorbonne, de la faculté de Nanterre...

Ces cavalcades paraissent aujourd'hui folkloriques. Tout compte fait, elles rappellent de bons souvenirs aux anciens des deux camps. Le temps et ses effets anesthésiants ne doivent cependant pas faire oublier la gravité de la situation. Mai 68 ne fut pas un aimable chahut de potaches. Il fallut malheureusement plusieurs mois pour que l'opinion publique mesure le rôle déterminant de la police et comprenne qu'un drame avait sans doute été évité de justesse (pas un seul mort, malgré la violence des affrontements).

Les étudiants de mai étaient à peine plus jeunes que moi mais j'avais le sentiment qu'un monde nous séparait. Je ne comprenais pas leur rébellion, je la percevais comme une guérilla de nantis en mal de sensations fortes. Avaient-ils vraiment des raisons de se plaindre, de lancer des pavés, de dresser des barricades ? Ils avaient pour la plupart de l'argent, des loisirs, la chance de suivre des études. J'étais d'une génération qui avait connu les privations en 1945, la guerre en Afrique du Nord, l'obligation de tracer sa route sans diplôme ni aide financière. A mes yeux, il y avait un côté « fils à papa » dans leur remise en cause du pouvoir établi. Au-delà de toute considération politique, leur rejet utopique de la société me choquait, je ne pouvais me reconnaître dans leurs leaders spirituels. J'éprouvais une profonde admiration pour le général de Gaulle et je ne me posais pas de questions. Bien que parisien depuis neuf ans, je restais très provincial dans mon respect des hommes et des institutions. Je le devais à mes parents. Ils m'avaient appris, ainsi qu'à mes deux sœurs, la valeur des choses, le prix du travail, le sens de la pudeur. J'admettais la contestation, mais uniquement lorsqu'elle visait à dénoncer une injustice flagrante, pas quand elle relevait du caprice de quelques privilégiés.

Après ce printemps mouvementé, la vie reprit son cours.

J'essayais d'instaurer un équilibre entre mon métier, de plus en plus envahissant, et ma famille. Avec ma femme et mes deux fils (Philippe, né en juin 1963, et Vincent, né en mars 1968), nous avions quitté notre studio du XIIIe pour emménager dans un appartement, à Fontenay-le-Fleury, dans les Yvelines. Je jouais toujours au rugby à Puteaux, le club de ma jeunesse et de ma belle-famille. Seulement, comme j'avais tendance à prendre du poids, je n'étais plus trois-quarts centre mais pilier, et si je courais moins vite, je poussais plus fort !

Sur le plan professionnel, j'avais pris une décision capitale. Après avoir réussi les concours d'inspecteur (1er juillet 1964) et d'officier de police judiciaire (22 janvier 1969), je souhaitais devenir commissaire.

Seul Robert Doué, mon équipier, était dans la confidence. L'idée de me présenter au concours m'était venue en sa compagnie, dans le quartier Saint-Paul. En discutant, il m'avait appris qu'un gradé avait profité de nos résultats sans avoir participé à l'enquête que nous venions de conclure.

Nous avions en effet arrêté deux cambrioleurs et récupéré les œuvres d'art qu'ils avaient volées à un couple de personnes âgées. Pour leur rendre service, nous avions rapporté le butin à leur domicile avec mon véhicule personnel. En guise de remerciement, ils nous avaient proposé un « pourboire », que nous avions évidemment refusé. Croyant bien faire, ils s'étaient par la suite rendus au siège du service pour remettre l'enveloppe à notre supérieur. Celui-ci n'avait pas eu nos scrupules : au passage, il avait gardé une partie de la somme et promis de nous remettre le reste, ce qu'il n'avait pas encore fait.

J'avais refusé cet argent une première fois et je l'aurais refusé de nouveau mais j'avais ressenti cette « récupération » comme une profonde injustice. Nous ne ménagions pas nos efforts, au détriment de notre vie familiale, et il en avait tiré profit, sans même nous en parler. En réaction à cette attitude, alors que je ne l'avais jamais envisagé auparavant, je décidai de tenter le concours de commissaire afin de ne plus dépendre de ce genre de chéfaillon.

J'allais potasser mon droit, enrichir ma culture générale, « bachoter » tous les jours pendant un an, de 4 heures à 8 heures du matin puis de 20 heures à minuit, en dehors de mon travail, en marge de mes activités d'inspecteur. Je voulais relever ce défi seul, sans aide ou facilité extérieure.

Reçu au concours d'entrée, je partis le 1er septembre 1969 pour une année de scolarité à l'Ecole nationale supérieure de police de Saint-Cyr-au-Mont-d'Or, dans la banlieue lyonnaise.

Au cours de la formation, François Le Mouël, patron et créateur de l'antigang, vint tenir une conférence sur sa brigade (BRI). Sous des allures plutôt réservées, ce Breton était un meneur d'hommes extraordinaire dont l'autorité et le professionnalisme étaient appréciés de tous. Un « monsieur ».

Je l'avais déjà rencontré, lors de trois ou quatre enquêtes de la BRI auxquelles j'avais apporté ma contribution d'inspecteur de brigade territoriale. Après sa conférence, il me prit à l'écart et me proposa de devenir son adjoint au terme de ma formation. Il me faudrait effectuer au préalable un stage d'un an dans différents services, comme l'exigeait l'administration pour tout jeune commissaire. Ensuite, je prendrais la succession de son adjoint, le commissaire Lucien Aimé-Blanc, pressenti pour diriger un autre service.

Cette proposition tombait du ciel, je n'osais y croire. Je n'avais jamais fait acte de candidature pour une unité du 36, quai des Orfèvres, et cet endroit me semblait inaccessible. Et voilà que le patron de l'une des brigades les plus célèbres m'appelait à ses côtés ! Il fallait toutefois sortir très bien classé du Saint-Cyr de la police, afin de choisir son affectation, en l'occurrence la Préfecture de police de Paris (PP).

En juillet 1970, j'obtins la deuxième place de la promotion sur soixante-cinq stagiaires. J'avais atteint mon objectif et j'allais devoir me laisser pousser un collier de barbe, comme je l'avais promis à mon entourage en cas de succès. Je l'ai toujours conservé depuis.

Le « 36 »

Le 36, quai des Orfèvres ! Au cœur de Paris, face à la Seine, dans l'île de la Cité. Notre-Dame à deux cents mètres, le palais de justice au coin de la rue. Une cour intérieure, un escalier mythique, cent quarante-huit marches que des générations de flics ont descendues quatre à quatre pour foncer à l'autre bout de la capitale. Le 36 ! Ses bureaux sous les toits, ses odeurs de tabac froid, ses murs sans âge, ses paliers, ses entresols, ses planchers qui craquent, ses linos usés. Quel policier n'a pas rêvé d'y débarquer au petit matin, avec un truand serré en flag ou un assassin cueilli au saut du lit, puis d'aller boire un crème à la brasserie voisine, le *Soleil d'Or* ? Le « 36 » ! Temple de la PJ parisienne depuis 1891, décor idéal de Jouvet à Simenon... Quel ancien n'éprouve pas, pour ce lieu, une affection nostalgique ? Comme un sportif adore son stade, un toubib son hôpital, un acteur son théâtre, nous, c'est le Quai des Orfèvres. Une maison de famille.

Les plus grandes brigades y avaient leur QG : la Criminelle, la « Mondaine » (proxénétisme et stupéfiants), la BRB (répression du banditisme) et la BRI, l'antigang de François Le Mouël. Autant de services prestigieux regroupés autour de l'état-major, sorte de tour de contrôle de la criminalité parisienne.

Cette partie policière de l'immense palais de justice de Paris était une ruche magnifique. Dans le dédale des couloirs, on croisait des flics de tous âges, de tous styles, costume-cravate à la Criminelle, jeans-blouson à la BRI. Nuit et jour, on y rencontrait des voyous, des témoins et des victimes de toutes conditions, des toxicomanes en manque, des travestis défraîchis, des cambrioleurs dépités, des maniaques sexuels, des chauffeurs de taxi agressés... Vécu de l'intérieur, ce désordre n'en était pas un, tout était parfaitement huilé, d'un étage à l'autre, avec un esprit « maison », une mentalité propre à la PJ parisienne.

On n'oublie pas le « 36 ». Ces locaux ont une âme, un vécu, leur histoire se confond avec celle du pays. Les policiers qui y sont passés me comprendront. Peut-être aussi les voyous, les vrais, ceux pour lesquels il vaut mieux échouer Quai des Orfèvres que dans un commissariat. Question de prestige, de réputation.

J'y suis entré officiellement au début de l'année 1971. Hormis une poignée d'inspecteurs, je ne connaissais presque personne. Après plusieurs mois de stages dans divers services de la PP, je fus affecté à la Criminelle, sous les ordres du commissaire Roger Poiblanc et de son adjoint, Jean Sautereau. Il m'était en effet impossible, comme je le souhaitais, d'intégrer directement l'antigang de Le Mouël. Celui-ci n'avait pas changé d'avis à mon égard mais des mutations imprévues dans les mouvements de personnel m'obligèrent à rejoindre la Crim plutôt que la Brigade de recherche et d'intervention (BRI).

Commencer ma carrière de commissaire au sein de la plus célèbre brigade du « 36 » était un privilège extraordinaire. Moi qui croyais maîtriser à peu près les techniques d'enquête, j'étais loin du compte. Je n'étais rien ou presque; rien qu'un inspecteur de BT qui avait obtenu ses galons de chef en plongeant dans ses bouquins. Sur le terrain, malgré mes dix ans d'ancienneté, il me restait beaucoup à apprendre. A commencer par l'art et la manière de conduire une enquête criminelle.

Les inspecteurs de la Crim méritaient leur réputation de seigneurs du « 36 ». Il fallait les voir, ces infatigables fouineurs, décortiquer les faits, vérifier les indices, examiner les pistes, analyser les éléments à charge et à décharge. De vrais chirurgiens, méticuleux, précis, qui archivaient toutes leurs trouvailles. Dans le bureau du patron, un coffre-fort protégeait les dossiers « lourds » des années de Gaulle (affaire de l'Observatoire, affaire Ben Barka, attentat du Petit-Clamart...).

Cette brigade était une fantastique école de rigueur. Pendant un an, j'allais participer à des enquêtes dignes des polars les plus exaltants, recevoir aussi de mémorables leçons comme dans l'affaire dite des « amants de Montreuil ».

Nous avions reconstitué le scénario du drame. Une femme jalouse avait enrôlé un tueur à gages pour abattre une rivale qui convoitait son amant. Mais le tueur avait complètement raté son coup : il avait tué l'amant et blessé légèrement la rivale ! Malgré de fortes présomptions, le suspect persistait à nier. Je l'interrogeais pourtant depuis près de quarante-huit heures avec l'inspecteur Riou.

A l'aube, découragé, je décidai de demander conseil à Roger Poiblanc, mon supérieur.

– Venez avec lui dans mon bureau, me dit-il gentiment, on va voir ça ensemble.

Le suspect prend place dans l'un des deux fauteuils. Je m'assois dans l'autre. Ah, ces fauteuils ! on s'y enfonce comme dans un édredon en plumes d'oie, jusqu'à se retrouver en situation d'infériorité, tant physique que psychologique. On comprend aussitôt que le patron aura toujours le dernier mot. Debout derrière son bureau en bois patiné, Poiblanc bourre sa pipe à gestes lents. La scène s'éternise, dans un silence absolu. Il passe derrière nous, allume enfin sa pipe. A chaque pas, le suspect se tasse davantage sur lui-même. Je n'ose prendre la parole mais je commence à m'inquiéter, presque à m'énerver. Le délai légal de garde à vue expire dans moins de trente minutes, nous ne pourrons bientôt plus « cuisiner » notre homme. Or je suis persuadé qu'il s'agit bien du tueur.

Poiblanc marche lentement en direction de la fenêtre, contemple la Seine, des volutes de fumée virevoltent autour de lui. Les mains dans les poches, il revient vers le suspect et prononce juste ces quatre mots : « Je ne comprends pas... »

Il repart vers le fond de son bureau, réfléchit un instant, et se retourne, réfléchit encore et parle : « J'ai vu votre dossier... je ne comprends pas... je ne comprends pas comment vous en êtes arrivé là ! » Et l'autre, soulagé de pouvoir enfin se libérer après un tel suspense, craque : « Monsieur le commissaire, je vais tout vous expliquer ! »

Sans doute était-ce cela, un grand flic. Poiblanc en imposait, derrière ses lunettes à verres fumés. De taille moyenne, plutôt mince, il n'avait pas besoin de gesticuler, de menacer, juste d'être lui-même, tout de sang-froid et d'autorité. Il s'exprimait calmement, sans impatience aucune. Je n'avais jamais rencontré un homme aussi soucieux du détail.

A cette époque, Roger Poiblanc et ses collègues du 36 – Bouvier, Ducret, Jobard, Chatelain, Le Mouël, Le Taillanter, Ottavioli... – étaient des têtes d'affiche dont les affaires passionnaient le public. La télévision n'avait pas encore supplanté la presse écrite et la radio. Des journaux comme *Le Parisien*, le *France-Soir* de Pierre Lazareff, les stations de radio telles que RTL ou Europe 1 accordaient une large place aux faits divers. Des journalistes traînaient en permanence Quai des Orfèvres ou au *Soleil d'Or*, dans l'espoir d'une « info », guettant les fenêtres allumées toute la nuit. Il y en avait toujours au moins une, derrière laquelle une enquête se dénouait ou s'enlisait. Les commissaires étaient connus des lecteurs et des auditeurs, avec leurs habitudes, leur façon de s'habiller. Ma présence dans un tel endroit était un privilège dont je profitais sans retenue, avec des inspecteurs tels que Wicky, un fin psychologue, Boithias, le procédurier scrupuleux, Totor, un opiniâtre qui n'avait pas son pareil pour « faire le voisinage », autrement dit interroger les habitants du quartier où avait eu lieu le crime...

Les enquêtes ne manquaient pas : l'enlèvement d'une jeune fille de bonne famille, Brigitte Grapin, qui ne fut jamais retrouvée ; le rapt de la fille du président de BP France ; la mort d'un enfant de trois ans, étranglé dans son lit, dont la mère fut un moment soupçonnée ; un corps de femme découvert découpé en morceaux dans une consigne automatique de gare...

Le fait d'évoluer dans le sang et les pires atrocités aurait pu m'inciter à changer de voie mais un besoin primait la répulsion : la quête de la vérité.

Pendant une affaire criminelle, le métier se fait plus envahissant encore. Vorace en émotions, il bouffe, il ronge, il use. Egoïste, insatiable, il exige des sacrifices. La poursuite du coupable vire à l'obsession, elle mobilise corps et âme, au détriment des préoccupations personnelles, des soucis intimes. Le policier, une fois chez lui, continue à être enquêteur, même quand il souhaite se consacrer enfin à sa famille. Il n'y peut rien, il rêve des suspects, pense aux victimes, doute de ses preuves. S'il gagne la partie, il profitera d'un bref moment de liberté, jusqu'au nouveau meurtre, jusqu'au nouveau mystère.

Les satisfactions que j'avais pu éprouver en interpellant des proxénètes et des cambrioleurs avec la 1re BT étaient peu de chose au regard de l'arrestation d'un meurtrier. Je découvrais ce plaisir délicieusement égoïste de la traque, je laissais libre cours au côté « chasseur » qui est en chacun de nous. Il n'était plus question de vols ou d'arnaques, mais de vie et de mort. J'avais le sentiment d'avoir atteint un domaine réservé, effrayant et fascinant à la fois : le crime.

Les affaires étaient d'une telle diversité que chacune apportait son lot d'anecdotes inoubliables. Ceux qui ont connu la brigade de ces années-là se souviennent par exemple du meurtre d'un vagabond dont le corps avait été découvert place Monge. Mon collègue Jacques Mathieu n'ayant pas le moindre indice, il eut l'idée d'associer à l'enquête des proches de la victime, autrement dit les autres clochards du secteur !

Les gardiens de la paix firent la tournée des stations de métro pour enrôler une vingtaine de types plutôt satisfaits de leur promotion chez les « lardus ». Deux groupes furent ensuite constitués, avec chacun un chef, interlocuteur attitré du commissaire. Quarante-huit heures plus tard, les deux responsables demandèrent quelques litres de rouge afin de motiver leurs troupes qui étaient, d'après eux, sur une bonne piste. Va pour les bouteilles ! Deux jours passèrent et les « chefs de groupe » exigèrent de nouveau du vin. Mon collègue accepta, tout en prévenant nos limiers qu'il n'y aurait pas de troisième tournée. Le soir même, un coup de téléphone anonyme parvenait au 36. Un « paquet » attendait place Monge. L'assassin, ficelé sur un banc !

A la fin de l'année 1971, soit environ un an après ma nomination, je quittai la Criminelle pour la Brigade de recherche et d'intervention (BRI). Roger Poiblanc souhaitait me garder mais l'antigang m'attirait depuis les propositions que m'avait faites François Le Mouël à Saint-Cyr-au-Mont-d'Or. Nouvellement chargé de la lutte contre le trafic de stupéfiants, ce dernier n'était plus chef de la BRI mais il venait d'être remplacé par un homme que j'appréciais tout autant, Jean Sautereau.

Quand celui-ci me proposa le poste d'adjoint à la BRI, j'acceptai aussitôt, considérant cette évolution de carrière comme un défi. La Criminelle, c'était un peu l'Académie française de la police, une consécration. A condition de tenir les rênes du service, on pouvait y rester *ad vitam æternam*, devenir un incontournable du 36, un monstre sacré, garant des traditions. La BRI était une brigade plus légère, moins figée, elle avait un côté équipe, presque commando, qui me séduisait. Ses inspecteurs tranchaient dans la famille du Quai des Orfèvres. Ils en étaient les neveux turbulents, logés au dernier étage, sans ascenseur. Etait-ce l'influence du rugby ou de mon passé militaire, des années de « voie publique » à la 1re BT, ou de tout cela à la fois ? Je n'en sais trop rien, mais j'avais envie de les rejoindre, d'être l'adjoint opérationnel de Sautereau, un « chef de terrain », en somme.

La BRI avait beau être un service récent, créé en 1964, elle avait déjà à son actif plusieurs centaines d'arrestations, des braqueurs, des cambrioleurs réputés... La presse l'avait baptisée « brigade antigang ».

Sa création résultait en fait d'un constat d'échec. Le grand banditisme étant en plein essor, au milieu des années soixante, les méthodes classiques de la police étaient devenues inefficaces. Dans les banques ou les bureaux de poste, les malfaiteurs sévissaient le visage cagoulé, les mains gantées, ils laissaient peu d'indices derrière eux. Lorsque des suspects étaient interpellés, les témoins, apeurés, hésitaient à les identifier. Le Mouël et le directeur de la PJ de l'époque, Max Fernet, avaient donc adopté une démarche différente : ne plus partir des faits pour remonter aux auteurs mais, au contraire, partir des auteurs potentiels pour les surprendre en flagrant délit. Autrement dit, il fallait surveiller les gangs organisés, les « équipes » comme l'on dit dans notre jargon. C'était le rôle assigné à la trentaine d'inspecteurs affectés au service lors de sa création.

La mise en pratique d'une politique si ambitieuse nécessitait des policiers disponibles, libérés des enquêtes classiques, des contraintes et des paperasseries administratives, prêts à se consacrer uniquement à la recherche, la surveillance, l'intervention. Ils devaient collecter des renseignements sur les activités des braqueurs supposés, repérer tous les membres d'un gang, noter leurs habitudes, répertorier leurs lieux de rencontre, leurs planques, leurs objectifs éventuels. L'intervention pouvait être déclenchée après des jours, des semaines, parfois des mois, d'une patiente filature.

C'est la vie que j'allais mener pendant plus de dix ans, de la fin 1971 à septembre 1982.

Antigang

Les locaux de la BRI ressemblaient aux coulisses d'un music-hall. Toutes les pièces étaient mansardées, tarabiscotées, imprégnées d'Histoire. Les inspecteurs s'entassaient à huit par bureau. Le mien, voisin de celui du patron, sur la gauche en arrivant à l'étage, était minuscule. Pour y accéder, je traversais la documentation. Comme la radio de la brigade était branchée à mes côtés, près du lavabo, les gars entraient et sortaient sans arrêt ; ma porte restait toujours ouverte.

J'avais connu Jean Sautereau à la Crim. Ce Nivernais d'une cinquantaine d'années, fumeur de pipe comme Poiblanc, était un homme assez timide, d'une extrême gentillesse. Quoique robuste, il n'avait rien du policier de terrain estampillé BRI. Mais là n'était pas son rôle. Depuis son pigeonnier du 36, il avait pour mission de diriger la manœuvre, d'analyser avec lucidité les pires situations. Ses interventions sur notre fréquence radio, empreintes d'une affection paternaliste, étaient des plus réconfortantes. De même, il s'efforçait toujours de lancer une boutade rassurante en nous voyant partir en opération.

Au-delà de l'appellation un peu réductrice d'« antigang », notre tâche était d'une grande variété. Chaque affaire nécessitant une approche spécifique, j'allais ainsi m'initier à ce que j'appellerai l'intervention « sur mesure ». L'expression prête à sourire ? Elle est pourtant appropriée, car le policier de l'antigang doit effectivement cerner son adversaire au plus vite. Obéit-il aux règles du milieu ? S'agit-il d'un jeune loup enclin à tirer sur tout ce qui bouge ? D'un illuminé capable de coups de folie ?

Trois affaires, parmi celles que j'eus à traiter à mes débuts à la BRI, contribuèrent à mon apprentissage. Des cas d'école, en quelque sorte.

La première concerne un grand blond au physique de basketteur, un voyou de la banlieue sud, que nous appellerons Franck Bayerne [1]. A la tête d'une bande de jeunes types envoûtés par sa personnalité, ce funambule du crime brûlait les étapes habituelles de l'accession à la haute truanderie. D'agressions en braquages, il avançait l'arme au poing, au culot. On le disait fou. Il ne l'était pas. Il était juste cinglé quand cela l'arrangeait, pour conforter sa réputation de dur, sa renommée d'anti-flic et d'anti-tout, ou pour terroriser les commerçants qu'il rackettait.

Une nuit de 1972, il décide de punir un gérant de bistrot qu'il soupçonne d'être un indic. A visage découvert, afin d'être bien identifié par les témoins, il tire une rafale de mitraillette contre la devanture puis range son arme dans la musette qu'il porte en bandoulière. Alors qu'il s'apprête à enfourcher sa mobylette, surgit une patrouille de motards. Il ne s'affole pas :

– J'ai tout vu ! dit-il, il s'est enfui à vélomoteur ! Je sais où il habite, je peux vous y conduire...

L'un des policiers lui propose de monter à l'arrière de sa moto. Une fois sur place, Bayerne leur suggère de l'attendre. « Je vais voir s'il est rentré... » Il s'éloigne et disparaît.

Un autre incident, en plein jour celui-là, a pour théâtre un café de banlieue.

Bayerne est en train de boire un verre. Deux hommes pénètrent dans le bistrot. Persuadé qu'il s'agit de policiers en civil, il se dirige vers le téléphone. L'un des deux consommateurs a le malheur de se rendre au même moment aux toilettes, près de la cabine. Le truand, qui se croit cerné, tire à travers la porte des wc, à hauteur de la tête. Par chance, le client était encore assis !

Comme la plupart des voyous, Bayerne est orgueilleux. Il ne supporte pas que son autorité soit contestée, qu'un inconnu le regarde dans les yeux. Il est alors recommandé de s'écarter. Un soir de balade à la foire du Trône, il ouvre ainsi le feu sur des étudiants trop chahuteurs à son gré. L'un d'eux sera blessé à la cuisse.

L'épisode suivant de ce feuilleton a pour cadre un célèbre cabaret parisien. Bayerne s'y trouve un samedi avec des amis, quand

1. Tout au long de ce livre, nous utiliserons fréquemment des pseudonymes pour d'évidentes raisons légales.

une dispute éclate. Bagarre, fusillade... Il s'enfuit, abandonnant quelques blessés derrière lui. Il s'engouffre dans un taxi, menace le chauffeur de son arme et parvient à franchir les barrages, malgré une blessure à l'épaule.

Dorénavant, c'est la BRI qui va être chargée de le traquer. Jean Sautereau nous demande donc de surveiller les personnes susceptibles de l'aider, en particulier les médecins spécialisés dans ce type de clientèle. Nos investigations aboutissent à l'un d'entre eux, évincé de l'Ordre, qu'un ami de Bayerne vient justement de solliciter. Coïncidence ? On voit ce « toubib » acheter du plâtre dans une pharmacie, des pansements et des médicaments dans une autre réputée peu scrupuleuse sur l'origine des ordonnances.

En dépit de multiples précautions et de nombreux détours pour s'assurer qu'il n'est pas suivi, il nous conduit dans une cité de banlieue. Il faut toute la ruse de Bébert Objois et de Jean-Charles Cailly pour le filer jusqu'au bas de l'immeuble. Le chronométrage du signal lumineux de l'ascenseur indique qu'il s'est arrêté entre le treizième et le quinzième étage.

Une heure plus tard, il redescend et nous l'interceptons plus loin, pour ne pas donner l'éveil. « Secret médical » oblige, il ne dit pas un mot...

Il importe désormais d'agir rapidement, même si nous ignorons toujours derrière quelle porte se cache Bayerne. D'ailleurs, est-il vraiment là ? Plusieurs équipes sont constituées, chacune d'entre elles devra intervenir dans un appartement précis, entre le treizième et le quinzième.

Au signal convenu, les inspecteurs investissent divers logements. Mais Bayerne reste introuvable. Un collègue en observation sur le parking nous signale alors par radio qu'un homme torse nu, avec une épaule dans le plâtre, tente de s'enfuir par les balcons du quatorzième étage ! La main valide accrochée à un barreau, Bayerne est suspendu au-dessus du vide !

Nous le hissons jusqu'à la rambarde. Assis devant moi, il semble perdu dans ses pensées et ses souffrances. Comme je lui fais remarquer qu'il ne s'en sort pas si mal, il consent un pâle sourire, ce qui doit être rare face à un flic. Je ne suis pas sûr qu'il regrette quoi que ce soit ; si ce n'est, sans doute, de s'être fait pincer en douceur.

Cette affaire, assez classique dans son mode d'intervention, fut pour moi riche en enseignements. Les délinquants de ce type, trop vite présentés par la presse comme des « ennemis publics », étaient de plus en plus nombreux à l'aube des années soixante dix. Je rencontrerais bientôt d'autres Bayerne, violents, déterminés, prêts à flinguer à la moindre alerte.

Heureusement, quelques truands de l'ancienne école résistaient à cette nouvelle vague. La deuxième affaire marquante de mes débuts d'antigang concerne ainsi un sexagénaire corse, que nous appellerons Santucci. Cet homme bien en chair faisait équipe avec ses deux neveux et un vieux cheval de retour prénommé Toussaint. Les surveillances de ce gang hors pair allaient nous permettre d'assister à des séquences dignes des meilleurs films comiques.

Si soudée fût-elle, l'équipe manquait de discipline. C'est bien simple, il y en avait toujours un qui oubliait de se réveiller ! Les trois autres s'énervaient et engueulaient le retardataire. Au bout du compte, on se dépêchait « lentement » de partir à la recherche d'un bon coup. Mais midi, à Paris comme à Calvi, c'est l'heure du pastis, le moment de reprendre des forces. Le temps passait, nos quatre dilettantes, un tantinet guillerets, sortaient de table pour constater que les banques étaient déjà fermées. Demain, peut-être... Et le lendemain, c'est un autre qui arrivait en retard !

Comme les économies commençaient à s'amenuiser, ils jugèrent, croix de bois croix de fer, d'agir enfin.

Au jour « J », les « outils » sont prêts. Les calibres, les cagoules, les gants, la voiture volée. Borsalino sur la tête, Santucci s'affiche comme le « boss » du groupe. La voiture roule dans les rues de la capitale, l'équipe cherche sa cible. Trop de monde, trop de circulation, une patrouille de police, tous les prétextes sont bons pour reculer devant l'obstacle.

A 13 heures, épuisés, assoiffés, un creux à l'estomac, ils s'attablent dans un restaurant du XVIIIe. De temps à autre, Toussaint écarte les rideaux : il ne faudrait tout de même pas se faire faucher la voiture ! Pensez donc, les rues de Paris sont si mal fréquentées... Ne t'inquiète pas, Toussaint, l'antigang veille au grain !

Le repas s'éternise, plusieurs plans de braquage sont élaborés, la somme est déjà partagée et pour ainsi dire dépensée. Promis juré, on y va ! Malheureusement, ce n'est pas l'avis de la voiture, qui refuse de démarrer ! Pour une fois, ils n'y sont pour rien...

La mort dans l'âme, ils marchent au hasard des rues. L'ami Toussaint, découragé, rentre chez lui en métro. Les autres ont raison d'insister. Place de la Nation, ils volent une Renault 16 dont le propriétaire est allé acheter des cigarettes. Tout y est : les clefs, les papiers, un carnet de chèques. Le soir même, les femmes font leurs emplettes dans les boutiques de luxe de l'aéroport d'Orly.

Le lendemain matin, Santucci prend le sac de sport, garni comme il convient, et part chercher ses complices. Las ! Place Saint-Charles, il grille un feu rouge et la R16 s'encastre sous une énorme bétonnière ! Nous le voyons, avec soulagement, s'extraire du tas de ferraille. D'autres prendraient la fuite ; lui, il reste. Le borsalino réajusté sur la tête, il fonce sur le conducteur de la bétonnière, le traite de tous les noms, harangue les passants et signe le constat.

Arrive la dépanneuse. Sac de calibres à la main, Santucci s'assied aux côtés du dépanneur. Ayant tous les papiers de la R16, le carnet de chèques – enfin, ce qu'il en reste – et les documents d'identité (déjà falsifiés) de son véritable propriétaire, il va vendre l'épave et acheter une occasion... Témoins de ces péripéties, nous sommes admiratifs devant tant de flegme !

Les neveux, qui s'impatientaient, applaudissent les exploits du tonton lorsqu'il leur raconte ses mésaventures. Pour un peu, ils le porteraient en triomphe ! Ils conviennent finalement de rejoindre Toussaint, histoire d'arroser ça. C'est trop tard, le vieux complice n'est plus en état : l'attente a été longue et les anisettes nombreuses ! Le braquage est reporté.

Trois jours plus tard, ils passent enfin à l'action. Calmes, bien organisés, sans tirer le moindre coup de feu, ils attaquent une banque du XVIIe. Comme nous ne les avons pas lâchés d'une semelle, nous les serrons aussitôt au carrefour de la rue de Rome et du boulevard des Batignolles. Ils n'opposent aucune résistance. Santucci, imperturbable, assiste à la fouille du coffre. Les calibres, les cagoules, les liasses de billets...

Il se tourne vers son neveu.

– Que tu es con, Doumé, mon Dieu que tu es con !

– Oh, tonton, qu'est-ce qui t'arrive ?

– Ce qui m'arrive ? Il m'arrive que tu as trouvé le moyen d'emprunter une voiture contenant des armes, des cagoules et tout cet argent ! On a bonne mine maintenant, ces messieurs de la police vont nous prendre pour des braqueurs !

Santucci était le genre de client que l'on n'oublie pas. Je dois même admettre que je fus presque content de le rencontrer de nouveau, des années plus tard, après son séjour en prison. Cette fois, il avait dû s'associer à d'autres complices car ses neveux et le vieux Toussaint, à peine libérés, étaient déjà retombés.

La nouvelle équipe braque une banque de l'avenue de Versailles. Deux des agresseurs sont interpellés à la sortie mais Santucci parvient à s'éclipser. On finit malgré tout par le localiser dans Belleville, flingue à la ceinture. Beau joueur, il accepte la défaite ; pas question de tirer sur les policiers, ni sur les passants. En revanche, des loubards du quartier, témoins de l'arrestation, commencent à nous insulter. Santucci, qui n'a rien perdu de sa superbe et de son accent corse, s'adresse alors à eux :

– Oh les enfants, ne faites pas les imbéciles, laissez ces messieurs de la police faire leur travail !

Conduit au « 36 », il semble heureux de revoir certains inspecteurs, demande des nouvelles des absents, évoque le pays avec le « petit Roger », l'un des Corses du service...

– Dis-moi, Broussard, quand est-ce que tu pars en retraite ?

– Oh pas tout de suite, je ne suis pas encore usé !

– Si je te pose cette question, c'est que nous avons à peu près la même ancienneté administrative. Sept ans de Baumettes, huit ans de Fresnes, quatre ans à la Santé...

– Eh oui, on vieillit ensemble ! Au fait, si tu nous parlais du braquage de l'avenue de Versailles ?

Il se met à chanter : « Le plus beau de tous les tangos du monde, c'est celui que j'ai dansé dans vos bras... »

L'imitation de Tino Rossi provoque l'hilarité générale.

Devant les preuves accablantes, Santucci s'expliquera sobrement sur son rôle, rien que son rôle, pas davantage. Les deux complices ?

– Non, je ne vois pas de qui vous voulez parler... J'ai vu deux types sortir en courant. Ce sont peut-être des clients impressionnés en me voyant l'arme à la main ?

– C'est vrai, ils étaient tellement impressionnés qu'ils nous sont tombés dans les bras !

– C'est gentil à vous !

Santucci était l'exception. Pour un peu, j'en parlerais avec nostalgie, tant il avait des « manières ». Les truands de sa trempe n'avaient jamais recours à la prise d'otages, une forme de chantage que j'allais découvrir le 10 avril 1972, au palais de justice de Paris, avec Christian Jubin. Un dur, celui-là.

Ecarté de la marine en 1961 pour « troubles du comportement », il avait connu une ascension fulgurante. En quelques années, avec la complicité d'un couple d'amis, Gino et Lina, il avait collectionné les braquages, et le trio, grisé par la publicité que lui accordait la presse, avait sombré dans la démesure. Le 5 novembre 1969, Jubin avait étonné le Paris des voyous en défiant Jo Attia, un truand de renom, ancien résistant, ancien déporté, ancien tout... Bref, un caïd ! En proie à une crise de mythomanie – comment expliquer autrement son attitude suicidaire ? – Jubin s'était rendu à 3 heures du matin au *Gavroche*, le bar montmartrois de Jo Attia. Il avait abattu la serveuse et son « homme », par ailleurs porte-flingue du boss. Il avait ensuite enlevé et violé la fille du grand Jo. Pareil affront ne pouvait demeurer impuni. Pour coincer le truand en cavale, la course s'était aussitôt engagée entre la BRI et les troupes d'Attia. Les antigangs, dirigés à l'époque par Le Mouël, avaient été les plus prompts, arrêtant les trois fugitifs dans une auberge de Pontchartrain, le 28 décembre 1969.

Le 10 avril 1972, dans le cabinet du juge d'instruction Magnan, au palais de justice de Paris, une confrontation est organisée en présence d'un greffier, d'une secrétaire stagiaire et de quelques gendarmes. Bien sûr, Jubin y assiste, de même que Gino et sa femme, qui a bénéficié d'une mise en liberté provisoire.

Soudain, Lina sort de son sac à main une arme qu'elle braque sur le magistrat et distribue des calibres à ses complices. Les gendarmes ne peuvent s'interposer sans mettre en péril la vie des otages.

Le 36 étant tout proche – dans le même bloc de bâtiments –, nous sommes sur place quelques minutes plus tard. Dans le palais, des centaines de magistrats, d'avocats, de policiers se bousculent. Il y a aussi les journalistes, de l'ORTF (c'est encore l'ORTF !) et de la presse écrite. Une pagaille incongrue dans une enceinte de justice, en des circonstances qui nécessiteraient calme et concertation.

Je n'ai encore jamais travaillé dans de telles conditions, avec la désagréable sensation d'être épié. De plus, comme les « autorités » – judiciaires, policières et administratives – conduisent les négociations, je ne suis qu'un exécutant, prêt à intervenir.

Nos tireurs d'élite ont pris position, les inspecteurs se tiennent dans leurs voitures, en prévision d'une éventuelle poursuite. L'assaut est un moment envisagé mais la chancellerie y renoncera en nous adressant un message sibyllin : « Aucune intervention à l'intérieur du palais, fournir le véhicule demandé aux preneurs d'otages, tenter une poursuite, intercepter si possible les fuyards sans dommage pour les otages. » Vaste programme !

A 20 h 45, le départ s'organise par une porte située au 32, quai des Orfèvres. Jubin prend le volant d'une R16 noire. Lina et le greffier sont assis à sa droite, Gino se tient à l'arrière, entre le juge et la secrétaire.

Jubin traverse le pont Saint-Michel en grillant les feux. Nous le poursuivons. Un véritable rallye s'engage dans les rues de Paris. Gino braque son arme sur la première voiture suiveuse mais ne tire pas. Sur le réseau radio, les instructions ne varient guère : « Faites pour le mieux, ne prenez pas de risques inutiles... » Bref, nous ne sommes pas plus avancés...

A me laisser porter de la sorte par les événements, je découvre les limites de mon rôle. Je n'ai pas d'emprise sur la situation, je suis un spectateur impuissant et c'est une nouveauté pour moi. Enquêteur à la Crim, j'avais pour objectif, avec mes collègues, de résoudre une énigme ; tout ou presque dépendait de notre savoir-faire. Là, Jubin et ses complices tiennent les manettes de commande.

A proximité de la place Denfert-Rochereau, il transmet le volant à Lina. La jeune femme conduit si bien que seules quelques-unes de nos voitures parviennent à garder le contact. Il faut tout le talent de l'inspecteur Joël Thominet, le meilleur pilote de la BRI, pour ne pas la perdre de vue. Les journalistes, eux, sont hors course, à l'exception de Jean-Pierre Chapelle, un reporter de la télévision, juché sur une moto.

A 21 h 20, nous parvenons enfin à les encercler, près de la porte d'Italie. Gino, assis à l'arrière, nous tient en joue. Après les sommations d'usage, le greffier sort, suivi de Jubin qui menace nos collègues Chaix et Broudin. En position de tir sur le capot, il hurle de ne pas avancer. Le greffier nous supplie de ne rien faire. Chaix, un ancien rodé aux opérations dangereuses, refuse de se laisser impressionner.

Ce face-à-face avec Jubin dure plusieurs minutes. Aucun des deux camps n'ose prendre l'initiative. C'est en fait un appel radio qui va débloquer la situation : la hiérarchie nous ordonne de renoncer à toute intervention. Avant de remonter dans la R16 et de s'enfuir avec les otages, Jubin nous gratifie de gestes provocateurs qui ne font qu'accroître notre sentiment d'impuissance.

Les otages seront rapidement libérés et retrouvés sains et saufs.

Quant aux truands, ils seront arrêtés dans les jours suivants, par des gardiens de la paix, à la suite d'un banal vol de voiture. Pour la petite histoire, signalons que l'un des gardiens en question, Christian Lambert, intégrera la BRI des années plus tard.

Je venais de vivre ma première prise d'otages. De l'île de la Cité à la porte d'Italie, j'avais pu mesurer la complexité d'une telle affaire. Dans les premières heures, je m'étais égaré dans la pagaille ambiante. J'avais ensuite recouvré mes esprits mais je m'étais senti seul, seul face à la foule des journalistes, des magistrats, des avocats, des badauds, à l'armée des conseillers en tout genre, les « faut qu'on... » et les « y a qu'à... », toujours disposés à ironiser sur un échec, à jalouser une réussite.

La hiérarchie avait préféré céder, afin de préserver la vie des otages, ce qui se justifiait aisément. Mais qu'en serait-il la prochaine fois ? Tôt ou tard, j'aurai, à mon tour, à dire « oui » ou « non » puis à assumer les conséquences de ma décision. Cette perspective ne m'effrayait pas. En acceptant ce poste, je savais ce qui m'attendait. J'avais atteint mon but : j'étais à l'antigang.

Baptême brestois

Jean Sautereau était malade. Il luttait contre un cancer. Un combat à sa manière, un défi pudique et courageux. Je savais qu'il souffrait de ne pouvoir diriger la brigade comme il l'entendait. Ses absences répétées m'obligeaient à assurer de plus en plus souvent la direction du service. Je le remplaçais, tout en suscitant son avis d'ancien. Sous son contrôle presque paternel, je poursuivais ma formation de « chef de l'antigang ». Quand il ne venait pas au bureau, par manque de force ou pour ne pas paraître diminué devant ses hommes, je me rendais chez lui. Nous parlions un moment, il souriait, prenait des nouvelles de tout le monde, donnait des conseils. Je l'écoutais avec respect.

En son absence, je m'appuyais sur les vétérans de la brigade, ceux qui avaient été des temps héroïques avec François Le Mouël. Je pouvais notamment compter sur l'intelligence et la clairvoyance du numéro trois du service, Alfred Vénier, alias « Frédo ». Présent depuis la création du service, c'était un de ces vieux chênes que l'on a parfois la chance de trouver sur sa route au détour d'une vie : solide, indéracinable, digne de confiance et d'amitié. Frédéric Dard aurait pu s'inspirer de ce colosse rabelaisien pour façonner le personnage de Bérurier, l'adjoint du commissaire San Antonio. Il en avait les épaules, la gouaille, l'appétit.

Depuis notre quatrième étage du 36, Frédo coordonnait les opérations simultanées. Sa seule présence sur les ondes rassurait les plus jeunes. Amateur de bonnes bouffes, expert en argot, il avait un sens inné de la formule. Il maniait si bien le verbe de Paname que des cinéastes et des romanciers empruntaient ses expressions les plus savoureuses. Il est par exemple à l'origine du mot « sous-marin », pour désigner une camionnette de planque. Parlant d'un noyé, il concluait, volontiers fataliste : « Il y a belle lurette qu'il fait du bouche-à-bouche aux écrevisses ! » D'un cambrioleur ayant le physique de l'emploi, il disait qu'il avait une « tronche à déclencher un signal d'alarme ». Il fallait le voir partir en virée avec son compère Jim, un ancien de la DST qui allait devenir un de mes amis, ou bien l'entendre chanter *Le Duc de Bordeaux*, celui qui « avait promis trois poils de son cul pour en faire un tapis ! » Quand la maladie l'obligea à passer sur le billard, il nous revint amaigri mais égal à lui-même : « Les vaches ! Ils m'ont chouravé quarante centimètres de boyaux, pour les fourguer aux corbacs ! » Alfred Vénier, Frédo pour les intimes, fut un légendaire pilier du 36, le frère aîné de toute une génération d'inspecteurs et pour moi, aujourd'hui encore, un ami d'exception.

J'avais besoin de lui, de sa connaissance du milieu, car je ne chômais pas, chaque jour sollicité, chaque jour sous pression. La BRI coffrait toutes sortes de « clients » : en décembre 1972, les agresseurs de plusieurs hôteliers ; puis des cambrioleurs qui venaient de dérober un stock de caméras ; en février 1973, trois types qui avaient volé 3 000 m^2 de tissu dans un entrepôt de la maison Courrèges ; en août 1973, deux truands ayant subtilisé, sur commande, 24 000 fausses dents dans un laboratoire... Sans oublier les authentiques braqueurs de banques ou de grandes surfaces : treize équipes au cours des huit premiers mois de 1973 !

Comme Jean Sautereau, j'avais en fait une double casquette : chef-adjoint de la BRI et chef-adjoint de la brigade anti-commando (BAC), une nouvelle unité fondée à la suite du drame des jeux Olympiques de Munich [1]. Peu après le drame, le ministre de l'Intérieur, Raymond Marcellin, avait interrogé ses collaborateurs :

– Si cette affaire avait eu lieu en France, lequel de nos services serait intervenu ?

Le préfet de police avait répondu que seule la BRI était habituée aux missions périlleuses telles que les prises d'otages, mais il avait ajouté qu'elle n'était ni suffisamment équipée, ni entraînée pour ce type d'opération. La décision avait été prise sur-le-champ :

1. Le 5 septembre 1972, un commando fedayin appartenant à l'organisation « Septembre noir » pénètre dans le village olympique où sont logés les athlètes israéliens. Il exige la libération de 200 détenus en Israël. Ce pays refuse de céder au chantage. Mal préparée, l'opération déclenchée par les forces de sécurité allemandes se termine dans le sang. Dix-sept personnes sont tuées : onze athlètes israéliens, un policier allemand et cinq Palestiniens.

l'antigang constituerait le noyau de la brigade anticommando, créée le 1er octobre 1972. Sautereau malade, j'avais largement participé à la mise en place de cette brigade, à la sélection des hommes, aux entraînements, à l'élaboration de techniques d'intervention...

Cette unité d'élite, unique en son genre en France – et même en Europe à cette époque [1] –, regroupait environ quatre-vingts policiers. En temps normal, ils dépendaient essentiellement de l'antigang mais aussi d'autres services, comme les vingt moniteurs de sports de combat de l'Ecole de police de Vincennes. Des spécialistes des gaz et des explosifs de la Direction des services techniques venaient également nous rejoindre si besoin était. La BAC n'existait donc véritablement que le temps des entraînements et de l'intervention puisque chacun retournait ensuite dans son service d'origine.

Entre l'antigang et l'anticommando, nous ne sommes jamais restés bien longtemps inactifs au cours des années soixante-dix. Notre champ d'action s'est vite élargi à toutes les formes de prises d'otages : terrorisme, banditisme, forcenés. A chaque fois, sitôt l'appel diffusé sur les ondes, les événements s'enchaînaient : retour au 36 ; récupération du matériel (armement, gilets pare-balles, moyens radio, équipements divers...), composition de l'équipe en fonction de la nature de l'affaire ; départ vers l'aéroport de Villacoublay (pour les interventions en province) ; déplacement à bord d'un avion du GLAM (Groupement des liaisons aériennes ministérielles). Nous avions tablé sur un délai maximal d'une heure entre l'alerte et le décollage de l'appareil.

Notre véritable baptême du feu eut lieu à Brest, le 17 août 1973. La BAC n'avait pas encore un an et je n'avais jamais dirigé une opération anticommando. Ma seule expérience datait d'avril 1972, avec la BRI, au palais de justice de Paris. L'escapade de Jubin et de ses complices m'avait laissé un arrière-goût d'amertume.

Pour aller à Brest, j'avais désigné une équipe restreinte de seize hommes. Cette affaire ne concernait pas des terroristes internationaux mais deux truands dont le braquage avait mal tourné et qui s'étaient retranchés chez un couple de retraités, M. et Mme Le

1. Les GIPN (Groupes d'intervention de la police nationale) basés dans plusieurs grandes villes (Lyon, Marseille, Bordeaux...) ont été mis en place quelques mois plus tard. Le « GIGN » de la gendarmerie a été officiellement créé le 3 novembre 1973. Il est devenu opérationnel en 1974.

Moigne. Seule la vieille dame, âgée de soixante et onze ans, se trouvait dans le pavillon à ce moment-là ; son mari était sorti faire des courses.

En quittant le Crédit industriel de l'ouest, vers 9 h 15, les braqueurs avaient abattu un gardien de la paix, le sous-brigadier Albert Le Cann. Ils exigeaient une voiture pour s'enfuir avec leur butin (54 310 francs) et l'otage.

A notre arrivée, il y avait déjà foule dans le quartier Saint-Marc. Les curieux, massés derrière les barrières de sécurité, cherchaient à apercevoir la maison, située au fond d'un jartin potager, à trente mètres de la rue.

Les affaires que nous traitions habituellement à la BRI n'engendraient pas de tels remue-ménage. Filer des truands, les interpeller à leur sortie de la banque ; suivre des perceurs de coffres, les surprendre chalumeau en main ; dénicher des casseurs, des flingueurs... tout ce qui constituait notre lot quotidien se préparait dans la discrétion. Journalistes et notables n'affluaient qu'après la bataille, en même temps que les curieux, au moment des félicitations ou, éventuellement, des reproches. Une prise d'otages, elle, mobilise tout de suite acteurs, figurants et spectateurs. J'avais pu m'en rendre compte avec Jubin, j'en avais confirmation en Bretagne.

Une autre difficulté nous guettait. Nous étions, aux yeux de tous, les « spécialistes de Paris », les envoyés de la dernière chance dont tout le monde espérait un miracle. Si nos séances d'entraînement (simulation d'assauts contre des immeubles, des avions...) nous avaient aguerris aux techniques anticommando, l'approche psychologique n'avait été qu'effleurée. Et pour cause : en ce domaine, seule la pratique a valeur de formation. Nous entrions en scène à nos risques et périls, plus exposés que jamais aux critiques.

Je ressentis d'autant plus cet isolement qu'aucun magistrat n'avait daigné se déplacer. Le procureur de la République était en vacances. Son intérim était à deux jours de la retraite...

Devant mon insistance, ce magistrat finit tout de même par nous rejoindre, vers 16 heures. Le postérieur appuyé sur sa canne, il lisait le journal sans se préoccuper du drame. Comme je lui demandais son avis sur notre affaire, il me répondit sèchement, sans même me regarder : « l'assaut ». Surpris, je réitérai ma question. Même réponse : « l'assaut ». Vaillant, le futur retraité ! Son avis ne m'étant effectivement d'aucune utilité, je l'abandonnai à son journal.

Dans l'immédiat, il était exclu de procéder à une action en force. Je souhaitais temporiser, quitte à refroidir l'élan des nombreux partisans du coup d'éclat, convaincus que nous allions investir le pavillon mitraillette à la main. Je refusais de tomber dans leur piège, je souhaitais m'imprégner de l'affaire, en maîtriser toutes les données, la configuration des lieux, la personnalité des truands, les moyens dont ils disposaient, le profil psychologique de la victime... La BAC n'était pas là pour jouer les paras-commandos. Hormis la tuerie de Munich, deux autres drames avaient en effet conduit le gouvernement à créer cette unité : la prise d'otages de Cestas, en Gironde (un père en état de démence avait tué ses deux enfants et s'était suicidé lors de l'assaut des gendarmes) ; l'affaire Buffet et Bontemps, deux détenus de la centrale de Clairvaux qui avaient tué un gardien et une infirmière juste avant l'intervention des gendarmes et du SRPJ de Reims.

Je ne voulais pas d'une troisième tuerie.

A dire vrai, j'étais plutôt confiant. Inexpérimenté, impressionné, mais confiant. Débuter avec des truands était un avantage car je commençais à connaître la mentalité des braqueurs. Disons que c'était notre « tout-venant », notre clientèle d'habitués. Le terrorisme, au contraire, je m'en méfiais. Moins de repères, moins d'humain, plus de fanatisme.

Lorsque notre dispositif fut en place, on me signala qu'un homme d'une cinquantaine d'années souhaitait me rencontrer d'urgence. Il avait des allures de baroudeur, visage buriné et carrure d'athlète. Apparemment sain de corps et d'esprit, il prétendait pouvoir neutraliser les malfaiteurs.

– Un jeu d'enfant ! J'ai dressé mon chien. Il attaque les truands, j'emmène la grand-mère, le tour est joué !

L'animal n'était pas du même avis. C'était un bâtard grassouillet, une sorte de Rantanplan breton qui somnolait, l'œil mi-clos, la langue pendante. Et son maître de l'interroger :

– N'est-ce pas, Anatole, que tu peux sauver la grand-mère ?

J'en doutais, mais je promis d'appeler l'ami Anatole à la rescousse à la moindre alerte.

Voilà. Je venais de découvrir une espèce plus répandue qu'on ne le croit : les « sauveurs », serviables mais illuminés. J'allais en rencontrer des dizaines d'autres dans ma carrière. Des Rambo à la petite semaine, des médiums, des magiciens, des psychologues incompris... A l'occasion d'une affaire à Paris, un ingénieur me conseillera même de jouer les James Bond : laisser filer les terroristes et leurs otages à bord d'un car conduit par un policier, longer la voie sur berge, donner un coup de volant à un endroit précis pour que le car bascule dans la Seine, prévoir des plongeurs qui repêcheraient les otages mais abandonneraient les terroristes dans la carcasse !

A Brest, mon allié le plus fiable était en fait le père Le Moigne, le mari de l'otage. Agé de soixante-treize ans, de taille et de corpulence moyennes, coiffé en permanence de sa casquette, cet ancien jardinier arborait une moustache d'honnête homme. Il me confia que son épouse, fragile du cœur, ne supporterait pas un départ précipité, même si les truands devaient la libérer par la suite. D'après lui, il ne fallait pas céder. Sur ce point essentiel, nous étions d'accord. Un climat de confiance s'était rapidement instauré entre nous, ce qui est indispensable dans ce genre d'affaire.

Au premier étage, les deux braqueurs avaient de quoi résister à un siège : l'eau, le gaz, l'électricité, des conserves en quantité, le fusil de chasse du grand-père ainsi qu'un lot de munitions. A défaut de téléviseur, ils avaient un poste radio, ce qui leur permettait de savoir qu'ils avaient tué un gardien à la sortie de la banque et de connaître les dispositions prises à l'extérieur.

Je possédais désormais assez d'informations pour m'engager plus avant.

Accompagné de gendarmes et de policiers du Groupe d'intervention de la police nationale (GIPN) de Rennes, je me mis à l'abri derrière un muret, un mégaphone à la main. Des rangées de poireaux nous séparaient du pavillon, bâti en surplomb du jardin.

– Ici le chef de la brigade anticommando, que voulez-vous exactement ?

Deux balles font sauter un morceau de pierre au-dessus de nos têtes.

Deuxième tentative.

Cette fois, la vieille femme répond d'une voix tremblotante.

– Ils ne veulent pas discuter, ne faites rien... j'ai un pistolet sur la nuque... ne restez pas là... ils veulent partir cette nuit avec une voiture... ils promettent de me relâcher au bout de quelques kilomètres... Mais surtout pas de policiers autour de la maison...

Je réitère mes propositions, sans mégaphone cette fois. Je suis prêt à remplacer l'otage, à entrer sans arme... Aucune réponse, en dehors des suppliques de la vieille dame, ponctuées de coups de feu tirés au jugé.

Le grand-père se tient en retrait. Un dialogue avec son épouse ne ferait qu'accentuer la tension émotionnelle, avec de probables conséquences sur la santé de Mme Le Moigne.

Vers 17 heures, les gendarmes nous transmettent un renseignement capital : deux jeunes femmes en vacances dans la région ont signalé la disparition de leurs époux, partis dans la matinée acheter des langoustes. Elles craignent qu'ils aient eu un accident. Or ils ne sont pas chez le poissonnier mais près de nous, retranchés dans le pavillon ! L'un, François, est breton. L'autre, Paul, aurait des origines siciliennes. Agés tous les deux de trente-cinq ans, dotés d'un casier judiciaire chargé, ils se sont connus à la centrale de Muret.

Les journalistes apprennent l'anecdote des langoustes. Comment les truands vont-ils réagir, à l'écoute de la radio, quand leurs identités deviendront publiques ? Nous sommes vite fixés. Ils font hurler le transistor et tirent à travers les volets.

La femme et le frère du Breton nous ont avertis : « François a des réactions imprévisibles mais Paul ne craquera pas. Il est capable de mettre ses menaces à exécution. »

Dans l'hypothèse d'une sortie précipitée, des tireurs d'élite, postés sur les toits, se montrent de temps en temps afin d'intensifier la pression sur les malfaiteurs. Ils doivent savoir qu'ils sont coincés. Bernard Chatillon et Gérard Pire, les deux acrobates de l'équipe, ont réussi à ouvrir un vasistas puis à se faufiler jusqu'au premier étage pour capter à l'aide d'un micro ultra-sensible des bribes de conversation. Ces enregistrements nous confirment que le Breton est tendu et le Sicilien intransigeant.

A « l'assaut » prôné par le magistrat, je persiste cependant à préférer le défi psychologique. A ce jeu, toutes les armes de la dialectique sont à mettre en œuvre à un moment précis, dans un contexte choisi avec soin. Je les utilise une à une, avec la conviction que cette patience portera ses fruits. De telles manœuvres sont pourtant nouvelles pour moi. Des journalistes mal informés écriront que j'ai suivi des études de psychologie dans une université parisienne. Or les seuls cours magistraux que j'aie fréquentés sont ceux du commissariat d'Argenteuil, de la 1re BT et du 36 ! Ni les ouvrages théoriques ni les simulations d'intervention ne remplacent le terrain. Et ce terrain, je le découvre ici, à Brest.

– Ils veulent s'en aller, reprend Mme Le Moigne. Ils ont promis de me relâcher un peu plus loin, je vous en supplie, ne faites rien, ils vont me tuer...

– Nous ne devons pas céder. Après vous avoir relâchée, ils prendront quelqu'un d'autre et ainsi de suite. On ne peut pas faire autrement. Votre état de santé nous inquiète... Ce ne sont quand même pas des sauvages. Vous pourriez être leur mère ! Ils vont comprendre que la partie est perdue, qu'ils doivent se rendre.

Vers 2 heures du matin, les truands passent de la chambre de droite à celle de gauche, de l'autre côté du palier. Grâce à nos micros, nous devinons qu'ils poussent des meubles devant la porte. Ils sont donc prêts à résister. Nous aussi.

C'est toujours la grand-mère qui répond.

– Ce n'est plus la peine d'insister, monsieur, ils ne changeront pas d'avis !

– Avez-vous besoin de quelque chose ? Avez-vous pris vos médicaments ?

A en juger par sa réponse évasive, la vieille dame supporte mal ce calvaire. Préoccupé par sa santé, le médecin de famille, le docteur Alexis Corre, souhaite entrer dans la maison. Les malfaiteurs, redoutant un piège, refusent. Le praticien, qui conseille à Mme Le Moigne d'augmenter la dose de son traitement, fait preuve d'une disponibilité remarquable. Il restera avec nous toute la nuit.

6 heures. Le jour se lève sur Brest. Les hommes de la BAC se relaient sur les toits. Dans le cas où les truands décideraient une sortie en force ou bien accepteraient d'échanger Mme Le Moigne contre un autre otage – un policier, par exemple – nous tenterions une intervention devant la maison ou à proximité du véhicule.

Je désigne Henri Clavier, un rescapé de la génération Le Mouël, pour étudier dans le détail cette éventuelle mission. « Riton » Clavier, également surnommé « Grand-Père », est une sorte de sage, apte à tempérer l'ardeur de ses jeunes collègues.

Les curieux, qui avaient en partie déserté le quartier dans la nuit, reviennent par centaines derrière les barrières de sécurité, sans trop comprendre pourquoi la police n'a pas encore investi les lieux. Il en est toujours ainsi lorsque les « spectateurs » n'ont aucun lien de parenté avec les otages.

Quelques minutes plus tard, Mme Le Moigne nous transmet un nouveau message.

– Ils ne veulent plus partir, il fait trop jour. L'ultimatum est fixé ce soir à 23 heures. Le ministre de l'Intérieur doit annoncer sur

France-Inter qu'il assure leur impunité et la sécurité de leur fuite sinon ils me tueront !

Tout en précisant qu'un ministre n'a pas le pouvoir de garantir l'impunité de qui que ce soit, je m'engage à rendre compte de cette exigence à Raymond Marcellin. Depuis le début, je l'ai régulièrement tenu informé de l'évolution de l'affaire. Face à de tels événements, une relation de confiance entre le patron opérationnel et ses supérieurs est indispensable. Les policiers veulent être assurés qu'ils ne seront pas les seuls à porter le chapeau en cas d'échec. Les politiques, si prompts à s'attribuer les succès, doivent assumer leurs responsabilités en toutes circonstances. Le parquet général de Rennes, également tenu informé, nous apporte un soutien autrement plus efficace que celui du magistrat local.

Les dernières exigences des braqueurs, tout comme l'histoire des langoustes, font l'objet de flashes radio. Cette fois, l'effet obtenu est positif. A 8 h 10, le Sicilien sort de son mutisme.

– Oui, on a entendu...

Vingt-quatre heures de patience pour quatre mots ! Ce frémissement nous encourage à persévérer. Le Sicilien sait que j'ai tenu parole. Un dialogue va enfin s'engager avec cet homme qui a pris l'ascendant sur son complice.

A 15 heures, il demande conseil au docteur pour soigner une blessure au poignet gauche. Il prétend s'être blessé en brisant une vitre. Le médecin propose de venir l'examiner ainsi que Mme Le Moigne. Le Sicilien refuse mais s'engage à faire appel à lui en cas d'urgence. Une concession qui nous rassure car il tient enfin un discours raisonnable et, pour tout dire, humain.

La reddition n'est pas acquise pour autant. Le Breton n'a toujours pas prononcé le moindre mot. Et si c'était lui, le blessé ? Les enregistrements effectués à l'intérieur viendront confirmer cette hypothèse quelques heures plus tard. C'est bien le Breton, et non son ami, qui a été touché à l'épaule – et non au poignet – lors de la fusillade. Comme il fait office de pilote au sein du duo, sa blessure est un handicap sérieux.

Me Kerjean, bâtonnier du barreau de Brest, avec lequel nous entretenons d'excellents rapports, intervient pour lire la lettre d'un capitaine qui a eu le Breton sous ses ordres en Algérie. Aucune réponse. En revanche, le harcèlement commence à produire ses effets sur le Sicilien. Bien qu'il fasse mine de camper sur ses positions, sa flagrante volonté de parler trahit son anxiété.

Selon nos collègues cachés à l'intérieur, les relations entre les deux complices se détériorent. Il nous faut donc aviver ces frictions. Comme un inspecteur discute en italien avec le Sicilien et un autre en breton avec son comparse, ils se suspectent mutuellement de trahison. Afin d'élargir davantage cette fissure, je m'adresse à celui qui a tiré sur le gardien de la paix. Quel qu'il soit, je le conjure d'assumer son geste, de ne pas entraîner son copain vers une condamnation injuste. Après avoir précisé que je reprendrai contact dans trois heures, je les abandonne délibérément à ce problème de conscience. Le silence affaiblit toujours l'adversaire en proie au doute.

Nous allons profiter de cette trêve pour nous restaurer. Si une nuit sans sommeil ne nous effraie pas, le fait de sauter un repas relève de l'insurmontable ! Heureusement, Loulou Broudin, un collègue du service, est en vacances à Brest avec sa femme. Ils vont nous préparer des crêpes sur la plage arrière de leur vieux break Citroën ! La scène peut paraître déplacée en des circonstances dramatiques mais il faut savoir décompresser lorsque l'occasion se présente.

Trois heures après cette pause, vers 21 h 30, j'exhorte une fois encore le meurtrier à se rendre. Or c'est le Sicilien qui réagit aussitôt. J'en déduis que c'est lui qui a tué. Bien sûr, il refuse de capituler mais ce n'est plus, dorénavant, qu'une question de temps. Il vacille, il lâche du lest, ses certitudes l'abandonnent. Rien ne sert cependant de le brusquer. Comme tous les malfaiteurs, il a sa fierté. Humilié, il serait capable du pire. Mieux vaut lui offrir une issue honorable.

A 22 h 35, il répond.

– François n'y est pour rien. Je suis responsable. Il y a deux solutions : ou vous me laissez partir ou je me tire une balle dans la tête.

– Non, écoute-moi... Accepte de te rendre, c'est ce que tu as de mieux à faire, pour toi et pour ta famille. Tu as su lutter, tu dois savoir perdre.

– Pas question de finir en prison... Dans une demi-heure, vous aurez ma réponse. Si vous entendez un coup de feu, ce sera pour moi. On ne fera aucun mal à la grand-mère.

– Non, je viens te chercher seul, sans arme.

– Il n'y a plus à discuter... Allez, terminé.

A 22 h 55, je lance un ultime appel.

– Rendez-vous, tout ira bien...

– Pas question. Assez causé !

Un coup de feu claque, suivi d'un long silence.

– Que se passe-t-il, madame Le Moigne ?

– Il est mort, monsieur ! Il est mort ! François est blessé, François est blessé...

J'ordonne au Breton de lancer les armes dans le jardin et de sortir. Il ne répond pas. C'est Mme Le Moigne elle-même qui, à ma demande, les jette par la fenêtre.

Le piège est envisageable. Le Sicilien aurait-il simulé un suicide pour nous contraindre à agir et déclencher ensuite une fusillade avec d'autres armes ? Je n'y crois guère, les voyous d'envergure sont attachés à certaines « règles du jeu ». L'une d'elles veut que les flics méritent leur victoire et prennent des risques. En clair, il faut aller le chercher.

Un seul inspecteur m'accompagne, Roger Stella, dit « Petit Roger », à la BRI depuis 1964. Devant la porte de la chambre, il m'écarte du bras :

– Non, patron, je passe le premier, je suis célibataire, vous êtes marié et vous avez deux petits garçons.

C'est ainsi qu'est née, dans ce pavillon brestois, une amitié inébranlable qui nous mènera jusqu'aux calanques corses. « Petit Roger » répétera souvent : « J'obéis parce que vous êtes le patron mais vous me devez le respect, je suis plus vieux de huit jours ! » Ce respect, je le lui accorde volontiers.

D'un coup d'épaule, la porte s'ouvre sur une vision effrayante. Le Sicilien agonise sur le plancher, dans une mare de sang, la tête fracassée. Blessé à l'épaule droite, le Breton est affalé près de la fenêtre. Il réclame une cigarette et murmure :

– Le fric est sur la chaise...

Mme Le Moigne pleure dans les bras du « Petit Roger ». Nous sommes, l'un et l'autre, entraînés dans un tourbillon de sensations contradictoires : la satisfaction d'avoir sauvé l'otage, la tristesse devant la mort du gardien de la paix tué lors du hold-up, le regret de n'avoir pu obtenir la reddition du Sicilien...

Tenue à l'écart de la cohue qui règne autour du pavillon, Mme Le Moigne reçoit des soins dans une ambulance. Elle n'a pas été maltraitée. Son mari goûte son bonheur avec la délicieuse pudeur des vieilles gens, presque gêné d'être heureux devant nous. De toutes les félicitations que nous recevrons, sa longue poignée de main sera, pour moi, la plus émouvante. Pas un mot, juste ce geste et un regard, un simple regard.

Cette prise d'otage fut la première d'une longue série pour la brigade anticommando, structure malléable vouée à intervenir au coup par coup.

Dès le lendemain matin, de retour à Paris, je rencontrai le ministre de l'Intérieur, Raymond Marcellin, « l'homme de Mai 68 » et de la « répression », selon les partis de gauche. Méritait-il ces critiques ? Je n'en savais trop rien. A l'époque des « événements », je n'étais qu'un inspecteur de BT, à mille lieues de la place Beauvau et du ministère. Je pouvais en revanche témoigner que, dans l'affaire de Brest, il nous avait accordé un soutien total. La suite de ma carrière m'apprendrait que toutes les autorités politiques et administratives n'ont pas forcément le même sens des responsabilités...

Raymond Marcellin m'incita à passer le jour même à la télévision. Or je n'en avais aucune envie. J'avais toujours refusé d'être filmé ou photographié. La médiatisation – le mot n'était pas encore à la mode – me semblait incompatible avec mes fonctions. Je la redoutais pour ma propre sécurité et, surtout, pour celle de ma famille. Bien des truands ou des terroristes auraient, un jour ou l'autre, des raisons de me détester, donc l'idée de se venger. Je ne voulais pas que mes deux garçons, l'un en maternelle, l'autre en primaire, aient à en souffrir, qu'ils soient traités de « fils de flic » à l'école ou sur les terrains de jeu de Fontenay-le-Fleury. La lutte contre le terrorisme, plus encore que celle contre le grand banditisme, exigeait prudence et discrétion, en ces années d'ultra-violence. J'entendais préserver ma vie privée. La protéger, plutôt.

En homme politique désireux de contenter l'opinion et satisfait d'être à l'origine de la création de la BAC, Raymond Marcellin estimait, lui, qu'il fallait maintenant évoluer à visage découvert. Vers 12 h 45, alors que je croyais l'avoir convaincu, il regarda sa montre et me fit comprendre que je ne pouvais plus reculer :

– Rendez-nous ce service... La presse nous bassine avec Lip [1] et vous venez de faire un truc formidable. La France entière a suivi cette affaire minute après minute. Pendant qu'on parlera de Brest, on ne parlera plus des montres ! Un chauffeur vous attend, vous avez juste le temps d'aller sur le plateau...

J'étais piégé. Un quart d'heure plus tard, j'étais en direct sur la « deuxième chaîne ».

1. Le conflit du fabricant de montres Lip commença le 12 juin 1973, à Besançon. Le 2 août, les ouvriers, fraternisant avec les « cols blancs », tentèrent une expérience autogestionnaire en organisant une vente sauvage à travers le pays.

Les fedayin de la Muette

Juin 1960-août 1973 : treize ans déjà. Treize ans séparaient mon arrivée au commissariat d'Argenteuil de ma première entrevue avec un ministre de l'Intérieur. Tout avait-il été trop vite, du Val-d'Oise à la place Beauvau ? Depuis mes débuts à la BRI, fin 1971, je ne contrôlais plus rien. Je n'étais pas trop pressé, ni trop ambitieux, mais porté, entraîné, envoûté par mon métier.

Les coureurs cyclistes ont une belle expression pour illustrer cet état de dépendance et de détermination : avoir la « tête dans le guidon ». Oui, comme eux, j'avais la tête dans le guidon, j'avançais droit devant, les épaules rentrées, le front baissé, le pied ferme. J'aurais aimé freiner de temps en temps, m'arrêter, souffler, mais le pédalier s'emballait tout seul, m'obligeant à continuer. Alors, je continuais, toujours plus vite, sans me retourner sur la vie qui passait : les souvenirs de la brigade territoriale ; les enquêtes de la Criminelle ; les copains farceurs du « club Pilaudo » repartis dans leurs provinces ; le rugby arrêté en 1972, à la suite d'une vilaine blessure à l'épaule...

Je ne reniais rien, je me souvenais de tout, mais j'avais une autre priorité : l'instant présent. Au jour le jour, il m'indiquait la route à suivre. Avec son quotidien de sang, sa foule de terroristes, de braqueurs et de fous, l'époque n'offrait point d'autre choix.

Lorsque l'actualité commande, je crois que les sensations du policier, surtout à la BRI et à la BAC, sont celles que peuvent éprouver un chirurgien ou un grand reporter. Immergé dans l'urgence, plongé dans l'instantané, on perd toute notion du passé et de l'avenir. Seul compte le présent, le blessé à sauver, l'article à écrire, l'otage à libérer. Le reste, le durable, on le met de côté, pour plus tard, quand on aura le temps. Mais on n'a jamais le temps, il y a toujours un présent après le présent, une affaire après l'affaire.

La BAC, brigade de l'immédiat, avait été créée pour cela, prévenir l'imprévisible. Sa compétence géographique était, en théorie, limitée à Paris et aux départements de la petite couronne. Toutefois, si l'affaire avait une dimension nationale, voire internationale, le ministre de l'Intérieur pouvait décider de la mobiliser, comme à Brest.

Quand nos tâches d'antigang nous concédaient quelque liberté, nous allions aux stands de tir, situés dans Paris et à l'Ecole interarmes des sports de Fontainebleau. L'entraînement physique avait lieu ailleurs, à l'Ecole de police de Vincennes. Outre les arts martiaux et le tir (armes de poing, carabine, fusil...), nous pratiquions l'escalade, le parcours du combattant, la natation, les sports d'équipe... Des stages de conduite rapide étaient organisés au Mans et à Montlhéry. Evidemment, il y avait aussi les exercices pratiques, les descentes en rappel d'un hélicoptère, les simulations d'intervention dans un avion, un pavillon ou un immeuble. Les hommes de la BAC, suspendus à des filins, pénétraient pieds en avant dans les appartements, brisant les fenêtres pour lancer des grenades « paralysantes »...

A chaque séance, à chaque exercice, je m'étonnais davantage de leurs performances athlétiques, de leur souci du geste précis, de leurs qualités mentales. Tous spécialistes d'une discipline ou d'une autre, ils avaient été sélectionnés en fonction de critères physiques, psychologiques et techniques. Former des costauds n'était pas notre objectif. Nous voulions une équipe soudée, composée de policiers efficaces et complémentaires.

J'appréhendais notre première confrontation avec le terrorisme. Parce qu'un militant n'est pas un braqueur, parce qu'il vit et meurt pour sa cause, et non pour l'argent, parce que banditisme et terrorisme sont radicalement différents. Le plus souvent, un voyou devient preneur d'otages par accident, lorsque son braquage tourne mal et qu'il n'a pas d'autre issue. Il piétine, il improvise, il cherche. Ses tâtonnements sont autant de faiblesses à exploiter, de failles à creuser. Le « politique », lui, a voulu son chantage à la mort. C'est un acte volontaire, prémédité. Tout a été mis en œuvre pour qu'il soit couronné de succès. La démarche est plus redoutable, sans fissure apparente. La fin justifie les moyens, la lutte autorise l'horreur, le rationnel l'emporte sur l'affectif. Voilà pourquoi je craignais notre première affaire du genre.

Le 5 septembre 1973, soit quinze jours après notre retour de Bretagne, nous allions devoir passer des truands aux activistes palestiniens, d'un pavillon de retraités à l'ambassade d'Arabie Saoudite à Paris.

Il est 9 h 30, ce mercredi matin, lorsque la radio interne signale à toutes fins utiles un « incident » dans cette ambassade située dans le XVIe arrondissement. Un homme mécontent de ne pas avoir obtenu un visa refuserait de quitter les lieux. Rien de bien alarmant. Mais il faut dire que les messages initiaux sont rarement fiables. Un jour, la gravité des faits est exagérée ; un autre, elle est sous-estimée. A la manière des dépêches d'agences de presse, qui se succèdent à mesure que les journalistes glanent des informations, les appels de « radio 36 » s'enrichissent de minute en minute.

De fait, qu'apprend-on lors des appels suivants ? Que l'individu s'est barricadé dans un bureau avec deux ou trois personnes, qu'il serait armé, qu'il aurait « peut-être » des complices... Les comptes rendus apportent bientôt d'autres éléments : plusieurs individus sont à l'intérieur du bâtiment ; les voisins ont entendu deux séries de coups de feu ; un employé a été blessé ; on ignore le nombre d'otages et leur nationalité ; les terroristes seraient palestiniens.

L' « incident » n'en est plus un. Outre la BAC, des centaines de policiers et de gendarmes investissent le quartier de la porte de la Muette, rejoints par des pompiers, des secouristes, des artificiers, des maîtres-chiens, des employés du gaz, des télécommunications, de l'EDF...

C'est la première fois qu'un commando retient des otages à Paris. La France a été épargnée jusque-là en raison de sa neutralité bienveillante à l'égard de la cause palestinienne. Cette opération intrigue également car elle ne vise pas des intérêts israéliens mais un pays arabe. Ce groupe fedayin, inconnu à Beyrouth (il se fait appeler le « Châtiment »), exige la libération du leader palestinien Abou Daoud, détenu en Jordanie, et la mise à disposition d'un avion. Le commando menace d'abattre un otage s'il n'obtient pas satisfaction avant 16 heures.

Les inspecteurs de la Criminelle, chargés de l'enquête, s'informent auprès des services de renseignements. La surveillance des aéroports et des bâtiments diplomatiques est renforcée. Les représentants de plusieurs pays « frères » (Irak, Algérie, Koweit...)

viennent aux nouvelles et condamnent – du moins officiellement – cette action. Des cellules de crise se constituent au ministère de l'Intérieur, au Quai d'Orsay, à Matignon. Le président de la République, Georges Pompidou, se tient informé. L'émotion est d'autant plus vive que ce drame intervient un an jour pour jour après le massacre de Munich et à la veille de l'ouverture, à Alger, du quatrième sommet des pays non alignés, en présence de nombreux chefs d'Etat arabes et du leader de l'OLP, Yasser Arafat.

L'ambassade, rue André-Pascal, est une sorte de gros cube d'un étage, protégé par d'imposantes grilles. Les otages seraient en fait une douzaine, dans un bureau situé au-dessus de l'entrée. Le store est à moitié baissé ; ceux des autres pièces le sont totalement. Des bâtiments de l'Organisation de coopération et de développement économique (OCDE), face à l'ambassade, serviront de poste de commandement pour les négociateurs et les services de secours. Je préfère que la BAC s'isole dans des locaux annexes, à l'écart de l'agitation.

Je passe de longs moments avec mes hommes. Cette fois, il ne s'agit plus d'un exercice d'école, ni d'un entraînement à Fontainebleau ; la réalité du terrorisme nous rattrape. Chacun y va de son analyse, sans crainte excessive ni fanfaronnade déplacée. L'enjeu nous dépasse, c'est une affaire de gouvernants.

Quelle doit être l'attitude de la France ? Accepter le chantage au risque de créer un précédent ? Refuser de négocier ? Les avis sont partagés, le gouvernement hésite. La présence des caméras de la télévision avive l'inquiétude. Les terroristes savent que l'image est une arme terrible. Que faire, dans ces conditions ? Après le drame de Munich, les autorités israéliennes avaient estimé qu'en intervenant plus tôt la police allemande aurait sauvé plusieurs personnes. Un reproche facile à formuler après coup, dans le confort d'un cabinet ministériel par exemple...

Quoique différente en tous points, l'affaire de Brest m'a appris qu'il ne fallait jamais céder aux pulsions ni aux pressions, qu'elles émanent des risque-tout ou des partisans du renoncement. De même, faut-il savoir résister (comme c'est difficile !) aux angoisses, compréhensibles, des proches des otages.

Nous devons gagner du temps, faire preuve de fermeté.

Sur les toits, nos tireurs changent fréquemment de position, de manière à entretenir une impression d'encerclement. Jean Paolini, le préfet de police, s'emploie de son côté à apaiser le commando et à tranquilliser les otages. En liaison constante avec les Palestiniens – à l'aide d'un mégaphone ou par téléphone –, il leur répète qu'il est hors de question d'intervenir dans le bâtiment. L'ambassade est une enclave étrangère et seule l'Arabie Saoudite pourrait nous autoriser à y pénétrer. Il les prévient également que nous interviendrions aussitôt s'ils sortaient armés sur la voie publique ; donc, en territoire français.

Parallèlement à ces tractations, nous étudions les plans de l'ambassade et nous convenons qu'une visite des lieux s'impose, aussi poussée que possible, pour mieux déterminer les dispositions prises par les terroristes.

Je demande à Michel Gratadeix de m'accompagner. A la brigade, ce moustachu passe pour un tacticien hors pair. Doté d'un sens de l'anticipation peu commun, il est capable de s'adapter à toutes les situations avec une aisance rare.

Nous longeons la façade arrière, que nous supposons hors de vue des Palestiniens. Un escalier conduit au premier étage. Nous rampons, marche après marche, jusqu'au palier.

Sur la droite, au fond du couloir, se tient un homme armé d'une mitraillette. Il nous tourne le dos, marche lentement, s'arrête, se retourne, se poste devant l'entrée d'une pièce qui doit être celle où se trouvent les otages. Comme il est impossible d'avancer davantage, nous repartons tout aussi discrètement.

J'informe le préfet de nos observations puis nous téléphonons à Raymond Marcellin, auquel je confirme qu'un coup de force, même avec l'accord des Saoudiens, comporterait des risques énormes.

– Monsieur le commissaire, me répond-il, je vous comprends, mais certains membres du gouvernement sont favorables à une intervention.

– Dans les conditions actuelles, ce serait suicidaire. Les premiers policiers qui se présenteront dans le couloir se feront rafaler. Ensuite, dans une pièce minuscule, plongée dans la pénombre, comment distinguer les otages des fedayin ? Il doit y avoir une vingtaine de personnes là-dedans ! Nous irions droit au massacre. Maintenant, s'il y a des gens qui veulent me montrer le chemin, qu'ils viennent, je les suis !

– Non, non... Ne vous inquiétez pas, je vous fais confiance, c'est à vous d'apprécier la situation. Passez-moi M. Paolini.

Le préfet prend l'appareil.

– Monsieur le ministre... Broussard a peut-être été un peu direct mais il a raison, on ne peut intervenir. Pour en être tout à fait certain, je vais d'ailleurs y retourner avec lui.

Deuxième voyage. Avec le préfet, cette fois. Un fait assez exceptionnel pour être souligné. L'arrière du bâtiment, l'escalier, le couloir... Paolini comprend qu'il est impératif d'attendre.

Je n'ai pas effectué ces repérages sans ressentir les frissons de la peur. Oui, j'ai eu la trouille. Pour moi, pour ceux qui m'accompagnaient, pour les otages...

Des flics « super-héros » – et j'en ai connu quelques-uns qui se prétendaient tels... – feignent de n'avoir jamais senti une goutte de sueur perler entre leurs omoplates. Leur attitude relève au mieux du mensonge, au pire de l'inconscience, car un policier, quel qu'il soit, doit demeurer conscient du danger. Celui qui prétend ne pas connaître la peur ou qui se fait violence pour l'ignorer est un automate dangereux. Sa belle mécanique, à la merci du moindre accroc, peut se dérégler à tout moment.

La peur est une guirlande de clignotants rouges. Ils s'allument comme des mises en garde à l'approche du danger. Aussi me suis-je toujours méfié des téméraires incapables de percevoir ces signes salvateurs. Ils devraient méditer ce mot de marin : « Un homme qui n'a pas peur de la mer ne tardera pas à se noyer car il sortira un jour où il ne devrait pas... »

Pour le policier de terrain, dominer l'appréhension est un mécanisme de défense vital. Il va devoir adapter rapidement sa réaction en fonction de la nature du danger et des solutions possibles. L'expérience permet de canaliser l'émotion, tout en dosant la tension nerveuse nécessaire pour passer à l'action. Cette maîtrise de soi s'acquiert avec le temps et par diverses techniques de relaxation. A la manière d'un champion avant une compétition, tout membre d'une unité de type BAC doit savoir contenir ses angoisses, faire le vide en lui, aborder l'obstacle dans les meilleures dispositions psychologiques et physiques. Il y va de sa sécurité, de celle de ses collègues mais aussi de la réussite de sa mission : un preneur d'otages sera plus impressionné par un interlocuteur détendu, en pleine possession de ses moyens, s'exprimant posément, que par un casse-cou au verbe trop vif. Il faut alors éviter trois écueils : l'euphorie lorsque l'on gagne trop aisément, la routine lorsque l'on gagne trop souvent, l'appréhension excessive lorsque l'on a connu des déboires.

A l'ambassade, les négociations se poursuivent. Un acte de terrorisme international ayant des implications considérables, c'est au gouvernement concerné, en l'occurrence celui de Pierre Messmer, de prendre des décisions et de les assumer. Le policier n'a qu'un rôle de consultant, voire seulement d'exécutant. Pourtant, il est préférable qu'il fasse écran entre les terroristes et le pouvoir car un gouvernement n'a jamais intérêt à traiter directement. Sa position s'en trouverait affaiblie, ses adversaires y verraient l'amorce d'une victoire. Le politique doit donner des orientations et laisser au policier une marge de manœuvre. De la sorte, celui-ci s'imposera auprès des preneurs d'otages comme un négociateur crédible, à même d'obtenir des concessions.

Mais quelles concessions ? Je découvre, en ce mercredi de septembre 1973, l'embrouillamini diplomatique que peut dissimuler une telle affaire. Résumons : l'Arabie Saoudite, bien embarrassée, estime que c'est à la France d'agir et à la Jordanie d'accorder – ou de ne pas accorder – la libération d'Abou Daoud. Autrement dit, chacun renvoie la balle chez le voisin et tout se joue en coulisse, d'ambassades en cabinets ministériels. En outre, le gouvernement français souhaiterait associer aux négociations des diplomates arabes (irakiens, koweïtiens, algériens...) qui auraient, paraît-il, les moyens de tout débloquer. Nous le devinons lorsque certains d'entre eux nous laissent entendre que tous les otages ne sont pas à mettre sur le même plan et qu'après tout ce problème pourrait être résolu « entre Arabes ». En clair, quelques otages saoudiens suivraient le commando de leur plein gré, trois Françaises ayant été libérées au préalable. Officiellement, Paris refuse ce marchandage sur la qualité des otages. Mais comme tout cela tourne à la querelle de famille, peut-être avons-nous intérêt à faire taire nos scrupules ?

Stratégie de l'ombre, stratégie de coursive... A l'écart de ces palabres, j'ai la conviction qu'en cas de massacre les intrigants des cabinets ministériels ou d'ailleurs seront nos plus virulents censeurs.

En attendant, les terroristes perdent patience car, dans l'immédiat, la France refuse de leur fournir un avion et un équipage. Ils ont du mal à croire qu'il est impossible d'affréter un appareil avant 16 heures. C'est pourtant vrai : d'autres négociations, tout aussi serrées, se sont engagées pour convaincre un pays arabe de mettre un avion à disposition.

Excédés, ils menacent d'exécuter un otage à 19 heures puis de dynamiter l'ambassade. Ils obligent même une femme à venir à la fenêtre crier sa peur de mourir.

– Dans dix minutes, ils vont tout faire sauter !

A 19 heures, le chef du commando recommande l'évacuation de la foule.

– Nous allons passer à l'action !

Ces vociférations ne changent rien. Il n'est pas question de céder.

Arrive alors un proche de la famille royale saoudienne, un homme de grande taille, au visage autoritaire.

– Qu'est-ce que c'est que cette pagaille ! Quelle est l'autorité de police qui commande ici ?

Je l'invite à garder son calme tout en faisant le geste, fort peu protocolaire j'en conviens, du pouce qui se referme sur la main pour signifier « fermez-la ». Son Altesse me foudroie du regard, sans répondre. Paolini, qui a fait mine de ne rien entendre, se tourne vers moi.

– Que se passe-t-il ?

– Eh bien, ce monsieur ne semble pas satisfait de...

Paolini m'interrompt. Il se plante devant l'arrogant, beaucoup plus athlétique que lui, et réplique, avec son accent corse :

– L'autorité qui commande ici, c'est moi, Paolini Jean, préfet de police. Si ça ne vous convient pas, vous allez derrière les barrières. Compris ?

Les diplomates, à la fois gênés et décontenancés par cette altercation, savent désormais à quoi s'en tenir : placer les pays « frères » devant leurs responsabilités, les inciter à démêler l'écheveau d'une histoire tortueuse (on ne sait trop si les terroristes espèrent sauver ou punir Abou Daoud !) ne signifie pas abandonner la maîtrise des opérations. Nous sommes, ils sont, en France.

Les fedayin, qui n'ont pas connaissance de ces incidents, deviennent très agressifs. A deux reprises, un otage s'approche de la fenêtre et nous supplie d'accepter leur proposition.

– Nous commençons tout de suite les exécutions ! hurle un Palestinien.

Nous apercevons alors un homme aux cheveux gris que quelqu'un semble pousser vers la fenêtre. Son buste dépasse légèrement à l'extérieur.

Un coup de feu claque, le corps bascule, s'écrase sur le trottoir. Blessé mais vivant, l'homme se relève, s'enfuit en boitant.

– Vous n'avez donc pas compris ? Ils vont tous nous tuer ! crie la jeune femme que nous avons déjà vue un peu plus tôt.

En fait, l'otage qui vient de tomber n'a pas été blessé par balle. Il a sauté dans le vide pour éviter d'être exécuté.

Son témoignage nous sera d'une grande utilité.

Selon lui, les cinq terroristes, plutôt jeunes, font preuve d'une discipline impressionnante. Leur chef est âgé d'une quarantaine d'années, il porte des lunettes d'écaille. Tout a été préparé avec minutie. Les boissons et les aliments fournis à leur demande sont testés au préalable par les otages rassemblés dans la même pièce, un groupe de femmes et un groupe d'hommes, pieds et poignets entravés.

D'ultimatum en ultimatum, les négociations s'enlisent. Comme à Brest, une nuit de veille commence, en présence de nombreux curieux.

J'ai connu pareil attroupement en Bretagne, devant le pavillon des époux Le Moigne, mais cette fois la vision du quartier me révolte. Des centaines de badauds suivent le déroulement des événements. Un mélange d'anxiété sincère et de curiosité malsaine. Beaucoup assistent au spectacle, écoutent la radio, interrogent les journalistes, s'impatientent lorsqu'un ultimatum est retardé. Par petits groupes, ils discutent, refont le monde, Israël, la Palestine, ils disent tout et n'importe quoi, propagent des rumeurs, pestent contre les agents qui reculent les barrières. Ils sont de tous les âges, de tous les milieux sociaux. La connerie et le voyeurisme n'ont pas de limites. Dans la soirée, le rassemblement vire même à la kermesse, avec des marchands de sandwiches, de canettes de bière et de crèmes glacées. On voit des fêtards brandir un drapeau tricolore, une jeune femme débuter un strip-tease avant d'être évacuée par les CRS sous les quolibets de la foule. Et la nuit s'écoule ainsi, entre la bêtise des curieux et les menaces du commando.

Les Palestiniens ont constaté que la Jordanie ne transigerait pas. Il ne leur reste plus qu'à préparer leur retrait dans les meilleures conditions.

Il faut cependant attendre 9 heures du matin pour qu'ils concèdent vraiment du terrain en libérant un otage légèrement blessé la veille. Nous convenons alors d'un accord : les quatre femmes (trois Françaises et une Tunisienne) seront relâchées lorsque le commando sortira. Les neuf otages restants, ainsi que l'ambassadeur d'Irak, Naama el Naama, dont le rôle a été déterminant dans les tractations, partiront dans un minibus, avec les cinq terroristes, en direction du Bourget. Une fois à l'aéroport, seuls cinq volontaires, tous saoudiens, s'embarqueront à bord d'un appareil des Syrian Arab Airlines.

A 10 h 40, nous faisons évacuer les environs. Je reste devant l'entrée aux côtés de Jean Paolini. Le minibus s'approche au ralenti, les vitres couvertes de papier sombre. Deux fedayin cagoulés vont l'inspecter de fond en comble, dans un silence absolu.

A 13 h 37, terroristes et otages sont alignés devant le minibus. Certains téléspectateurs s'étonneront du fait que la BAC ne soit pas intervenue à ce moment-là, alors que les membres du commando constituaient des cibles faciles. Une telle opération n'était pourtant pas envisageable puisque chacun d'entre eux tenait une grenade dégoupillée. Et puis, dans cette hypothèse, une question de fond se serait posée : dans une affaire à motivations politiques, impliquant des Etats, doit-on respecter les accords conclus avec les terroristes ? J'en suis convaincu, car la crédibilité de plusieurs gouvernements est alors en jeu. Le non-respect des engagements peut s'avérer payant sur le moment mais certainement pas à moyen ni à long terme.

Les Palestiniens tiennent leurs promesses : les quatre femmes sont libérées et les autres otages conduits au Bourget, où l'avion va décoller en direction de l'Egypte puis du Koweït. Dans un communiqué, le commando saluera bientôt la « sagesse de la France ».

Victoire ou défaite ? Le débat s'ouvre, les uns estimant que la position adoptée était la plus sage, les autres regrettant un succès de la terreur sur la démocratie. Le fait qu'ils n'aient pas obtenu la libération d'Abou Daoud passe presque au second plan. Leur action – un avertissement à destination des pays arabes et des diverses factions de l'OLP – a obtenu le retentissement souhaité. Qu'on le veuille ou non, cinq hommes déterminés ont fait plier un Etat.

Après Brest, l'ambassade d'Arabie Saoudite. Nous venions de découvrir le terrorisme, ses mystères, ses intérêts mêlés, ses stratégies souterraines. De notre point de vue, cela s'était plutôt bien passé, malgré un net sentiment d'isolement.

Ces deux événements en l'espace de quinze jours nous avaient propulsés sur le devant de la scène, avec tous les excès que cela implique. Notre brigade n'avait pas encore un an d'existence, mais la presse la présentait déjà comme le fleuron de la police française. Je n'en demandais pas tant. Nous étions encore en phase de perfectionnement.

Nous devions aussi gérer les conséquences familiales de la notoriété. A titre personnel, il me fallut ces deux jours, porte de la Muette, pour mesurer l'impact privé d'un drame public. La télévision avait fait son œuvre de révélateur : mes proches, même s'ils n'osaient trop l'avouer, avaient eu peur.

Je touchais là l'une des spécificités des prises d'otages. Les arrestations de braqueurs ou de cambrioleurs, ne bénéficiaient pas du même traitement médiatique. Elles étaient certes évoquées, lors des journaux télévisés, mais après les faits, non pas pendant. Mon épouse et mes deux fils, s'ils étaient parfois informés du travail en cours, n'en mesuraient pas forcément tous les risques. Une filature, une planque, un hold-up, c'était en quelque sorte la « routine » un peu mystérieuse dont ils ne savaient pas grand-chose. Ils ne pouvaient imaginer les lieux, les personnes, visualiser le danger. L'appréhension existait mais elle était atténuée par l'éloignement et, pour tout dire, une relative banalisation.

Avec les prises d'otages, le danger avait fait irruption dans l'appartement familial de Fontenay-le-Fleury, sur l'écran de télévision. Les journalistes avaient joué leur rôle de témoins et contribué à la dramatisation de ces affaires. Ma famille les avait suivies, à partir d'éléments concrets, des images, des personnages, des témoignages, des informations, exactes ou fantaisistes ; bref, du « direct ».

J'allais devoir compter avec cette nouvelle donne car la BAC, brigade de l'immédiat, serait tôt ou tard appelée ailleurs, face à d'autres preneurs d'otages, devant d'autres caméras.

« Bavures ? »

Les antigangs travaillaient comme les braqueurs, en équipes. La brigade comprenait un service de documentation de onze membres, cinq groupes actifs de huit inspecteurs. Les responsables de ces unités bénéficiaient d'une relative autonomie pour s'organiser à leur guise, quitte à réclamer du renfort en cas de besoin.

En accord avec Jean Sautereau, je cherchais à constituer des équipes équilibrées, en tenant compte des qualités et des faiblesses de chacun, des liens amicaux et des risques de friction. Ce n'était pas facile car la BRI offrait un étonnant panel de fortes personnalités. Il y avait par exemple l'élégant Jacques Chaix, surnommé « 5/5 » du fait de sa disponibilité et de son enthousiasme. L'aisance personnifiée ! Une certaine classe même, avec ses cheveux poivre et sel, coiffés en arrière. Autre chef de groupe : Christian Yéprémian, dit « Yep », du genre râleur, mais excellent flic. Cet ancien boxeur, à la condition physique parfaite, était un anxieux, un perfectionniste. Quand il tenait une affaire, il s'y accrochait jusqu'au bout. Il se chamaillait sans arrêt avec son collègue Roland Bernard, tout aussi tenace que lui. Roland, notre coureur de marathon, habitait en banlieue et venait parfois au 36 en courant ! Il avait pour adjoint Gérard Crolais, qui lui ressemblait beaucoup, par ses qualités de policier et son fichu caractère.

Il y avait aussi René Plouy, « Iplou » en verlan, un vétéran d'Indochine. Les truands le redoutaient, il suffisait de voir son visage taillé à coups de serpe et ses yeux clairs pour comprendre qu'il prenait sa tâche au sérieux. Sa loyauté lui valait l'amitié de tous.

Cette répartition en groupes permettait de surveiller plusieurs gangs à la fois. Les inspecteurs devaient repérer les truands, les suivre, les interpeller preuves à l'appui, si possible en flagrant délit, autrement dit « la main dans le sac ». Le moindre indice, le tuyau le plus insignifiant transmis par une brigade territoriale pouvaient déboucher sur une opération, des jours, des semaines, voire des mois après.

A l'époque, la mode était surtout au hold-up. Avec la multiplication des agressions dans les banques, les bureaux de poste, les bijouteries, nous montions souvent en première ligne, affublés d'une injuste réputation de « cow-boys ». Si nous étions amenés à tirer, c'était avant tout parce que les truands, de leur côté, n'hésitaient pas à déclencher les hostilités.

Le grand banditisme avait changé, la société française aussi. L'époque était violente, et nous n'y pouvions rien. Aux malfrats traditionnels, qui respectaient encore certaines règles, succédaient des petites frappes qui avaient en commun la haine du flic. Il y avait aussi des personnages inattendus, issus de tous les milieux sociaux, qui s'aventuraient dans la criminalité du jour au lendemain. N'importe qui attaquait n'importe quoi, prenait des otages, réglait ses comptes à coups de calibre : un étudiant en médecine agressait des personnes âgées, accompagné d'un loubard de seconde zone ; un père de famille endetté devenait braqueur... L'affolement devant l'imprévu était alors chose courante. Le 13 mars 1973, on vit même, devant une banque de Suresnes, trois jeunes gens si tendus que l'un d'eux se tira une balle dans la jambe en trébuchant ! Pour leur défense, ils expliquèrent qu'ils avaient rendez-vous devant la banque afin de vendre un fusil à un inconnu et qu'ils portaient des cagoules pour ne pas être identifiés par l'acheteur ! Ces amateurs qui se prétendaient professionnels « défouraillaient » à tout bout de champ, pour intimider, pour se rassurer, pour tuer.

Des truands d'une tout autre envergure commençaient à occuper aussi l'avant-scène. Le 20 août 1972, la BRI arrête ainsi une dizaine de braqueurs et de perceurs de coffres qui feront partie, des années plus tard, du fameux gang de la banlieue sud. Le 8 mars 1973, avec nos collègues du Service régional de police judiciaire (SRPJ) de Versailles, nous arrêtons un homme promis à la célébrité : Jacques Mesrine, recherché en France et au Canada pour de multiples affaires criminelles. Une première rencontre, bientôt suivie d'une seconde puisque après une évasion du palais de justice de Compiègne, la BRI le déniche de nouveau le 28 septembre 1973, dans une planque du XIIIe arrondissement. Mais nous aurons l'occasion de reparler de tout cela...

Avant ma nomination à la BRI, je n'avais jamais été exposé à ce point. La violence, du moins la violence par armes à feu était une nouveauté pour moi. Ni les cambrioleurs ni les proxénètes de la 1re BT ne m'avaient habitué aux fusillades, tout au plus à des bagarres dignes des empoignades de rugbymen. Quant aux enquêtes de la Crim, elles m'avaient amené à agir en aval et non en amont, à décortiquer les faits plutôt qu'à les devancer.

La fonction d'antigang, doublée de celle d'anticommando, était tout autre. En sortant la tête du bois, je prenais des risques. Sans doute était-ce, d'ailleurs, l'une des raisons de mon attachement à ce service. Le quotidien de la BRI, cette exigence d'un engagement mental et physique de tous les instants, m'offrait le parfait dosage entre réflexion et action.

Attention, je n'étais pas un casse-cou ! Je n'éprouvais pas non plus – et c'est toujours le cas – une attirance particulière pour les armes. Si je m'entraînais au tir c'était davantage par nécessité que par plaisir. Je n'oubliais pas que ce métier pouvait user les plus robustes, échauder les plus enthousiastes, tuer les plus malchanceux. Les faits, dans leur froide évidence, se chargeaient de me le rappeler de temps à autre. Comme ce jour de février 1973 où ma carrière faillit s'achever avant l'heure. Nous procédions à l'interpellation de braqueurs, place de la Nation. J'en avais ceinturé un, quand l'un de ses complices me braqua par-derrière avec une arme chargée de balles « dumdum », des munitions si redoutables qu'elles sont interdites par les conventions internationales (mais pas par celles du milieu) ! Heureusement, l'inspecteur Michel Perbet intervint à temps et assomma le malfrat d'un coup de crosse.

Dans la série sans fin des arrestations à risques, il y eut aussi celle de trois truands, à Aubervilliers, le 28 septembre 1973. Le plus dangereux, condamné pour deux assassinats et des attaques à main armée, s'était évadé de prison quelques semaines plus tôt. Tandis que ses complices montaient à l'avant d'une 504 volée, il prit place à l'arrière avec son colt 11/43. Au cours de la fusillade qui s'ensuivit, la baraka fut encore avec nous puisque l'inspecteur Gérard Marlet fut sauvé in extremis par un collègue contraint d'abattre le chef de bande.

Nos vies étaient en suspens, elles tenaient à peu de chose. A la malchance, au hasard. J'avais compris qu'il n'y avait jamais loin de la réussite à la « bavure », ce terme qui sonne comme une insulte, pour les victimes et pour les policiers.

Je hais ce mot, employé à tort et à travers. Parlons d'accident, d'erreur, de faute s'il y a lieu, au moins c'est clair, c'est juste, mais pas de « bavure », appellation visqueuse, malsaine. Je ne sais qui l'a inventée dans son acception policière mais il n'a pas eu, ce jour-là, une inspiration heureuse. Mes détracteurs objecteront que j'ai de bonnes raisons de lui en tenir rigueur. A les entendre, en effet, la BRI n'aurait jamais été en reste dans ce domaine. Je répondrai que je suis effectivement bien placé pour évoquer le sujet dans la mesure où j'ai eu moi-même à souffrir du procédé hâtif, donc dangereux, qui consiste à réunir sous cette appellation générique des événements recouvrant des réalités fort différentes. Peut-on sérieusement comparer le cas d'un irresponsable qui blesse ou tue un adolescent un soir de trop boire et celui d'un policier qui dégaine pour se défendre devant des braqueurs ? Oui, l'antigang a commis des fautes et nous les avons assumées. Non, l'antigang n'a pas été une brigade à « bavures » et nous l'avons démontré.

Dans mon esprit, ce mot évoque d'abord l'affaire dite du *Figaro*, le 23 décembre 1973.

En ces années soixante-dix, les fêtes de Noël et de Nouvel An inspiraient les voyous. Les magasins faisaient recette, les entreprises octroyaient des primes à leurs employés, les transporteurs de fonds allaient de banque en banque... Et les truands redoublaient d'activité. Décembre 1973 doit d'ailleurs détenir le record en la matière. On nous signalait chaque jour une dizaine de braquages en région parisienne. A en croire les journaux, Paris se donnait même des airs de Chicago !

Depuis un mois, le groupe de Roland (le marathonien) pistait un gang dirigé par un type dont le surnom était digne d'un porte-flingue de Bernard Blier dans *Les Tontons flingueurs* : « Lulu le balafré », condamné deux fois pour braquage, soupçonné d'avoir tiré sur un gardien de la paix. Son lieutenant, un ancien marin de trente et un an, spécialiste des attaques à main armée, était surnommé « Tarzan » dans le milieu mais nous préférions l'appeler le « Marin ». Le troisième larron, un champion motocycliste reconverti dans la moto de presse, faisait figure d'amateur égaré parmi les pros. Même s'il n'avait pas l'air méchant, tout indiquait qu'il mettait ses talents de pilote au service des deux autres. Son jeune frère, aux allures d'étudiant, fréquentait aussi les voyous.

La bande semblait repérer divers objectifs, en particulier une agence de la Société Générale, place Saint-Philippe-du-Roule, à Paris. Nous devions donc surveiller la banque, ne pas lâcher d'une semelle Lulu et le Marin. Nous pressentions que le 28 décembre, dernier vendredi du mois, serait le jour idéal pour un braquage.

Cet après-midi-là, entre 1 h 15 et 14 h 20, nos quatre compères se réunissent avenue Hoche. Ils nous jouent la comédie habituelle des vieux briscards qui font mine de se rencontrer par hasard. Sait-on jamais, devant un tribunal, l'argument peut s'avérer plausible...

Lulu et le Marin, juchés sur un scooter bleu, se faufilent dans la circulation. Le motard, qui pilote une Norton blanche, assure la liaison avec son frère assis au volant d'une Austin Morris. Cette « mini », garée près du parc Monceau, va probablement servir de relais. Les truands la prendront après avoir utilisé une autre voiture ou le scooter, le temps du hold-up.

Tout devrait partir de la place Saint-Philippe-du-Roule mais nous ignorons encore quel sera l'objectif. La banque ? Le fourgon des transporteurs ? Un autre client de ces mêmes transporteurs ? Nous devons tout envisager, procéder aux ultimes préparatifs, maintenir un contact radio avec Frédo, au 36.

Les visages sont fermés, les regards fébriles. C'est la concentration d'avant-braquage, pour les antigangs comme pour les truands. Trois inspecteurs les surveillent : René Defauverge et Daniel Berton dans une Simca 1100 banalisée ; le troisième, Jean-Pierre Aligon, dit « Ali », sur une moto. Il s'agit d'une simple mission d'observation : ils devront signaler dès que possible le lieu de l'agression, l'itinéraire des truands, le cheminement du sac contenant les armes et le butin.

Le dispositif d'intervention, que je dirige, est composé de huit inspecteurs, répartis dans divers véhicules, de manière à coincer l'Austin au retour des malfaiteurs. Laisser faire puis surprendre... Cette option me paraît la plus sage. Une intervention sur le lieu du hold-up comporte toujours des risques pour les victimes de l'agression, les passants et les policiers, car les truands sont alors dans un état de tension extrême. Au moindre imprévu, une prise d'otages est à redouter. De même les arrestations au domicile sont-elles souvent vouées à l'échec. Des braqueurs expérimentés rentrent rarement chez eux aussitôt après leur coup. Ou s'ils rentrent, c'est sans arme ni argent, autant dire sans preuve de leur culpabilité.

Reste donc l'Austin, la voiture relais. A ce stade de l'opération, une fois leur méfait accompli, leur vigilance se relâchera. Ils seront déjà entrés dans la phase de décompression qui suit un braquage réussi. A ce moment-là, nous pourrons les arrêter.

14 h 28. Lulu et le Marin sont signalés au rond-point des Champs-Elysées. Ils pénètrent dans un immeuble cossu, le siège du journal *Le Figaro*, et foncent au troisième étage par un dédale d'escaliers et de couloirs. Leur « magot » les attend : deux cadres de la Société Générale viennent en effet d'apporter les primes de fin d'année. Lorsqu'ils ressortent de l'immeuble, plusieurs personnes tentent de les intercepter. Le Marin tire deux coups de feu. Une balle file entre les jambes de l'un des poursuivants.

Pour eux, c'est un succès. Ils remontent les Champs-Elysées sur leur scooter bleu. Comme convenu, nos trois observateurs nous informent par radio. René et Daniel dans leur voiture, ainsi qu'Ali, sur sa moto, suivent le scooter sans difficulté, du moins le supposons-nous car la liaison radio s'interrompt soudainement. C'est le silence total sur les ondes. Aux aguets autour de l'Austin relais, nous ignorons ce qui se passe.

Quelques instants plus tard, nous voyons surgir le Marin d'une 2 CV, conduite par une jeune femme que nous ne connaissons pas ! Il descend à la hâte, puis monte dans l'Austin.

Nous l'arrêtons aussitôt en compagnie du frère du motard. Notre souricière a fonctionné : les armes et le butin (280 000 francs) sont récupérés. Mais où est Lulu ? Que faisait son complice dans la 2 CV d'une inconnue ? Il faudra attendre l'arrivée de l'inspecteur Aligon pour savoir ce qui s'est passé sur les Champs.

Au feu rouge situé à l'angle de la rue Balzac et de l'avenue des Champs-Elysées, Lulu a donné un coup d'accélérateur trop brutal. Le scooter s'est cabré comme un cheval récalcitrant. Impossible de redémarrer. Son complice, sans s'affoler, est parti à pied avec les armes et l'argent. Il est monté dans la première voiture venue – la 2 CV – pour se faire conduire, sous la menace d'un pistolet-mitrailleur, jusqu'à l'Austin. Aligon, dont la radio venait de tomber en panne, ne pouvait avertir personne, ni notre groupe d'intervention, ni ses collègues « observateurs », Daniel Berton et René Defauverge. Dans le flot de la circulation, ceux-ci se sont brusquement retrouvés face à Lulu qui traversait l'avenue en poussant son scooter en panne. Ils n'ont pu dissimuler leur surprise. D'instinct, le braqueur a deviné qu'il s'agissait de policiers. La fusillade a éclaté, provoquant des scènes de panique sur les trottoirs. Ces échanges de coups de feu ont fait une victime, un homme de soixante-treize ans, atteint par une balle perdue. Daniel Berton, touché à l'artère fémorale, s'est écroulé près d'un kiosque à journaux et Lulu s'est approché, menaçant :

– Maintenant c'est en pleine tête que je vais t'en mettre une !

René Defauverge s'est interposé, tirant à plusieurs reprises sur le malfaiteur. Malgré ses blessures celui-ci s'est traîné jusqu'à un taxi. On l'arrêtera plus tard chez lui, à Bourg-la-Reine, blessé de huit balles.

Daniel Berton, le nerf sciatique sectionné, la fémorale déchiquetée, est transporté à l'hôpital Bichat où tous les membres de la BRI iront donner leur sang. Il s'en sortira avec de graves séquelles.

Cette maudite journée de décembre 1973 n'est pas encore terminée. Un autre drame va se jouer, en fin d'après-midi, au domicile du motard, le dernier membre de la bande encore en liberté.

Les inspecteurs de la troisième brigade territoriale, qui étaient à l'origine du renseignement sur l'équipe de braqueurs, se rendent dans un immeuble de Sarcelles pour l'interpeller.

Ayant entendu une femme appeler « au secours », un voisin se précipite. Il tombe nez à nez avec les policiers. Les prenant pour des malfaiteurs, il dévale les escaliers en criant « les salauds, ils sont armés ». Un homme de la 3e BT, persuadé d'avoir affaire à celui qu'ils sont venus arrêter, tire dans sa direction et le blesse à la tête.

Un mort, trois blessés graves... Pour la presse, il s'agissait d'une série de « bavures » et pour moi de la plus pénible des épreuves. D'abord en raison du terrible bilan humain. Ensuite parce que je découvrais la critique, la vraie, celle qui heurte d'autant plus qu'elle est étalée sur la place publique. Avant de vivre un tel supplice, on se croit blindé. On ne l'est pas, on ne l'est jamais.

Oh, ce n'était pas la première fois que mon nom apparaissait dans la presse. À Brest, par exemple, j'avais connu, un brin méfiant, l'ivresse médiatique, les photographes, les caméras, la célébrité. En l'espace de quelques heures, nous étions paraît-il devenus des « héros ». L'affaire du *Figaro* allait me montrer que le vent de la gloire tourne décidément bien vite et que les éloges font toujours le lit des reproches.

Oubliés les commentaires de Brest sur le courage et la « psychologie » des « super-flics », nous étions des « cow-boys », rien que des « cow-boys » ! Voir son nom associé à la mort d'un innocent relève de l'humiliation, pour soi et pour sa famille. Chaque article, chaque image viennent rappeler les faits, raviver les remords, attiser les regrets. L'ennemi n'est pas la critique en elle-même – lorsqu'elle est fondée – mais davantage l'inexactitude, voire le mensonge, qui vont lui servir de pilier.

Comment ne pas éprouver un sentiment d'injustice devant les erreurs, les approximations sans cesse rabâchées ? Rien ne sert de réagir puisque vous êtes dans le camp des fautifs, étiqueté « coupable », donc suspecté de partialité. Toute risposte sera suivie d'une terrible contre-attaque de l'adversaire. L'opinion publique, prise à témoin par ceux-là mêmes qui la font, verra dans la résistance du policier une manière, forcément maladroite car impulsive, de se justifier. Non, il n'y a aucune illusion à se faire, la voie est sans issue. L'occasion est trop belle de rouer le flic de coups de bâton. C'est ainsi et l'on n'y peut rien. Dans ce pays, les journalistes reconnaissent rarement leurs erreurs, le bulldozer médiatique n'est pas équipé de la marche arrière. A la « une » des journaux, et davantage encore à la télévision et à la radio, les « j'accuse » sont plus fréquents que les « je me suis trompé ».

Avec l'âge, le policier visé apprend à se taire, à encaisser, dos rond et bouche cousue. Il se barricade derrière le fragile rempart du « devoir de réserve » imposé aux fonctionnaires. Il s'efforce au moins d'expliquer à ses proches, à sa femme, à ses enfants, que tout n'est pas noir ou blanc, avec des flics flingueurs et des bandits sans défense, comme on le raconte. Il espère les convaincre mais ces mises au point individuelles, si elles réconfortent un moment, ne cicatrisent pas les plaies de la diffamation. Le mal est fait.

Je ne nie pas à la presse le droit de dénoncer, de s'indigner, c'est là son rôle de vigie de la démocratie. La police doit le comprendre, l'accepter. Un pays de liberté est un pays où l'on parle de la police, où l'on juge ses erreurs, où l'on sanctionne ses fautes. Le rôle d'une hiérarchie policière n'est pas d'étouffer les affaires mais, au contraire, d'assumer ses responsabilités.

Je ne prétends pas que la BRI était exempte de reproches dans l'affaire du *Figaro*. Il y avait des victimes, nous avions des comptes à rendre, et moi le premier en tant que patron. Mais il était profondément injuste d'utiliser un événement mal relaté pour nous accabler de tous les maux de la terre. *Libération* s'insurgea contre les « ratés de la répression ». *L'Humanité* titra sur les « policiers à la gâchette facile ». *Le Nouvel Observateur* stigmatisa les « bavures du 28 décembre ». Bref, la BRI fut accusée de tout, même des fautes qu'elle n'avait pas commises.

Certains journalistes, qui nous reprochaient pourtant un manque de discernement, écrivirent n'importe quoi, pressés qu'ils étaient par le temps et la tentation du raccourci. On put ainsi lire et entendre que les antigangs étaient impliqués dans les deux drames de la journée, sur les Champs et à Sarcelles. Que je sache, nous n'étions pas à Sarcelles, avec la 3e BT ! Cette fausse information, à force d'être répétée, finit par devenir une « vérité ». Au cours du procès, *Le Monde* lui-même la reprit telle quelle, dans un compte rendu d'audience, sans s'inquiéter de sa véracité : « Chacun dans ce débat se souvenait de la " méprise " commise par la brigade antigang quelques heures après la fusillade des Champs-Elysées. A Sarcelles, en tentant d'arrêter un complice à son domicile, les policiers avaient ouvert le feu par erreur et grièvement blessé un voisin. » Non, « chacun » ne se « souvenait » pas et ne pouvait pas se souvenir, puisque la BRI n'était pas à Sarcelles !

Suite à la fusillade, la polémique fit donc rage. Et chacun d'y aller de ses conseils. Fidèle à sa réputation d'ex-flic reconverti dans la littérature, Roger Borniche mena le bal des donneurs de leçons : « Avoir une arme, c'est tenter le diable, j'ai rarement entendu dire qu'un truand ait tiré sur des policiers qui se présentaient à lui les mains vides. » Fallait-il en rire ? L'affaire était trop grave. Ainsi donc M. Borniche connaissait, en ces années 73-74, des truands au cœur d'ange, des gentlemen du braquage qui acceptaient d'être arrêtés en gants blancs, sourire aux lèvres. Semblable ineptie était une insulte à la mémoire des policiers, des gendarmes et des convoyeurs de fonds tués en service, sans avoir eu le temps de se défendre. Rappelons qu'en quittant les locaux du *Figaro*, le Marin avait tiré à deux reprises. Questions à Borniche : les personnes présentes étaient-elles armées ? Tentaient-elles le diable ? Avaient-elles les mains vides ? La réalité du grand banditisme n'est pas celle des romans. Il y a un fossé, une crevasse entre la théorie et la pratique.

L'avocat René Floriot, l'un des plus célèbres pénalistes de l'histoire de la justice française, s'indigna des attaques dont nous faisions l'objet : « Il faut savoir si l'on demande aux policiers d'empêcher de temps à autre quelques bandits de faire un mauvais coup ou si leur devoir est de donner aux magistrats des éléments de preuve qui permettront de mettre hors d'état de nuire et pour longtemps ces mêmes bandits. Pour moi, il n'y a pas de doute, c'est la deuxième solution qui est la bonne. » Me Floriot déclara également : « Même si un de leurs indicateurs les avait informés du forfait que projetait la bande en leur donnant tous les détails, il n'eût pas été possible de les intercepter immédiatement et de les déférer devant le juge. Alors, que faire ? Chercher le flagrant délit, bien sûr, avec tous les risques que cela comporte. »

Lors du procès, Lulu et son défenseur nous accusèrent d'avoir déclenché la fusillade. Les inspecteurs Defauverge et Berton vinrent à la barre pour le nier. Appelé à témoigner, je déclarai pour ma part : « Le drame, dans cette affaire, est que les policiers ont peut-être mal dissimulé leur surprise et manqué un peu de sang-froid. » Pouvait-on le leur reprocher ? Après la panne radio, tout avait basculé en un dixième de seconde, le temps de buter sur le scooter. Ils avaient dû faire un choix : riposter ou se sacrifier ? Répondre à un tel dilemme en un délai si bref est à la limite de la capacité humaine. L'instinct commande, le corps agit, ce n'est pas autre chose que de la légitime défense.

Lulu, présenté comme un gentil garçon, malchanceux dans la vie, un type loyal « qui ne tirait pas sans raison » (!), s'employa à disculper ses amis. Selon lui, ils ne méritaient pas d'être dans le box. On apprit même que la détention d'un pistolet-mitrailleur était une précaution « psychologique ». L'avocat général mit en cause la BRI : « Il y a incontestablement un problème de méthodes d'intervention. » A propos de la fusillade, il évoqua une « scène de légitime défense des deux côtés (!), horrible, affreuse »... tout en reconnaissant, du bout des lèvres, que le truand avait tiré le premier. La tentative d'homicide volontaire contre les policiers ne fut pourtant pas retenue par les jurés qui condamnèrent Lulu à vingt ans de réclusion, le Marin à quinze. Pour avoir renseigné les braqueurs, un employé du *Figaro* fut condamné à cinq ans d'emprisonnement dont trois avec sursis. Le motard fut relaxé et son jeune frère s'en tira assez bien (cinq ans avec sursis).

Cette affaire eut malgré tout un aspect positif puisqu'elle me conduisit à m'interroger sur la complexité d'une épreuve de cette nature, aussi bien pour les victimes et leurs familles que pour les policiers, enclins à culpabiliser. Comment peut-on en effet imaginer qu'après une journée si tragique un homme normalement constitué ne souffre pas en silence, des années durant ? Qu'il ait ou non commis une faute, la cicatrice demeure ouverte.

Principale cible des critiques, j'éprouvais le sentiment d'être responsable, indirectement, du destin de ce passant et de l'état de mon collaborateur. L'arrestation d'une équipe de braqueurs ne saurait justifier le décès d'un homme ni les souffrances d'un autre. Nul ne saurait sortir moralement indemne d'un tel tumulte. Ce métier, si merveilleux soit-il, réserve aussi des moments de doute, d'accablement, de remords. Un ami l'avait compris mieux que quiconque : Jean Sautereau.

Depuis son lit d'hôpital, le patron nous avait adressé une poignante lettre de soutien. C'était son rôle, me direz-vous. Je répondrai qu'il avait d'autres priorités et que des lignes si chaleureuses, rédigées par une figure du 36, étaient réconfortantes pour des policiers moins expérimentés. Jean Sautereau savait, lui, que nos missions relevaient souvent de la gageure.

Les remarques de l'avocat général sur nos méthodes, ajoutées à celles de la presse, soulevaient en fait un problème de fond, celui de l'intervention. Pourquoi n'étions-nous pas intervenus plus tôt, tandis que les truands s'apprêtaient à commettre une agression ? Pour une raison fort simple : le crime d'intention n'existe pas en droit français. Laisser à chacun la possibilité de revenir jusqu'au dernier moment sur sa décision est prévu par la loi, et c'est très bien ainsi. Autrement dit, pour que la tentative soit punissable, il faut qu'il y ait au moins commencement d'exécution. Et pour obtenir des condamnations dignes de ce nom – des peines qui mettent durablement les braqueurs hors d'état de nuire – il faut des preuves, ce qui est difficile, les enquêteurs se heurtant vite aux dénégations, aux alibis ficelés par avance. Soutenus par leurs avocats, certains malfaiteurs n'hésiteront pas à invoquer une « machination policière ».

Bien sûr, la BRI intervenait parfois « avant ». Il fallait pour cela que certaines conditions, tant légales que techniques, soient remplies, ce qui n'était pas souvent le cas. C'est pourquoi je restais intimement persuadé que le moment le plus propice à l'interception des voyous était la période de décompression qui suit le hold-up. Cette stratégie n'était pas une trouvaille personnelle, c'était la ligne défendue par l'antigang depuis sa création.

Je sais que le rôle de la police n'est pas d'attendre des preuves ou d'espérer des condamnations exemplaires mais d'agir dès que la loi a été enfreinte. Je n'ignore pas non plus que des truands ont été condamnés à des peines de prison ferme pour « commencement d'exécution » (sept hommes arrêtés par l'antigang, lors de l'affaire de la place du Palais-Royal, le 27 décembre 1967). D'expérience, je pense malgré tout qu'il vaut mieux avoir du « solide » si l'on veut expédier les braqueurs en prison et se montrer dissuasif.

Il convient aussi de se replacer dans le contexte du début des années soixante-dix et de considérer le nombre effarant d'attaques à main armée (510 en région parisienne en 1973). Comme mes collègues, j'avais le sentiment que certains tribunaux et cours d'assises ne condamnaient pas assez sévèrement (on ne leur demandait rien de plus que d'appliquer les peines prévues par le législateur) des truands que nous étions amenés à interpeller puis à retrouver devant une banque, à la suite d'un bref séjour à l'ombre.

En fait, je découvrais là toute la complexité des relations police-justice. Une complexité au moins aussi vieille que la République puisque le premier « ministre de la Police », Joseph Fouché, écrivait au XIXe siècle : « Entourée de formes qu'elle ne trouve jamais assez multipliées, la justice n'a jamais pardonné à la police sa rapidité. La police, affranchie de presque toutes les entraves, n'a jamais excusé dans la justice ses lenteurs ; les reproches qu'elles se font mutuellement, la société les fait souvent à l'une et à l'autre. On reproche à la police d'inquiéter l'innocence, à la justice de ne savoir ni prévenir ni saisir le crime. Parce qu'elle a été dans la main des rois, la police a passé plus généralement pour un instrument de despotisme ; la justice, parce qu'elle est rendue par les organes des lois, a paru égarée dans leurs obscurités et leurs contradictions. »

Pour en revenir au XXe siècle, rappelons une évidence : les agressions à main armée se produisent rarement en rase campagne, au milieu de la nuit, mais en ville, à des heures et dans des quartiers où les passants sont nombreux. Dès lors qu'il ne peut exister des zones de non-droit, où tout serait permis sans encourir le risque d'être arrêté, le choix du moment et du lieu de l'intervention est laissé à l'appréciation du chef de service. Quoi qu'il fasse, il ne trouve pas de solution idéale, elle n'existe pas. Il choisit la « moins mauvaise », celle qui semble présenter des risques limités. A partir de là, il n'a plus la maîtrise de la situation, il est à la merci de son instinct, d'une erreur d'appréciation, de la fébrilité des truands et surtout du hasard.

A ce propos, je me souviens d'une affaire dans une agence bancaire de La Varenne (Val-de-Marne). Planqués dans les environs, prêts à cueillir les malfaiteurs, nous avions vu un cadre de la banque se lancer à la poursuite des agresseurs au volant de sa voiture. Grillant tous les feux, non seulement il nous avait considérablement gênés dans notre filature mais il avait communiqué des numéros de véhicules « suspects » au commissariat local. Résultat : nous avions vu rappliquer nos collègues des polices urbaines ! Ma propre voiture figurait parmi les suspectes... Cet incident n'avait pas eu de graves conséquences mais que serait-il advenu si les truands s'étaient aperçus de ce remue-ménage ou si nos collègues, convaincus d'avoir affaire à des malfaiteurs, avaient manqué de sang-froid en nous voyant ? Une « bavure », sans doute ?

Des dizaines de fois, nous nous sommes ainsi retrouvés dans des situations imprévues. A chaque fois, il a fallu choisir, décider, réagir en fonction des événements et des hommes, compter sur notre alliée la plus capricieuse : la chance.

Depuis le drame du *Figaro*, je savais que cette brigade, de par la nature même des tâches qui lui incombaient, était vouée à avancer sur le fil de l'incertitude. Ce numéro d'équilibriste comportait des dangers mais il était trop tard pour rebrousser chemin. Il est des métiers si exaltants qu'ils vous entraînent où bon leur semble, de la tristesse à la joie, de l'échec à la réussite.

La confrérie des Topazes

Entre deux opérations, une forme de routine s'installait. Au sein des différents groupes, les inspecteurs se relayaient pour surveiller les braqueurs soupçonnés de préparer un coup. Ces périodes d'accalmie relative nous autorisaient à souffler un peu, à étudier de nouveaux objectifs, à participer aux entraînements. Elles nous permettaient aussi de retrouver nos familles. Un bonheur rare car nous menions une existence de fous. Des heures et des heures dans les voitures, parfois des nuits entières. Des moments de doute ou de joie, d'espoir ou d'inquiétude. Certes, nous n'avions pas le monopole de la lutte contre le banditisme mais, du fait de notre double compétence (BRI–BAC), nous étions comme des pompiers appelés à intervenir en extrême urgence.

Adjoint d'un patron que la maladie affaiblissait chaque jour un peu plus, je devais pouvoir être joint en permanence. Je ne sortais jamais avec ma femme et mes enfants sans être branché sur la fréquence PJ, sans écouter les flashes d'informations. Aussi, toute la famille connaissait la signification du mot « topaze », le nom de code de la brigade, et redoutait son intrusion sur les ondes, en pleine promenade dominicale. Combien de soirées familiales ont été interrompues par une sonnerie de téléphone ou un « appel à tous les Topazes » ! Ma femme a dû les détester, ces foutus Topazes ! Elle a dû rêver de les faire taire, de tourner le bouton pour écouter enfin les bruits d'une vie normale. Il nous est même arrivé d'être dérangés à l'Olympia, lors d'un spectacle de Gilbert Bécaud. Un inspecteur vint me chercher à l'entracte parce qu'une équipe suspecte préparait un mauvais coup. Mon épouse, contrainte de me suivre, allait rester une partie de la nuit dans une voiture de la BRI, en planque dans une rue glauque de Barbès !

En état d'alerte permanente, à la merci d'un signal d'alarme, je n'avais pas d'horaires fixes. Je ne rentrais jamais à la même heure deux soirs de suite. Un jour à 20 heures, un autre à 23 heures, souvent plus tard, parfois aux aurores. Ce rythme n'était pas celui de mon enfance, moi qui avais été élevé dans le souci des horaires de la terre : le petit déjeuner à l'aube ; le déjeuner à midi ; le dîner à 19 heures. L'armée, puis mes « obligations » de rugbyman m'avaient valu mes premières fâcheries avec la pendule du raisonnable. Mon début de carrière, à la 1re BT et à la Crim, n'avait rien arrangé. J'atteignais toutefois des sommets à la BRI. Je vivais hors du temps, en complet décalage avec les miens. Je rentrais trop tard pour les voir, je repartais trop tôt pour les réveiller. Je ne fréquentais guère les conseils de classe, les réunions de parents d'élèves, les rayons de supermarchés.

Il arrivait heureusement que nos trajectoires se croisent. L'été, quand nous descendions chez mes parents, en Charente-Maritime. L'hiver ou au printemps, à la découverte d'autres régions de France dans la 404 familiale. Le samedi, nous partions en balade en forêt de Marly-le-Roi avec nos deux fils et notre chien Lieutenant (je n'étais pour rien dans le choix de ce nom !). Le dimanche, le petit Vincent m'accompagnait pour voir son frère Philippe sur les terrains de foot – il avait préféré le foot au rugby ! – de la banlieue ouest. Ces moments de détente, s'ils m'étaient indispensables, étaient beaucoup trop rares. Par ma faute et par celle de ce métier. Je n'ai jamais su lui résister.

Cette vie m'apportait davantage de satisfactions que d'emmerdements et je me demandais comment j'avais bien pu, des années plus tôt, envisager une autre voie que la police.

Tous, à la BRI, étaient comme moi. L'imprévu était à la fois la cause de nos absences familiales et le piment de notre existence.

« Pour bien faire la police, il faut être sans passion », assurait Napoléon. Ce grand chef de guerre n'aurait pas fait un bon flic. Bien sûr, si l'on entend par « passion » un lien personnel – d'affection ou d'hostilité – avec les malfrats surveillés, il est clair que cela peut nuire. En revanche, si la « passion » est celle de son métier et de la vérité, alors elle me paraît indispensable. Oui, « pour bien faire la police », il faut être passionné. Nous l'étions tous.

Je m'efforçais cependant de refréner certains gars car cet allant n'est bénéfique qu'à doses limitées. L'homme qui s'implique trop, en occultant ses problèmes personnels, perd l'indispensable lucidité. Sans pour autant jouer les « papa poule », j'essayais constamment de veiller à la santé physique et morale du groupe. Il m'est par exemple arrivé, au moment d'une opération sensible, d'écarter tel ou tel inspecteur que je sentais préoccupé. Trop de fougue, pas assez de recul, un déséquilibre flagrant entre vie familiale et vie professionnelle. Cette tâche de commandement était délicate, il convenait d'agir avec tact, sans froisser les susceptibilités. Je n'avais pas le choix. Il en allait de la sécurité de tous.

En dehors des sorties de la BAC, nous n'étions jamais aussi heureux que lorsqu'une filature nous entraînait loin de nos bases, en province. L'un des premiers déplacements de ce genre date du mois de mai 1974.

Je ne vais pas jouer ici les inspecteurs Colombo et parler de ma femme comme lui de la sienne, au détour d'une enquête, mais il se trouve que, cette fois encore, elle fut victime d'un départ précipité...

A l'époque, elle était pédicure médicale, à Fontenay-le-Fleury. Comme son cabinet fonctionnait fort bien, ses visites à Paris étaient exceptionnelles. Ce jour-là, nous fêtions notre douzième anniversaire de mariage au *Vert Galant*, une bonne table proche du 36, lorsque André Bizeul, un commissaire de la Crim, déboula dans le restaurant :

– Viens vite, ça chauffe en bas ! Otta veut que l'on parte tout de suite... les gars t'attendent...

Dédé Bizeul, d'ordinaire si décontracté, n'avait pas besoin d'en dire davantage : le déjeuner était terminé avant même le plat de résistance et ma femme allait devoir rentrer seule à Fontenay !

Pierre Ottavioli, le patron de la Criminelle, voulait en fait que l'antigang lui prête main-forte dans l'affaire Suarez, le directeur de la banque de Bilbao à Paris, enlevé une dizaine de jours plus tôt. Le rapt avait été revendiqué par les Groupes d'action révolutionnaires internationalistes (GARI) qui exigeaient une rançon de trois millions de francs et la libération de six militants emprisonnés en Espagne.

Même si mes anciens collègues de la Crim disposaient d'informations sur les GARI, Pierre Ottavioli avait le sentiment de ne pas détenir toutes les cartes. Des tractations secrètes se menaient probablement dans son dos, à Madrid, où la famille Suarez et la banque de Bilbao négociaient avec les ravisseurs. La police espagnole s'était contentée de le prévenir qu'un individu domicilié à Alès jouerait un rôle dans l'acheminement de la rançon. Il s'agissait, en somme, d'un « relais » des ravisseurs.

Selon les inspecteurs de la BRI et de la Crim présents dans le Gard depuis plusieurs jours, le complice en question commençait à s'agiter, la remise de rançon paraissait imminente. Voilà pourquoi, toutes affaires cessantes, nous devions foncer vers le sud, en renfort de nos collègues.

Devant le 36, nos six voitures étaient prêtes. Des armes, du matériel de transmission, des vêtements de rechange... En route pour Alès ! La BRI disposait de véhicules de modèles courants, ce qui était encore la meilleure manière de passer inaperçu. Nous avions aussi des motos, des mobylettes et même un taxi « bidon »... L'essentiel était de s'adapter au décor. Pour planquer dans Belleville ou en banlieue, un triporteur, une estafette ou une vieille 403 bâchée suffisaient. A Neuilly, en revanche, nous ne pouvions utiliser trop longtemps notre 403 : les vieilles dames appelaient police-secours pour signaler un véhicule étrange ! Nous devions évidemment tenir compte des moyens de l'adversaire et ne pas poursuivre un bolide avec une 4 L ou une mobylette ! Mais les truands, eux aussi, recherchaient la discrétion et ne roulaient pas tous en Mercedes ou en BMW...

Pour descendre dans le Gard, nous avions opté pour une demi-douzaine de voitures assez puissantes et une moto, pilotée par Robert Guitard.

Gratadeix nous attendait avec impatience car le « relais » se déplaçait beaucoup d'Alès à Bollène, dans le Vaucluse. Nos effectifs étaient répartis en conséquence, dans les deux villes. Pour ma part, je pris mes quartiers à Bollène, avec douze inspecteurs.

Généralement, par souci de discrétion, on ne signalait pas notre présence aux services locaux de police ou de gendarmerie. Mais comme cette mission provençale était appelée, selon toute vraisemblance, à se prolonger, j'étais bien obligé de le faire afin d'éviter toute méprise en cas d'arrestation.

Un soir, je me présente à la gendarmerie avec Gratadeix. J'explique à l'adjudant le but de notre séjour. Il s'engage à nous aider, tout en précisant qu'il doit au moins avertir le commandant de compagnie. Sa démarche est compréhensible, mais nous savons pertinemment qu'une confidence partagée à deux ou à trois, surtout dans une bourgade de province, est promise à la fuite.

« Grata » profite de notre passage chez les pandores pour changer les plaques de notre voiture, immatriculée « 75 ». Alors que je discute encore avec l'adjudant, un gendarme fait irruption dans le bureau :

– Chef, chef... il faut que je vous parle !

– Vous voyez bien que je suis occupé !

– C'est important, chef.

– Qu'y a-t-il ?

– Un type change les plaques d'une DS dans la cour... Dans la cour de la gendarmerie, chef !...

– Ah bon, vous avez vu ça... Vous en êtes sûr ?

– Affirmatif, chef. Et même que le type a une drôle de gueule, chef !

– Bon, écoutez, je suis au courant, je vous expliquerai. Surtout, n'en parlez à personne. D'accord ?

– Oui... oui... chef...

Le gendarme referme la porte, décontenancé par le comportement du gradé.

Nous qui souhaitions être discrets, c'était réussi ! Dès le lendemain matin, je décidai de prévenir tous les « képis » de Bollène, à eux de garder le secret. On installa ensuite notre poste de commandement dans une pièce attenante au local des motards. Peut-être aurions-nous dû commencer par là...

Une bande de costauds à l'accent parigot était d'autant plus repérable sur ces terres provençales que nous déjeunions chaque jour dans une brasserie très fréquentée. Après les gendarmes, on ne pouvait tout de même pas « affranchir » les clients ! On se fit donc passer pour une équipe de cinéma qui filmait des extérieurs dans la garrigue. A table, nos conversations portaient sur le tournage. Chacun commentait les dernières séquences, inventait des problèmes techniques. Un fou rire sans fin nous prenait dès que Dédé Bizeul ou Jean Quemener imitaient une star ou une autre !

Les clients ne se doutaient de rien et les serveuses, quoique déçues de ne pas reconnaître un seul visage célèbre, semblaient nous croire. Les dragueurs, Joseph et Bébert, ne purent s'empêcher de confier à l'une d'elles que le metteur en scène engageait de « jolies figurantes ». La nouvelle fit le tour de la ville, mais l'heure était venue de changer de cantine...

Les filatures nous menaient en effet à Bagnols-sur-Cèze. Et là, nouvelle péripétie : le patron de notre hôtel alerta le commissariat pour signaler la présence de « Parisiens un peu louches ». Les élections présidentielles approchant, nous étions selon lui des colleurs d'affiches ou des gros bras au service d'un candidat ! J'appelai aussitôt le chef de circonscription, un inspecteur divisionnaire, afin d'étouffer la rumeur. Il était temps de conclure cette histoire Balthazar Suarez !

Heureusement, tout allait s'accélérer à compter du 20 mai, le troisième dimanche du mois.

Il fait une chaleur torride dans la vallée du Rhône. Nous planquons aux abords de la gare de Valence. Sur le parking, à l'arrêt des bus, à la terrasse des bistrots... Selon des renseignements en provenance de Paris, c'est là, dans cette gare, que le porteur de la rançon sera contacté par les ravisseurs. Nous ignorons tout de ce porteur de rançon, un émissaire de la banque de Bilbao. Est-il jeune, vieux, grand, maigre, français, espagnol ?

Plusieurs personnes boivent un verre au buffet de la gare. Bébert Objois remarque un type d'une quarantaine d'années, si anxieux qu'il avale cul sec deux digestifs. L'infaillible flair du vétéran : c'est notre homme !

Après avoir reçu un appel téléphonique, il sort et prend le volant d'une DS. Commence alors le jeu de piste habituel. Il roule, on le suit. Il s'arrête, on attend.

Dans une cabine téléphonique, il trouve un message, puis nous conduit jusqu'à une église, à l'entrée de Bollène. Tandis qu'il s'éloigne un instant de sa voiture, un inconnu s'approche, ouvre le coffre, récupère trois sacs en plastique, contenant probablement la rançon. Postés dans les parages, des inspecteurs commentent tout cela par radio. Pour nous, le plus difficile est à venir. Il va falloir suivre la rançon afin de remonter aux ravisseurs.

Le soir même, l'un des responsables des GARI, caché dans une église de Bollène, récupère l'argent désormais réparti dans deux sacs de jute. Il passera la nuit dans le clocher en compagnie, semble-t-il, d'une jeune femme et, peut-être, d'une deuxième personne.

La journée du lendemain sera plus éprouvante encore. La filature des suspects nous conduit, en fin d'après-midi, près du pont d'Avignon. On n'y a jamais autant dansé ! Des voitures et une moto vont et viennent, ralentissent, repartent, des coffres s'ouvrent, se ferment, des sacs changent de mains. Prudents, les ravisseurs brouillent les pistes. Le type des GARI file en voiture, aussitôt suivi par des inspecteurs. Un autre suspect enfourche une 1000 Kawazaki, une jeune femme blottie derrière lui, assise sur un sac de billets.

Le couple fonce plein sud. 120, 150, 180 km/h... Nous nous relayons à trois pour ne pas attirer l'attention : la moto de Guitard et deux voitures, dont la mienne, une DS 23. Je suis au volant. Jean Quemener, le Breton à l'accent de Paname, se cramponne à ma droite. Nous avons peut-être suivi des cours de conduite rapide, à Montlhéry et au Mans, mais j'ai rarement roulé aussi vite ! Ce motard est un as, un champion de la « bécane ». Couché sur son engin, il zigzague entre les voitures.

Quarante kilomètres plus loin, il ralentit, quitte la nationale, s'engage sur une voie secondaire puis dévale un chemin de terre. Seul « Targui », sur sa moto, s'avance un peu, au ralenti. Dans la DS, nous patientons.

La nuit va tomber. Cinq, dix, vingt minutes... Le couple revient ; l'homme à l'avant, la femme à l'arrière. Selon Guitard, qui peut enfin rompre le silence radio, ils se sont juste arrêtés pour se donner du bon temps sur un matelas de billets de banque !

La filature recommence. Robert Guitard a pris du retard après l'épisode des galipettes. Il est hors course, de même que la deuxième voiture. Nous sommes désormais seuls, Quemener et moi, dans la DS. Filer un tel bolide est un exercice redoutable. Le motard, rusé au possible, accélère sur plusieurs kilomètres, ralentit brutalement, s'arrête ailleurs pour surprendre d'éventuels poursuivants. De temps à autre, je suis contraint d'éteindre mes lumières pour éviter qu'il voie toujours les mêmes phares dans son rétroviseur. A plus de 160 km/h, je me fie uniquement à ses feux arrière.

Minuit. Nous entrons dans Béziers. Le couple s'assied à la terrasse d'une brasserie. Nous sommes garés à cinquante mètres, dans une zone mal éclairée. L'angle de vision n'est pas idéal ; nous apercevons seulement la moto.

Quelques instants plus tard, je distingue dans mon rétroviseur un type athlétique, vêtu d'un blouson de cuir noir. D'un pas furtif, il longe les véhicules en stationnement. Je crois reconnaître le motard. Nous a-t-il repérés ? Ce n'est pas le moment de confirmer ses doutes. Il ne faut pas qu'il nous voie, du moins pas de face. Une seule solution me vient à l'esprit : basculer le siège de Quem et lui demander de retrousser ses jambières de pantalon.

Il me regarde, interloqué. Je me penche brusquement sur lui, comme le plus empressé des amants. Quem est plutôt grand, mince, regard vif et cheveux courts. Je tiens toutefois à préciser que nous nous contentons de simuler !

L'homme au blouson se tient près de la portière. Quem, qui fait le pitre en toutes circonstances, me trifouille les cheveux.

– Je n'ai jamais connu un commissaire qui embrassait comme vous !

Nous éclatons de rire. Je le tiens dans mes bras, il me dit des mots doux. On rigole à en pleurer. Ces « embrassades » durent une éternité. L'homme est toujours là, dans la pénombre ; il ne s'est rendu compte de rien. Nous non plus, d'ailleurs, car ce n'est pas le motard mais un voyeur venu se donner des sensations autour des voitures d'amoureux !

Jean Quemener était l'amuseur en chef de la BRI, le clown breton de nos nuits de planque. Il aurait pu faire du music-hall. Il ne pouvait aligner trois phrases sans emprunter un timbre de voix quelconque. Un surdoué de l'imitation ! Il fallait aussi l'entendre sur les ondes inter-voitures, quand il brisait d'une blague bienvenue la monotonie des heures d'attente. Ce policier de qualité savait également être sérieux et courageux. C'est au SRPJ de Rennes, chez lui, qu'il amuse désormais la galerie.

Constatant que le couple se dirige vers la moto, je m'écarte de Quem et je démarre en trombe. Le voyeur, se retrouve sur le trottoir, tout penaud, la main sur la braguette grande ouverte. Rideau ! Le spectacle est terminé !

La filature reprend. Elle s'achèvera en fin de nuit, non loin de Toulouse, à Villefranche-de-Lauragais, où nous cesserons de suivre le couple en apprenant que nos collègues de la Criminelle connaissent déjà son point de chute dans la région.

Au SRPJ de Toulouse, on nous annonce la libération de Balthazar Suarez en région parisienne. Le banquier a été relâché dans des conditions assez rocambolesques. Les ravisseurs ont pris contact avec un journaliste, Claude-Marie Vadrot, pour l'informer que l'otage l'attendait près du *Chalet du lac*, dans le bois de Vincennes. À l'aube, accompagné d'un confrère photographe, Vadrot a découvert Balthazar Suarez assis sur un banc, les yeux bandés, exténué par dix-neuf jours de détention. Au 36, Pierre Ottavioli a aussitôt lancé son chalut : neuf personnes ont été arrêtées à travers le pays, dont le motard et sa compagne. Une partie de la rançon a été récupérée.

Lors du procès, les inculpés nièrent toute responsabilité dans le rapt. Le responsable des GARI, qui avait joué, selon nous, un rôle déterminant, se posa en victime d'une machination de la police espagnole. Il affirma ignorer que l'argent provenait du rapt. D'après lui, il s'agissait seulement de fonds destinés à la lutte contre le régime franquiste. Il accusa l'homme d'Alès d'avoir tout manigancé avec Madrid. Celui-ci ne put répondre puisqu'il s'était volatilisé après la libération du banquier. La défense nous reprocha de l'avoir laissé déguerpir, ce qui était faux. Après l'épisode du pont d'Avignon nous avions décidé de suivre ceux qui s'étaient partagé la rançon et de relâcher notre surveillance sur le « relais » que nous pensions retrouver chez lui, à Alès. Nous avions peut-être eu tort mais on ne pouvait pas être partout et il avait fallu faire des choix.

Tous les inculpés furent acquittés. Selon la cour d'assises, rien ne prouvait qu'ils étaient coupables. Dans cette affaire, je dois l'admettre, des tractations parallèles avaient échappé au contrôle de la police française. Peut-être, aussi, des manipulations orchestrées par les services espagnols, désireux de piéger une poignée d'opposants à la dictature de Franco.

De ce dossier complexe, où se mêlaient la politique et les bricolages des services de renseignements, le droit commun et les magouilles en tout genre, je ne retiendrai que l'expédition d'une dizaine de jours, riche en souvenirs inoubliables. C'était l'un des bons côtés de notre vie : prendre du plaisir, apprécier les péripéties du quotidien, la complicité des copains, la gouaille d'un Frédo, l'humour d'un Quem ou de son équipier Jacques Marhuenda, alias la « voix d'or ».

Les planques, les filatures, les interventions, les coups durs forgent l'amitié. Dans les voitures, la nuit, les hommes discutent, s'écoutent, rigolent, s'engueulent, s'ignorent puis rigolent de nouveau. Aussi, quand nous nous réunissons vingt ans après, les premières histoires qui reviennent en mémoire ne concernent pas les affaires en elles-mêmes, du moins sous leur aspect « tableau de chasse ». Non, il est d'abord question des petits riens qui nous ont marqués. On se souvient ainsi des découvertes surprenantes : celle d'un braqueur en fuite intercepté sur un chantier par des ouvriers portugais qui l'avaient attaché avec des cordes ; ou encore ces bijoux volés qui mijotaient dans la bassine à couscous d'un restaurant arabe tandis que les flingues étaient enfouis dans un sac de semoule ! Toujours chez des Maghrébins, il y eut ces armes, ces perruques et ce magot que l'on chercha un moment avant de les dénicher sous les cuisses de l'énorme grand-mère qui écossait des petits pois assise sur un lit !

Une chose me frappait chez ces hommes de tempérament : leur relative timidité. La remarque peut étonner au regard des souvenirs évoqués ici, mais ils me surprenaient par leur sensibilité, leur humilité. Au sein de l'antigang, ils étaient décontractés, expansifs, volubiles ; beaucoup moins à l'extérieur. Ils ne jouaient ni les fiers-à-bras ni les « grandes gueules ».

Je crois que les hommes d'action, quels qu'ils soient, partagent des instants d'une telle intensité, vivent des moments si forts qu'ils s'épanouissent en vase clos, dans leur monde, en marge. Une fois sortis de ce contexte, ils semblent déstabilisés, voire détachés des autres réalités de la vie. Témoins quotidiens de la violence et des entourloupes en tous genres, ils ont tendance à prendre leurs distances, à se méfier de tout, comme pour se protéger. Attention, ce n'est pas une critique, juste un constat. D'ailleurs, j'étais comme eux : sitôt éloigné du « 36 », je n'aimais guère revenir sur mes activités d'antigang. Ma famille, mes amis me posaient des questions, brûlaient de connaître les coulisses de l'événement. Je comprenais leur curiosité. Ils ignoraient tout du monde de la pègre et, souvent, du véritable travail de la police. Ils s'inquiétaient pour moi à l'écoute des médias. Je leur devais bien des détails inconnus, des explications inédites. Pourtant, au risque de les décevoir, je rechignais souvent à raconter les affaires, hormis quelques anecdotes. J'étais sur la défensive, en retrait, réticent à toute confidence. La BRI était pour ainsi dire mon jardin secret, comme une vie dans la vie. Je redoutais d'être en deçà de la réalité, de ne pas trouver les mots pour traduire ce que j'avais ressenti avec mes inspecteurs, au cœur du danger, au plus fort de l'amitié. Je préférais profiter de ces instants de détente avec mes proches pour évoquer les souvenirs de rugby, les vacances en Charente, la vie normale.

Je ne parlais vraiment qu'à ma femme. Au soir d'une intervention, quand je rentrais à la maison tard dans la nuit, je racontais parfois ma journée. J'éprouvais le besoin d'évacuer un trop-plein de pression tout en veillant à ne pas importer au sein du foyer mon propre stress alimenté de peur, d'indignation ou de frustration. Alors, elle m'écoutait, des heures et des heures, souvent en somnolant. C'était devenu un rituel, à mi-chemin entre le professionnel et le privé, une sorte de rapport de fin d'affaire.

En dehors des périodes d'agitation, la brigade vivait au rythme des planques. Le midi, nous déjeunions à *La Cochonnaille*, un petit restaurant de Saint-Michel, ou encore au *Trou Milou*, sur les quais. Mais nous allions le plus souvent au mess, à côté de Notre-Dame. Si Yep avait surnommé l'endroit le « rat mort » pour des raisons que l'on imagine aisément, ce surnom était injustifié. Il était pire cantine que celle-là et nos salaires de fonctionnaires ne nous autorisaient pas des repas de gastronomes.

En vérité, tout était fonction du travail. Dans la mesure où une affaire en phase de repérage nécessite une présence continue sur le terrain, nous pratiquions une sorte de « 3×8 ». Les inspecteurs d'un même groupe se relayaient dans le sillage des voyous : vers 13 heures, l'équipe du matin cédait la place à celle de l'après-midi et déjeunait au « rat mort » ; l'équipe de l'après-midi restait jusqu'au soir ; l'équipe de nuit lui succédait dans l'attente du « coucher » des truands. Et ainsi de suite.

Ce mode de fonctionnement variait au moindre imprévu. Tout dépendait bien sûr des malfrats. Dès que leurs projets se précisaient, quand l'affaire semblait sur le point d'éclore, un ou plusieurs groupes venaient en renfort. Faute de « rat mort », nous nous contentions alors de sandwiches dans les voitures ou de casse-croûte plus copieux, mangés à l'écart, dans un coin tranquille. Un volontaire se chargeait du ravitaillement. Jambon, fromage, tablettes de chocolat... Et nous « saucissonnions » à tour de rôle, à trois ou quatre. Il y avait aussi, parmi nous, quelques cas originaux : le petit Roger et ses châtaignes ; Jacques Chaix, l'élégant 5/5, qui grignotait des raisins et des fruits secs... L'été, nous avions des réserves d'eau minérale et beaucoup de fruits. Ces détails culinaires peuvent paraître dérisoires mais ils avaient leur importance, tant sur le plan physique que pour le moral.

Ces pique-niques improvisés, ces moments privilégiés où l'on partageait le camembert et les rillettes renforçaient les liens qui pouvaient nous unir. Ils nous valaient aussi, auprès de nos collègues du « 36 », une réputation de gros mangeurs, prêts à planquer n'importe quand et à filer n'importe qui, du moment qu'ils avaient de quoi « survivre ». Foucher, un commissaire de la Criminelle, répétait à ce propos : « On peut tout demander à ces types de la BRI mais leur premier souci, quand ils commencent une planque, est de savoir comment ils vont s'organiser pour manger ! »

Au terme d'une opération importante, il arrivait que l'on fête notre réussite dans un restaurant repéré lors des planques. Ces repas contribuaient à maintenir une ambiance particulière. Ils n'étaient pas sans ressembler aux « troisièmes mi-temps » de rugby, quand la tension retombe pour faire place aux rires et aux chansons. Le rire était l'affaire des pitres du service : Jean Quemener, bien sûr ; Georges Héritier, le spécialiste des histoires de chasse à la Tartarin ; Raymond d'Authier, dit « le Comte » (l'était-il vraiment ? On ne l'a jamais su !), le roi des galéjades... La chanson, c'était le domaine réservé de Frédo et de son *Duc de Bordeaux* mais il y avait aussi Jean-Pierre Moreau et son rituel « boudin » des légionnaires. Ces festivités nous emmenaient jusqu'au petit matin, creusant encore davantage notre déficit de sommeil.

Une fois l'an, nous organisions le banquet de la brigade. Une occasion de réunir anciens et nouveaux. Apéro, méchoui, souvenirs, tournoi de pétanque, petits excès... Le clou de la journée était l'intervention du petit Roger, l'athlète de poche, râblé et robuste, aux yeux aussi bleus que le ciel de son île. Le genre d'homme qu'une seule poignée de main, un simple regard suffisent à cerner tant il salue franchement, scrute sans détour. En fin de repas, il montait sur une chaise pour nous parler de « grossu minutu » (prononcer « minoute »), un personnage qui a réponse à tout, autrement dit une histoire qui ne se termine jamais... Comme tout le monde voulait l'empêcher de continuer, il parlait fort, toujours plus fort, de plus en plus fort. Le récit durait un bon moment et s'achevait dans les cris, les rires et les applaudissements. Pas un seul d'entre nous, même parmi ceux qui n'ont pas manqué un banquet depuis plus de vingt ans (la tradition est encore respectée), ne serait aujourd'hui capable d'expliquer ce qu'a bien pu faire cette fameuse « grossu minutu » dont le petit Roger, désormais à la retraite dans son Cap, a voulu nous parler pendant tant d'années...

De même, la sortie annuelle cycliste (150-200 km !) était l'occasion de vivre des moments mémorables, les « commissaires de course » – en l'occurrence des inspecteurs – se montrant impitoyables à l'égard de la hiérarchie !

Ces périodes de décompression étaient indispensables. La réussite d'une telle brigade passait par une cohésion sans faille, une totale complicité entre les hommes. C'était, en tout cas, ma conception de la BRI. Peut-être étais-je trop influencé par mon passé de rugbyman ? A cette époque, quelques journalistes raillaient notre côté « bande de mecs ». Ils me présentaient comme un baroudeur machiste, enclin à célébrer le culte de l'amitié virile. Ces clichés, qui fleuraient le sable chaud et la Légion étrangère, relevaient de la caricature trop facile. Malgré tout, loin de m'en offusquer, je les percevais comme des compliments. Si nous n'étions pas des « baroudeurs » au sens militaire du terme, nous entretenions, c'est vrai, des relations privilégiées. Etait-ce critiquable ? Avais-je tendance à les diriger à la manière d'un pilier commandant un pack d'avants ? Quelques-uns me l'ont reproché. Faute de pouvoir s'intégrer, ils n'ont fait que transiter par l'antigang. Tous les autres sont restés des amis.

L'Armée rouge en bout de piste

Un commando, des négociations, des heures d'attente... Le scénario classique de la prise d'otages politique, auquel j'avais été initié à l'ambassade d'Arabie Saoudite, se répéta souvent au cours des années soixante-dix. Je sais qu'aujourd'hui, à l'approche de l'an 2000, cette décennie du terrorisme paraît fort lointaine. C'était le temps de l'URSS toute-puissante, des Palestiniens en lutte contre Israël, des extrémistes allemands, italiens, japonais, français... Une autre époque, un autre monde.

Plongé dans ces réalités qui n'étaient pas celles de mon quotidien d'antigang, je pouvais mesurer la complexité de la « raison d'Etat ». Sournoise, elle se cache toujours entre ombre et lumière, dans les coulisses des ministères et des services diplomatiques, contraignant le policier à naviguer au plus juste sans connaître toutes les données du problème qui lui est posé. Les intérêts et les enjeux sont tels qu'il éprouve un sentiment d'impuissance, l'impression d'être propulsé sur un échiquier dont les pièces sont manipulées par des mains invisibles. C'est cela, et rien d'autre, la « raison d'Etat » : de l'impalpable, du fuyant, de l'éphémère qui va qui vient au gré des brouilles, des alliances et des rabibochages diplomatiques.

Ce drôle de jeu n'était pas vraiment le mien ni celui des autres membres de la brigade anticommando. Nous lui préférions la lutte contre le banditisme, plus claire, plus franche à notre goût. Mais la violence politique était d'actualité et nous devions composer avec ces nouveaux paramètres. Il fallait s'adapter, trouver des repères, ceci en dépit de l'attitude parfois déroutante de certains gouvernements, comme celui des Pays-Bas lors d'une affaire à La Haye, en 1974.

Le vendredi 13 septembre, à 16 h 45, trois terroristes de l'Armée rouge japonaise font irruption dans l'ambassade de France, équipés de mitraillettes et de grenades. Ils menacent les onze personnes – dont l'ambassadeur, Jacques Senard – qui se trouvent alors dans le bâtiment. Barricadés dans le bureau du diplomate, ils exigent la libération de l'un des leurs, emprisonné à Paris, un certain Yutaka Furuya, trente-cinq ans, arrêté le 26 juillet à Orly en provenance du Liban.

Personne ne doute de la détermination de ces kamikazes d'extrême gauche. En arrivant sur place, ils n'ont pas hésité à ouvrir le feu, blessant grièvement deux policiers. Il est vrai que leur organisation entretient de si bonnes relations avec l'OLP que ses militants les plus actifs suivent des entraînements intensifs dans les camps palestiniens. Le 30 mai 1972, ce sont d'ailleurs trois jeunes Japonais qui ont tiré dans la foule à l'aéroport de Tel-Aviv (vingt-huit morts et soixante-seize blessés).

Bien que la Direction de la surveillance du territoire (DST) présente Furuya comme un terroriste de premier plan, les autorités françaises sont surprises par l'opération de La Haye. Pourquoi prendre de tels risques alors qu'il doit sortir de prison dans deux ou trois mois ? Aucune charge n'a été retenue contre lui pour son appartenance présumée à ce mouvement. Il a juste été « accroché » pour recel de faux documents administratifs (trois passeports) et introduction dans notre pays de fausse monnaie étrangère (10 000 dollars). Rien de bien méchant.

Ses camarades craignent-ils qu'il se montre bavard ? Le considèrent-ils comme un traître ? L'Armée rouge veut-elle connaître l'étendue des dégâts dans ses réseaux parisiens ?

Paris hésite un moment sur la conduite à tenir. La DST souhaiterait que Furuya, à l'évidence très apprécié de ses camarades, prolonge son séjour dans nos prisons mais elle n'obtiendra pas satisfaction. En fin d'après-midi, la décision tombe : la brigade anticommando devra l'escorter jusqu'à La Haye en prévision d'un éventuel échange avec les otages. Le préfet de police, Jean Paolini, se rend à la maison d'arrêt de la Santé et règle les formalités administratives de sa libération.

Encadré par un groupe de la BAC, le Japonais arrive à l'aéroport de Villacoublay. C'est un homme de taille moyenne, aux allures de gymnaste, bien charpenté, au visage carré, aux cheveux courts, vêtu d'un costume sombre et d'une chemise rose.

Yutaka Furuya n'est probablement pas son vrai nom. Sa véritable identité serait Yamada Yoshiaki, né en 1949, à Kyoto. Il est suspecté d'avoir participé à un attentat contre une raffinerie Shell, à Singapour, le 31 janvier 1974. A nos collègues d'Orly qui l'ont interpellé, il a confié : « Je suis marxiste léniniste. J'agis par idéologie, pour le compte des Palestiniens de l'OLP, en tant que sympathisant, de même que pour l'Armée rouge japonaise. Je suis sans emploi. L'OLP subvient à mes besoins. J'ai été arrêté par la police japonaise à la suite de ma participation à des manifestations. Je crains Israël, la Jordanie, l'Arabie Saoudite et les Etats-Unis, je crains pour ma vie. »

Paolini me donne ses instructions. Outre le transfert de Furuya, je suis mandaté pour participer aux négociations et procéder à une intervention dans l'ambassade. Le Premier ministre, Jacques Chirac, et le ministre de l'Intérieur, Michel Poniatowski, envisagent cette éventualité. En revanche, contrairement à ce qu'affirmeront par la suite quelques journalistes, je n'ai pas reçu l'ordre d'abattre Furuya si les terroristes tuaient un otage ! En favorisant la « fuite » d'une telle information, les autorités françaises souhaitaient peut-être impressionner l'adversaire...

Vers 21 heures, peu avant le décollage, Paolini reçoit un appel de Jacques Chirac. Le chef du gouvernement s'inquiète des réactions du prisonnier.

– Que dit-il ? Est-il d'accord pour partir au moins ?

– Il ne dit rien, monsieur le Premier ministre, répond le préfet. Il ne parle pas, il rigole !

– Comment ça, il ne dit rien ? s'étonne Jacques Chirac.

– Quand je lui annonce qu'il sera fusillé si cela tourne mal, il rigole de plus belle ! Ce type m'énerve, je ne veux plus le voir. Que Broussard l'emmène !

Paolini me transmet le combiné. Chirac souhaite me parler.

– C'est incroyable, cette histoire ! Quoi qu'il en soit, restez ferme, nous ne céderons pas. Bonne chance, monsieur le commissaire, je vous dis... plein de choses, enfin vous comprenez...

– Je comprends, monsieur le Premier ministre, je comprends.

Nous sommes seize à prendre place dans les deux Mystère 20 du GLAM. Je monte dans le même avion que Furuya. Les inspecteurs le surveillent à tour de rôle. Michel Gratadeix est présent, de même que le marathonien Roland Bernard et l'élégant Freddy Breut, tireur de talent.

Je profite d'un moment de répit pour examiner la situation à tête reposée. Là-bas, à La Haye, il y a donc onze otages, deux femmes et neuf hommes. Il s'agit de diplomates, d'employés de l'ambassade et de chefs d'entreprise. Dans la mesure où le bâtiment est considéré comme un territoire français, une intervention est possible. Les Néerlandais seront-ils disposés à coopérer ? Rien n'est moins sûr. Quelque chose me dit qu'ils préféreront laisser les Français se débrouiller avec « leur » affaire...

23 heures. Schipol, l'aéroport d'Amsterdam. Seuls le directeur général de la Police nationale, Louis Verger, et le directeur de la PJ parisienne, Jean Ducret, se rendent à l'ambassade, à quarante-cinq kilomètres de là. De notre côté, nous ne quittons pas les Mystère 20 immobilisés sur les pistes désertes. La navigation aérienne a été interrompue, l'armée quadrille tout le secteur, une automitrailleuse et des soldats en armes ont été déployés autour de nos deux appareils. A bord, personne ne peut encore imaginer que nous végéterons ainsi plus de quatre jours, à un kilomètre de l'aérogare, dans des conditions dont la presse n'aura jamais connaissance.

Dans l'immédiat, il me faut à tout prix amadouer les Néerlandais. Pressés d'en finir avec cette affaire, ils ne comprennent pas pourquoi nous restons à l'aéroport avec Furuya. Or je dois leur faire admettre qu'un échange ne saurait se conclure en quelques heures et que nous voulons obtenir des garanties de la part du commando avant d'aller éventuellement sur place.

Notre principal interlocuteur, du côté néerlandais, est un homme d'une cinquantaine d'années, si antipathique et autoritaire que nous le surnommons d'emblée l'« officiel ».

Nos relations vont très vite se détériorer. Les Néerlandais demandent à interroger Furuya en dehors de toute présence française ? Je refuse. Ils exigent que nous laissions nos armes à bord avant de le conduire à l'ambassade ? Je m'y oppose. Vexés, ils se montrent plus avenants avec notre prisonnier qu'avec nous et lui proposent de la lecture, des boissons, de la nourriture, sous le regard envieux des anticommandos affamés. Partis de Paris en catastrophe, nous n'avons emporté aucune provision et nos hôtes ne semblent pas disposés à nous ravitailler. Cette situation amuse le Japonais qui en profite pour se plaindre auprès de l'« officiel » : « les Français ont trop serré mes menottes » ; « les Français m'empêchent de lire » ; « les Français ne veulent pas me donner mes lunettes de soleil ! » ; « les Français », « les Français », « les Français »...

Vers 1 heure du matin, une voiture radio se gare devant notre avion. En marge des pourparlers engagés à La Haye, d'autres négociations vont être menées depuis cette voiture.

Je m'y installe avec Furuya. Comme il n'en finit plus de féliciter ses camarades, je centre la discussion sur les tractations. La conversation se fait tantôt en français tantôt en anglais. J'abrège néanmoins l'entretien car les Japonais ne doivent pas avoir le temps d'échanger des renseignements en langage codé.

Outre la libération de leur compagnon et une rançon d'un million de dollars, ils réclament un Boeing, piloté par un équipage français. Ils veulent aussi emporter leurs armes et garder l'ambassadeur.

Nous savons qu'ils sont capables d'exécuter les otages. Au mois de février 1972, au Japon, alors que trente d'entre eux s'étaient réunis dans une villa afin d'établir la stratégie du mouvement, des tensions étaient apparues. A l'issue d'un procès « populaire », une moitié des combattants avait exterminé l'autre, soit quatorze personnes, dont une femme enceinte de huit mois...

L'intransigeance du commando nous oblige à montrer à notre tour notre détermination, sous peine de perdre la partie d'entrée de jeu. Sur mon initiative, et non sur ordre de Paris, nous décidons d'intimider Furuya. Un coup de bluff, en somme.

A l'issue de l'entretien, il est reconduit sans ménagement dans l'avion. Gratadeix lui entrave le pied gauche et le poignet droit avec deux paires de menottes reliées au siège. Un autre inspecteur s'approche et braque un 357 Magnum sur sa tempe.

– Si tes copains tuent un seul otage, on t'abat. Compris ?

Il ne réagit pas, stupéfiant de sang-froid.

Ce type d'avertissement ne saurait être efficace avec un terroriste de son rang. Il sait bien que l'exécution d'un homme ne se décide pas de la sorte. En pariant sur sa naïveté, sur sa méconnaissance de l'Occident, nous avons commis une erreur de débutants. C'est un échec. A vouloir progresser trop vite, nous avons entamé notre capital de crédibilité. Il faudra inventer autre chose.

C'est la fin de l'été mais la nuit est froide et brumeuse, le vent souffle en rafales. Une odeur de kérosène s'infiltre dans les Mystère 20 et imprègne les vêtements. Isolés sur une langue de bitume en rase campagne, nous n'avons qu'une vague idée de la situation à La Haye, où un poste de commandement a été établi dans l'ambassade des Etats-Unis, voisine du bâtiment français.

A Schipol, les journalistes ont investi les salles d'attente de l'aérogare, témoins lointains d'un drame qui se joue à la fois dans la capitale et dans ces avions dont les caméras devinent à peine les fuselages. Dans leurs interventions, les reporters relèvent une coïncidence historique : c'est justement à La Haye que fut ratifiée la convention de 1907 condamnant les prises d'otages !

Furuya communique à nouveau avec ses amis, pour les informer de nos menaces. Son attitude est de plus en plus déroutante. Silencieux et impassible dans l'avion, il devient soudain prolixe au téléphone. A le voir se métamorphoser ainsi, on devine un homme tourmenté qui joue un rôle dès qu'il parle avec ses camarades. Est-il vraiment si impatient de les voir ? Nous commençons à en douter car il prétend maintenant apprécier notre compagnie au point de qualifier la France de « grand pays démocratique » ! Notre coup de bluff n'a vraiment eu aucun effet. Je m'approche. Il sourit.

– Tu te fous de ma gueule, hein ! On n'est pas ici pour plaisanter ! On va aller les chercher, tes copains, et j'espère pour toi que tout va bien se passer !

– Mais je n'ai rien demandé, moi ! Ces types-là ne sont pas mes copains. Il n'est pas question que je parte avec eux !

– Comment ça ? Tu ne veux pas partir ?

– Je ne sais pas pourquoi ils ont fait ça, je ne les connais pas, je veux retourner en prison !

« Retourner en prison ! » Il veut « retourner en prison » ! Je file appeler Verger, le directeur général, qui est toujours à La Haye avec Jean Ducret.

– Il ne veut pas partir ! Je crois qu'il a peur de se faire descendre par les autres.

– Tout s'explique ! s'exclame Verger. Ils veulent l'empêcher de parler. Nous devons le convaincre ou bien notre plan sera fichu et le leur avec. Ils sont déchaînés, ils vont nous tuer un otage !

– Si je comprends bien, il faudrait qu'il ait davantage la trouille de nous que de ses copains.

– C'est tout à fait ça !

La stratégie de l'intimidation ayant montré ses limites, j'ignore comment nous allons le convaincre.

De retour aux avions, une nouvelle surprise m'attend. Alain

Floquet, l'un des moniteurs de sport de la BAC, s'est placé devant Furuya. Les deux hommes s'observent en silence. Le Japonais a décelé en lui un champion d'arts martiaux, l'un des meilleurs spécialistes mondiaux d'aïkido et de kendo. En apprenant son nom, Furuya se redresse tant bien que mal, gêné qu'il est par ses menottes. Il salue notre collègue à la manière d'un judoka, comme s'il avait enfin rencontré son maître !

– Il ne manquait plus que ça, une raison de plus pour ne pas nous quitter !

– Ne vous inquiétez pas, rétorque Floquet, je vais le persuader de partir, laissez-moi faire...

3 h 30 du matin. Les hommes du commando exigent que leur compatriote soit conduit à l'ambassade :

– Amenez-le immédiatement ou l'on exécute un otage toutes les heures !

Notre réponse ne varie pas. Il est hors de question de le livrer avant la libération du dernier otage. Nous avons en fait adopté une position classique : faire le premier pas (venir aux Pays-Bas), de manière à instaurer un dialogue, et enclencher ensuite un processus de concessions réciproques. Autrement dit, lâcher du lest puis résister. Les trois hommes savent que si nous avons sorti leur camarade de prison, c'est pour obtenir un accord. Dans le cas contraire, nos appareils pourraient redécoller pour Paris.

Enfermés au quatrième étage, ils refusent toute nourriture par crainte de somnifères et demeurent impressionnants de détermination, plus encore que les Palestiniens de l'ambassade d'Arabie Saoudite. De vrais militants en service commandé, prêts à mourir pour leur cause. Convaincus de leur destin de héros, engagés dans un combat inégal contre le « système », peu leur importe d'être pris au piège de leur propre folie, de tomber en martyrs derrière leur mur d'intransigeance. Face à un tel comportement, dicté par des convictions profondes et non par le seul instinct de survie – comme c'est le cas avec des truands –, le négociateur se sent d'abord désarmé. L'expérience aidant, il refait ensuite surface, trouve des raisons d'espérer ou, tout du moins, de ne plus douter.

Samedi 14 septembre. Les Néerlandais suggèrent que les Japonais et leurs otages embarquent dans un avion à destination de la France ou d'un autre pays. En clair, « allez régler vos problèmes loin de chez nous ». Ce bel exemple de solidarité européenne nous scandalise d'autant plus que cette proposition a été formulée directement au commando sans que nous ayons été consultés auparavant. La réplique du gouvernement Chirac ne se fait pas attendre : l'échange devra avoir lieu aux Pays-Bas, nulle part ailleurs.

Il n'empêche que l'attitude mielleuse des autorités locales fait courir un danger aux otages. Rien n'est plus néfaste, en effet, que des négociations parallèles qui échappent au contrôle des hommes de terrain. Il est essentiel de garder constamment le contact, d'être au cœur des pourparlers, de s'exprimer d'une même voix, sous peine de perdre toute crédibilité aux yeux des terroristes.

Durant plus de vingt-quatre heures, les négociations ne progressent pas.

Nous cherchons pourtant à user Furuya et ses trois complices en ne leur accordant pas le moindre instant de répit. Il faut discuter, parlementer, souffler le chaud et le froid, rassurer puis inquiéter. Notre prisonnier, plus résistant que prévu, se contente de quelques minutes de sommeil, grappillées de-ci de-là, comme si cette attente prolongée le perturbait à peine. Même gêné par ses menottes, il se livre à d'étonnants exercices d'assouplissement : il se contorsionne et, du front, vient toucher ses genoux ! Me Floquet l'imite aussitôt.

Dimanche matin. Voilà trente-six heures que nous sommes à Schipol. Le Mystère 20 n'est guère spacieux. Un passage étroit sépare les rangées de sièges. Le plafond est si bas que le grand Gérard Vervoort, moniteur de sport et deuxième ligne de rugby, doit se déplacer plié en deux. Dans la journée, les gars peuvent se dégourdir les jambes sur la piste mais, la nuit, nous n'avons pas le droit de sortir et nous dormons à tour de rôle. A l'incertitude de l'attente s'ajoute l'inconfort. Nous n'avons aucun vêtement de rechange, aucune possibilité de prendre une douche.

Il y a au moins un point positif : nos relations avec le Japonais se sont normalisées. C'est un drôle de type, imprévisible, énigmatique. Il a beau méditer des heures durant, il ne peut dissimuler son anxiété, comme s'il préférait bel et bien rentrer en France. Le dimanche matin, il insiste toutefois auprès de ses compatriotes pour qu'ils négocient avec nous comme s'il prenait soudain conscience de notre importance. Personne, ni les trois terroristes ni les autorités néerlandaises, ne nous croit capables de rebrousser chemin. Ils se trompent. Enfin à moitié... Nous allons en effet tenter un coup de bluff pour faire croire à un départ précipité.

Freddy Breut, de la taille et de la corpulence de Furuya, vêtu à peu près comme lui, descend de l'appareil la tête couverte d'une serviette de toilette. Encadré par deux collègues, il s'engouffre dans le second avion, distant d'une soixantaine de mètres.

Les réacteurs commencent à vrombir. Dans l'aérogare, les journalistes s'agitent : « Furuya va partir ! » Même s'ils ignorent ce qui se passe exactement, certains envoyés spéciaux français commencent à évoquer des frictions entre La Haye et Paris. Sur la piste, c'est l'affolement. Les Néerlandais, qui refusent de nous laisser décoller, placent une auto-mitrailleuse devant l'appareil, canon pointé vers le cockpit !

Bien sûr, Furuya est toujours à mes côtés, dans le premier avion. Il n'a jamais été question qu'il parte, mais il était important d'affoler ses amis et de rappeler les Néerlandais à la plus élémentaire solidarité. Objectif atteint : alors que l' « officiel », furieux, me reproche cette initiative, les terroristes, à l'écoute des radios, comprennent qu'un retour sur Paris, donc un échec de leur opération, est envisageable.

Ils garderont néanmoins le silence tout au long de la matinée de dimanche, signe que la partie de poker est entrée dans une nouvelle phase. Le temps de l'observation est révolu.

Ce faux départ n'a pas amélioré nos relations avec l' « officiel ». Furuya n'en a cure, lui qui obtient tout ce qu'il désire. Comme au restaurant, il compose le menu de son choix tandis que nous devons nous contenter de plats froids, peu appétissants. Floquet lui suggère de « gonfler » un peu sa commande. Bon prince, il réclame plusieurs entrées, du rosbif, du poulet, des frites, du fromage et des fruits en quantité...

Dans l'attente du festin annoncé, une voiture me conduit à l'aérogare où, paraît-il, on me demande au téléphone. Après avoir patienté un quart d'heure, seul dans un bureau vide, je flaire le piège. Nos hôtes bataves voudraient me tenir à l'écart qu'ils n'agiraient pas autrement. Je m'éclipse en empruntant un passage souterrain non gardé par les militaires et je parviens sur la piste. C'est au volant d'un chariot électrique, utilisé pour transporter les bagages, que je regagne les Mystère 20 !

Parvenu devant l'avion, j'aperçois l' « officiel », plus excité que jamais. Avec lui, sur la passerelle, un photographe et un cameraman. Intrigués par l'appétit du Japonais, ils désiraient le filmer en train de déjeuner ! Pressentant mon refus, il avait tablé sur l'accord de mes hommes et s'était arrangé pour que je m'absente. Une manœuvre inutile, puisque mes inspecteurs ont refusé de les laisser monter.

Nous avons toujours aussi faim. Lorsque les commandes de Furuya ne suffisent pas, deux inspecteurs parviennent, avec la complicité discrète des militaires, à rejoindre les sous-sols de l'aéroport pour aller chercher du ravitaillement ! Un pilote parvient même à préparer une salade de pissenlits (ramassés sur place), dégustée avec un châteauneuf-du-pape déniché dans la réserve de l'avion ministériel ! Notre situation confine au ridicule. L'attitude d'une poignée de hauts fonctionnaires locaux prêterait à rire si, dans le même temps, onze personnes n'étaient pas retenues à La Haye. Cette succession d'incidents contribue à compliquer la situation et à attiser les tensions.

A 17 h 20, une nouvelle en provenance de Paris accentue encore la nervosité ambiante : un attentat au drugstore de Saint-Germain-des-Prés a fait deux morts et trente-quatre blessés. Existe-t-il un lien entre cette action [1] et notre affaire ? Nous l'ignorons. De toute façon, le résultat est identique : de tels actes terroristes incitent l'opinion à exiger davantage de fermeté.

Sur l'ensemble du territoire national, la sécurité des lieux publics est renforcée. Le GIGN est en alerte, de même que les membres de la BAC restés à Paris, soit une quarantaine d'hommes. En mon absence, ils sont sous la direction de Frédo, le grognard du 36.

Les terroristes de La Haye, s'ils ne font pas allusion au drugstore, demeurent d'une agressivité inouïe dans leurs propos. Ils réclament toujours Furuya, la rançon et un avion. Mais le gouvernement français ne fléchit pas : l'échange devra avoir lieu aux Pays-Bas, avec l'aval du gouvernement néerlandais. Dans un communiqué, Matignon précise que l'équipage de l'avion exigé par le commando ne sera en aucun cas de nationalité française. Jacques Chirac refuse que de nouveaux otages, les pilotes, se substituent à ceux de l'ambassade.

Lundi matin. Une nuit de plus. Le brouillard se lève sur les pistes, dévoilant les Mystère 20, aussi immobiles que deux vieux coucous offerts aux intempéries et à l'oubli. Nous tentons encore de convaincre Furuya de partir avec ses camarades. Il hésite, ter-

1. Cet attentat a été revendiqué cinq ans plus tard, le 13 décembre 1979, par le terroriste vénézuélien Illich Ramirez Sanchez, alias Carlos. Il voulait, semble-t-il, aider le commando de La Haye en accentuant la pression sur les autorités françaises. Arrêté au Soudan et extradé vers la France le 15 août 1994, Carlos devrait répondre de cet attentat devant la justice française.

giverse, tout en sachant qu'un refus équivaudrait, dans leur esprit, à un aveu de mauvaise conscience.

A l'ambassade, la situation a pourtant évolué. Vers 4 heures, deux jeunes femmes ont été libérées en échange de l'arrivée à Schipol, dans le milieu de la nuit, d'un Boeing 707 français en provenance de Paris. L'appareil, qui devra emmener les Japonais hors des Pays-Bas si un accord est trouvé, s'est posé ventre à terre, le train d'atterrissage a été endommagé. Cet incident provoque une nouvelle colère de l'« officiel », qui nous accuse d'avoir choisi volontairement un appareil défaillant.

Visiblement, les Pays-Bas sont toujours aussi pressés de se débarrasser des Japonais et... des Français. S'exprimant devant les journalistes, le Premier ministre, Joop Den Uyl, déclare : « Les terroristes sont très nerveux, nous avons en face de nous des personnes qui commencent à donner des signes d'épuisement et dont les réactions peuvent être imprévisibles. Ils veulent partir mais ils ont peur d'être abattus à leur arrivée à l'aéroport. Ils annoncent que l'ultimatum expire mardi matin 8 h 30. Alors, ils commenceront à exécuter les neuf otages. »

La nuit de lundi à mardi est semblable aux précédentes. Froide, humide, venteuse. Si l'attente est pénible pour nous, elle l'est davantage encore pour les neuf otages restants, dont on peut imaginer les conditions de vie après trois jours de séquestration. Avouons-le, le temps ne joue pas forcément en notre faveur. L'opinion publique peut, sous l'influence des médias, pousser à une issue rapide, quitte à céder au chantage. Heureusement, Paris saura rester suffisamment ferme pour contraindre La Haye à peser enfin de tout son poids. Comme quoi, avec un peu de bonne volonté...

Ce brusque changement de cap des Pays-Bas, résultat direct de discussions serrées entre les deux gouvernements, débloque la situation : la rançon réclamée passe d'un million à trois cent mille dollars ; un équipage composé de volontaires – deux pilotes néerlandais et un mécanicien britannique – est constitué, moyennant une prime de 200 000 francs chacun ; les modalités du départ, la libération des otages et celle de Furuya, le versement de la rançon, tout est préparé dans les moindres détails. Français et Néerlandais agissent enfin de concert.

Furuya, lui, ne change pas. Au téléphone avec ses amis, il a l'air ravi ; sitôt le combiné raccroché, il ne peut cacher son appréhension. S'il part, ce sera vraiment à contrecœur.

Mardi, en fin de matinée, alors que l'échange est prévu dans la soirée, l' « officiel » nous réserve une ultime surprise. Un cadeau d'adieu pour le Japonais !

– C'est un petit souvenir, prévient-il, une tasse et une soucoupe frappées de l'écusson de la gendarmerie. Je veux voir M. Furuya.

Assis en haut de la passerelle, celui-ci se dit « très honoré ». Nous sommes, pour notre part, scandalisés qu'un terroriste ait droit à tant d'égards !

Roland Bernard ne tient plus en place. « Je vous l'ai déjà dit, cet officiel est un vrai con, il m'énerve depuis le début... » répète-t-il à voix basse. Connaissant le tempérament impulsif du marathonien, je lui demande de se calmer et j'entreprends de ranger moi-même le cadeau dans la mallette de Furuya. Malheureusement, la fermeture – un peu trop brutale – provoque des dégâts. Au bruit, on jurerait de la vaisselle cassée ! Comble de malchance et de maladresse, la clef a disparu ! Impossible d'ouvrir la mallette et de recoller les morceaux. Furuya hurle, trépigne, m'insulte. L' « officiel » m'accuse d'avoir « fait-exprès-fausse-manœuvre », ce que je nie en secouant la mallette sous l'œil goguenard des inspecteurs et des pilotes. Les militaires présents nous feront part de leur honte devant l'initiative de leur compatriote.

Vexé, ce dernier se dirige, je ne sais trop pourquoi, vers le deuxième appareil. Mais il revient presque aussitôt, l'arcade sourcilière gonflée d'un magnifique « œuf de pigeon » ! Après s'être montré, il claque des talons et fonce vers l'aérogare à bord de sa Jeep. Roland, qui s'était éloigné, n'a pas résisté à l'envie de lui offrir un souvenir du Quai des Orfèvres...

Une heure plus tard, Jacques Chirac m'appelle de Matignon.

– Que se passe-t-il ? Je veux connaître la vérité, vous m'entendez ?

– C'est très simple, monsieur le Premier ministre. Un responsable de la police a remis un souvenir personnel à Furuya, en l'occurrence un service à thé portant l'écusson de la gendarmerie... L'un de mes hommes n'a pas apprécié et je le soupçonne de lui avoir mis un marron. J'admets que le moment est mal choisi mais une telle démarche à l'égard d'un terroriste, en pleine prise d'otages, c'est vraiment inqualifiable !

– Qu'est-ce que c'est que cette histoire ? C'est ahurissant ! Vous me dites bien la vérité ?

– Vous avez ma parole, monsieur le Premier ministre.

– Je ne peux pas dire qu'il ait eu raison, mais bon, enfin, je vais voir ça...

Dans l'après-midi, une délégation de la police néerlandaise viendra nous présenter ses excuses. L'« officiel » disparaîtra de la circulation.

L'affaire entre maintenant dans une phase décisive.

A 21 heures, les terroristes quittent l'ambassade avec six otages, montent dans un bus mis à leur disposition. Craignant une attaque à l'aide de gaz, ils brisent partiellement deux ou trois vitres à coups de crosse. Les fenêtres sont masquées. Le quartier a été évacué, la circulation est interdite sur la route de l'aéroport.

Schipol s'impatiente en silence, drapé dans la brume d'une soirée plus lugubre encore que les précédentes. Le trafic aérien a été totalement interrompu, les lumières s'éteignent les unes après les autres. A bord des Mystère 20, nous sommes convaincus que cette affaire est trop folle pour que tout se déroule comme prévu. L'échange nous réserve effectivement des surprises dont la presse n'aura jamais connaissance dans le détail.

Vers 21 h 45, une estafette s'approche de notre avion. Trois diplomates (un Néerlandais, un Japonais, un Egyptien) ainsi que Jean Ducret, le directeur de la PJ, viennent chercher Furuya. Celui-ci admet qu'il n'a plus le choix. Je m'assieds à ses côtés dans l'estafette. Nous roulons tous feux éteints vers l'autre extrémité de l'aéroport. De plus en plus anxieux, il ne cesse de compter la rançon, de vérifier l'authenticité des billets, de palper les liasses.

L'estafette s'immobilise près d'un haut grillage.

L'autobus du commando arrive alors de l'autre côté de la clôture. L'un des preneurs d'otages, la tête encagoulée, se montre par le trou d'une vitre brisée. Il fait un signe de la main, escomptant une réponse de Furuya. Ce dernier ne réagit pas. Pris de panique, il se jette sous la banquette.

– Non, non, ils vont nous tuer, cachez-vous, ils vont tirer!

Là-bas, le terroriste s'énerve, il hurle en brandissant sa mitraillette. J'agrippe notre prisonnier par les épaules pour le contraindre à répondre mais il est paralysé de terreur. Dans la pénombre, j'ai le réflexe de faire le « V » de la victoire. L'autre paraît s'en satisfaire, tout en maintenant son arme braquée sur nous.

L'autobus du commando repart au ralenti, s'arrête de nouveau cinquante mètres plus loin. Cinq otages sont libérés. Il reste encore cinq personnes à bord : les trois Japonais, le chauffeur néerlandais et le dernier otage, l'ambassadeur de France. Le moment de l'échange approche.

Dans notre estafette, qui n'a pas bougé, chacun s'efforce de convaincre Furuya. Sans résultat : il demeure prostré, aussi imperturbable qu'un bonze en méditation ! Personne ne saurait anticiper sa réaction. Comme prévu, les trois diplomates et Jean Ducret me laissent seul avec lui et le conducteur, qui redémarre lentement, tous feux éteints.

En bout de piste, les terroristes et l'ambassadeur sont déjà dans le Boeing. Contrairement à ce qui a été convenu, notre estafette ne s'arrête pas près de l'avion mais une soixantaine de mètres avant. Là, le chauffeur néerlandais nous dit de descendre.

Nous voilà sur la pelouse, Furuya et moi. Trois militaires, taillés comme des catcheurs, surgissent alors de je ne sais où, peut être d'une cache creusée dans le sol, pour débarrasser le Japonais de ses menottes et me fouiller. Bien sûr, je n'ai pas d'arme mais ils m'ordonnent de vider mes poches, de leur remettre mon portefeuille, ma carte de police, ma montre... Devant mon étonnement, l'un d'eux me lance, d'un ton sarcastique :

– Maintenant, vous pouvez conduire votre prisonnier à l'avion, monsieur Broussard !

J'ai beau m'insurger contre ce changement de programme, rien n'y fait. Tout a été très vite, ils sont déjà en route pour l'aérogare, à bord de l'estafette.

Furuya ne comprend pas ce contretemps. Que ressent-il ? Il se tient à ma droite, l'œil rivé sur le sac posé à ses pieds, comme si l'envie lui venait de courir vers le grillage avec les 300 000 dollars, de s'enfuir à travers champs. Il sait pourtant qu'il est trop tard. Du haut de la passerelle, l'un de ses camarades nous tient en joue et hurle des phrases en japonais à l'intention de son compatriote.

Nous marchons. Furuya porte la rançon. Je me cramponne à la mallette de vaisselle cassée, prêt à m'en servir en cas de bagarre. A mi-parcours, il ralentit.

– Il ne faut pas y aller ! Ils vont nous emmener tous les deux et nous tuer ! Ils te connaissent !

– Qu'est-ce que c'est que cette histoire ? Toi, un terroriste, un champion d'arts martiaux, qui a peur ? Viens, tu me suis, on y va !

– Tu es un chef...

Je suis peut-être un « chef » à ses yeux mais je n'en mène pas large, persuadé que les Néerlandais vont déclencher une opération commando. Depuis l'irruption et le départ des trois soldats, je m'attends à en voir surgir d'autres. En bout de piste, loin de tout, dans la pénombre, il n'y aura aucun témoin si l'affaire tourne mal.

Nous avançons en regardant droit devant. Seuls, nous sommes seuls ! Pour un peu, je me sentirais presque solidaire. Notre vie ne tient qu'à la volonté de l'homme posté à l'entrée de l'avion, une mitraillette pointée dans notre direction. D'un geste, il nous fait signe de ne plus bouger, à cinq mètres de la passerelle. Un autre terroriste descend à notre rencontre, une mitraillette dans la main droite, une grenade dans la gauche.

Ils ont l'air jeunes, ils sont vêtus de sombre. Des bas Nylon, noués sur le crâne, déforment leurs visages. Celui de la passerelle dit à Furuya de le rejoindre avec la mallette et le sac d'argent. L'autre passe derrière moi, m'oblige à faire le tour de l'appareil, les bras légèrement écartés. Je fais office de bouclier. Il peut ainsi inspecter l'avion sans craindre des tireurs d'élite. Et s'il décidait de m'emmener ou de m'abattre ? Là non plus, les témoins ne seraient pas bien nombreux... Dans l'aérogare, à huit cents mètres, des centaines de personnes s'impatientent mais ne peuvent rien voir.

Nous revenons devant les marches. Le terroriste qui me suivait remonte à bord. De nouveau seul, j'attends la sortie de l'ambassadeur. Dix, vingt, trente secondes, une éternité, sous la surveillance du Japonais posté à l'entrée... Voilà enfin le diplomate qui descend, d'un pas lent et digne.

Le visage collé au hublot, Furuya me fait un sourire presque amical. Cet ultime regard restera pour moi une énigme. Etait-il finalement satisfait de partir, donc d'avoir gagné la partie ? Soulagé, comme moi, d'avoir échappé à un massacre ? Ou résigné sur son sort ?

– J'ai honte de capituler de la sorte, m'avoue Jacques Senard, les larmes aux yeux.

Une voiture s'approche pour nous conduire vers les salons d'honneur de l'aéroport.

A 22 h 29, le Boeing décolle.

La phase finale de l'opération a duré au total trois quarts d'heure. Le diplomate, très éprouvé mais admirable de sérénité, retrouve sa famille dans une pagaille sans nom, au milieu d'une foule de journalistes, de policiers, de soldats et de centaines de passagers en quête de leur avion.

Nos Mystère 20 n'étant pas autorisés à décoller avant 3 heures du matin, nous partons dîner à vingt kilomètres de là, dans un centre de loisirs. Ces quatre jours de camping improvisé nous ont laissés affamés et sales comme des peignes. Par bonheur, un couple de Français en vacances aux Pays-Bas nous laissera utiliser la douche de son appartement.

Le Boeing des Japonais s'est finalement posé en Syrie. Le lendemain, nous apprendrons que trois heures de pseudo-négociations ont suffi pour que Furuya et ses amis abandonnent la rançon à l'équipage (les billets étaient marqués) et évacuent l'appareil en toute confiance. A Paris, à La Haye, dans les milieux gouvernementaux, c'est le soulagement. On se félicite de la libération des onze otages, sains et saufs, en échange d'un homme condamné à quelques mois de prison. Une fois encore, pourtant, il a fallu céder au chantage.

Les tribulations d'un acrobate mexicain

« La police des filles et des réverbères. » C'est en ces termes dédaigneux que Joseph Fouché qualifiait la PJ au début du XIXe siècle. Ce ministre d'influence privilégiait la « haute police », celle du renseignement et de l'ombre, si prompte à se complaire dans le secret et les manœuvres, quand ce n'était pas dans l'espionnage et la délation. A cette définition pour le moins méprisante de la PJ, je préfère celle de Georges Clemenceau, en 1907 : « La seule police qu'une démocratie puisse avouer, la police judiciaire, la police des délits et des crimes, protectrice des citoyens, n'est pas au service de l'arbitraire. Son œuvre est de liberté. »

J'étais au « 36 » depuis 1971 et j'avais toujours de la PJ une conception si idéaliste qu'elle pourrait paraître candide. Pour reprendre les mots de Clemenceau, j'y voyais une « œuvre de liberté », une mission de service public, menée dans l'intérêt de la démocratie. Oh, je n'avais pas la prétention d'être un chevalier blanc, défenseur des bons contre les méchants, je n'entendais pas jouer les justiciers. Disons que j'avais, de mon pays et de ses lois, une haute idée, un respect profond que je tenais de mes parents, de ma terre, peut-être aussi de mon passé militaire. Et la PJ demeurait, à mes yeux, ce qui se faisait de mieux en matière de police car elle avait un but concret, la lutte contre la délinquance, pour le bien de la communauté. J'imaginais que j'y ferais toute ma carrière.

Tout aussi naïvement, je croyais qu'humilité et sang-froid étaient des qualités communes à tous les hommes d'autorité. Il me paraissait inconcevable qu'un policier de haut rang, un magistrat ou un préfet puissent avoir un comportement frisant l'incompétence.

La police, qu'elle soit des « filles », des « réverbères » ou de l' « ombre », ne saurait échapper à ce phénomène et aux excès de vanité. En situation de crise, par exemple lors d'une prise d'otages, l'homme peut se montrer déroutant. Il y a ceux, l'immense majorité, qui conservent le sens de la norme et de l'intérêt général, et d'autres, beaucoup moins nombreux mais plus dangereux, qui sont incapables de raison garder. Les roitelets se cramponnent à leurs pouvoirs, les barons s'accrochent à leurs privilèges, ils n'admettent pas la compétence des spécialistes. Chacun défend sa chapelle, son îlot de fierté, son trésor d'orgueil.

D'une façon générale, les antigangs étaient fort bien considérés par leurs collègues. La BRI était devenue, pour beaucoup, la locomotive d'une police moderne, déterminée dans ses combats contre la pègre, innovatrice dans ses méthodes, courageuse dans ses interventions. Cette image, très largement positive, suscitait toutefois quelques jalousies. Nous aurons d'ailleurs l'occasion de revenir sur cette « guerre des polices ».

La BAC, amenée à se déplacer en province sur ordre du ministère, n'était pas toujours la bienvenue sur le territoire de tel ou tel autre service ou chez un préfet soucieux de préserver ses prérogatives. Trop médiatique, trop parisienne au goût de certains, cette brigade anticommando en ligne directe avec la place Beauvau !

En fait, il y avait souvent un décalage entre l'idée caricaturale que l'on se faisait de nos méthodes et notre comportement au contact de l'événement. Je pus m'en rendre compte à l'aéroport de Nice, en 1974, lors d'une prise d'otage impliquant un Mexicain de trente et un ans, qui avait un nom de chanteur d'opérette, Daniel Rey Caruso, et se disait « jongleur-acrobate-équilibriste ».

Son aventure débute peu après minuit, le 25 octobre 1974, lorsqu'il sort du casino de Monaco avec pour unique richesse un sourire enjôleur et un pistolet Berreta. D'un coup de crosse, il assomme un automobiliste italien qui refuse de le conduire à San Remo, puis vole la voiture et démarre en trombe, sous les coups de feu des policiers monégasques. Renonçant finalement à franchir la frontière, il décide de finir la soirée dans une discothèque locale où il va faire la connaissance d'une jolie rousse, en robe de soirée noire.

Vers 2 heures du matin, le couple se rend à Menton, puis à

Cannes et à Nice. Rey Caruso souhaite savoir si l'aéroport est ouvert la nuit. Comme ce n'est pas le cas, il attend 6 heures du matin pour s'y rendre avec la jeune femme, de plus en plus intriguée par le comportement du don Juan de Mexico. Après avoir pris un petit déjeuner dans l'un des bars de l'aérogare, elle réussit à s'éclipser.

Il est 6 h 45. Rey Caruso, dépité, s'approche d'une hôtesse au sol, dont l'unique tort est de se tenir derrière son comptoir Air France. Il la menace de son arme, la conduit derrière le stand de la compagnie Alitalia. Blotti contre elle, il tire un coup de feu dans le plafond.

L'alerte est donnée.

Le Mexicain prétend avoir été expulsé d'Italie pour usage de faux papiers. Il réclame la libération de son épouse, qui serait incarcérée dans ce pays pour les mêmes motifs :

– Je veux l'emmener avec moi au Mexique. Je veux de ses nouvelles immédiatement. Appelez-moi Giscard d'Estaing au téléphone ! J'exige que le gouvernement mexicain s'engage à ne pas me livrer à un autre pays. Vous voyez, je ne demande pas grand-chose !

L'affaire se complique tout de même quand les autorités françaises apprennent par la police italienne que Mme Caruso n'est pas Mme Caruso mais une petite amie, Maricella Chavez Valero. Elle a bien séjourné à Milan, à l'hôtel *Missouri*, qu'elle a quitté la veille, mais elle n'a pas été arrêtée. Elle n'avait d'ailleurs aucune raison de l'être. En fait, elle ne veut plus entendre parler d'un compagnon aussi perturbé que Rey Caruso !

A propos, est-ce bien sa véritable identité ? Il serait né le 17 octobre 1943 à Acapulco, mais serait en réalité de nationalité italienne. Seule certitude dans un curriculum vitæ plutôt nébuleux : c'est effectivement un homme de cirque. Jongleur, acrobate, équilibriste. Magicien, aussi, tellement il s'y entend pour escamoter des périodes entières de sa vie de saltimbanque. Tout juste sait-on qu'il a parcouru l'Amérique du Sud avec une troupe avant de s'exiler en Europe. Au début du mois de juin, il aurait quitté l'Italie pour la France. Paris, Marseille, Cannes... Dans sa chambre cannoise, à l'hôtel des *Glycines*, on découvre des sacs de voyage et deux lettres : l'une de sa mère, qui ne veut plus avoir de ses nouvelles ; l'autre, rédigée par lui-même mais qu'il n'a pas encore postée, est destinée à Maricella, sa petite amie. Il jure de se suicider si elle ne le rejoint pas.

Dans l'aérogare, le poste de commandement est installé à l'étage, en surplomb du comptoir Alitalia. Le seul à pouvoir parlementer avec le Mexicain est le procureur de la République. Caruso est versatile, incapable de formuler des exigences cohérentes, mais lucide quant aux erreurs à ne pas commettre. D'autres interlocuteurs, le consul d'Italie à Nice, un psychiatre et une journaliste, essaient vainement de le raisonner. Assis à côté de cette hôtesse de vingt-neuf ans, il menace sans cesse de l'abattre.

Vers midi, alors que les tentatives de négociation ont échoué, le ministère de l'Intérieur décide de dépêcher sur place huit hommes de la BAC. « A tous les Topazes... »

A Villacoublay, nous montons dans un Mystère 20 à destination de Nice. De quoi raviver quelques souvenirs pour les anciens de Brest ou de La Haye...

A 14 heures, nous sommes accueillis sur la Côte d'Azur par nos collègues du GIPN (Groupement d'intervention de la police nationale) de Nice. Le GIPN de Marseille, dirigé par Georges N'Guyen Van Loc, aurait pu venir en renfort mais les méthodes du « Chinois » ont été jugées trop expéditives. La polémique qui a suivi l'affaire Cravenne [1] est encore dans tous les esprits. La direction d'Air France est intervenue auprès du ministère pour que le sort de son hôtesse ne dépende pas de Van Loc. Celui-ci en éprouvera une profonde amertume.

Notre présence ne suscite pas un fol enthousiasme, c'est le moins que l'on puisse dire. Les autorités locales, si elles ne sont pas mécontentes de se débarrasser d'un « bébé » encombrant, n'apprécient guère de se voir désavouées. Vexées d'avoir échoué, elles nous prennent de haut. Le plus virulent de nos hôtes semble être le commissaire central de la ville.

– Cette comédie a assez duré, m'explique-t-il, il faut l'abattre avant qu'il ne tue l'hôtesse!

– Je viens juste d'arriver! lui dis-je. Laissez-moi le temps de réfléchir... J'aimerais discuter un peu avec lui.

1. Le 18 octobre 1973, l'épouse du célèbre producteur Georges Cravenne détourne un Boeing 727 d'Air France entre Paris et Nice. Dépressive et choquée par la guerre du Kippour, la jeune femme veut attirer l'attention de l'opinion publique sur ce sujet. Armée d'une carabine 22 long rifle, elle oblige le commandant de bord à atterrir à Marseille. Les 110 passagers descendent mais elle garde en otage un steward. Trois heures plus tard, elle demande des plateaux repas. Trois policiers du GIPN de Marseille, déguisés en serveurs, pénètrent dans l'avion. Mme Cravenne est tuée de deux balles dans la poitrine et d'une balle dans la tête. Une polémique s'engage aussitôt sur les méthodes expéditives du « Chinois ».

– Qu'est-ce que vous croyez ? On ne vous a pas attendus pour discuter ! Tout a été tenté. Il est fou !

– Pas si vite, je voudrais...

– Mais pourquoi êtes-vous venus là, alors ?

– Certainement pas pour jouer le rôle du tueur.

La conversation prenant mauvaise tournure, le procureur s'interpose.

– Monsieur Broussard, je vous assure qu'il ne veut rien savoir. Ses propos sont incohérents, ses exigences varient. Il est vraiment dangereux... L'hôtesse va craquer.

– Qui lui a parlé en dernier ?

– C'est moi, répond le magistrat, mais il menace de me tirer dessus. Il ne veut plus discuter avec quiconque.

– Ah si ! ricane le commissaire central, il veut parler à Giscard et vous n'êtes pas Giscard, que je sache !

– Eh bien disons que je suis son directeur de cabinet ! Il faut entrer dans son jeu, renouer le dialogue. Alors, qui me présente ? Monsieur le procureur, il suffit de lui dire que le Président a délégué son directeur de cabinet. Disons monsieur Perrin ! Oui, Perrin !

– Qu'est-ce que c'est que cette histoire ? Vous me demandez ni plus ni moins de faire la chèvre ! Mais je suis procureur ! Je ne peux pas et ne veux pas me livrer à cette mascarade.

Michel Gratadeix et René Plouy, mes deux adjoints, sont effarés devant la nervosité de nos interlocuteurs. Le magistrat n'est pas hostile à notre présence, mais il hésite à se démarquer des personnes qu'il côtoie chaque jour, le commissaire, impulsif et catégorique, et le préfet des Alpes-Maritimes, plus que réticent à l'idée de cautionner la nomination d'un faux émissaire de l'Elysée !

Finalement, vers 14 h 30, le magistrat accepte de faire la « chèvre ». La presse n'en sera jamais informée mais je serai donc, le temps d'une prise d'otage, « Monsieur Perrin, directeur de cabinet du président Giscard d'Estaing ».

Nous avançons vers le comptoir Alitalia. Le procureur s'adresse au Mexicain.

– Monsieur Caruso... Vous vouliez parler au président Giscard d'Estaing. Il n'a pas pu venir mais il a envoyé son directeur de cabinet, monsieur Perrin.

S'il n'y avait cette arme braquée sur la tempe de l'otage, le tableau serait presque attendrissant. L'hôtesse, mère d'un petit garçon de huit ans, est une jeune femme au visage poupin et séduisant. Caruso, lui, est aussi typé qu'un plongeur d'Acapulco, regard noir et cheveux de jais. Seules leurs têtes dépassent un peu du comptoir; une blonde, une brune. Toute tentative de tir est impossible, même pour les tireurs d'élite de la BAC.

– Perrin, directeur de cabinet du Président...

– Retirez votre veste, écartez les bras, retournez-vous!

Il constate que je ne suis pas armé. Nous commençons à discuter. L'essentiel est d'établir un climat de confiance, de gagner du temps, d'obtenir un maximum d'informations, tant sur lui que sur son otage. Une conversation, même décousue, permet d'apaiser les esprits, d'évacuer un trop-plein d'agressivité.

Au cours de cette phase d'approche, l'adversaire est toujours en position de force. L'objectif du négociateur n'est pas de l'amener à renoncer tout de suite – une telle démarche serait vouée à l'échec – mais plutôt, par son calme, de rassurer l'otage, de le soustraire à l'emprise psychologique de son « gardien ». Celui-ci doit passer de la dépendance forcée à la neutralité confiante. Par la suite, quand arrive le temps des concessions, les pourparlers en sont facilités. Et si l'intervention devenait inévitable, les renseignements glanés initialement (disposition des lieux, comportement des individus...) seraient précieux.

Tout homme dans la position de Caruso s'accroche à sa fierté. S'il doit perdre, ce sera de manière honorable. Une reddition étant une défaite qu'il convient de maquiller en victoire, il faut lui proposer une issue qui lui donnera l'illusion d'avoir gagné. Il devra éprouver le sentiment qu'il a été valeureux, que l'acte le plus courageux qui soit est de se rendre sans violence.

Je fais la navette entre le PC et le comptoir. Les propos en apparence insignifiants succèdent aux propositions plus sérieuses. Caruso m'appelle le « diplomate ».

Au bout d'une heure, il admet le principe d'une libération de l'hôtesse en échange d'un permis de séjour provisoire afin de régler diverses affaires personnelles avant de quitter la France. Autrement dit, il pense avoir obtenu satisfaction et nous n'avons plus qu'à rédiger une fausse autorisation de séjour, document qui n'aura aucune valeur juridique mais, au moins, la jeune femme sera libre.

Evidemment, le fait de gruger le Mexicain ne m'enchante pas. Si cet amoureux éconduit a des « absences », il n'est pas antipathique pour autant. D'une certaine manière, je m'apprête à le trahir... Malgré tout, c'est dans son intérêt car les partisans du coup de force sont si pressés d'en finir que tout délai supplémentaire jouerait en leur faveur. Proposer un « marché » à un malfaiteur ayant toute sa tête et ne pas tenir parole est condamnable ; je ne l'ai jamais fait. Procéder de la sorte avec un individu qui échappe à tout raisonnement logique, peut, dans certains cas, être justifié.

L'idée du permis de séjour choque les autorités locales. Elles se refusent à contourner la loi. Je comprends leur réticence car les représentants de l'Etat ou de la justice doivent conserver de la hauteur sur l'événement. J'estime que le policier, lui, peut et doit prendre certaines initiatives lorsqu'il s'agit de sauver une vie, en l'occurrence celle de l'hôtesse et celle d'un homme certes dangereux, en proie à des crises d'hystérie, mais qui ne mérite pas la mort.

Etrange bonhomme que ce Caruso ! Un appel téléphonique en provenance de Paris nous apporte des précisions sur sa personnalité. Un hôtelier parisien, qui l'a eu comme client, le dit brutal et complètement loufoque. Un soir, alors qu'il avait oublié sa clef à la réception, il a descendu et remonté quatre étages sur les mains !

Le cabinet de Michel Poniatowski ayant donné son accord pour la rédaction d'un titre de séjour, le préfet nous remet un formulaire vierge, libre à nous de le remplir puisqu'il ne veut pas que sa secrétaire participe à l'élaboration d'un faux.

Je vais soumettre au Mexicain le précieux document, que j'ai moi-même complété et signé « Perrin ». Il plaisante, l'hôtesse esquisse un léger sourire, le climat est plus détendu. Il exige simplement que le magistrat ajoute de sa main « le procureur de la République garantit la vie sauve à Rey Caruso ». Et le « jongleur-accrobate-équilibriste » de préciser : « D'ailleurs, je demanderai qu'il couche dans la même chambre d'hôtel que moi. » Je lui réplique que cela ne posera aucun problème et que, de mon côté, je m'installerai avec l'hôtesse dans la chambre voisine. Cette plaisanterie le fait sourire. Nous sommes sur la bonne voie. Dès que le procureur aura griffonné l'alinéa exigé, tout sera terminé.

Je repars, convaincu que cette formalité sera vite entérinée. Hélas, je me trompe une nouvelle fois puisque le magistrat refuse ! Le préfet, désormais persuadé du bien-fondé de ma manœuvre, ne parviendra pas à le convaincre. Peu importe, après tout. Comme le temps presse, je m'assieds devant une machine à écrire et je frappe moi-même la fameuse phrase. J'improvise ensuite une signature et je retourne vers le comptoir.

Alors que nous sommes en train de négocier les derniers détails de la libération, un appel téléphonique vient ruiner mes efforts. Malgré les consignes données au standard de l'aéroport de ne passer aucune communication dans le bureau d'Alitalia, une journaliste parvient à dialoguer avec Caruso. Le préfet a autorisé cet appel sans me prévenir. Il pensait bien faire... Or la journaliste informe le Mexicain que son imprésario est en ligne depuis l'Italie. Afin de calmer son poulain, ce dernier dit avoir obtenu des Italiens qu'ils libèrent sa compagne. Elle devrait bientôt arriver à Nice.

Caruso raccroche, furieux. Il veut à tout prix attendre Maricella. Surtout, il doute de mon identité. Depuis notre première entrevue, je lui répète que sa femme ne pourra venir puisque nous ne réussissons pas à la localiser. Or l'imprésario, lui, y est parvenu ! Le Mexicain en conclut que je ne suis pas aussi influent que je le prétends. En quelques secondes, il s'est métamorphosé. Chacun de mes gestes lui paraît suspect. Je ne peux bouger un doigt sans qu'il serre davantage l'hôtesse contre lui, le canon sur la nuque.

– Ce n'est pas vrai, tu n'es pas un diplomate ! D'abord, les diplomates ne sont pas faits comme toi. Ils ont des petites lunettes rondes, des petites épaules, pas beaucoup de cheveux... Toi, tu es un gorille ! Mais je suis plus malin que toi ! Maintenant, je te garde. Et si tu bouges, je te tue !

J'essaie de me justifier, je bredouille quelques explications, mais il m'a pratiquement démasqué. Cette victoire nourrit sa démence, il se prend pour l'homme le plus rusé, le plus craint de la planète. Chacune de ses menaces est ponctuée d'un stupéfiant numéro de cow-boy. Il manie son pistolet avec la dextérité de Lucky Luke !

– Puisque je suis votre prisonnier, je peux remplacer l'otage. Son petit garçon l'attend...

– Non, tu ne bouges pas. Et elle non plus ! Si tu fais un geste, je tire !

Nous restons ainsi pendant vingt minutes. Caruso, contre l'hôtesse, et moi, debout, les bras ballants. J'enrage d'avoir perdu une partie pour ainsi dire gagnée.

Toute tentative de dialogue est vaine avec cet homme qui passe sans transition du calme à la furie. Je décide de lui fausser compagnie sous prétexte d'ultimes formalités administratives. Je marche en regardant droit devant moi. Il hurle : « Je vais te descendre, je vais te descendre... » mais ne tire pas.

Je me précipite au poste de commandement. A peine ai-je le temps de m'insurger contre l'appel téléphonique que nous recevons de Paris l'autorisation de l'abattre. Pendant mon absence, le préfet a réussi à persuader le cabinet du ministre qu'il n'y avait pas d'autre solution. Il faut bien admettre que la confrontation dure maintenant depuis une dizaine d'heures et que l'état psychique de Caruso se détériore. La vie de l'otage est plus que jamais en danger.

Deux hommes de la BAC ont pris position le long du comptoir, adossés à la paroi. Deux autres, armés de carabines, se tiennent dans un local de la chambre de commerce. Alerté par les déplacements de policiers et de gendarmes, le Mexicain se penche au-dessus du comptoir en criant :

– *Assassino ! Assassino !* Il y a des tueurs professionnels partout !

Alain Floquet, l'idole du Japonais de La Haye, pense avoir été repéré. Il tire un coup de feu en l'air afin d'effrayer Caruso. Celui-ci recule brusquement, en pressant le canon de son pistolet contre la nuque de l'hôtesse.

Nous répugnons à tirer sur un homme qui était disposé à se rendre quelques instants plus tôt mais nous n'avons plus le choix. Je ne veux pas avoir la mort de l'otage sur la conscience.

Notre plan est simple. Je vais d'abord essayer de renouer le dialogue. Pour vérifier que je ne suis pas armé, il se redressera, tournera son arme vers moi. Les tireurs embusqués dans le local voisin ouvriront le feu à mon signal ; les deux autres inspecteurs, postés de part et d'autre du comptoir, sauteront aussitôt par-dessus pour protéger l'hôtesse.

Tout est prêt, et pourtant, quelque part, j'espère encore un retournement de situation.

Je m'avance vers Caruso qui m'accueille avec une bordée d'insultes mais ne se redresse pas pour voir si je suis armé. Cette négligence va lui sauver la vie.

Si certains de nos interlocuteurs niçois regrettent qu'il n'ait pas offert son corps aux balles, nous sommes pour notre part profondément soulagés. J'ai en effet la conviction qu'il me fait encore confiance. La preuve : il n'a même pas vérifié si j'étais armé ! Afin de gagner du temps, je parle uniquement de l'appel de la journaliste. Plus il crie, plus il se colle contre l'hôtesse.

– N'approche pas ! Je te tire une balle dans le cœur ! Je te tue ! Je te tue !

– Ce n'est pas le moment de vous énerver ! J'ai le papier. Tout ce que vous avez demandé est accepté. Le procureur a rajouté la phrase. Votre femme n'est pas en prison, elle peut venir vous rejoindre mais si elle vous voit enlacé à une jolie fille, elle risque de repartir en courant !

Je viens d'abaisser ma dernière carte, celle de la décontraction et de l'humour. A force de l'observer, j'ai repéré l'un de ses points faibles : les femmes. Ce séducteur aime plaire. Lorsque j'ai évoqué la jalousie de sa fiancée, il n'a pu retenir un sourire.

– Je ne veux plus te voir, tu es un gorille !

– Bon, si vous ne voulez plus me voir, je pars...

– Non, tu restes là. Je te garde en otage. Et si tu bouges, je te tue !

– Ça y est, tu recommences... Oh ! le Mexicain, tu finis par me les gonfler !

– Tiens, tu vois, j'avais raison ! Tu parles comme un gorille, tu n'es pas un diplomate, tu me dis « tu » !

Cette fois, c'est à mon tour de sourire. Je me suis trahi. Nous en plaisantons ensemble. L'hôtesse elle-même se détend. Le dialogue peut reprendre. Un impératif : miser sur son amour des femmes.

– Regarde comme elle est belle, Caruso ! Il faut lui faire confiance.

– Mais j'ai confiance ! Elle est gentille !

Il l'embrasse sur le front.

– Ecoute, c'est simple : tu lui donnes ton arme, je te donne le papier. Je suis sûr qu'elle sera correcte, tout se passera bien.

– Eh, moi aussi, je sais qu'elle sera correcte !

– Alors, on est d'accord ?

– Non, il faut que tous les journalistes soient là. Je ne veux pas me faire tuer. Après, le procureur restera avec moi à l'hôtel.

– Il y a cent cinquante journalistes, ça va être la bousculade !

– Il a raison, intervient l'hôtesse. Je te promets qu'il ne te sera fait aucun mal.

Caruso réfléchit. Il est sur le point de craquer. J'insiste.

– Voilà comment on va procéder : il y aura le procureur, un journaliste de la presse écrite, un journaliste de la radio, un photographe et moi. OK ?

– Je veux la femme de la radio, celle qui m'a appelé. Et puis non, elle m'énerve avec toutes ses questions !

– Non, il faut qu'elle soit là, assure l'otage. Je la connais.

– Bon, d'accord, le gorille... Mais attention, le procureur me garantit la vie sauve, hein ?

– Promis.

De retour au PC, j'expose cette nouvelle donne. La journaliste hésite un moment mais finit par accepter cette « mission ». Le préfet lui promet le scoop de la reddition. Après avoir bu un double cognac – elle est beaucoup moins décontractée qu'elle ne le prétendra par la suite –, elle se joint au groupe composé du procureur, de deux hommes de la BAC déguisés en photographes et de moi-même.

Le préfet et le magistrat demeurent hostiles à l'idée de délivrer un « vrai-faux » permis de séjour. Ils me font promettre d'assumer seul la responsabilité de cette initiative et me répètent qu'il faudra récupérer le document sitôt l'otage libéré.

Il est 19 h 35. Caruso est détendu mais la méfiance s'impose. « Quand un fou paraît tout à fait raisonnable, il est grand temps, croyez-moi, de lui passer la camisole » conseillait autrefois Edgar Poe.

Nous n'aurons pas besoin de camisole pour notre acrobate. Il tend son Berreta à l'hôtesse, puis l'embrasse une dernière fois. Encadré par les faux photographes, il traverse le hall d'un pas léger, le permis en main. Au premier étage, le préfet paraît soulagé mais il ne cesse de faire de grands gestes : nous devons ré-cu-pé-rer le document !

Tandis que la jeune femme vacille, victime d'une légère défaillance, nous arrivons avec le Mexicain devant Aimé Touitou, le patron du GIPN de Nice.

– Monsieur le commissaire, vous pouvez conduire M. Caruso à l'hôtel.

– Quel hôtel ?

– Eh bien, à l'hôtel de police !

Il faudra une garde à vue prolongée et plusieurs sandwiches pour que Caruso réalise qu'il n'est pas hébergé dans un palace...

Lors du procès, quelques mois plus tard, il se présenta en costume de scène, chemise à étoiles, veste bleu électique, cravate blanche. Son passé demeurait mystérieux, son identité toujours aussi incertaine, mais il brillait de mille feux pour répondre aux questions du président. Des échanges parfois si savoureux que l'on en vint presque à oublier qu'il avait menacé une jeune femme treize heures durant. Bien sûr, comme c'était prévisible, le sujet du « permis de séjour » finit par être évoqué. J'en revendiquai l'entière responsabilité. Entre deux solutions – abattre le Mexicain ou rédiger un faux – j'avais opté pour la moins sanglante.

L'un des défenseurs de Caruso s'en indigna :

– Mais vous êtes officier de police judiciaire et vous avez commis un faux avec la complaisance passive d'un magistrat ! C'est absolument inouï d'entendre une telle explication !

– Le procureur et le préfet étaient contre et je les comprends. C'est vrai, j'ai commis un faux. Il faut me mettre en prison et laisser votre clown en liberté ! Il pourra de nouveau prendre en otage la première hôtesse venue sous prétexte que sa petite amie ne veut pas le suivre au Mexique. J'aurais peut-être mieux fait de le couper en deux d'une rafale de mitraillette et il n'y aurait pas eu de procès !

Les avocats se devaient de soulever ce point de droit mais ils savaient que la polémique n'avait pas lieu de s'éterniser tant il est parfois difficile de concilier ses obligations administratives avec les nécessités du moment. Les jurés le comprirent : ils condamnèrent Rey Caruso, bouffon superbe et terrifiant, à dix années de réclusion criminelle.

Cette affaire, dans sa phase active, nous avait permis de constater combien certaines personnes pouvaient changer de comportement une fois assurées de la réussite d'une opération. Après la libération de l'hôtesse, tout le monde – même les adeptes de la méthode musclée – avait souligné, devant la presse, l'efficacité de la stratégie employée. Chacun avait revendiqué son quota de félicitations, quitte à occulter son empressement initial. Si cette prise d'otage avait mal tourné, je doute qu'ils auraient fait preuve d'une telle solidarité.

C'était souvent ainsi avec les jaloux, les aigris, les incompétents. Leur réticence à collaborer, leur méfiance à l'égard de tout intrus dépêché sur leurs « terres » m'indignaient. Une forme d'union sacrée ne devait-elle pas se sceller autour des spécialistes habitués à gérer ce type d'affaires ? Or nous l'étions, désormais, après deux ans d'existence. Mais il arrivait encore qu'il y ait un magistrat (comme le magistrat de Brest), un préfet ou un collègue policier (comme le commissaire central de Nice) pour ne pas jouer pleinement le jeu et entraver notre action.

Sitôt parvenus sur les lieux d'une prise d'otages, nous devions agir avec tact pour parvenir à la meilleure coopération possible.

Tout était fonction des individus en présence, de leurs réactions dans l'adversité. Du préfet au procureur de la République, du commissaire aux avocats, nous devions jauger les rapports de force locaux, déceler les petites ou grandes rivalités.

Notre principe de base étant d'examiner calmement la situation en procédant à des repérages, nous étions vite fixés sur la fiabilité de nos interlocuteurs. Soit ils nous accordaient une confiance sans faille, ce qui, il faut le souligner, était le cas le plus fréquent, et tout allait pour le mieux. Soit ils fuyaient leurs responsabilités et n'osaient prendre la moindre décision ; alors, nous héritions du « bébé », charge à nous d'assumer un éventuel échec. Troisième cas de figure : les impatients qui exigeaient une intervention rapide et violente, Nous savions qu'ils ne nous pardonneraient pas la moindre bévue.

En matière d'hostilité, il nous restait, malheureusement, beaucoup à découvrir. Au regard de l'agressivité rencontrée lors d'une ou deux autres affaires, l'attitude de nos interlocuteurs niçois ferait même figure de franche camaraderie ! Que dire, par exemple, de la prise d'otages du 5 avril 1975, dans les environs du Mans ?

Après avoir commis une série de hold-up et de prises d'otages dans la région, deux truands s'étaient retranchés dans une fermette isolée, avec un couple de cultivateurs et ses deux enfants. Ils exigeaient des passeports, une rançon de 200 000 francs et une Mercedes. Vers minuit, sur décision du ministère, une demi-douzaine de voitures de la BAC prirent la direction du Mans. Une tempête de neige se levait sur l'ouest du bassin parisien. Les négociations, conduites par le préfet de la Sarthe, avaient dû être interrompues en raison de l'extrême nervosité des malfaiteurs.

Sitôt arrivé, je me présentai au préfet, dans son QG, une estafette de gendarmerie. Vêtu d'une canadienne, coiffé d'une chapka, il avait un côté nounours bourru. Je compris que nous n'étions pas les bienvenus.

– Qui vous a demandé de venir ?

– Le ministre.

Cette mise au point aurait dû le calmer, l'inciter à une plus grande réserve. Au contraire, vexé que « Paris » ne laisse pas aux « locaux » le soin de gérer leurs affaires, il me mit en garde :

– Personne ne doit savoir que vous êtes là, vous m'entendez, personne ! Ni les preneurs d'otages ni les journalistes, personne ! N'exagérons pas l'importance de cette histoire !

J'eus beau lui rappeler les instructions de la place Beauvau, il ne modifia en rien sa position. Je dus m'incliner, tout comme l'avait fait mon collègue Velly, chef du GIPN de Rennes, présent sur les lieux avec ses hommes. Il faut rappeler qu'un préfet est maître d'œuvre dans son département et comme il avait choisi de nous écarter, il n'y avait plus qu'à obéir. Nous partîmes dormir dans une grange voisine, à l'abri des regards indiscrets. Mais je comptais bien appeler Paris à l'aube.

Au petit matin, j'appris que le préfet comptait laisser filer les truands à 7 heures. Il s'apprêtait à leur fournir la Mercedes, les passeports, la rançon... Je me rendis devant la maison pour avoir des explications et lui indiquer que le ministère exigeait au contraire la fermeté.

– Qu'est-ce que vous faites là, vous ? demanda-t-il.

– Monsieur le préfet, nous ne pouvons pas céder aussi facilement, nous...

– C'est mon affaire, je veux la libération des otages !

Il avait pris seul cette décision, sans chercher à repousser l'échéance, sans envisager d'autres solutions. Il n'avait besoin ni de conseils, ni de dispositif d'intervention ou de filature, il n'avait qu'une obsession en tête : donner satisfaction aux truands pour obtenir la libération de trois otages sur quatre. Il n'avait que faire des conséquences à moyen et à long terme, ni de l'exemple que seraient tentés de suivre d'autres braqueurs.

Nous étions devant la fermette, témoins impuissants d'un spectacle surréaliste. Pour braver le froid et la neige qui tombait à gros flocons, le préfet et ses collaborateurs se passaient une fiole de gnole. Les journalistes, en échange de leur promesse de ne pas parler de ma présence, avaient obtenu l'autorisation de circuler à leur guise et de suivre les tractations en direct. A un certain moment, l'un des truands annonça qu'il allait sortir pour inspecter les lieux. Le préfet demanda aux journalistes de s'écarter et il me pria de disparaître !

Le braqueur était seul, l'arme à la main. Très décontracté, il visitait les dépendances, tout étonné de me voir avec un inspecteur derrière un tas de bois :

– Ben ! Qu'est-ce que vous faites là ?

– Et toi ?

– Moi j'inspecte... vous n'avez rien à faire ici... allez, allez, faut pas rester là !

Le préfet menait les négociations sur les modalités du départ. Il fallait l'entendre discuter avec les malfrats, leur donner du « vous », du « monsieur je vous demande ».

Je revins à la charge en indiquant à un membre de son cabinet qu'un langage moins prude serait peut-être plus approprié. Il transmit mon conseil à son « patron » qui changea soudain du tout au tout. Tandis que les magnétos des journalistes tournaient, il adopta le parler voyou.

– Coulon, tu peux encore saisir ta chance !

– Faites voir le fric ! répliqua l'un des truands.

– Les sous, tiens, les v'là ! (Le procureur lance à l'intérieur de la maison le sac contenant les 200 000 francs.) Tu peux les compter, compte-les, mais ils te serviront à rien ! Mais, bon Dieu, tu comprends rien. Je te donne la bagnole, les passeports, le fric. Nous, on veut la femme et les gosses. Mais avec la bagnole tu te feras piquer...

– Non.

– Mais t'auras affaire aux flics ! reprit le préfet. Où que tu ailles, tu te feras piquer, eh con !

– Et la carte grise ? insista le truand.

– Et la femme et les gosses ? Tu vas te tailler sur la Côte d'Azur ? Et alors ? Les flics te retrouveront, ils te louperont pas. Bon Dieu, lâche la femme !

L'un de ses collaborateurs, frétillant de fierté, se tourna vers moi.

– Vous avez vu notre préfet ! Il est fort, hein, notre préfet ?

Il était peut-être « fort », cet homme de bonnes manières, qui avait publié précédemment un *Guide du protocole et des usages*, mais ses propos de charretier, largement diffusés par les stations de radio, firent mauvais effet au château de Rambouillet, où le ministre de l'Intérieur participait à un séminaire du gouvernement.

Le préfet avançait en roue libre. Nous allions tout droit à la catastrophe. « J'arrangerai tout cela avec le ministère », me disait-il. Je commençais à en douter...

Les truands obtinrent ce qu'ils avaient réclamé pour fuir avec un otage, en l'occurrence le père de famille.

S'engagea alors entre eux et la BAC une longue course-poursuite. Après avoir changé plusieurs fois de voiture et d'otage, ils sillonnèrent toute la journée l'ouest et le sud de la région parisienne. Toujours poursuivis par nos véhicules et par ceux du SRPJ de Versailles, ils parvinrent dans la capitale. Ils furent finalement arrêtés, peu avant 23 heures, dans une impasse de la porte de la Chapelle.

Le ministère de l'Intérieur annonça la suspension du préfet, non pas en raison de son étonnant dialogue avec les malfaiteurs – comme le prétendit la presse – mais pour son comportement général dans cette affaire, sa flagrante volonté de faire sortir les truands de son département sans se soucier des suites.

Fort heureusement, les situations conflictuelles liées à la présence de la BAC demeuraient exceptionnelles et j'appris à m'en accommoder pour apprécier davantage la disponibilité et le sérieux de la majorité de nos interlocuteurs.

Je me souviens ainsi d'une intervention à Strasbourg, le 18 avril 1975, soit treize jours après l'escapade sarthoise.

Deux truands en cavale, l'oncle et le neveu d'une famille redoutée en Alsace, s'étaient barricadés chez le frère du « tonton », dans un appartement situé au rez-de-chaussée d'une cité HLM. Armés d'une grenade, d'un fusil à canon scié et d'un revolver, ils retenaient l'occupant des lieux, son enfant de deux ans et une voisine. Compte tenu de leur état d'excitation après neuf heures de négociations, il n'y avait rien d'autre à faire que de donner l'assaut. Le « petit Roger » m'aida à maîtriser les deux malfaiteurs, au terme d'une belle empoignade, dans la salle de bains, sans un seul coup de feu.

Eh bien, tout au long de cette affaire, les autorités locales nous avaient soutenus en assumant leurs responsabilités. Le préfet Sicurani, le procureur Pfleger avaient veillé à la logistique : la coordination entre les services de police, de gendarmerie et de secours, un périmètre de sécurité, un PC, une cellule d'information pour les médias, un groupe électrogène... L'avocat des malfaiteurs, Me Rodier, avait accepté de coopérer, avec une conscience professionnelle remarquable. La réussite de notre intervention était le fruit d'un travail collectif.

A l'inverse des risque-tout niçois ou du préfet de la Sarthe, ils avaient tous compris qu'ils devaient nous placer dans de bonnes conditions pour exercer notre métier. Ce métier dont Clemenceau disait si justement qu'il consiste à être au service des « citoyens » pour faire « œuvre de liberté ».

Chantages à l'enfance

Jean Sautereau est décédé le 29 octobre 1974, cinq jours après la prise d'otage de Nice.

En lui rendant visite, en milieu de journée, j'avais ressenti une peine infinie à le voir sourire tristement, comme pour avouer sa défaite contre le mal.

Jean Sautereau n'était pas seulement un patron, c'était un guide, une sorte de grand frère. Il m'avait fait confiance en me transmettant les rênes de la brigade. Durant des mois, je m'étais rendu chez lui ou à l'hôpital Saint-Antoine, midi et soir, pour solliciter ses conseils, lui témoigner mon amitié. A distance, depuis son lit de souffrances, l'affaire de l'acrobate mexicain fut la dernière de sa carrière.

Il fallait être commissaire principal, voire divisionnaire, pour lui succéder. J'étais « simple » commissaire, le grade inférieur. Un autre patron fut donc nommé à la tête du service : Marcel Leclerc. Cet homme intelligent, sûr de lui, méritait sa promotion. Juriste brillant, auteur d'une thèse de doctorat qui reflétait bien sa personnalité (« Le commissaire de police, fonctionnaire d'autorité »), il avait gravi les échelons : commissariats, brigade criminelle, 1re BT, où il avait obtenu d'excellents résultats, et enfin la BRI.

Leclerc n'était pas Sautereau, moins bonhomme, moins souple, plus intransigeant, parfois cinglant, d'où quelques frictions avec certains collègues, des syndicalistes ou des magistrats...

Une fois l'orage passé, il se demandait, et me demandait, s'il n'avait pas poussé le bouchon un peu trop loin. Il avait aussi des côtés très attachants et d'indéniables qualités de policier. Habile procédurier, enquêteur méthodique, peut-être avait-il davantage le profil d'un chef de la Criminelle que celui d'un patron de l'antigang. Bref, nous étions différents. Je n'avais pas le même tempérament, la même formation, les mêmes bagages universitaires. Nous allions néanmoins constituer, pendant trois ans et demi, un duo complémentaire au sein duquel j'allais tenir un rôle essentiellement opérationnel.

Marcel Leclerc prit ses fonctions le 6 décembre 1974. Dans la mesure où certains inspecteurs le considéraient avant tout comme un « homme de dossiers », j'appréhendais leur réaction à son égard.

Mais l'« ère Leclerc » commença sous de bons auspices avec l'arrestation d'une équipe de casseurs qui venait de s'attaquer au coffre-fort d'un centre commercial de la région de Creil. Quelques jours plus tard, le 19 décembre 1974, la BRI se distinguait de nouveau en interpellant deux braqueurs multi-récidivistes, surnommés par la presse les « bourgeois du hold-up » (l'un des deux était ingénieur). Pour l'anecdote, leur interpellation eut lieu au pied d'une tour du XVe arrondissement, alors que des dizaines de badauds assistaient au tournage d'un film policier. La séquence du jour concernait l'arrestation... d'une équipe de braqueurs !

L'arrivée d'un nouveau patron allait me permettre de souffler un peu. La maladie de Jean Sautereau m'ayant contraint à assumer l'ensemble des responsabilités du double service BRI–BAC, j'aspirais à une répartition des tâches plus équilibrée. Seule interrogation, et de taille : je ne savais pas comment Leclerc entendait diriger cette brigade atypique, quels seraient son style, sa méthode. J'ignorais également quelle serait son attitude face aux médias. Depuis 1973, les journalistes voyaient en moi leur unique interlocuteur. Or la société française évoluait à une telle vitesse, dans ce domaine, que la police elle-même, institution jalouse de ses traditions, devait intégrer l'idée de « communication ». On pouvait le regretter, s'en indigner, mais c'était ainsi ; et je craignais que Leclerc, « fonctionnaire d'autorité », prenne ombrage de ma petite notoriété.

Cette situation était d'autant plus gênante pour nous deux que j'entretenais des relations cordiales avec la plupart des journalistes. J'avais appris à comprendre leur métier, comparable au nôtre sur de nombreux points puisqu'il exige patience, rigueur et discernement. Enquêteurs, chacun à leur façon, policiers et journalistes travaillent souvent sur les mêmes affaires, suivent les mêmes pistes, recherchent les mêmes témoignages. Une différence essentielle réside toutefois dans l'urgence du résultat. Pour le policier, la rapidité n'est pas forcément une priorité. Pour le reporter, elle l'est ; ce qui pousse les moins scrupuleux à aller trop vite en besogne, à ne pas recouper leurs informations ou, pire, à « bidonner ». Ils cessent alors d'être des témoins pour devenir des metteurs en scène. Ni la justice ni la vérité n'y trouvent leur compte.

Chaque journal, chaque station de radio, chaque chaîne de télévision disposaient, à l'époque d'un ou de plusieurs spécialistes des faits divers. Il y avait les « vieux de la vieille » comme Lucien Pichon, de *France-Soir*, qui avait vu grandir plusieurs générations de flics du « 36 ». Il décrochait son téléphone tous les matins pour faire le tour des services ! A sa manière, l'air de ne pas y toucher, ce brigand sans âge grappillait des « infos » de-ci de-là, soutirait des confidences qui allaient s'étaler sur cinq colonnes dans le quotidien cher à Pierre Lazareff. Il y avait aussi des jeunes, accrocheurs au possible. A force de collectionner les scoops, ils allaient faire carrière dans l'investigation comme Jean-Marie Pontaut, du *Point*, ou Jean-Charles Marchand, de RMC. Certains allaient devenir de bons copains, comme le grand reporter Christian Brincourt (RTL puis TF1).

J'accordais beaucoup d'importance à la franchise, au respect de la parole donnée. Nos relations étaient fondées sur une estime réciproque, ce qui n'excluait pas, de leur part, des critiques à mon encontre. Si je leur glissais une information à condition de ne pas la divulguer aussitôt dans l'intérêt de l'enquête, je savais qu'ils tiendraient leurs engagements.

Une relation de cette nature est cependant bâtie sur un sol instable, celui de l'amour-propre et de la susceptibilité. Le journaliste en quête d'informations sollicite le policier, ce qui est légitime. Si ce dernier rechigne à s'exprimer – c'est son droit, souvent son devoir –, il se fera tôt ou tard égratigner. S'il accepte de parler davantage à Untel ou Untel, il sera critiqué par les autres, jaloux de n'avoir pu obtenir son témoignage. Si, troisième cas de figure, il s'exprime plus largement et de manière non sélective, il sera catalogué comme une star avide de notoriété. Bref, quelle que soit l'option retenue, elle fait des mécontents. Et dès qu'un journaliste a le sentiment qu'il n'a plus la préférence de son informateur ou que son indépendance d'esprit est mise en doute par ses confrères, il ne peut s'empêcher de lancer une « pique » à destination du policier concerné. Ces banderilles, d'usage habituel chez les vedettes de l'info – celles et ceux qui ont tendance à se prendre au sérieux –, ne sont rien d'autre qu'une manière sournoise de se donner bonne conscience et d'afficher sa propre indépendance.

Si, en règle générale, je n'avais pas à me plaindre, j'eus quand même, durant toutes ces années, quelques mauvaises surprises, révélatrices de la véritable personnalité de prétendus amis. Ainsi, un célèbre radio-reporter me proposa de venir courir un dimanche matin avec mes enfants dans un bois de la banlieue ouest, ce que je faisais d'ailleurs régulièrement à cet endroit. Sans aucune méfiance, j'acceptai sa proposition. J'appris ensuite qu'il avait vendu la mèche à un hebdomadaire. Un photographe, caché dans une camionnette, avait pris des clichés du « chef de l'antigang en promenade avec ses enfants » ! Cette manœuvre de paparazzi, dangereuse pour la sécurité de mes fils, m'avait écœuré. Elle n'avait pourtant pas égalé dans l'ignoble celle d'un autre photographe lors de la libération d'une fillette de quatre ans séquestrée depuis trois jours par ses ravisseurs : me voyant surgir avec la gamine, il avait suggéré à un confrère de la pincer pour qu'elle pleure dans les bras de son « sauveur » !

Certaines affaires exigeaient, plus que d'autres, d'excellentes relations entre la police et les journalistes. Je veux justement parler des rapts d'enfants, assez fréquents à cette époque [1]. Ils relevaient bien entendu de la Criminelle pour tout ce qui concernait la phase d'enquête. Mais il avait été convenu, du temps de François Le Mouël, que l'antigang apporterait son concours au moment de la remise de rançon et de l'arrestation des ravisseurs.

L'une des premières affaires de Marcel Leclerc à la BRI fut précisément le kidnapping du fils d'un directeur de société.

Ce matin-là, mardi 14 janvier 1975, Fabien était sur le chemin de l'école avec un camarade. Rue du Bac, une Renault 4 blanche ralentit à sa hauteur. Un homme était au volant, une

1. Dix enlèvements de ce type ont été signalés entre avril 1970 et juin 1975.

adolescente se tenait à la place du passager. Ils invitèrent Fabien à monter à l'arrière, ce qu'il accepta, laissant son camarade repartir seul.

Une heure plus tard, un artisan se présentait au domicile des parents pour poser une hotte de cuisine. En entrant dans l'appartement, il fit remarquer qu'une enveloppe avait été glissée sous la porte. Il s'agissait d'un message des ravisseurs : « Votre fils Fabien a été enlevé. Nous vous le rendrons contre une rançon de 600 000 francs que vous verserez en billets de 500 francs usagés. Nous vous donnons jusqu'à jeudi pour réunir cette somme. Vous recevrez des instructions ce jour, vers 17 heures, pour la remise de la rançon. Si tout se passe bien, Fabien vous sera rendu vingt-quatre heures après. »

Le père fit préparer l'argent par sa banque. Il alerta ensuite la police. Comme toujours, nos collègues de la Criminelle, et surtout les organes de presse, allaient être confrontés au dilemme inhérent à ce type de drame : fallait-il ébruiter l'affaire ou l'entourer de discrétion ?

C'est à ce moment-là que se pose la question des relations avec les médias. Certains journalistes estiment que le devoir d'information prime, quitte à solliciter les parents et à diffuser la photo de l'enfant. Ils justifient leur choix par le fait que le public, s'il est largement informé, apportera des témoignages susceptibles d'aider la police ; ce qui peut effectivement se produire. D'autres journalistes, heureusement plus nombreux, estiment au contraire que rien ne doit être entrepris qui pourrait entraver l'action des policiers et mettre en péril la vie de l'enfant.

Il n'y a pas de règle d'or en la matière. Je sais simplement que toute révélation intempestive peut influer sur le comportement des ravisseurs. Je sais aussi que ces mêmes ravisseurs utilisent les médias, en particulier la télévision, pour accentuer leur pression psychologique sur la famille. Durant la période 1970-1980, décennie du terrorisme et du grand banditisme, l'image est devenue l'instrument du chantage. A mon sens, la seule règle qui vaille est celle édictée conjointement par la famille et les policiers. S'ils décident, d'un commun accord, de ne pas alerter l'opinion, il faut que cette décision soit respectée.

Dans le cas du petit Fabien, la presse joua le jeu du silence et de la modération, laissant aux enquêteurs le soin de mener leurs investigations.

En liaison avec la Crim de Pierre Ottavioli, la BRI se vit confier des surveillances autour du domicile des parents, dans le quartier de l'hôtel Matignon. Nous devions nous préparer à intervenir.

Deux jours après le rapt, le couple reçut une lettre écrite de la main de l'enfant : « Cher papa, chère maman. Soyez sans crainte, je me porte bien, je vous reverrai bientôt. Je vous embrasse. » Les malfaiteurs en profitaient pour transmettre des instructions : « Pas de truquage. Il n'est pas question de relever les numéros des billets si vous voulez revoir votre fils vivant. »

Nous étions en planque devant chez les parents lorsqu'un chauffeur de taxi se présenta vers 18 heures.

– J'étais en attente à l'hôpital Ambroise-Paré, à Boulogne. Un homme est sorti, la tête bandée. Il m'a dit qu'il était trop mal en point pour se déplacer et m'a demandé de vous apporter ce pli.

Dans l'enveloppe, un message : Le père devait prendre la voiture de son épouse, aller à Neuilly, rue de Longchamp, franchir une grille, pénétrer dans l'enceinte du champ de courses. Un plan assez confus accompagnait ces instructions.

Il nous restait à quadriller le bois de Boulogne, bien au-delà de l'endroit où devait être déposée la rançon, près de l'entrée principale de l'hippodrome de Longchamp. Nous devions être présents sur chaque itinéraire d'accès. Il était convenu de n'intervenir qu'après la libération de Fabien.

Lorsque les planques nécessitaient un dispositif aussi lourd, notre mission s'apparentait à de la mise en scène théâtrale. Les inspecteurs jouaient leur rôle avec un sens aigu de la comédie, en fonction du quartier et des circonstances. Ce jour-là, dans le bois de Boulogne, nous avions deux ou trois joggers qui suaient à grosses gouttes, un promeneur avec son chien, un couple d'amoureux, un « mateur » en imperméable... Rien que des collègues, dont nous observions le manège depuis nos voitures.

D'autres inspecteurs étaient chargés de la protection discrète du père qui pouvait être abordé à tout moment. Le malheureux homme, qui avait insisté pour porter lui-même la sacoche (nous avions proposé de le remplacer par un policier), hésitait sur l'itinéraire à suivre. Le plan était si imprécis qu'il s'égara dans les sous-bois, revint sur ses pas, de plus en plus angoissé à mesure que les minutes défilaient. Un inspecteur-promeneur dut venir à sa rencontre et lui indiquer le chemin. Mais il voulait agir seul, comme l'avaient ordonné les ravisseurs. L'un d'eux commençait d'ailleurs à s'impatienter puisqu'il téléphona à l'épouse de l'homme d'affaires.

– Passez-moi votre mari, lui dit-il.

– Il n'est plus là, répondit la jeune femme. Il vient vers vous pour vous donner l'argent.

– Je n'aime pas attendre si longtemps.

– Oui, mais le taxi est arrivé à 18 heures.

– Vous savez quelle heure il est ?

– Oui, il est 19 h 25.

– Nous n'aimons pas attendre si longtemps.

– Oui, je sais, mais il est parti.

– Nous vous donnons une demi-heure, juste une demi-heure et c'est tout. Souvenez-vous-en, c'est tout.

Vers 20 h 30, le père localisa enfin l'endroit prévu pour la remise de rançon, à proximité du moulin de Longchamp. Il fit semblant d'uriner contre un arbre. Dans l'obscurité, un inconnu s'approcha.

– Mon fils est-il vivant ?, lui demanda-t-il.

– Oui, déposez la valise... Il sera libéré quand les billets auront été testés.

Caché dans un fourré, Gratadeix put apercevoir le ravisseur et diffuser son signalement sur les ondes : la cinquantaine, taille moyenne, assez corpulent, une casquette sur le crâne. Au volant de sa R4, il nous fit mille misères pour déjouer les filatures. Il était préférable, pour la sécurité de l'enfant, de lever notre dispositif. Nous avions suffisamment de précisions à son sujet (photographies, signalement, identification du véhicule...) pour le coincer le moment venu.

Peu avant 5 heures du matin, gare d'Austerlitz, une adolescente confia Olivier à un chauffeur de taxi qui le conduisit rue de Varenne, chez ses parents.

A 8 h 55, le lendemain, l'instigateur de ce rapt était arrêté à Rueil-Malmaison. Il s'agissait en fait d'un homme de cinquante-quatre ans, marié à une cousine éloignée de la famille. Pour convaincre le petit garçon de monter dans sa voiture, le mardi matin, il lui avait dit que des terroristes voulaient l'enlever et qu'en accord avec son père, il devait le mettre à l'abri dans le Loir-et-Cher.

Le malfaiteur avait été tour à tour le kidnappeur, le poseur de hotte de cuisine, le blessé de l'hôpital Ambroise-Paré et le promeneur du bois de Boulogne! Comble du cynisme : il avait même impliqué sa fille de quatorze ans dans sa machination.

Les kidnappings n'avaient décidément rien de comparable avec les autres affaires. La discrétion qui les entourait pour d'évidentes raisons de sécurité s'imposaient à nous jusque dans les couloirs du « 36 ». Il régnait alors une ambiance étrange, empreinte de gravité, de pudeur. La décontraction, réelle ou feinte, que nous affichions d'ordinaire cédait la place à une tension contenue, sans aucune comparaison avec la relative excitation d'un départ précipité sur les lieux d'une prise d'otages ou l'envoi de renforts contre un gang de braqueurs. Tout était différent, l'affectif entrait en jeu.

Dans les allées du bois de Boulogne, nous avions ressenti une pression supplémentaire. Cette sensibilité tenait à la nature même de notre métier et des risques privés qu'il impliquait. Sans pour autant vivre dans une angoisse permanente, nous éprouvions nous-mêmes des craintes pour nos enfants. L'idée qu'un terroriste ou un truand choisisse un jour de se venger en kidnappant l'un de nos gosses ne pouvait être écartée. Dans ces moments-là, nous téléphonions à la maison plus souvent qu'à l'accoutumée, juste pour savoir si tout allait bien.

Depuis mes débuts à la BRI, mes deux fils, Vincent (six ans) et Philippe (onze ans), avaient appris à se méfier, sans sombrer dans la paranoïa. A l'école, sur les terrains de foot, en vacances, mon métier s'était imposé à eux jusque dans leur vie de gamins. Il leur arrivait même d'en rire lorsque nos craintes viraient au burlesque. Ainsi, en janvier 1976, deux jours après la libération de Fabien, nous venions de quitter la grand-mère de ma femme, à Vigneux, lorsque j'appris par un flash radio qu'un attentat et une prise d'otages étaient signalés à l'aéroport d'Orly [1], situé à quelques kilomètres de là.

Je devais m'y rendre le plus rapidement possible.

Voilà comment, après avoir franchi divers barrages de police,

1. Le 19 janvier 1975, trois fedayin déclenchent une opération commando contre un avion de la compagnie israélienne EL AL. Un CRS en faction dans l'aéroport s'interpose et une fusillade éclate. Une vingtaine de personnes sont blessées lors de l'explosion d'une grenade. Les terroristes passent la nuit dans les toilettes de l'aérogare avec une dizaine d'otages, dont une fillette de quatre ans. Le lendemain matin, après de pénibles négociations, ils s'envolent à destination de l'Irak.

la vieille 404 familiale fit une arrivée remarquée devant l'aérogare en état de siège. Les CRS en poste ce soir-là à Orly s'en souviennent peut-être encore : les deux garçons étaient sur la banquette arrière, mon épouse à l'avant, et le « kart » à pédales sur le toit ! Tous trois grimpèrent dans un taxi pour rentrer chez nous, à l'autre bout de Paris. Vincent, le benjamin, s'amusait de cette aventure. En désignant le chauffeur qui tardait à trouver son chemin, il demanda à son frère :

– Dis, tu crois qu'il nous a pris en otage ?

J'ignorais que de véritables menaces, liées au banditisme, allaient bientôt peser sur ma famille.

Le milieu de A à Z

J'étais en poste à la BRI depuis près de trois ans et la grande maison du 36 n'avait plus guère de secrets pour moi. J'avais mes habitudes dans notre pigeonnier du dernier étage. Les gars y vivaient comme dans un immense appartement de célibataires, un peu fouillis, plutôt désordre, où il faisait bon se réunir.

Notre unique secrétaire, Fernande, surnommée la « mère tape dur » tellement elle martyrisait sa machine à écrire, avait la voix haut perchée et le « look » rétro. On racontait qu'elle avait été virée de plusieurs services à cause de son caractère épouvantable. Il est vrai que cette femme de tempérament disait volontiers ce qu'elle avait sur le cœur. Elle se plaisait chez nous. Pour rien au monde elle n'aurait changé de poste et nous de secrétaire... Les antigangs s'amusaient à la taquiner, à « piéger » sa machine avec des pétards, à lui faire toutes sortes de farces. Elle rouspétait, juste pour la forme. C'était presque devenu un jeu, entre elle et nous. Tout le monde l'aimait ainsi, bougonne mais serviable, fidèle au poste, dans les bons moments comme dans les mauvais. Aujourd'hui encore, Fernande Maurois, notre amie à tous, ne manque aucun rendez-vous de la BRI.

Parmi les autres personnages incontournables, il y avait Pierre Dauphin, dit « Flipper », un homme fidèle en amitié et d'une grande rigueur morale. Il s'occupait à merveille de notre matériel. Les inspecteurs du groupe « documentation » étaient, eux aussi, d'une remarquable efficacité. Ils savaient tout des truands : noms, surnoms, relations, antécédents judiciaires... Aux premiers frétillements d'une affaire, ils fouillaient dans leurs archives pour en extraire « le » renseignement qui allait nous mettre sur la voie d'un complice ou d'une adresse. Ces encyclopédies vivantes jouaient un rôle fondamental dans l'aboutissement des enquêtes.

A mon arrivée à la brigade, les responsables de la « doc » étaient Robert Jaouen et Louis Broudin, l'homme des crêpes dans l'affaire de Brest. On l'appelait « P'tit Louis » ou bien « Jésus-Christ », rapport à sa minceur et à sa barbe. C'était la mémoire du service. Depuis son départ, d'autres avaient pris le relais : Cadeau, Durepoix (dit « Poidur »), Collignon, Roman (dit « Raymond la Science »)... Le banditisme était si actif, dans les années soixante-dix, que leurs fiches et leurs dossiers, rangés dans un bureau proche du mien, devaient être sans arrêt réactualisés.

Je finissais par bien connaître la pègre. Je n'avais pas grand mérite, c'était l'aboutissement logique de mes expériences accumulées. Du temps de la 1re BT, quand je pistais les roulottiers de boulevard et les « julots-casse-croûte », il m'avait fallu des mois pour assimiler la faune de la rue, avec ses usages et son langage. A la Criminelle, en enquêtant sur des meurtres, j'avais appris la psychologie des assassins. A la BRI, j'avais découvert le vrai milieu, celui du grand banditisme.

Dresser un tableau de la situation de l'époque est une entreprise délicate. Comme toute activité humaine, la délinquance évolue, les hommes passent, les techniques changent, rien n'est figé. Une tentative de classification est d'autant plus hasardeuse que, depuis les années soixante, la dérive dénoncée par les anciens s'était accélérée : déclin des « valeurs », extension de la violence, rajeunissement et embourgeoisement des cadres de la pègre.

A quoi ressemblait-il donc, ce milieu des années soixante-dix ?

Partons du bas de la pyramide avec certains tenanciers de bars, hôteliers et patrons de boîtes. Les films policiers, s'ils sont souvent truffés d'erreurs concernant les malfrats, sont généralement plus proches de la réalité à propos de ces seconds couteaux, aussi discrets que serviables. Dans les affaires que nous traitions, ils se tenaient en coulisse, chargés de l'intendance, des lieux de loisirs (filles, alcool...), de la fourniture de matériel, des planques en cas de cavale. Leurs établissements servaient à l'occasion de « boîtes aux lettres » pour transmettre des messages. Nous connaissions les relais, les tripots, les « tauliers » susceptibles d'aider un ami dans le besoin.

Passons au deuxième niveau, avec ceux que l'on appelle les « trafiquants ». Le terme peut paraître fourre-tout ; il l'est. Selon leur spécialité, ils se livraient au trafic d'armes, d'objets d'art, de fausse monnaie, de faux papiers, de voitures ou, bien sûr, de drogue. Ajoutons le proxénétisme et le racket, deux activités essentielles puisqu'elles assurent des rentrées d'argent régulières.

Dans *M... comme Milieu*, l'ouvrage de référence en la matière [1], l'ancien journaliste du *Monde* James Sarazin résume parfaitement la situation lorsqu'il écrit : « Le proxénétisme constitue l'élément nourricier du milieu. La carrière d'un truand débute presque toujours par l'exploitation d'une ou plusieurs femmes. Le malfaiteur ambitieux doit, certes, savoir ensuite s'ouvrir, au gré des époques, à tous les trafics, et ne pas reculer devant certains crimes lucratifs. A la fin des années soixante, la drogue a apporté la richesse aux plus habiles mais aussi la mort ou la prison aux autres. Vingt ans plus tôt, des fortunes ont été amassées sur le trafic des piastres entre la France et l'Indochine (...) et, peu avant, avec les cigarettes américaines à travers la Méditerranée. L'habileté consiste à s'adapter sans cesse aux besoins d'un marché partiellement fluctuant qui saute de la fausse monnaie au trafic d'armes ou de la drogue à la carambouille. Mais, sous une façade changeante, ce marché comporte avant tout quelques volets d'activités marquées du sceau de la pérennité. Le proxénétisme est de ceux-là, au même titre que le racket ou le contrôle des jeux. Il constitue pour tous les truands un " fond de roulement ", apportant des liquidités quotidiennes aux plus gros, et des moyens de vivre aux julots-casse-croûte. »

Les trafiquants ne constituaient pas la clientèle habituelle de la BRI mais lorsque l'opération présentait des difficultés particulières, le service concerné nous alertait : le 6 novembre 1973, pour arrêter un armurier du milieu en possession d'une cinquantaine d'armes et de grenades ; le 21 mars 1974, pour démanteler un gang de faussaires (cartes d'identité, permis de conduire)...

L'antigang s'occupait surtout des braqueurs, cambrioleurs et autres perceurs de coffres, au total plusieurs centaines de malfrats sur la place de Paris. Ils formaient en quelque sorte le troisième niveau de la pyramide, une caste à part.

Après trois ans de présence au « 36 », je cernais mieux ce « milieu dans le milieu », peuplé de malfaiteurs professionnels qui avaient fait le choix du crime et l'assumaient. Ce monde si particulier avait ses personnages en vue : Kiki P., casseur de renom arrêté après une belle bagarre (deux blessés dans nos rangs, dont

1. *M... comme Milieu*, par James Sarazin, éditions Alain Moreau (1977).

Quem, mon coéquipier de Béziers) ; le gros D., un as du coffre-fort, si gras (150 kg) qu'il s'allongeait au sol pour ne pas être embarqué (on avait dû lui pincer puis relever le bout du nez pour l'obliger à se lever !) ; l'Antillais Yacinthe C., braqueur de bijouteries, qui se cognait la tête contre les murs pour nous accuser ensuite de « mauvais traitements » ; Daniel C., un ténor de la fameuse banlieue sud, arrêté après avoir été filé jusqu'à Biarritz... Citons aussi « Jacky le Bordelais », la terreur du moment, recherché pour plusieurs homicides et hold-up. Un coriace, celui-là ! Le jour de son arrestation, dans un immeuble vétuste du XXe, il sort dans la cour intérieure en slip de bain style léopard, un manche à balai dans une main et un vase brisé dans l'autre ! Nous ne sommes pas trop de quatre pour le maîtriser. Les locataires, penchés aux fenêtes, encouragent leur Tarzan et nous balancent toutes sortes d'objets !

« Pour bien connaître les criminels, il faut l'avoir été soi-même », prétendait François Vidocq, l'ancien bagnard devenu chef de la Sûreté. Sans avoir jamais brandi un calibre devant un caissier de banque, sans m'être jamais présenté avec un chalumeau devant un coffre-fort, j'estimais malgré tout « bien connaître » les stars du braquage ou de la cambriole. Ils partageaient un même besoin de se conformer à l'image traditionnelle, presque caricaturale, du voyou rebelle, libre, fidèle à la parole donnée. Ils formaient une sorte d'élite, dédaigneuse des casseurs à la petite semaine et des « caves », ces besogneux juste bons à être honnêtes.

Le milieu n'était sans doute plus la confrérie mythique des polars d'antan, mais il existait encore des règles plus ou moins admises. Un « nouveau », pour être accepté, devait faire ses preuves. Oh, bien sûr, il n'y avait pas d'examen de passage ni de tests mais il devait s'arranger pour que les anciens aient vent de ses états de service. Tout dépendait de son comportement sur le terrain, de son courage, de son attitude lors des interrogatoires, de sa capacité à tenir ses engagements, à endosser les responsabilités et, éventuellement, à... « porter le chapeau » à la place d'une « pointure ».

Une fois dans le circuit, il avait l'assurance d'obtenir des moyens, des complicités, des propositions d'embauche sur des affaires juteuses, des filières fiables pour écouler la marchandise volée, de l'aide en cas de coup dur (planque, argent, faux papiers, armes...). Problème : pour demeurer dans la course et ne pas faire figure de « cave » aux yeux des dames, il avait besoin de liquidités. La flambe est un privilège coûteux. Un pro sort, un pro invite, un pro dépense. Ses frais augmentent avec son standing. Pour avoir de la « fraîche », il doit « monter au braquage » ou mettre sa « gagneuse » au « turf ». C'est un engrenage à risques mais il a voulu qu'il en soit ainsi.

J'éprouvais une certaine considération pour ceux, bien rares, qui se pliaient encore à des règles un brin « vieille France ». Quand ils étaient coincés, ils savaient l'admettre. La lucidité n'excluait pas la violence mais cette violence avait des limites : celles des chances de réussite. Ils renonçaient à faire n'importe quoi.

Ne reprenons pas ici le couplet « hommes d'honneur – hommes de parole » mais il y avait un peu de cela. L'image d'Epinal n'était pas que légende. Certains anciens avaient le sens de la sortie. Outre Santucci, le Corse de mes débuts à la BRI, je me souviens notamment d'une équipe de casseurs qui malmenait le coffre du Marignan, un cinéma des Champs-Elysées. Une panne de chalumeau les obligea à quitter les lieux avec leur matériel. Or nous les attendions dehors depuis deux heures ! Aucun des six n'était armé. Fair-play, l'un d'eux nous félicita :

– Bravo, messieurs, votre coup a mieux réussi que le nôtre !

Et Marcel S., un pied-noir que j'avais déjà rencontré par le passé, s'adressa à moi, superbe de décontraction :

– Broussard ! Je te reconnais ! Qu'est-ce que tu fais là ? On pourrait aller boire un verre...

Le hasard a voulu que je le rencontre une vingtaine d'années plus tard, porte de la Chapelle. Ma voiture étant tombée en panne, un automobiliste s'arrêta complaisamment pour me proposer son aide : Marcel, l'homme du Marignan, plus gentleman que jamais !

Des tauliers aux braqueurs en passant par la foule des trafiquants, le Milieu des années 74-75 était en fait un réseau très parisien (avec des connexions à Lyon, Marseille, Nice, Bastia...) au sein duquel on ne faisait confiance qu'aux amis et aux amis des amis.

N'exagérons pas, cependant, ce côté hermétique et cloisonné. S'il existait des bandes, il n'y avait pas une hiérarchie structurée. La pègre française, plus individualiste que sa cousine italienne, avait toujours fonctionné de la sorte, avec une myriade de groupes indépendants. Rien ne relevait d'une « organisation » centralisée –

au sens italien ou américain du terme – ayant une emprise sur les grands secteurs de la vie publique (économie, politique...). Le risque existait néanmoins de voir un jour la pègre française imiter la « pieuvre », investir tous azimuts et gangrener la haute finance. Au dernier étage de la pyramide – celui où il convient d'avoir le pied agile et le souffle long – certains y songeaient : les frères Zemour, les « Z », comme on les appelait dans le faubourg Montmartre, le quartier des Juifs pieds-noirs de la capitale.

A l'origine, ils étaient cinq : Théodore (dit André ou « Dédé »), Gilbert, Williams, Roland et Edgar, tous nés à Sétif, petite ville de Kabylie. Fils d'un homme sans histoire, employé à la synagogue locale, ils avaient grandi « là-bas » avant que l'Histoire ne les contraigne à traverser la Méditerranée à la fin des années cinquante.

Aucun d'entre eux ne semble avoir laissé trace d'une quelconque activité malhonnête en Algérie. On note bien, dans cette région en proie à de vives tensions entre les communautés, quelques escarmouches avec de jeunes Arabes, mais rien de méchant, du moins à notre connaissance. Ils se rattraperont à Paris, dans ce faubourg Montmartre qu'ils vont conquérir café après café, trottoir après trottoir. Seul l'aîné, Roland, ne connaîtra pas cette ascension. Arrivé le premier en métropole, ce don Juan large d'épaules y sera abattu à vingt et un ans, le 17 novembre 1947, probablement victime d'un proxénète concurrent, un « julot » que l'on retrouvera d'ailleurs mort sur une route de la Côte d'Azur, en 1961.

Roland au cimetière, il reste donc quatre frères. Les plus ambitieux sont sans conteste Williams, Gilbert et Edgar, trois monstres d'orgueil – surtout les deux derniers – qui vont gravir les échelons de la pègre. Beaux parleurs, ils passeront des menus larcins aux combines, comme la vente à domicile de trousseaux de mariage ou le commerce du vin. Séducteurs, ils s'essaieront au proxénétisme. Bagarreurs, ils proposeront leurs services à des patrons de boîtes de nuit...

L'objectif avoué demeure Paris. Le Paris des « gagneuses », des boîtes, des bistrots, des trafics. Et Paris, pour un Zemour, c'est d'abord le faubourg Montmartre, ce quartier où ils vont s'aguerrir pour mieux revendiquer ensuite leur place au sein du milieu.

C'est dans le sillage d'une autre entreprise familiale, celle des six frères Atlan, qu'ils vont imposer leur loi. A cette époque, en effet, le clan Atlan tient le secteur. Moyennant une dîme régulièrement collectée, il assure la protection des commerçants importunés par les petites frappes. Nul ne se plaint des Atlan, à l'exception des frères Perret, en l'occurrence Marius, Clément et Gilbert, dirigés par leur mère, Léonie Benaïm, dite la « Mère Léo ». Les Perret, ces « demi-juifs » comme disent les habitants du faubourg, osent, eux, contester la suprématie des Atlan. L'exécution de Simon Atlan, en octobre 1965, et celle de son frère René, en décembre 1966, vont provoquer l'entrée en jeu des Zemour.

Comme les Atlan ne font plus le poids, le faubourg se tourne vers les « Z », ces jeunes qui semblent avoir les épaules assez solides pour se lancer dans la bataille et venger leurs amis. Ils n'ont pas froid aux yeux, les frangins de Sétif. En une seule nuit, celle du 26 au 27 janvier 1967, la carrière des Perret va être brisée : au sortir d'une réunion chez la Mère Léo, l'un des membres de la bande, Jean-Claude Flerschlinger, est grièvement blessé aux testicules ; un peu plus tard, Jacques Ben Loulou, dit « la Voltige », sera tué de douze balles.

Le milieu s'agite. Les « demi-juifs » craignent les Zemour, ils redoutent un massacre.

Les antigangs, dirigés à l'époque par François Le Mouël et Frédo Vénier, mon futur adjoint, comprennent que les hostilités sont ouvertes. Ils arrêtent les Perret avant qu'ils aient eu le temps d'organiser la riposte. Tandis qu'ils investissent un appartement de Fontenay-le-Fleury, un homme de la BRI, resté en attente au rez-de-chaussée, récupère consciencieusement les armes qui dégringolent en quantité dans le vide-ordures !

Les « Z » ont gagné. Débarrassés des Perret, ils poursuivent leur ascension. Le proxénétisme, avec ses ramifications en Afrique, en Allemagne, en Belgique, leur assure bientôt des revenus considérables. Ils contrôlent, en outre, divers bars et restaurants. Cette stratégie expansionniste, habilement orchestrée sous couvert d'activités honorables, fait d'eux des « businessmen » beaucoup plus redoutables que les Atlan. Ils sont également patriotes puisqu'ils récoltent des fonds pour soutenir Israël durant la guerre des Six Jours, en juin 1967. Edgar et Williams en profiteront d'ailleurs pour tenter par la suite (période 1970-1972) une percée sur le marché israélien. Ils ouvriront un restaurant à Tel-Aviv et évinceront une autre famille gênante (une habitude !), celle des frères Abitbol.

Dans son livre sur le milieu, James Sarazin s'attarde sur cette montée en puissance : « En quelques années, le petit gang du faubourg Montmartre devient une entreprise aux dimensions gigantesques ; au début des années soixante-dix, elle ne comportera pas moins de 257 " collaborateurs ", rien que dans la région parisienne, et le chiffre d'affaires cumulé de la prostitution, du racket et des investissements honnêtes atteindra un demi-milliard d'anciens francs par mois... »

Ces données chiffrées sont difficiles à confirmer mais l'on peut supposer qu'elles ne sont pas très éloignées de la vérité. Car c'est bien un empire que Williams, Edgar et Gilbert Zemour ont commencé de bâtir depuis Paris (le quatrième, « Dédé », se tient à l'écart, aux Baléares puis aux Antilles). Seul le secteur du jeu, chasse gardée des Corses, échappe à leur emprise, mais ils ne désespèrent pas d'y faire un jour carrière. Du reste, ils apportent leur soutien armé au clan Francisci, en guerre depuis des années contre le clan Andreani. Quant à la drogue, c'est autre chose, ils refusent d'y toucher.

Mais le milieu est ainsi constitué qu'il existe toujours quelque part, dans l'ombre d'un quartier chaud, un quarteron d'audacieux prêt à contester les hiérarchies.

L'avènement des frères de Sétif n'est pas du goût de tout le monde. Un de leurs anciens collaborateurs, Roger Bacry, se sent même pousser des ailes, au point d'orchestrer la rébellion.

Cet homme de quarante-deux ans, officiellement « commerçant en chemiserie », a constitué une équipe solide. On y recense du beau monde : Jean-Claude Vella, surnommé « Petites Pattes » ; Marcel Gauthier, un braqueur réputé ; Marcel Barokhel, dit le « Coréen » en raison de son passé militaire ; Jean-Pierre Maione-Libaude, un autre braqueur de renom.

Une histoire de femmes et l'ambition démesurée de Bacry vont aboutir à un conflit sans précédent dont sera d'ailleurs tiré le film d'Alexandre Arcady, Le *Grand Pardon*, avec Roger Hanin dans le rôle du chef de clan. Un long métrage inspiré de la saga des « Z ».

Bacry est un paranoïaque, incapable d'assumer la guerre qu'il a provoquée. Il ne tarde pas à se suicider. Un vrai suicide, semble-t-il, le 12 juin 1974.

L'armistice n'est pas signé pour autant. Sans entrer dans le labyrinthe des rivalités, des manipulations et des intrigues, l'affaire se résume à l'opposition de deux camps : d'un côté les Zemour et leurs sbires du faubourg Montmartre ; de l'autre le clan du trio Vella-Gauthier-Barokhel, surnommés les « Lyonnais » ou encore les « Siciliens » et originaires, pour la plupart, de la banlieue sud de Paris. Déclenchées en mars 1973, les hostilités ne cesseront qu'en septembre 1976, après la mort de trente et une personnes liées à ces deux bandes [1] !

Nous étions donc en 1975. Leclerc venait de succéder à Sautereau. Même si nous n'étions pas directement concernés par les multiples activités des Zemour, la situation était si tendue que nous ne pouvions pas rester inactifs. Le milieu était en ébullition, les porte-flingues en alerte, les caïds sur leurs gardes et nos clients habituels, les braqueurs, pouvaient à tout moment entrer dans la mêlée. Cette guerre des gangs, ajoutée aux braquages, à l'expansion du trafic de drogue et à la renommée naissante des « solitaires » comme Mesrine ou Willoquet, inquiétait l'opinion publique.

La mise hors d'état de nuire des Zemour devint une priorité. Mais il n'est jamais facile d'attraper de si gros poissons car ils ont toujours d'infaillibles alibis, des amis influents, de brillants avocats. Ils connaissent les vertus de la prudence et les bienfaits des astuces juridiques.

Leclerc rêvait d'une belle prise pour ses débuts d'antigang. Comme nos collègues d'autres services, nous voulions tous arrêter les « Z ». Nous devions patienter, attendre le moment propice.

Le 28 février 1975, nous avons cru ce jour arrivé.

C'était un vendredi, un triste matin d'hiver. L'ambiance était morose dans nos bureaux. Les locaux étaient pratiquement déserts, les téléphones sonnaient dans le vide. Seuls quelques inspecteurs assuraient la permanence, sans trop d'enthousiasme. Ils n'avaient même pas le cœur à taquiner Fernande, la « mère tape dur ».

La veille, place de la République, la brigade avait connu un moment pénible. Après avoir tué le caissier d'une banque, deux braqueurs avaient pris en otage cinq personnes. Au terme de six heures de négociations, ils avaient obtenu de l'argent et une voi-

1. Raphaël Dadoun, dit « Yeux de velours », le 12 mars 1973 ; Joël Arfouilloux (le « grand Jo ») et Raymond Elbaz le 6 avril 1973 ; Louis Nesmoz (« Pépé »), Henri Simonelli et Daniel Renard le 19 mai 1973 ; Pierre Manlay (« Manluche ») et Ischil Levites (« Riton le Juif ») le 27 mai 1973 ; Jean-Louis Augé (« Petit Jeannot », parrain présumé du milieu lyonnais) le 15 juin 1973... Mais aussi Désiré Dahan, Jean-Claude Leclercq (le « Bedeau »), Claude Ducroc... L'hécatombe, de part et d'autre.

ture. Nous avions reçu l'ordre de les laisser filer avec deux otages. Ces derniers avaient été récupérés peu après, sains et saufs, et c'était bien l'essentiel. Même si nous avions recueilli des indications permettant une identification rapide des truands, nous nous étions sentis honteux d'avoir capitulé. Au moment du départ de la voiture, des badauds avaient crié : « Tuez-les ! Tuez-les ! La mort pour les assassins. » Une forme de lassitude commençait à nous gagner. Lassitude d'être un jour traités de « cow-boys » et le lendemain de « lâches ». Alphonse Allais avait probablement raison quand il disait : « La police a toujours tort. »

Cette affaire nous avait menés fort tard dans la nuit et chacun cherchait à récupérer, chez lui, des tensions de la soirée.

En fin de matinée, alors que la vie reprenait son cours au ralenti, un renseignement nous parvint de la 1re BT. Cette brigade était alors dirigée par le commissaire Marcel Morin. L'un de ses inspecteurs, François Antona, avait un indic visiblement bien informé sur le conflit opposant les « Z » aux « Siciliens » puisqu'il prétendait qu'une rencontre entre les deux camps était prévue, le jour même, au bar *J'ai du bon tabac*, 12, boulevard Saint-Germain. Une sorte de Yalta du crime se préparait, une ultime tentative de négociation, avec tout ce que cela comporte de sous-entendus en cas d'échec. Mais il pouvait également s'agir d'un guet-apens monté par les Zemour contre la bande rivale et un certain « Louis d'Auteuil », un personnage de haut rang. Le choix du café comme lieu de rendez-vous était plausible dans la mesure où « Louis d'Auteuil » possédait un bar non loin de là, quai de la Tournelle.

Morin et son inspecteur avaient fait de l'excellent travail. Ils avaient obtenu un « tuyau » et l'avaient transmis à la BRI, démontrant une nouvelle fois que les informations proviennent souvent des hommes de terrain avant d'être exploitées par les brigades spécialisées. Quel crédit accorder à l'indic ? J'étais plutôt sceptique. N'était-il pas considéré comme proche des « Siciliens » ? Quel intérêt avait-il à « balancer » les belligérants ? Mystère.

Dès le début de ma carrière, on m'avait mis en garde contre les embûches dans les relations entre le policier et son indicateur [1]. Je me méfiais de ces « auxiliaires » d'un genre un peu particulier qui

1. En principe, on nomme " indicateur " celui qui " balance " des affaires en désignant le ou les coupables et l'" informateur " celui qui se contente de donner des renseignements, par exemple aux Renseignements généraux.

se confient rarement par amour de la police ou par souci de justice mais plutôt dans l'espoir d'un petit service. Il peut ainsi arriver que l'on ferme les yeux sur tel ou tel larcin pour peu que le jeu en vaille la chandelle et mène à du « gros ». Le meilleur des indics demeure toutefois celui qui trouve sa récompense dans la dénonciation elle-même. Il dénonce par jalousie ou souci de vengeance, sans autre satisfaction que les ennuis de l'adversaire. Bien que la délation soit l'art du lâche, une manière de crapule, je dois concéder qu'elle permet de résoudre certaines énigmes, à condition, évidemment, de connaître les motivations de la « balance », de savoir pourquoi elle enfreint la loi du silence, de s'assurer qu'elle ne cherche pas à brouiller les pistes ou à faire accuser un innocent.

Dans un même élan de générosité, l'indic d'Antona nous offrait les Zemour et leurs rivaux ! Un joli cadeau. Le plus beau de tous. Certes, nous n'avions pas le temps de vérifier l'emballage ni de réfléchir au contenu, mais il faut toujours croire à la fiabilité du « tuyau » et prendre ses dispositions en conséquence. Imaginons un instant que la police, pourtant alertée de l'imminence d'un crime ou d'un délit, ne se déplace pas : les critiques seraient justifiées.

Leclerc fit le bon choix. Il rassembla dix-huit inspecteurs aux abords du café *J'ai du bon tabac*. Nous voulions arrêter un maximum de truands, de façon à les accrocher au moins pour port d'armes et association de malfaiteurs. Il restait à espérer qu'ils viendraient.

Les premiers à se présenter sont du camp des pieds-noirs. Et non des moindres : Edgar et Williams Zemour en personne, ainsi qu'Edmond, un cousin, restaurateur à La Ciotat. Les deux frères sont arrivés séparément ; Edgar en BMW, Williams en R16. Leur seule présence confirme l'importance de la réunion et la fiabilité de l'information obtenue par Antona.

Williams, dit « Zaoui », né le 17 novembre 1930 à Sétif, est le chef du clan. C'est le plus discret, le plus rusé des « Z ». La presse, jamais avare d'exagérations, raconte que cet élégant possède cent cinquante costumes et une cinquantaine de paires de chaussures. Il est aujourd'hui vêtu d'un imperméable mastic, d'une veste Smalto, d'une chemise bleue.

Edgar, né le 20 septembre 1937 à Sétif, aime l'argent et le jeu. C'est un prétentieux, un bagarreur. Il porte une veste pied-de-poule, un pull beige et des mocassins. Quant à Edmond, le cousin de province, il n'a pas le palmarès de ses parents. Nous ignorons pourquoi il est monté à Paris. Pour le beau temps, peut-être... En ce dernier jour de février, le soleil d'hiver brille sur la capitale !

Les trois hommes ne sont pas entrés au *Bon Tabac*, mais dans un bar situé de l'autre côté du boulevard, à l'angle de la rue du Cardinal-Lemoine, le *Thélème*.

Excepté eux, aucun individu suspect n'a été repéré. Nous supposons toutefois que les « Z », en caïds précautionneux, se sont fait précéder de quelques fidèles bien équipés.

Et le camp adverse dans tout cela ? Où sont les « Siciliens » Vella et Gauthier (Barokhel, « le Coréen », n'est plus de ce monde depuis le 11 octobre 1973, tué de trois rafales de pistolet-mitrailleur) ? Au *Bon Tabac*, il y a deux consommateurs non identifiés, installés en terrasse. Derrière leurs lunettes de soleil, ils paraissent attentifs à ce qui se passe au *Thélème*, chez les pieds-noirs. Notre petit monde se mettrait-il en position pour les « discussions » ? Nous en sommes désormais convaincus.

Il va falloir improviser au mieux. Deux groupes sont constitués : l'un, emmené par Leclerc et composé de quatre inspecteurs, interviendra au *Bon Tabac*, contre les suspects aux lunettes ; l'autre, que je dirigerai, s'occupera du *Thélème* et des « Z ».

Ce café tranquille n'a pas la réputation d'accueillir des voyous. On y accède par deux entrées. Une porte vitrée, ouverte sur le pan coupé, à l'angle du boulevard et de la rue du Cardinal-Lemoine, donne devant le comptoir, où sont accoudés notamment les trois « Z ». Une porte latérale, située rue du Cardinal-Lemoine, donne sur l'extrémité droite du comptoir. Il y a une rangée de tables, où sont assis quelques consommateurs. Je divise mon propre groupe en deux équipes afin de surgir dans le bistrot simultanément des deux côtés.

Pour bénéficier de l'effet de surprise, l'opération doit être coordonnée à la seconde près, de part et d'autre du boulevard, au *Thélème* et au *Bon Tabac*. D'un signe discret, je donnerai le top départ aux diverses équipes. Puis je rejoindrai immédiatement les inspecteurs à l'intérieur du *Thélème*.

Les hommes sont prêts. L'équipe de la porte latérale (rue du Cardinal-Lemoine) sera conduite par René Defauverge. L'autre équipe, celle de l'entrée principale (pan coupé), sera dirigée par l'inspecteur divisionnaire Jacques Chaix.

Jacques est l'homme idéal pour ce type d'opération. Au même

titre que Frédo Vénier, mais dans un genre différent, c'est un meneur que les plus jeunes suivent sans hésiter, convaincus de sa parfaite connaissance du milieu et de sa capacité d'improvisation. Un jour, alors qu'il filait des voyous sur les boulevards, nous l'avons vu emprunter le mètre d'un vendeur de costumes pour relever lui-même les mensurations d'un collègue et pouvoir ainsi surveiller les truands qui s'attardaient dans un magasin voisin!

Il est 16 h 10. En traversant le boulevard, je fais un signe discret. L'intervention est lancée.

Côté *Bon Tabac*, aucun problème : Leclerc et son groupe interpellent les types aux lunettes.

Côté *Thélème*, en revanche, nous jouons de malchance.

Contre toute attente, la porte latérale est verrouillée, d'où un premier cafouillage. Defauverge et ses équipiers tardent à entrer dans le bistrot. Jacques Chaix fait quant à lui irruption par la porte principale, face au comptoir. Suivi de Bébert Objois et de Jean-Pierre Caillot, il crie : « Police! Que personne ne bouge! »

Chaix connaît les Zemour, il pense qu'ils ne riposteront pas mais qu'ils chercheront au contraire à calmer le jeu pour s'en remettre ensuite au talent de leurs avocats. Il n'a même pas sorti son arme, pour éviter qu'ils ne croient à une attaque du gang rival. Il s'avance vers eux, sans remarquer Joseph Elbaz, un porte-flingue attablé près de l'entrée avec un autre homme, Roland Attali.

Elbaz sort son colt, calibre 38. Il ouvre le feu, presque à bout portant. Chaix, bien que touché à l'épaule, dégaine à son tour. Il tire sur Elbaz. D'autres inspecteurs font de même. Le tueur s'écroule, ainsi que les deux frères Zemour. La patronne, le patron, les clients ont plongé sous les tables, sans savoir s'il s'agissait de policiers ou de truands.

La pagaille est telle que nul ne sait trop qui est qui et qui fait quoi. Les inspecteurs ordonnent à tout le monde de rester à terre car ils ignorent quels sont, parmi les clients, les éventuels complices. On crie, on se bouscule, on se piétine, on se bat.

Aux premiers coups de feu, je me suis précipité à l'intérieur du café, suivi de Chétard. Les bagarres se poursuivent, un type bascule derrière le comptoir.

– Joseph en a pris une en pleine tête! hurle un inspecteur.

Sous le corps de Williams Zemour, je crois justement reconnaître Joseph Igounenc, l'un de mes collaborateurs. Mais un autre vient me prévenir qu'il est en fait sain et sauf. C'est 5/5, l'ami Chaix, qui est salement blessé à l'épaule.

Il s'est replié sur le trottoir, soutenu par deux collègues.

J'aperçois aussi Robert Guitard, qui se tient le ventre. Il est d'une pâleur alarmante, il a reçu un coup au niveau de la rate. Comme Chaix, il sera bientôt évacué vers l'hôpital.

Je pénètre de nouveau dans le bar. Les chaises et les tables sont renversées. Un homme d'une cinquantaine d'années ne cesse de répéter : « Je me plaindrai à l'ambassade d'Algérie, je me plaindrai à l'ambassade d'Algérie !... »

Je le conduis jusqu'au car de police, où sont déjà assis trois témoins. Il déclare, pour la première fois à ma connaissance : « Je suis maître Oussedik, du barreau de Paris. » Il ajoute qu'un autre avocat est blessé, dans la salle.

Je retourne au *Thélème*. Les patrons, tout comme leurs clients (un architecte, un étudiant tunisien, un joueur d'échecs...) sont sous le choc mais ils paraissent plutôt soulagés de s'en sortir à si bon compte. Parmi les blessés, un homme se présente comme étant « Me Benachenou, du barreau de Paris... ».

J'organise les secours pour Abdelhak Benachenou. Il souffre d'un traumatisme crânien et d'une fracture de la face. Son ami, Me Mourad Oussedik, qui a recouvré son calme, me remercie de ma diligence. J'ignore encore que ces deux avocats n'ont rien à voir avec les « Z » et leur supposé Yalta du crime. J'ignore également que leur bureau est situé à proximité du *Thélème*, où ils ont l'habitude de boire leur café. Oui, j'ignore tout cela mais je sais que cette affaire sent le soufre. Le bilan est lourd, avec deux blessés du côté policier (Chaix et Guitard), un avocat frappé dans la bagarre, et une hécatombe chez les truands :

– Joseph Elbaz est mort sur le coup, à l'âge de vingt-neuf ans. Il avait de faux papiers au nom de Benjamin Attal. Il était armé d'un colt « Official Police », un vieux modèle destiné au tir rapproché.

– Williams Zemour, touché par quatre balles, décédera un peu plus tard. Il portait à la ceinture un revolver Smith et Wesson de calibre 38. Dans sa voiture, une Renault 16 immatriculée à Paris et louée sous un faux nom, nous découvrons un colt « Diamond Back », approvisionné comme il se doit. Une perquisition à son domicile permettra de saisir un pistolet automatique Manurhin, calibre 7,65.

– Edgar Zemour est grièvement blessé (quatre balles, dont une qui a atteint la première vertèbre).

– Le cousin Edmond, plus chanceux, a été blessé au genou.

– Le cinquième, Roland Attali, âgé de trente-sept ans, s'en sort sans une égratignure. On a ramassé près de lui un pistolet Rohm, calibre 38. Mais peut-être est-ce une coïncidence...

Autre trouvaille confirmant que ces messieurs n'étaient pas là pour plaisanter : un pistolet automatique de marque Browning, calibre 7,65. S'agissait-il de l'arme d'Edgar ? Ce ne sera jamais prouvé. Les inspecteurs présents lors de la fusillade indiqueront cependant que tous les truands, à l'exception de Williams, ont dégainé dans la foulée de JoJo Elbaz.

Enfin, ultime précision : dans la R16 de William, un document manuscrit nous en dit long sur les intentions des « Z ». Il s'agit d'un rapport complet sur la composition et les activités du gang rival. Il est précisé qu'il se réunit souvent dans un bar situé quai de la Tournelle, c'est-à-dire à proximité.

A propos, qu'en est-il des fameux « Siciliens » ? Les deux consommateurs interpellés au *Bon Tabac* par l'équipe Leclerc sont mis hors de cause. Rien à voir avec la pègre.

Ainsi donc, les Vella, Gauthier et autres Louis d'Auteuil ne seraient pas venus au rendez-vous ? Une rumeur nous parviendra, après cette affaire, indiquant que les rivaux des « Z » étaient bel et bien présents, à l'heure dite, à l'arrière d'une camionnette, armés d'un fusil-mitrailleur braqué sur l'entrée du *Thélème*, mais qu'ils auraient préféré renoncer au dernier moment. Une rumeur, rien qu'une rumeur. Aujourd'hui encore, je l'estime peu crédible.

En effet, nous avons retrouvé certains de ces « Siciliens » quelques heures après la fusillade...

Nous sommes encore boulevard Saint-Germain lorsque des collègues de l'Office central de répression du banditisme (OCRB) viennent nous informer que des membres de cette bande seraient réunis dans un pavillon de Paray-Vieille-Poste, dans l'Essonne. Quelques antigangs se rendent aussitôt là-bas, en compagnie d'hommes de l'OCRB et de la Criminelle.

Ils débarquent en pleine fête. Tout ce joli monde sable le champagne. « Nous fêtons nos retrouvailles », jurent-ils en chœur, remerciant le « hasard » qui les a fait se rencontrer, précisément ce jour-là, précisément dans ce pavillon-là. De sympathiques « retrouvailles », avec deux flingues cachés sous les coussins et trois autres armes, dont un fusil à pompe, dissimulées ailleurs dans la maison. De sympathiques « retrouvailles » entre des jeunes gens bien sages : Pierino R., dit « Périgne » ; Laurent A. ; Christian B. ; Christian H. et Jacques R. Comme le veut la bienséance, seul le locataire des lieux, « Périgne », endossera la responsabilité de l'artillerie. Vella et Gauthier sont absents mais l'envie doit les tarauder, où qu'ils soient, d'ouvrir une bouteille le jour de la mort de Williams Zemour.

Voilà, c'en était fini de cette journée du 28 février 1975. La presse, dans sa majorité, retiendra que le coup de filet tant espéré a débouché sur une « bavure ».

Si j'appréhendais les conséquences de notre opération, j'étais loin d'en imaginer l'ampleur. Il n'y avait rien de comparable avec tout ce que j'avais connu auparavant, pas même lors du hold-up du *Figaro*, en 1973. Cette fois, en effet, la controverse dura trois ans ! Trois ans d'accusations, de pseudo-révélations, de manipulations, d'intox, de procès, de rumeurs, de menaces. Trois ans et d'autres morts sur le pavé : Rywen Liwer, Jean-Claude Vella, Izi Spighel, Jean-Claude Attali, Marcel Gauthier... Tous tués au « front » de la guerre des gangs.

1975-1978. Une éternité.

Il faut dire que tous les ingrédients d'une polémique étaient réunis : les acteurs principaux (une célèbre brigade contre une célèbre famille) ; la personnalité des victimes « annexes » (les avocats) ; et surtout l'époque, le contexte, aussi bien politique que social, avec une droite très à droite et une gauche très à gauche.

La tempête fut si violente qu'elle ébranla aussi le monde politique. En réaction aux accusations dont nous faisions l'objet, Jacques Chirac, qui était à l'époque Premier ministre, donna un « coup de chapeau » à la police, « y compris à la Brigade antigang ». Quant au futur président, François Mitterrand, il apportera son soutien à Me Oussedik. Autre réaction : celle du public, de la majorité dite « silencieuse ». La BRI reçut des milliers de lettres d'encouragement, de messages de sympathie.

Il est aujourd'hui quasi impossible, plus de vingt ans après l'événement, de décrire ce que furent les années soixante-dix dans le domaine du fait divers. Une brève plongée dans les archives permet néanmoins d'en avoir une idée. On en ressort effaré par l'évolution de la presse et, à travers elle, de la société française. La virulence des titres et des articles, qu'ils soient favorables ou défavorables à la police, est sans commune mesure avec le traitement médiatique réservé de nos jours aux affaires du même type.

Le fond, autant que la forme, a changé. Il est vrai qu'entre-temps la France a vécu une période socialiste. Au jeu des chaises musicales, les opposants ont occupé un moment le trône des puissants, ils ont goûté aux réalités du maintien de l'ordre. Leur capacité d'indignation s'est émoussée au contact du pouvoir.

Mais repartons en 1975, afin de mieux mesurer l'excès des réactions, tant dans l'opprobre que dans la louange.

Le Parisien, à droite toute, s'insurgea en gros caractères : « Un comble ! La police est critiquée par les démolisseurs de l'ordre public... » Et l'éditorialiste d'affirmer, péremptoire : « Loin d'approuver les détracteurs de nos policiers d'élite, le public applaudira leur intervention directe contre le crime organisé et souhaitera la voir se renouveler chaque fois que nécessaire. » Nous n'en demandions pas tant !

A l'autre bout de l'échiquier politique, *Libération* maintint son cap à gauche. Sous la plume antiflic de Gilles Millet, « *Libé* » apporta presque son soutien aux « Z », au point de qualifier notre version de « tissu de mensonges ». Millet écrivit même que nous avions ouvert le feu. C'était faux, tous les témoignages, toutes les expertises le prouvaient ! Il écrivit également qu'il s'agissait d'un « coup de force » monté par l'antigang pour « liquider » les Zemour. Dans la foulée, ce piètre enquêteur accusa ses confrères de « broder sur de soi-disant séries de règlements de comptes ». Il oubliait un peu vite les victimes : Dadoun, Arfouilloux, Nesmoz, Manlay, Levites, Augé, Dahan, Leclercq, Liwer. Tous morts. Des « coups montés » par l'antigang, peut-être ?

A l'instar du *Parisien*, *Libération* a bien changé depuis 1975. Mais c'était le ton de l'époque. A droite comme à gauche, on encensait ou l'on dénigrait, mais l'on faisait rarement dans la demi-mesure et l'objectivité. Il arrivait aussi que des détails croustillants soient inventés et modelés selon la convenance, pour aguicher le lecteur. Quelques anecdotes et clichés faciles, sur le nombre de costumes ou de paires de chaussures que possédait Williams Zemour, prirent ainsi, avec le temps, valeur de vérité.

Vingt-deux ans après l'affaire du *Thélème*, il reste les faits. Et les faits, eux, ne mentent pas, qu'ils soient ou non à notre avantage.

Oui, c'est vrai, Me Benachenou avait été victime d'une effroyable méprise. Et nous en étions responsables. Il avait reçu des coups de poing, des coups de crosse. Dans l'extrême confusion qui régnait dans la salle, le jeune avocat avait été pris pour un membre de la bande. En ne plongeant pas sous une table, comme son confrère Oussedik, mais en se dirigeant au contraire vers le comptoir – donc vers les « Z » –, il avait eu une attitude que les policiers, dans le feu de l'action, avaient jugée équivoque. Même si mon explication ne vaut pas excuse, elle permet de comprendre la genèse de l'incident.

Nos détracteurs nous accusèrent malgré tout avec une hargne inégalée. Dès le lendemain, la presse dénonça une « ratonnade », une « charge de la brigade du crime ». Elle se demanda même si nous étions de « super-flics » ou de « super-truands ». Des associations de défense des droits de l'homme s'indignèrent du « racisme » des « policiers tueurs ». Le conseil de l'Ordre des avocats stigmatisa les « brutalités odieuses » et les « brimades volontairement humiliantes ».

Me Oussedik, plus expérimenté que son confrère, mena campagne contre la police. A en croire cet avocat de renom [1], un antigang avait lancé « c'est un raton, achève-le » en parlant de Me Benachenou à un collègue.

Cette phrase inqualifiable avait-elle, oui ou non, été prononcée ? En toute sincérité, je ne le pense pas. Les faits ne furent jamais démontrés. Comme je l'ai déjà dit, j'effectuais à ce moment-là des allers et retours entre l'intérieur et l'extérieur du café. Je ne saurais donc être formel, dans un sens ou dans un autre. Si l'un des nôtres a dit cela, c'est effectivement intolérable. Dans le cas contraire, c'est l'accusation de Me Oussedik qui est inadmissible.

« C'est un raton, achève-le ! »

J'allais souvent repenser à ces mots de haine, pour me demander à mon tour si nous méritions ce flot de calomnies. A titre personnel, je n'avais pas rapporté d'Algérie une quelconque hostilité à l'égard des Nord-Africains. De mauvais souvenirs, oui. Des regrets, peut-être. Mais pas ce rejet de l'autre, cette phobie du « raton », du « bronzé » qui pousse un Français à devenir un « Dupont Lajoie ». Non, rien de tout cela. Surtout pas. Et ceux qui me connaissaient bien, y compris des Maghrébins, pouvaient en témoigner.

Mais les autres, les militants bornés de l'anti-flicaille ? Comment leur faire admettre, à tous ceux-là, qu'ils n'avaient en tête que des clichés périmés, des caricatures de flics matraqueurs ?

1. Me Oussedik était alors connu pour avoir défendu les intérêts du FLN algérien. Plus récemment, en 1994, il a été l'un des défenseurs du terroriste Carlos.

Comment leur dire que dix-sept ans plus tôt, c'est en sauvant un Algérien des eaux glacées du canal Saint-Martin que j'avais découvert Paris et sa police ? C'est bien connu : dans ces cas-là, on n'écoute plus que ce que l'on veut entendre. Je ne pouvais espérer les convaincre de l'évidence, les persuader que cette brigade, comme toute autre collectivité humaine, était composée d'hommes de cultures, d'opinions, de confessions différentes. De droite, de gauche, du centre, peu nous importait l'étendard de chacun, nous n'en parlions pour ainsi dire jamais.

Je n'entends pas sombrer ici dans l'angélisme béat et brosser un portrait idyllique du service. Nous avons eu, comme d'autres brigades, des fonctionnaires qui se sont révélés parfois trop nerveux. Ils n'ont jamais fait une longue carrière chez nous. Si notre collectivité avait des défauts, elle ne pouvait être taxée de xénophobie. Et moi, fils et petit-fils de cheminot, élevé dans le respect de l'« autre », je n'avais qu'une carte, celle de policier, tricolore et républicaine.

Alors oui, répétons-le, nous étions en tort. Nous devions l'admettre, même si la fatigue et le stress consécutifs à la prise d'otages de la place de la République, la veille au soir, pouvaient en partie expliquer la nervosité de certains d'entre nous. Mais tout de même : si, comme on put le lire, la BRI s'était livrée à une « ratonnade », pourquoi Me Oussedik et l'étudiant tunisien avaient-ils été épargnés par notre prétendue furie ?

Me Benachenou porta plainte pour « tentative d'homicide ». L'inspecteur Bernard Pire, l'un des meilleurs éléments de la brigade, traîna pendant des mois une inculpation pour « coups et blessures volontaires ». L'avocat, confronté à tous les hommes présents au *Thélème*, avait reconnu en lui l'un de ses « agresseurs ». Cette inculpation suscita une vive émotion dans les rangs policiers, à l'antigang et ailleurs, car Pire était justement celui qui, le premier, avait vérifié l'identité de Me Benachenou après la bagarre. La justice finit par admettre qu'il n'avait rien à se reprocher. Il bénéficia d'un non-lieu deux ans plus tard !

Parallèlement à l'affaire des deux avocats, l'essentiel de la polémique tourna autour de notre attitude vis-à-vis des Zemour. Et, là encore, la BRI ne fut guère ménagée.

Oubliées Brest, Nice et les prises d'otages ! Oubliées, les dizaines et les dizaines d'équipes de braqueurs et de casseurs démantelées ! Oubliés, les commentaires sur la « psychologie » des

« supermen » de la PJ ! Nous étions de nouveau, pour reprendre la formule définitive d'un quotidien, des « hommes entraînés à frapper et à tirer d'abord ».

Leclerc, malgré ses trois mois de présence à la barre du service, résista à la déferlante. Il nous défendit comme il convenait, avec ténacité, en arguant du fait qu'une intervention contre des voyous de cet acabit n'est jamais dépourvue de risques. Il rappela que nous étions à la merci du moindre incident (la porte verrouillée côté Cardinal-Lemoine), d'une réaction imprévue de l'adversaire (Elbaz) ou d'un témoin (Me Benachenou). Le moins que l'on puisse dire est que la justice se montra d'une extrême timidité dans cette affaire puisqu'elle considéra que les armes retrouvées dans l'établissement n'appartenaient à « personne »...

Mais nous n'étions pas au bout de la polémique. Les attaques les plus cinglantes vinrent en effet de Gilbert Zemour, l'homme d'affaires du clan.

« Petit Gilbert », né le 4 mai 1935 à Sétif, se trouvait aux Amériques au moment des faits. Il délaissa d'obscurs projets immobiliers au Canada pour rentrer dare-dare au pays, sauver les fondations de l'empire et orchestrer la riposte. Et quelle riposte ! Les « Z » déposèrent plusieurs plaintes pour « assassinat, tentatives d'assassinat, coups et blessures volontaires ». Ils nous accusèrent même de vol avec violences ! Ils eurent le culot de prétendre qu'ils s'étaient donné rendez-vous à cet endroit pour déposer à la banque une somme de 200 000 francs. Comme cette somme n'avait pas été retrouvée sur l'une ou l'autre des victimes, on pouvait en déduire qu'elle avait été dérobée par la police !

Gilbert Zemour batailla ferme, à la manière des voyous, au bluff, au mensonge. Un ancien journaliste, Marc Francelet, faisait office d'attaché de presse. Il était devenu leur très zélé « conseiller en communication ».

En matière d'esbroufe, le sommet allait être atteint le 15 décembre 1976.

Ce jour-là, sous le titre « J'accuse la police », *Le Quotidien de Paris* publie des propos de Gilbert Zemour si calomnieux qu'ils obligent le ministre de l'Intérieur, Michel Poniatowski, à engager des poursuites en diffamation. Gilbert, personnage réputé pour ses rodomontades, retrouve des accents de bonimenteur, comme du temps où il démarchait les gogos avec ses trousseaux. S'érigeant en chef de clan, en défenseur du frère tué (Williams) et de l'autre blessé (Edgar), il revient sur plusieurs aspects de la fusillade.

* Il déclare : « L'histoire d'un règlement de comptes entre deux bandes rivales n'est que pure invention. Mes frères et leurs amis étaient filés depuis la veille par la police, j'en ai la preuve. »

Faux. Nous ne les filions pas. La veille, nous avions d'autres soucis en tête, place de la République. L'opération n'a commencé que le vendredi 28 février, après réception du tuyau de la 1re BT.

* Il déclare : « Et quand les policiers sont rentrés dans le bar, ils ont ouvert le feu comme à un exercice de tir. »

Faux. Elbaz a tiré le premier. Pourquoi a-t-il tiré ? Cette question restera sans réponse. Peut-être a-t-il pris les inspecteurs pour de faux policiers ? C'était une ruse fréquemment utilisée par les voyous – y compris par les acolytes des « Z » – lors des règlements de comptes. Toujours est-il qu'il a bien tiré le premier. La preuve ? Une lettre qu'Edgar, Edgar Zemour en personne, a voulu transmettre à sa famille durant son hospitalisation. Dans cette lettre, interceptée et remise au magistrat instructeur, il reconnaissait explicitement que Jojo Elbaz avait déclenché la fusillade.

* Il déclare : « Seuls les policiers étaient armés. »

Faux. Et le colt « Official police » ? Et le Smith et Wesson ? Et le pistolet Rohm, calibre 38 ? Et le Browning, 7,65 ?

* Il déclare : « L'inspecteur Chaix a été blessé par ses collègues au cours de l'action ».

Faux. Les expertises le prouvent. « 5/5 » a été blessé par l'arme d'Elbaz.

* Il déclare : « Tous les blessés ont été atteints dans le dos. »

Faux. Là encore, les expertises le démontrent.

* Il déclare : « Je n'en peux plus des bruits que la police en général et le commissaire Leclerc en particulier font courir sur notre nom. C'est un mythe, c'est une machination. (...) L'histoire des Zemour est un mythe monté par la police et elle le sait bien. »

Faux. Tout le milieu peut en témoigner.

L'accumulation de mensonges est si flagrante que le procureur de la République de Paris, Louis Barbaroux, diffuse un communiqué de mise au point s'appuyant sur les éléments du dossier d'instruction. Que rappelle-t-il dans ce communiqué ? La vérité. A savoir :

– Que quatre armes à feu ont été découvertes dans l'établissement où elles ont été abandonnées par le groupe de cinq personnes formé par les frères Zemour et leurs amis.

– Que c'est un projectile tiré par l'une de ces armes qui a blessé l'inspecteur Chaix (conclusion de l'expertise balistique aussitôt ordonnée).

– Que l'enquête et l'expertise établissent en outre que ce coup de feu a été tiré le premier et par l'un des membres du groupe Zemour, d'ailleurs blessé au bras alors qu'il était en position de tir.

– Que, contrairement aux allégations de M. Gilbert Zemour, tous les blessés ont été atteints de face ou de biais à l'exception d'un seul.

Après tous ces événements, une question essentielle restait en suspens : avions-nous été manipulés par l'indicateur ? Je crois que oui.

Sans pouvoir le prouver, puisque je n'ai jamais eu le moindre contact avec lui, j'ai la conviction qu'il mangeait, comme l'on dit, à tous les râteliers. Il aura voulu tromper la confiance de tout le monde afin, semble-t-il, de masquer des entourloupes financières. La BRI était probablement tombée dans un piège. Comme les « Z », d'ailleurs.

Le rôle exact de cet indic, et la manière dont il a manœuvré pour que la police soit présente au *Bon Tabac*, ont fait l'objet d'une enquête approfondie de mon ancien collègue de la Mondaine, Roger Le Taillanter. Dans un livre remarquable consacré en 1986 aux *Derniers Seigneurs de la pègre (les Zemour)*, il a décrypté l'affaire du *Thélème* avec minutie pour retenir finalement deux hypothèses.

Première hypothèse : celle d'une opération imaginée par les « Siciliens », qui auraient utilisé l'indic à son insu.

La seconde hypothèse me paraît plus plausible : c'est celle d'un coup monté directement par l'indic. Ce petit escroc, qui avait été le comptable des « Siciliens » avant de passer chez les Zemour, aurait essayé de trahir et d'escroquer tout son monde en « convoquant » aussi la police pour provoquer un coup de filet ou une bataille rangée. Seuls les « Siciliens », méfiants, ne seraient pas tombés dans le traquenard et s'en seraient ensuite réjouis ; d'où la fête arrosée au champagne, à Paray-Vieille-Poste.

Selon Roger Le Taillanter, Gilbert Zemour avait eu connaissance de cette dernière version des faits à son retour d'Amérique. Cela ne l'avait pas empêché de mentir, d'accuser la police dans *Le Quotidien de Paris*. Quoi qu'il en soit, je crois que l'affaire du *Thélème*, dans sa phase préalable, restera un mystère égaré dans un écheveau de manipulations. Je peux simplement certifier qu'il ne s'agissait pas d'une manœuvre de l'antigang.

Les premiers pas à Paris, sous le maillot du CSM Puteaux. On reconnaît la fine équipe : Gardrat, Petit, la « Callas », « Cama », Cazalis, Jean-Pierre et tous les autres… J'étais encore moustachu (en bas à droite) !

Avec Frédo Vénier (au centre) et le commissaire Jean Sautereau. Deux collègues, deux amis.

La Brigade anticommando au grand complet. A l'époque, l'acteur qui jouait le rôle d'Eliott Ness dans *Les Incorruptibles* nous avait rendu visite…

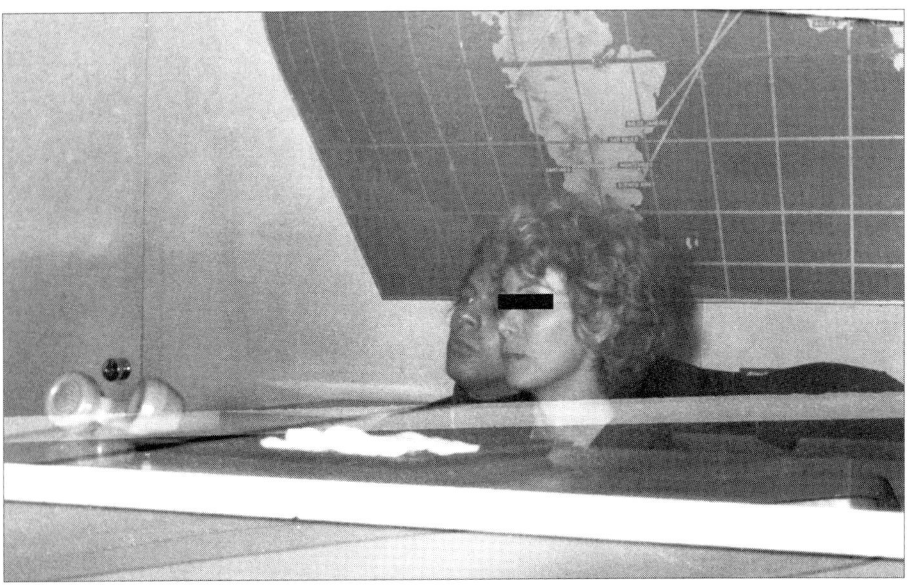

A l'aéroport de Nice, au comptoir Alitalia, l'acrobate mexicain Rey Caruso s'abrite derrière son otage (1974). *(Houpline.)*

…Une bonne occasion pour poser en « tenue », à la manière des policiers de Chicago ! (1973.)
(M. Piquemal-France Match.)

Après la fusillade du Thélème, la polémique allait bientôt éclater sur les conditions de notre intervention (1975). *(Sipa Press.)*

Certaines équipes de braqueurs étaient particulièrement bien équipées…
(Emmanuel Pagnoud.)

Cette fois, au moins, Jean-Charles Willoquet s'est rendu sans résister (1975).
(Sipa Press.)

L'expédition de Doulevant-le-Château (1976). Après une longue filature, l'heure de la soupe avait sonné ! Au premier plan, avec un appareil photo, l'inspecteur Gérard Marlet, aujourd'hui disparu.

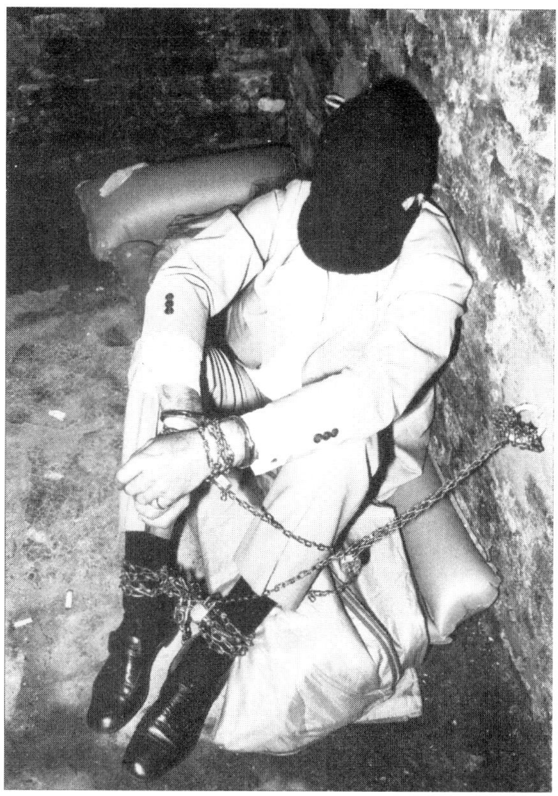

Dans la soute à charbon d'un café de banlieue, nous découvrons le banquier Bernard Mallet, enlevé un peu plus tôt au bois de Boulogne (1977).

Devant l'ambassade d'Irak à Paris, une fusillade éclate avec les services de sécurité irakiens alors que nous étions sortis tranquillement en compagnie du preneur d'otages palestinien. Les Irakiens, responsables de la mort de l'inspecteur Jacques Capella, bénéficieront de l'immunité diplomatique (1978). *(AFP.)*

Un moment décisif dans l'affaire Empain : la fusillade sur l'autoroute du Sud. Certains truands ont surgi par une porte du mur antibruit (1978).
(Ci-dessous : Houpline / Esch / Sipa press.)

Zizi a réussi à grimper à moto les marches du « 36 » pour atteindre nos bureaux du dernier étage ! Une photo souvenir s'imposait.

Sur notre faux chantier, rue des Saint-Pères, pour surveiller incognito des égouttiers qui rêvaient d'imiter Albert Spaggiari. Moi en blouse, Jo Querry (au premier plan) en bleu de chauffe (1979).

Les séances d'entraînement nous permettaient de simuler des interventions en interpellant des collègues.

De la théorie à la pratique… Au cours de cette fusillade, un braqueur a été tué et un autre blessé. L'un de nos inspecteurs, menacé à bout portant, a échappé miraculeusement à la mort (1979).

En surveillant des braqueurs en pleine action, il est parfois utile de prendre des photos !

Mesrine était un surdoué du déguisement.

Porte de Clignancourt, le 2 novembre 1979. Jacques Mesrine vient de mourir au volant de sa BMW, sans avoir eu le temps d'utiliser ses grenades dans ce quartier populaire de la capitale. *(Bocon-Gibot.)*

Quelques-unes des armes saisies dans l'appartement de la rue Belliard…
(Sipa Press, Alter Gramma.)

Sitôt arrivé sur les lieux d'une prise d'otages, il fallait mettre en place notre dispositif.

En intervention, je portais presque toujours le même blouson. Les inspecteurs ne voulaient surtout pas que je change mes habitudes.

Prise d'otages. Le port du gilet pare-balles était recommandé.
(Sipa Press, Black Star.)

Ci-dessous, retranché dans son appartement de Sainte-Geneviève-des-Bois, un jeune Sénégalais retient ses enfants en otages. *(AFP.)*

L'arrestation en douceur d'un homme retranché dans sa maison (1982). Derrière moi, notre ami Christian Caron, décédé lors d'une intervention, en 1989.

Je n'en avais pas fini avec les « Z ». Les deux rescapés, Edgar, et surtout Gilbert, devenu chef de clan, se montraient de plus en plus agressifs envers Leclerc et moi. Je dois dire que j'avais même la préférence de ces messieurs. Quelques mois après la fusillade, on m'apprit en effet qu'ils avaient l'obsession de venger Williams. Des bruits circulaient sur un « contrat » me concernant.

La manière dont j'eus vent de ces informations mérite d'ailleurs d'être racontée.

C'est un truand, au passé chargé, connu pour avoir un temps fréquenté Mesrine, qui demanda un jour à me rencontrer de toute urgence. Comme il était détenu à la centrale Sainte-Maure de Châteauroux, je dus me rendre sur place. Il m'informa des bruits circulant dans le « mitan » et me suggéra même de changer de domicile... Pourquoi aider un flic ? Je ne l'ai jamais su. Il n'exigea rien en échange.

En fait, suite à d'autres menaces, nous avions déjà déménagé. Aussi, lorsqu'il fit référence à mon ancienne adresse, à Fontenay, je fus vaguement soulagé... Au moment de partir, alors que je le remerciais pour ses conseils, il eut cette ultime remarque, lourde de mise en garde : « A propos, je suis bête, vous n'habitez plus à Fontenay-le-Fleury mais à... »

Les « Z » envisageaient bien de m'abattre ou de me faire abattre. J'en eus confirmation en septembre 1976 quand un homme parfaitement honorable révéla à la police qu'il avait recueilli, au cours d'une réunion familiale, les confidences d'une femme apparentée aux Zemour. D'après elle, ils voulaient désigner des tueurs afin de régler mon cas. Gilbert avait, paraît-il, juré de venger son frère, malgré les consignes de modération de son entourage. Il faut croire que la raison finit par l'emporter !

A l'automne 1977, soit près de trois ans après l'affaire du *Thélème,* allait se jouer un autre épisode du conflit qui m'opposait à la famille. La publication du livre de James Sarazin *M... comme Milieu* l'ayant fortement indisposé, Gilbert porta plainte en diffamation contre l'auteur. Il s'indignait, ce cher « Petit Gilbert », qu'un journaliste écrive la vérité sur ses activités crapuleuses.

Ayant été convoqué devant le tribunal en tant qu' « expert » en grand banditisme, je me présente au palais de justice de Paris.

La salle est trop exiguë pour accueillir la foule des journalistes, des policiers et des amis du plaignant. Les « Z » contre Sarazin, l'antigang en arbitre : la presse a promis du spectacle. Il y en aura.

Gilbert se fend d'une entrée en scène à la Zemour. Elégamment vêtu, énorme cigare à la main, il avance torse bombé, d'un pas lent et hautain, flanqué du fidèle « attaché de presse » et de ses avocats. Derrière, les gardes du corps. On n'est jamais trop prudent, même dans une enceinte de justice...

Appelé à la barre, je réponds aux questions sur la position des Zemour dans le milieu. A deux mètres sur ma droite, Gilbert s'indigne : il se souvient des premiers pas en métropole, de la vente des trousseaux, il jure de l'honnêteté des siens.

Le président Serre n'est pas dupe.

– A vous entendre, vous êtes un petit commerçant sans grandes ressources. Pourtant, il semble que vous prenez plus souvent l'avion pour aller à Miami ou à Montréal que moi le train pour Versailles !

Cette remarque, frappée au coin du bon sens, fait bondir Gilbert. Ulcéré, il répète qu'il est le plaignant et non le prévenu. Dans la salle, ses sbires acquiescent. On commente, on discute à voix haute, on prétend que la justice est décidément bien injuste avec le gentil Gilbert. Le chahut est tel que le président ordonne une suspension d'audience.

Tandis que je regagne le fond de la salle, où se tiennent quelques hommes de la BRI venus en spectateurs, Gilbert marche deux ou trois mètres derrière moi. Je l'entends distinctement :

– Il fallait s'y attendre. Les magistrats, les flics, tous ces enculés, se sont mis d'accord, ils sont tous de mèche... mais tu vas voir, ce con de Broussard finira bien par comprendre...

Le piège est de taille mais j'y tombe comme un débutant. Je me retourne. L'attrape par le col. Le soulève du sol.

– Alors, il paraît que tu veux me faire descendre ?

Un adjudant de la garde se précipite pour nous séparer. Gilbert Zemour, furieux, se tourne vers Francelet, debout dans le fond de la salle.

– Oh Marc, tu as vu cette agression, ce sont des fous, ces mecs !

– Je te l'ai dit, Gilbert, des enfoirés... et le Broussard, tu vas voir.

La police et la justice sont insultées en plein tribunal ! Je suis hors de moi, excédé par tant de provocation.

– Toi, le connard de Francelet, ne t'inquiète pas, on va s'occuper de toi !

La tirade n'est pas bien fine, j'en ai conscience. Mais elle résulte de la tension emmagasinée depuis des mois, des années. Elle est le fruit des mensonges, des rumeurs, des menaces, de tout ce qui a suivi l'épisode du *Thélème.*

Toutes les personnes présentes dans la salle d'audience n'ont pas entendu les propos de Gilbert Zemour et se demandent pourquoi je l'ai attrapé de la sorte. Les autres, celles qui ont entendu, comprennent ma réaction et se disent effarées devant le culot du truand.

La sortie sera encore plus mouvementée. Nouvelles bousculades, nouvelles invectives... Entre les antigangs, les avocats, les « amis » et les journalistes, il y aura « bouchon » devant la porte de la dix-septième chambre. Les gendarmes réussiront tout de même à ramener le calme. Je ne remercierai jamais assez l'adjudant qui m'a dissuadé de frapper Gilbert Zemour ! J'étais parti pour lui donner le plus beau coup de tête de ma vie. Un comportement inadmissible, tout comme les invectives contre Francelet.

Ce dernier n'en resta pas là. Le soir même, il alertait les salles de rédaction pour que les journaux donnent de l'ampleur à l'incident. Des journalistes du *Canard enchaîné*, de *l'Express*, de *France-Soir* et de *L'Humanité* furent contactés. Le clan était passé maître dans l'art de manipuler les médias. Maintes « révélations », ou plutôt pseudo-révélations, téléguidées par Gilbert, l'avaient prouvé depuis février 1974. Cette fois, cependant, la ficelle était trop grosse ; les journalistes ne la saisirent pas.

Les échauffourées du palais eurent cependant un écho favorable dans le milieu. Disons que ma réaction fut appréciée par de nombreux voyous. Je n'avais pas à en tirer une quelconque fierté mais je savais que c'était, d'une certaine manière, un atout pour la BRI. Au regard des us et coutumes en vigueur dans la pègre, je ne m'étais pas dégonflé, je ne m'étais pas réfugié derrière le Code pénal pour obtenir réparation... J'avais adopté une attitude conforme à la conception généralement admise des relations flics-truands.

Les menaces et les avertissements en tous genres firent bientôt place à des informations plus inquiétantes encore. Des policiers allemands, qui enquêtaient sur un réseau international de proxénétisme, eurent confirmation d'un projet de « contrat ».

J'avais peur. Non pas pour moi – le danger était, depuis longtemps, un ennemi quotidien – mais pour les miens. Pour ma femme, pour mes enfants, pour mes proches. Aussi, lorsque j'appris qu'une voiture suspecte avait suivi, à plusieurs reprises, mon fils cadet sur le chemin de l'école, je décidai de dissuader définitivement les Zemour. Il fallait leur envoyer un message clair et, pour cela, recruter un intermédiaire efficace.

Mon choix se porta sur une figure respectée du milieu, « François le Grec ».

S'il n'était pour rien dans les menaces proférées à mon encontre, je savais qu'il connaissait suffisamment de monde pour transmettre ma mise en garde à qui de droit. Quelques surveillances et filatures nous suffirent pour savoir où il habitait, dresser une liste de ses amis, le photographier lors de rendez-vous édifiants...

Dès que j'eus complété son dossier grâce aux inspecteurs de la « doc », je pris contact avec lui pour qu'il vienne me voir au « 36 ». Bien que surpris par mon appel, il accepta. Précisons qu'il avait essuyé des coups de feu, quelques jours plus tôt, à la sortie d'un restaurant. Il pouvait donc croire que ma démarche avait un lien avec cet incident. Je lui avais donné ma parole qu'il ne resterait pas plus d'un quart d'heure, et qu'il ne serait pas fouillé à l'entrée !

Voilà comment « François le Grec », cheveux blancs et fière allure, débarque un matin dans mon bureau. Il est accompagné d'un ami, surnommé « Nat », que j'autorise à se joindre à nous.

François ne goûte guère les séjours prolongés dans la « maison poulagat ». Il en vient tout de suite aux faits.

– Que se passe-t-il, monsieur le commissaire ?

– Il se passe que je voulais d'abord avoir de vos nouvelles après votre sortie un peu mouvementée d'un resto, l'autre jour, sur les Champs...

– Tout va pour le mieux, monsieur le commissaire, nous avons seulement eu la malchance de sortir au moment précis où des gens se tiraient dessus... Et vous, comment allez-vous, monsieur le commissaire ? Les affaires marchent-elles comme vous le voulez ?

– De ce côté-là, pas de problème... En revanche, ce qui va moins bien, ce sont ces bruits laissant entendre que l'on va venger tel ou tel truand tué lors d'une fusillade. Si vous imaginez que je vais baisser les bras, vous vous trompez, les gars ! Je voulais donc vous dire plusieurs choses. Un, je suis au courant de ces rumeurs. Deux, on continue notre boulot. Et trois, si les rumeurs persistent, on vous rentre dedans. Compris ?

– Oh, Nat ! Tu te rends compte de tout ce qui arrive à M. le commissaire ! Il faut le comprendre, ce n'est pas agréable d'entendre des choses pareilles... Mais que pouvons-nous faire? Pourquoi nous? On n'a aucune relation avec ces gens-là. D'ailleurs, vous savez, moi, monsieur le commissaire, je mène une vie tranquille, je...

– Tiens, regarde ça.

Je lui tends les photos prises lors de ses déplacements. Après l'ironie, le malaise.

– Nous allons... nous allons en parler autour de nous, mais on ne vous garantit pas le résultat.

– Eh bien voilà! On s'est compris. Vous êtes prévenus. Au revoir, messieurs.

Ils sortent du bureau. Nat, sans doute très ému par ce qu'il vient d'entendre, a oublié sa sacoche sur la chaise. Je le rattrape dans l'escalier.

– Tiens, Nat, t'as oublié ton flingue...

Cette ultime remarque achève de paralyser les deux hommes. Après un instant d'hésitation, le Grec s'en sort par une pirouette savoureuse, digne d'un « beau voyou » :

– Nat! Qu'est-ce que tu peux être distrait, tout de même! Allez, va chercher ta sacoche... merci, monsieur le commissaire!

Ma stratégie se révéla payante. Deux jours plus tard, dix-sept truands, dont le Grec et les « Z », se présentèrent les uns après les autres chez un célèbre avocat parisien. Une réunion pour calmer les esprits et conseiller à Gilbert de renoncer à ses projets.

Quelques semaines plus tard, j'eus même droit à la visite d'Edgar Zemour en personne! Il voulait me voir pour « raisons importantes ». Avant cette rencontre historique, il avait été convenu par téléphone qu'un inspecteur l'attendrait devant le « 36 » et le conduirait discrètement jusqu'à moi.

Il se présenta à l'heure dite, un peu gêné de s'aventurer dans les coursives du Quai des Orfèvres. La discussion dura une dizaine de minutes.

– Vous vouliez me voir? lui dis-je.

– Oui... enfin... Juste pour vous dire que ça ne peut plus durer. Il faut que vous sachiez la vérité... On n'en peut plus, ce n'est plus possible de vivre comme ça... Tout le monde s'acharne sur nous alors qu'on n'a rien à nous reprocher!

– Qui ça, « tout le monde »?

– La police, les gens que notre réussite agace, les journalistes. Nous sommes d'honnêtes commerçants, une famille unie, solidaire. On nous en veut... il faut nous laisser tranquilles. Aidez-nous, monsieur le commissaire !

Sa démarche, apparemment sincère, trahissait en réalité le déclin du clan. J'ignorais si Gilbert, qui avait davantage d'envergure, était au courant de l'initiative de son frère. Elle fut en tout cas sans suite. Non, je ne voulais pas « aider » ces « honnêtes commerçants » déstabilisés par la concurrence.

Quelques années s'écouleront jusqu'à ce que de nouvelles rumeurs me parviennent.

Le 8 octobre 1981, des policiers marseillais recueillent un renseignement selon lequel Edgar Zemour aurait l'intention d'abattre lui-même deux personnes : Marcel Francisci (l'homme des cercles de jeux) et le commissaire Broussard. Trois mois plus tard, le 14 janvier 1982, Francisci est abattu dans le parking de son immeuble, dans le XVIe arrondissement de Paris. Le signal est donné pour une nouvelle série de règlements de comptes. Le milieu corse est en ébullition. Les enquêteurs s'intéressent aussitôt à Edgar mais sa culpabilité n'est pas établie. Elle ne le sera jamais : il a été lui-même exécuté de quatre balles de 11,43, le 8 avril 1983, à Miami. Le 28 juillet de la même année, c'est Gilbert qui tombe devant son domicile parisien, en promenant ses caniches. Trois balles anonymes, les dernières, pour entériner la fin des « Z ».

Leur saga s'est donc achevée comme elle avait commencé, dans la violence et dans le sang. Jamais ils n'ont pu, comme ils le souhaitaient, instaurer un système à l'italienne dans le monde des affaires. Sans doute avaient-ils sous-estimé la vigilance et la détermination de la police française.

Le coiffeur de Nevers

L'année 1975 avait mal débuté. L'histoire du *Thélème* empoisonna la vie de la brigade. La grave blessure de Jacques Chaix, l'inculpation de Bernard Pire pour coups et blessures volontaires, les soupçons de racisme, les confrontations avec les témoins de la fusillade... C'est l'antigang dans son ensemble, la « bande des cow-boys » dans son intégralité, qui était fustigée sur la place publique.

L'épreuve fut d'autant plus pénible que le service venait de changer de chef. Marcel Leclerc n'était pas encore totalement intégré et je me trouvais dans une position assez inconfortable. La maladie de Jean Sautereau m'ayant contraint à assurer la direction de la brigade depuis plus de trois ans, les inspecteurs avaient fini par me considérer comme le patron. Or le véritable patron, c'était désormais Leclerc. Je n'étais que son adjoint et je n'avais nullement l'intention de contester cette hiérarchie.

Après seulement trois mois de présence à ce poste, Marcel Leclerc ne méritait pas toutes les critiques dont il faisait l'objet. Qui pouvait lui reprocher de n'avoir pas flairé le coup de l'indic ? Il avait réagi comme il devait réagir, il avait su défendre ses hommes et résister à la tourmente.

Nous devions redonner le moral au groupe tout entier car la calomnie laisse des traces. On a beau être blindé, feindre l'indifférence, contenir ses élans d'indignation, la mémoire ne retient que ce qu'elle veut retenir, le plus vil, le plus injuste. Elle agit aussi comme un frein à l'enthousiasme des hommes qui hésitent à risquer leur vie pour être ensuite vilipendés. Ou alors, réaction inverse, ils sont trop impatients de remonter au « feu », poussés par un besoin d'action, animés par un désir urgent de revanche, au risque de perdre l'indispensable lucidité.

Il importait de négocier au mieux ce passage délicat, d'éviter à la fois l'écueil du renoncement et celui de la précipitation. Nous devions refaire surface progressivement, dans le calme.

Les premiers pas hors du gouffre furent pour le moins hésitants. C'est en effet au Mans, lors de la fameuse prise d'otages qui vit s'illustrer le préfet de la Sarthe [1], que nous effectuâmes notre sortie suivante, avec la brigade anticommando cette fois. Je ne sus jamais si le mauvais accueil qui nous fut réservé ce soir-là avait un rapport quelconque avec le tintamarre provoqué par nos mésaventures du *Thélème* mais je ne suis pas loin de le penser. Toujours est-il qu'il n'est guère motivant de s'entendre dire par un préfet : « Personne ne doit savoir que vous êtes là ! » Il y eut ensuite le déplacement à Strasbourg, pour une autre prise d'otages où magistrats, avocats et représentants de l'Etat nous accordèrent, eux, une confiance totale. Ces deux réussites contribuèrent largement à nous redonner le moral, surtout la seconde.

J'avais été, tout comme Leclerc, dans l'œil du cyclone. La violence était à son comble, dans tous les secteurs du crime [2], et je n'avais qu'une envie, prendre du repos. Les vacances de juillet seraient les bienvenues.

A l'époque, nous descendions tous les ans en Charente-Maritime, à Aulnay-de-Saintonge, chez mes parents. Ce rituel – départ le 1er juillet, retour le 1er août – était pour moi, pour nous, le meilleur moyen d'échapper aux tensions de la capitale, d'oublier les Zemour et leurs menaces de mort. Là-bas, au cœur du terroir de mon enfance, le Quai des Orfèvres et le faubourg Montmartre devenaient soudain contrées bien lointaines. Vues des bourgades de Saintonge, de cette France profonde qui s'arrimait au vrai et rejetait le factice, les gesticulations parisiennes paraissaient dérisoires.

Ma mère s'inquiétait, bien sûr ; toutes les mères s'inquiètent. Mais elle le faisait à sa manière, pudique et affectueuse, sans trop oser m'importuner avec les histoires qu'elle entendait à longueur d'année au « petit poste » ou à la « télé ». Elle était attentive à toutes les informations, angoissée par chaque « flash spécial ». Elle

1. Voir la fin du chapitre : « Les tribulations d'un acrobate mexicain ».
2. Les actes terroristes se multiplient en France et dans le monde. Le 27 juin 1975, à Paris, Carlos tue deux policiers de la DST venus l'arrêter.

cachait ses craintes dans son cœur de vieille dame, avec d'autres soucis de mère et de grand-mère. Elle me demandait juste de « faire attention » et de lui « dire la vérité ». Et je lui promettais de « faire attention » et de « dire la vérité... ».

Mon père, en homme de la terre, connaissait la valeur du silence. Nous parlions rarement du travail, de la police, des truands. Il savait que je préférais discuter avec les paysans du coin, m'enquérir de la santé des uns et des autres, déjeuner en famille, avec mes sœurs et mes beaux-frères, ou jouer à la pétanque avec des amis du village de vacances voisin. Des gens bien, des gens simples, mineurs nordistes ou lorrains, retraités normands, instituteurs bretons ou parisiens, que nous retrouvions tous les ans. Ils avaient leurs idées, parfois de droite, souvent de gauche, mais se gardaient de me poser trop de questions, d'aviver mes préoccupations d'homme public. Cela ne changeait rien à leur comportement. J'appréciais leur discrétion, leur sincérité de gens sans histoires. Nous étions là pour les vacances, rien que pour les vacances.

Cette année-là, elles furent cependant plus courtes qu'à l'accoutumée puisque le 23 juillet une nouvelle affaire, « là-haut », à Paris, vint gâcher mon séjour et relancer la polémique sur l'antigang.

Les faits, tels qu'ils me sont rapportés lorsque j'arrive au « 36 », sont plus dramatiques qu'au *Thélème*.

La quatrième brigade territoriale a appris qu'une équipe de malfaiteurs projetait de commettre une agression. Elle a fait appel à la BRI pour intervenir à ses côtés. Lors d'une réunion au Quai, un dispositif commun a été établi. Mais rien ne s'est passé comme prévu.

Premier drame : rue de la Brèche-aux-loups (XIIe), les braqueurs ont tué le commerçant qui essayait de résister.

Second drame : à Charenton, alors qu'il tentait d'arrêter les truands en fuite, un inspecteur de la 4e BT, Jacques Pottier, a été tué par des antigangs. Le voyant l'arme à la main, ils l'ont pris pour un braqueur. Enfin, deux jeunes postiers à moto ont été légèrement blessés. Là encore, il y a eu méprise.

La BRI était fautive. Après le premier incident, Leclerc avait décidé de venir en renfort avec quelques hommes supplémentaires, extérieurs au dispositif initial, d'où la confusion qui s'en était suivie.

Les inspecteurs étaient très « remontés » contre Marcel Leclerc, le boulot, la presse... J'étais pour ma part tiraillé entre la nécessité de maintenir la cohésion de la base et l'obligation de soutien au patron. Je savais que certains inspecteurs voyaient en lui un leader trop malchanceux pour diriger une brigade aussi exposée.

Toujours est-il que cinq mois après le *Thélème*, l'antigang était de nouveau sur la sellette. La question de sa suppression pure et simple fut même évoquée. Certains, plus modérés, commençaient à suggérer un abandon des tâches d'intervention pour limiter notre champ d'action aux enquêtes, à l'infiltration du milieu. Face à une affaire qui relevait de sa responsabilité, Marcel Leclerc allait devoir essuyer les réactions des autres services, la colère des syndicats, les reproches des collègues de Pottier...

Fort de la confiance du ministre de l'Intérieur, Michel Poniatowski, il resta en place.

Triste rentrée que celle de 1975. Même si d'autres services de police et de gendarmerie étaient responsables de « bavures », à mon tour j'en vins à me poser des questions. La BRI, à laquelle nous consacrions notre vie, méritait-elle tant de sacrifices ? Les partisans de sa disparition n'avaient-ils pas raison ? Nos inspecteurs étaient-ils suffisamment formés ? Et, nous, Leclerc et moi, étions-nous à la hauteur ?

Je comprenais la réaction des hommes de la 4e BT devant la mort de leur ami. A leur place, nous aurions réagi de la même manière. Mais je voulais prouver que ce n'était pas uniquement cela, la BRI. Pas que des « méprises », pas que des « bavures ». Je regardais derrière nous : le bilan indéniablement positif, les centaines et les centaines d'arrestations, les braqueurs en prison, les otages libérés, la dizaine d'affaires de rapt résolues... Oui, je restais profondément attaché à ce service et totalement convaincu de son utilité dans ces années de violence multiforme.

Comment renaître ? C'est sur le terrain, et nulle part ailleurs, que l'on répond à ses détracteurs.

Les occasions ne manquèrent pas.

Ce fut d'abord une prise d'otages dans une agence du CIC, avenue de Breteuil (XVe). Une belle affaire, menée en deux étapes. Les truands ayant obtenu ce qu'ils réclamaient (six millions de francs et la liberté en échange de leurs sept otages), la presse avait titré, dans un premier temps, sur un « échec cuisant » de l'antigang. En dépit de nos conseils de fermeté, la direction de la banque avait cédé au chantage. Une minutieuse enquête et notre parfaite connaissance du milieu nous permirent d'arrêter, quatre jours plus tard, les auteurs de cette prise d'otages préméditée. Dans un revirement très français, les journaux saluèrent alors la revanche des « super-flics » de la BRI !

L'automne 75 fut surtout marqué par la traque d'un couple recherché, selon la formule d'usage, « par toutes les polices de France et de Navarre » : Martine et Jean-Charles Willoquet. En fuite depuis le 8 juillet, ils nous jouaient Bonnie and Clyde version française, Martine l'amoureuse et Jean-Charles l' « ennemi public numéro un ».

La presse populaire aimait attribuer ce dossard de premier de la classe aux truands en vogue. Jacques Mesrine, que nous avions interpellé sans dommage deux ans plus tôt, à Paris (28 septembre 1973), l'avait un moment endossé. C'était maintenant au tour de Willoquet. Méritait-il tant d'honneurs ? J'avoue avoir été longtemps intrigué par le parcours de cet homme né le 31 août 1944 dans l'Allier.

Il débute coiffeur, à Nevers. Coiffeur et rugbyman, ce qui, à mes yeux, le rendrait plutôt sympathique. Mais il a tôt fait d'élargir son champ d'action, des mêlées aux bagarres, des ciseaux à la pince-monseigneur, des stades aux résidences secondaires. Sa passion des antiquités et son goût du risque lui valent ses premiers ennuis avec la justice. Coffres-forts, manteaux de fourrure, meubles et bibelots précieux... La cambriole le transcende, il vit des moments grisants. Un jour de course-poursuite avec les gendarmes, il traverse la Loire à la nage, reprend sa course, fauche un vélo, puis une camionnette, avant de se réfugier chez ses parents, domiciliés dans le vieux Nevers.

Comme la prison – qu'il fréquente de temps à autre – le rend claustrophobe, il utilise toutes les astuces de taulard pour être hospitalisé et tenter ainsi de s'évader. Il essaie de se briser la jambe avec un tabouret, de manger des sardines avariées, de se jeter dans les escaliers, d'ingurgiter un cocktail à base d'urine et de tabac. En vain. Willoquet le costaud a seulement le teint jaune ! Sa robustesse fera sa force. Pas de cigarette, pas d'alcool. Il répétera souvent : « S'il y a du grabuge, la seule chance de m'en tirer, c'est que je sois en forme. »

Une fois libéré, il reprend ses ciseaux. Il ouvre un salon à Paris puis s'établit à la Martinique, avec sa première femme et ses enfants. Seule une rechute – un cambriolage raté lors d'un passage en métropole – l'oblige à renoncer momentanément aux brushings. Espagne, Portugal, Sainte-Lucie, la Barbade, Trinidad... C'est la grande cavale, la première d'une longue série. Le figaro de Nevers a soif d'horizons nouveaux.

Au Venezuela, il coiffe si bien un général local que celui-ci s'en réjouit publiquement à la télévision. Voilà comment Jean-Charles Willoquet, dit « Jeannot », dit « Charly », dit « Riquette », futur « ennemi public numéro un » de la République française coupera des cheveux en direct, devant les caméras, lors d'un véritable show ! C'est un pays hospitalier, le Venezuela, mais Willoquet, à la suite d'une vilaine bagarre, reprendra son baluchon d'aventurier. Il sera arrêté à Fort-de-France, fin 1972.

Le 15 mars 1973, quelques semaines après son transfert en métropole, il profite d'un séjour dans un établissement psychiatrique pour se faire la « belle ». On le signale ensuite à Paris, dans des magasins de fourrures, chez des antiquaires, devant des guichets des PTT. Son seul problème est qu'il porte la poisse à ses équipiers.

Le 10 décembre 1973, il entreprend par exemple de s'attaquer au coffre de la société Art-Média, rue Marbeuf. Mais il est beaucoup trop nerveux. Là-bas, au fond du couloir, il voit un type armé. Il tire. Bruit de verre... C'était un miroir ! Et l'homme, dans le miroir, l'un de ses complices qui se tenait devant lui ! Le blessé sera abandonné sur place.

Autre bévue, le 14 janvier 1974. Une patrouille de routine surprend deux hommes et une femme dans une camionnette suspecte, boulevard Victor (XVe). L'un d'eux s'enfuit, malgré une balle reçue dans le bas-ventre : c'est Willoquet le sprinter ! Le deuxième, un vieux Toulonnais, n'a plus ses jambes de vingt ans ; il est arrêté, ainsi que la femme. Une nouvelle, celle-là, sans passé, sans fiche à la PJ. Elle se prénomme Martine, elle a vingt et un ans, elle est originaire de Châteauroux et s'est amourachée d'un charmant moustachu qu'elle a présenté à ses parents comme un « courtier en cuir » !

Il est désormais bien plus que cela, Jean-Charles Willoquet. Douze ans de carrière ont fait de lui un redoutable flingueur, soupçonné d'au moins une quinzaine d'agressions à main armée et même d'un crime, le 15 décembre 1973, à Cosne-sur-Loire. Sa légende est en marche.

C'est à cette époque, en janvier 1974, que le coiffeur le plus célèbre de France entre, à sa façon, dans la vie de la BRI. Comme Mesrine avant lui, il devient un objectif prioritaire, un homme que nous allons traquer avec les autres services, notamment les brigades territoriales.

Pour l'instant, la chance est avec lui. Le 17 janvier, rue Saint-Maur (X^e), deux de ses compagnons sont arrêtés mais il s'échappe sous nos yeux, en tirant une dizaine de coups de feu et en blessant un gardien de la paix. Nous n'avons pas utilisé nos armes ; il y avait trop de passants. Plus loin, rue Parmentier, nous pensons le cerner dans un chantier mais, là encore, il y a beaucoup d'ouvriers et il parvient à fuir, en dépit d'une blessure au bras. L'autre blessure, celle du ventre (la fusillade du boulevard Victor, le 14 janvier), s'est rouverte. Réfugié chez une amie, il désinfecte ses plaies avec une aiguille à tricoter et un morceau de tissu imbibé d'alcool ! Quelques jours de repos et il reprend la route. La Belgique, le Brésil, la forêt amazonienne...

De retour à Paris, où Martine est emprisonnée depuis l'épisode de la camionnette, il recrute une équipe et envisage d'enlever un ambassadeur pour obtenir sa libération. Ce projet sera abandonné après l'échec d'une tentative de racket au cours de laquelle, une fois encore, son complice sera arrêté mais pas lui, Jean-Charles le chanceux. Il a trente ans, il est de plus en plus dangereux.

Le 29 juin 1974, grâce à la 2e BT, nous retrouvons sa trace au rond-point des Champs-Elysées. Fidèle à ses habitudes, il s'arrange pour ne pas être isolé. Sans le savoir, la foule du marché aux timbres assure sa protection.

Son instinct lui ordonne toutefois de rester sur le qui-vive, de se méfier de tout le monde. En fait, il a senti notre présence. Il sort son P38 et tire. Nous avons le temps de réagir assez vite. Atteint de six balles, il s'écroule. Dans ses poches, deux chargeurs pleins. Aux alentours, c'est un miracle : seul un passant a été touché à un orteil ! Nous avons pris des risques énormes mais nous n'avions pas vraiment le choix.

Trois jours plus tard, lorsque des collègues se présentent à l'hôpital pour l'interroger, il est déjà debout, devant le miroir, en train de se raser !

A la prison de la Santé, il fait connaissance du seigneur des lieux, Jacques Mesrine. Le grand Jacques va prendre en main ce jeune loup courageux mais sans cervelle. Dans son livre [1],

1. *Tout ça pour être libre*, par Jean-Charles Willoquet, Robert Laffont, 1981.

Willoquet écrit, fier comme Artaban : « Extrêmement sympa, ce Mesrine. En dehors de la sympathie que nous éprouvons l'un pour l'autre, il est des situations qui rapprochent les hommes et tissent des liens solides. La nôtre est ainsi car nous n'avons qu'un but : nous évader ! »

En attendant, il épouse Martine en prison, le 28 février 1975... le jour de la fusillade du *Thélème.*

Six mois plus tard, le 8 juillet, c'est elle qui va organiser l'incroyable évasion du palais de justice de Paris. Libérée au printemps, elle a pu peaufiner son plan. Déguisée en avocate, perruque rousse et robe noire, elle brandit une grenade :

– Que personne ne bouge ou je fais tout sauter !

Jean-Charles, armé d'un P38 et d'un colt 45 remis par sa femme, donne ses instructions.

– Monsieur le président, nous allons sortir d'ici. Faites en sorte que tout se passe bien ou ma première balle sera pour vous.

Avant de filer en voiture, il blesse grièvement deux gendarmes.

Belgique, Pays-Bas, Luxembourg... La cavale, toujours la cavale, ponctuée d'agressions, de braquages, de coups de feu. Il faudra attendre le 28 octobre 1975 pour que la BRI croise une nouvelle fois le couple, avenue Kléber, à Paris.

Ce soir-là, nous sommes une vingtaine à planquer à deux pas de la place de l'Etoile. Selon nos renseignements, Willoquet serait susceptible de venir dans le quartier, peut-être chez l'avocate de Mesrine.

La nuit d'automne est tombée sur les immeubles bourgeois. Les passants se hâtent de rentrer chez eux. C'est alors que remarquons un homme qui avance tête baissée, le col relevé, en serrant une jeune femme contre lui. S'agit-il des Willoquet ? L'homme pressé nous livre lui-même la réponse. D'instinct, il a senti la présence policière, comme au marché aux timbres. Il sort une arme, tire tous azimuts et s'abrite derrière un passant, le flingue sur la tempe. Le voilà maintenant qui prend la fuite en menaçant un automobiliste à l'arrêt au feu rouge. Martine, légèrement blessée dans la fusillade, reste à terre, une grenade et une lettre de Mesrine dans le sac à main. L'inspecteur Bernard Pire a été touché à la jambe.

Comme d'habitude, Jean-Charles Willoquet a réussi à s'enfuir.

La femme en prison, le mari en cavale. Nous en étions donc là, en cet automne 1975. S'il n'avait eu aucune conséquence dramatique, l'épisode de l'avenue Kléber avait marqué une nouvelle étape dans l'ascension de Willoquet. Les journaux l'avaient consacré tête d'affiche.

Qu'allait-il devenir sans sa compagne? Il ne pouvait se permettre, question d'honneur et d'amour, de ne rien faire pour la délivrer. Elle y était bien parvenue, elle, déguisée en avocate! En aurait-il les moyens? Une cavale coûte cher, une évasion aussi. Vaniteux, il savourait sa renommée mais elle devenait un fardeau. Il devait se sentir seul, pénalisé par sa réputation de porte-poisse. Son parcours connu, sa photo publiée à la « une » des journaux, il inspirait à la fois crainte et rejet.

Nous retrouvions là les caractéristiques des truands élevés, à tort ou à raison, au rang d' « ennemi public ». La publicité dont ils bénéficient flatte leur ego mais les éloigne de leurs semblables. Ces solitaires occupent une place particulière dans la pègre. Ils ont peu d'amis, rien que des relations épisodiques, et ils ne sont pas forcément appréciés par leurs pairs.

En fait, chacun contribue au processus de starification : le malfaiteur lui-même, qui se forge un palmarès plus ou moins sanglant; la presse, qui accorde ou n'accorde pas de l'importance au personnage; le public, s'il est réceptif à son aventure débitée en feuilleton; la police enfin, puisqu'elle se pique au jeu et met souvent davantage d'ardeur à pister la vedette que l'anonyme.

Un « ennemi public », au sens où je l'entends, est un gangster d'exception, comme il n'en existe qu'un ou deux par génération. Il se différencie d'abord de la masse des malfrats par son courage physique. Il ignore la peur, il trompe la mort. Guidé par un sens inné de l' « instant » doublé d'une stupéfiante faculté d'adaptation aux circonstances, c'est un homme qui se sublime dans les situations inextricables. A cette sensibilité presque animale, viennent s'ajouter une baraka insolente et une forme de folie. A-t-il toujours conscience de la gravité de ses actes? J'en doute. Il vit ailleurs, dans un monde d'orgueil et de mythomanie dont il est le dictateur. Car c'est généralement un homme d'ordre, en lutte perpétuelle contre la médiocrité et l'indifférence. Prétentieux, fasciné par sa propre image, il veut être vénéré et redouté. Il ne sait pas se remettre en question, qualité pourtant élémentaire chez un grand truand. Son entourage doit corriger ses écarts. Aussi, un gangster de ce type s'entoure-t-il d'une « cour » : des complices, des lieutenants, des femmes. Ces femmes, souvent déroutantes de dévouement, jouent un rôle essentiel dans la construction du mythe. Sans Martine, Jean-Charles n'aurait jamais été Willoquet.

La légende du « coiffeur-de-Nevers-devenu-flingueur » suivait son chemin, elle s'écrivait au quotidien, chaque jour embellie, chaque jour romancée. On en faisait un « lieutenant » de Mesrine alors qu'il avait juste été un soldat manipulé. On lui prêtait des projets fous pour sauver sa belle : l'enlèvement du frère du président Giscard d'Estaing, d'hommes politiques (Gaston Defferre, Jacques Médecin), de vedettes du spectacle et même d'un policier, chef-adjoint de la... BRI !

Willoquet, sans le savoir, nous rendait service. Lancés à ses trousses, nous avions repris goût aux enquêtes, aux filatures, aux nuits de planque. Bien sûr, cela n'allait pas sans angoisses ; il fallait faite vite, l'arrêter dès que possible... Mais pour avoir souffert des situations d'urgence (le *Thélème*) ou de précipitation (Charenton), j'entendais procéder à notre rythme, pas à pas s'il le fallait.

En collaboration avec l'OCRB, nos inspecteurs vérifiaient méticuleusement chaque renseignement et dressaient la liste des personnes susceptibles de l'aider en cavale. Tous ses amis, et même les amis des amis, pouvaient nous intéresser. Nous savions que cela finirait par payer.

Un homme attira bientôt l'attention de l'OCRB et de la BRI : un individu, condamné à vingt ans de détention. Il obtenait régulièrement des permissions de sortie. En novembre 1975, les inspecteurs des deux services le virent débarquer à plusieurs reprises gare d'Austerlitz, en provenance de Poitiers, pour se rendre ensuite dans le XVIIIe. Rue d'Oslo, dans un immeuble cossu, vivait justement un couple connu pour ses relations passées avec Willoquet. Celui-ci se cachait-il derrière les rideaux du quatrième étage ? Rien ne permettait de le dire mais les occupants des lieux prenaient visiblement des précautions pour ne pas attirer l'attention...

Le 28 novembre, un vendredi, une Mercedes sort du parking souterrain. Le locataire de l'appartement est seul dans le véhicule. A sa manière de sillonner Paris, l'œil dans le rétroviseur pour repérer d'éventuels curieux, on jurerait pourtant qu'il est accompagné d'un passager encombrant. Après tout, le coffre d'une Mercedes est assez spacieux pour loger « Jeannot »...

Nous n'aurons pas besoin d'ouvrir ce coffre à malices. Un peu plus loin, en effet, nous constatons qu'un homme est désormais assis à côté du conducteur. Willoquet ? Probablement. Il a dû sortir de sa cachette dans une petite rue. Et si ce n'était pas lui ? Dans l'incertitude, il est préférable de ne pas intervenir.

Rue d'Oslo, la planque se poursuit, avec des équipes mixtes BRI-OCRB. Samedi, dimanche, rien de nouveau. Ou plutôt si, un détail qui nous a confortés dans nos soupçons : samedi après-midi, un inspecteur en poste dans l'immeuble voisin a vu un moustachu s'approcher prudemment de la fenêtre de l'appartement surveillé. Il a cru reconnaître Willoquet.

Lundi 1er décembre. La Mercedes sort du parking. Cette fois nous décidons d'interpeller le conducteur à bonne distance du quartier pour ne pas donner l'éveil. Charles Pellegrini, le chef-adjoint de l'Office central, l'arrête sans difficulté, dans un restaurant du XVIIe, et se fait remettre les clefs de l'appartement.

Je n'ai pas bougé de la rue d'Oslo, avec le reste du dispositif. Pour passer à l'action, il me manque le feu vert de Joseph Le Bruchec, le responsable de l'OCRB, et de Marcel Leclerc, qui est toujours au « 36 ». Les deux chefs de service, en liaison constante avec le ministère, tardent à prendre leur décision. Cette situation ne peut s'éterniser. Il n'est jamais prudent de tergiverser entre l'interpellation d'un complice et celle du truand recherché. Celui-ci peut se douter de quelque chose, il peut être alerté et prendre d'autres dispositions.

En contact radio avec Le Bruchec et Leclerc, je commence vraiment à m'énerver car il est 20 h 45. Dans quinze minutes, nous n'aurons plus, légalement, le droit d'intervenir.

– Alors ça vient ? On ne va tout de même pas demander la permission au ministre et pourquoi pas à Giscard pour sauter un truand ! Dans cinq minutes, je vous préviens, on y va !

20 h 50. Toujours pas de réponse. Je monte, suivi de plusieurs inspecteurs, dont Jean-Pierre Caillot. Les chefs de service, Le Bruchec et Leclerc, vont bientôt nous rejoindre.

Escalier B, quatrième étage, porte gauche. Nous sommes plaqués contre le mur latéral, à l'abri d'éventuels coups de feu.

– Jean-Charles, ici Broussard. Tu es bloqué. Ne fais pas le con... Tu viens sur le palier, les mains sur la tête...

Silence.

– L'immeuble et l'appartement sont encerclés. Ecoute, je te donne ma parole que tout se passera bien. Je veux que tu te rendes compte par toi-même ! Va à la fenêtre, regarde l'immeuble en face. On a des gars tout autour, il y a du monde partout...

Il s'approche de la fenêtre, écarte le rideau. Dehors, nos inspecteurs ont pour consigne de montrer leurs armes, juste ce qu'il faut pour qu'il les aperçoive, sans ouvrir le feu. Il fait un signe de la main, l'air de dire « ça va, j'ai compris », et revient vers la porte d'entrée.

Le dialogue s'engage.

– Alors, qu'en penses-tu ?

– Vous allez faire comme l'autre fois, sur les Champs, vous allez me tirer dessus...

– Je te donne ma parole que non. Si tu veux, comme pour Mesrine [1], je me présente seul devant la porte, sans arme. Fais comme lui, il a su perdre.

– Je sais... Bon, j'accepte de me rendre mais je n'ai pas les clefs.

– Comment ça ?

– Je suis enfermé... Attends, je vais démonter la porte.

Pellegrini me tend le trousseau.

– Jean-Charles, ne bouge pas, je les ai ! Tu te places au fond, face à la porte, et j'arrive. On est d'accord.

– Bon... d'accord...

Que manigance-t-il dans l'appartement ? Je l'ignore mais j'ai confiance en sa parole. Un truand de ce niveau tient ses engagements. Le flic est un adversaire qu'il peut être amené à abattre pour sauvegarder sa liberté, mais il sait aussi admettre sa défaite. Il aura le temps, plus tard, en prison, d'envisager une énième évasion. Les cellules ont des portes, les cimetières n'ont que des tombes.

Dans son livre, il revient en détail sur ces derniers instants de liberté, après 146 jours de cavale : « Je me retire de la porte et vais m'asseoir sur le bord de la table du salon. Mes deux colts 45 sont près de moi. La clef tourne dans la serrure, la porte s'ouvre, la silhouette de Broussard se découpe dans l'encadrement. Moi, je le vois parfaitement car la lumière du couloir l'éclaire, mais lui ne peut me voir. Je savais qu'il était gonflé, mais quand même pas à ce point... Il me dit : “ Dis donc, où est la lumière ? ” Ah, ça, pour être gonflé, il est gonflé ! Je pourrais le couper en deux sans qu'il sache d'où ça vient. “ Sur la gauche ”, je lui réponds. Il allume, me regarde, s'approche de moi en souriant, très décontracté, et me serre la main. »

Willoquet est devant moi, polo gris bleu, pantalon de flanelle, l'œil souriant, les moustaches tombantes. Comme un comédien au

1. Arrestation de Jacques Mesrine, le 28 septembre 1973 à Paris. Lire les chapitres consacrés à Mesrine.

soir de la dernière, il a soigné sa sortie de scène, il lui a donné du panache, à la manière du « maître », Mesrine. Une coïncidence amusante : au moment où j'ai frappé à sa porte, il regardait le film *Brigade antigang*!

J'allais le revoir deux jours plus tard, juste avant qu'il ne soit présenté au juge d'instruction chargé de son dossier. J'avais envie de bavarder un moment avec lui, pour mieux cerner le personnage.

La rencontre eut lieu dans sa cellule du « 36 ». Il m'apparut courtois, détendu, presque sympa.

– Rien à dire, me lança-t-il, vous m'avez fait marron à la régulière!

– Tu ne pouvais pas toujours gagner!

– Dans la rue, j'aurais tenté ma chance, mais là... Je t'en veux pas, tu as fais ton boulot. On verra la prochaine fois... Tu penses bien que je vais tout faire pour m'arracher! C'est ça, oui, tout faire pour m'arracher...

Il se triturait alors les mains d'un geste nerveux. Son regard n'était plus le même, bleu acier, terrifiant de rage contenue. Son visage était moins rond, moins jovial, comme si, passé le « folklore » de l'arrestation, il prenait enfin conscience de sa situation.

Il parvint à se ressaisir, à sourire de nouveau, pour excuser son moment d'égarement. En quelques minutes, j'avais vu deux hommes en un, docteur Jekyll et Mr Hyde. Un drôle de type, en fait, que ce Jean-Charles Willoquet, casse-cou hors pair mais piètre braqueur, à la fois rusé et stupide, avenant et agressif, orgueilleux et faible, courageux et lâche, bandit de grand chemin et cambrioleur minable.

Son arrestation eut aussi des conséquences inattendues, notamment dans le milieu. Après l'histoire du *Thélème*, il ne s'était pas trouvé beaucoup de monde, en dehors du faubourg Montmartre, pour pleurer sur le sort de la famille Zemour. De nombreux voyous avaient vu dans cette fusillade une rupture salutaire dans l'ascension des frangins de Sétif. La chute du coiffeur de Nevers fut également bien perçue en raison de la méthode employée. La brigade y gagna le respect de certains caïds attachés aux usages. Ainsi un détenu demanda-t-il à me voir à la prison de Fresnes. Il s'agissait d'un truand fort connu dans le monde de la pègre. Je ne savais pas ce qu'il me voulait. Je me rendis à la maison d'arrêt avec Gérard Marlet, l'un des chefs de groupe du service.

Le truand en question voulait en fait nous confier qu'il avait eu vent d'un projet d'enlèvement d'enfant. Or les voyous d'envergure répugnent à ce genre de pratiques. Il tenait à nous en informer sans rien exiger en retour, ce qui était tout à son honneur.

L'entretien avait lieu dans une salle située à l'angle de deux couloirs. Tandis que nous parlions, d'autres détenus commencèrent à s'agglutiner autour de la pièce, le nez collé à la fenêtre. Des gardiens qui ignoraient notre présence les avaient aiguillés par erreur dans ce secteur. Des durs, sept ou huit types condamnés à de longues peines.

J'entendis un surveillant leur ordonner :

– Mais qu'est-ce que vous faites ? Avancez, je vous ai dit d'avancer !

Ils ne bougeaient pas. Assis devant nous, notre truand ne pipait mot. Les autres le prenaient-ils pour une « balance » ? Gérard Marlet me glissa : « Chef, on va y avoir droit... »

Oui, nous allions avoir droit à une correction musclée, peut-être à une mutinerie ou une prise d'otages. Et si tout cela n'était qu'un coup monté par notre informateur d'un jour ? J'avais la sensation d'être bloqué dans une souricière, avec des malfaiteurs qui avaient sans doute des raisons d'en vouloir à la police, voire à l'antigang !

– Avancez, les gars, avancez... osa un autre gardien.

Les détenus s'avancèrent enfin, mais pour s'arrêter presque aussitôt devant la porte, restée ouverte.

Nous n'avions plus le choix. Je devais aller au-devant d'eux, faire le premier pas. Un Noir immense s'était planté devant ses copains, dans l'encadrement de la porte. Je le regardai, persuadé qu'un coup allait partir. Je ne ferais pas le poids, j'étais mal à l'aise. L'essentiel, dans ces cas-là est de maîtriser son appréhension. Facile à dire...

– Tu es bien Broussard ?

– Lui-même, qu'est-ce qui se passe ?

– Oh, rien. On voulait savoir. Qu'est-ce que tu lui veux, à notre ami ?

– On avait juste quelques questions à lui poser. Comme tu veux tout savoir, sache qu'il n'est pas très bavard.

Mon interlocuteur, soudain plus souriant, eut alors une phrase inattendue.

– Ce que tu as fait l'autre jour avec Willoquet : chapeau ! En passant, on t'a reconnu, on en profite pour te le dire.

Un brin déstabilisé, je repris mon souffle.

– Eh bien... euh... merci, les gars... Mais puisque nous en sommes aux confidences, je peux vous assurer que votre copain n'est pas une balance.

– Nous le savons.

Des truands respectueux, Willoquet en prison et pour longtemps [1]... L'antigang terminait mieux l'année qu'elle ne l'avait commencée. Nous tenions notre revanche. Les commentaires à notre égard s'étaient même faits dithyrambiques. Par un singulier retournement de tendance, on oubliait maintenant de stigmatiser les « cow-boys » pour féliciter de nouveau les « psychologues » et la « méthode » Broussard !

Tout cela eût presque prêté à sourire si les traumatismes des mois précédents n'avaient pas laissé de pénibles souvenirs dans nos mémoires.

1. Lors de son procès, en mars 1977, il s'emploie à disculper son épouse. Il est condamné à vingt ans de réclusion, Martine à cinq. Le 29 mars 1987, il rate son évasion de la centrale Sainte-Maure, à Châteauroux. Le 27 décembre 1989, il est libéré après quatorze ans de détention. Remarié, il s'exile en Argentine. Le 9 décembre 1990 sa carrière s'achève de manière minable. Accompagné d'un complice, il agresse sauvagement une vieille dame de 81 ans dans sa maison d'Alençon (Orne). Lors de la fusillade avec les policiers, l'un d'eux, Jean-Yves Vergne, sera grièvement atteint. Willoquet meurt d'une balle dans la tête et d'une autre dans le cœur.

Guerres des polices

Le jour de l'arrestation de Willoquet, le « 36 » avait connu un merveilleux moment d'euphorie collective. Une fois de plus, comme au soir de la plupart des belles affaires de la PJ, le Quai des Orfèvres s'était transformé en une ruche toute bourdonnante de vie. Dans le dédale des escaliers et des couloirs, nous avions vu s'agiter des inspecteurs d'autres services, des journalistes pressés, des secrétaires curieuses, des gardiens de la paix et leurs suspects menottés, rêvant tous d'apercevoir, même une seconde, dans l'entrebâillement d'une porte complice, Willoquet en personne, assis sur une chaise, les mains dans le dos. Comme d'autres avant lui, « Jeannot » s'était prêté au jeu de l'interrogatoire avec une certaine élégance. Il avait souri aux photographes, plaisanté avec les policiers. Un truand à la hauteur de son mythe, conscient qu'un tel lieu ne saurait tolérer la médiocrité.

Dans la mesure où la BRI et l'OCRB avaient collaboré dans la meilleure entente possible, l'opération de la rue d'Oslo constituait un succès collectif. La presse, si prompte à relater les escarmouches, réelles ou fictives, de la « guerre des polices », avait salué la réconciliation des deux services.

« Guerre des polices »... L'expression était excessive, comme tous les clichés, mais c'était celle retenue par les journalistes, les écrivains et même les cinéastes puisque Robin Davis en tirerait bientôt un film avec Claude Brasseur (1979). Avions-nous pour autant le sentiment de livrer bataille contre l'OCRB ou la BRB (Brigade de répression du banditisme) ? Rivaux peut-être, mais pas adversaires.

Même si toutes les affaires n'étaient pas prétextes à frictions, cette rivalité était pourtant indéniable. Entre services, entre patrons, entre inspecteurs, il ne s'agissait pas uniquement d'une saine émulation. Force est d'admettre que les limites du raisonnable étaient quelquefois franchies. Le public, friand de prises de bec d'arrière-salles, ne s'en plaignait pas. Frondeur par habitude, grognon par atavisme, le Français adore railler tout accroc à la réussite et à l'ordre établi. Il aime les cocus célèbres, les politiciens en prison et, convenons-en, les chamailleries de flics.

Querelles de clochers ? Comme un journaliste n'accepte pas de voir une information lui échapper, comme un commerçant redoute de perdre ses clients au profit du voisin, comme un chercheur revendique la primeur d'une découverte, le policier n'admet pas qu'un collègue vienne le doubler sur une affaire. C'est aussi simple que cela. Cette réaction banalement humaine est encore plus marquée chez les policiers de terrain, du type antigang. L'esprit de corps et les risques physiques sont tels que tout incident prend vite une ampleur démesurée. Claude Brasseur, avec lequel j'eus un jour l'occasion de discuter de son film, m'avoua avoir été impressionné, dans la phase préparatoire du tournage, par la détermination, voire l'acharnement avec lesquels les policiers s'accrochaient à « leurs » affaires. Il avait vu juste.

L'essentiel du problème réside en fait dans l'organisation de la police française en matière de lutte contre le grand banditisme. Cette organisation n'a jamais été clairement définie. Plusieurs services étant en charge de cette catégorie de malfaiteurs, aussi bien à Paris qu'en province, les chevauchements sont inévitables, notamment avec l'OCRB.

Comme son nom l'indique, l'Office central dépend de la direction centrale de la police judiciaire. Il a, de ce fait, une vocation nationale, tant en ce qui concerne la documentation (les archives) que l'opérationnel (les interventions). Toutefois, comme le territoire est couvert par les Services régionaux de police judiciaire (SRPJ) et la Préfecture de police de Paris (Paris et les trois départements de la petite couronne), les fonctionnaires de l'OCRB, quoi qu'ils fassent, marchent toujours sur les plates-bandes d'autrui.

Ses inspecteurs et ses commissaires, dont la compétence n'est évidemment pas en cause, viennent souvent sur une affaire en qualité d'observateurs ou de renforts. Aux unités de province, ils peuvent apporter une expérience fort utile. Mais dans la capitale, il en va tout autrement et je crois, en toute objectivité, que notre brigade était mieux préparée que l'OCRB aux différentes techniques d'intervention. Nous disposions des effectifs nécessaires et d'un matériel performant. En clair, nous avions rarement besoin d'aide.

Cela dit, reconnaissons que la Préfecture de police de Paris constitue un cas à part dans le paysage policier français. C'est une sorte de principauté, jalouse de ses traditions, méfiante à l'égard des offices centraux. Quelles que soient les réformes envisagées, la PP reste la PP. Ses policiers, qu'ils appartiennent aux grandes brigades ou aux commissariats de quartier, ont en commun un attachement viscéral à la maison mère du « 36 ». Ce sentiment d'appartenir à la même famille n'exclut pas totalement les discordes internes entre services du Quai des Orfèvres, la BRI et la BRB par exemple.

BRI, BRB, OCRB, SRPJ, Paris, banlieue, province... Le public s'y perd ? Qu'il se rassure : la police aussi, parfois !

Cette répartition approximative des tâches et l'enchevêtrement des zones de compétence expliquent en partie, mais en partie seulement, ce qui a été appelé, dans les années soixante-dix, la « guerre des polices ».

A cette époque, en effet, la BRI était sans cesse sur la brèche, soit directement, soit par l'intermédiaire de sa « filiale » anti-commando (BAC). Comme l'essentiel des activités de la grande criminalité et du terrorisme était concentré sur Paris et sa région, on nous demandait d'agir dans des domaines aussi divers que le braquage, la prise d'otages ou le kidnapping. En conséquence, l'antigang était jalousée. Quelques envieux voyaient en elle une brigade de luxe, omniprésente, privilégiée par la préfecture et le ministère. Ils interprétaient cette intense activité comme une boulimie d'action et de publicité. A les entendre, nous étions des « chouchous » trop gourmands qui empiétaient sur le territoire des copains. J'y voyais, moi, le signe d'un savoir-faire inégalé, acquis au fil des ans, depuis 1964.

Qu'on le veuille ou non, la police moderne est une police de spécialistes. Il faut connaître la mentalité du dealer pour être un bon inspecteur des « stups ». Il faut avoir de solides notions de comptabilité pour faire carrière à la brigade financière. La Brigade de recherche et d'intervention, comme son nom l'indique, devait « rechercher » et « intervenir ». C'était son rôle, c'est pour cela, et uniquement pour cela, que l'on faisait si fréquemment appel à elle, y compris pour des missions à risques dont personne ne voulait.

Les envieux eux-mêmes étaient souvent soulagés de nous confier la garde d'un « bébé » encombrant et d'attendre la fin de l'opération pour revendiquer leur part de la victoire ou, au contraire, nier toute responsabilité dans un éventuel incident.

En matière de coopération, tout dépendait des personnes concernées. Lorsque nous intervenions à la demande d'un service qui n'avait pas la prétention de tout maîtriser, la cohabitation était efficace et chaleureuse. Nos collègues, conscients de leurs limites, étaient aussi satisfaits de travailler à nos côtés que nous l'étions de bénéficier de leur aide. Si, cas rarissime, ces « généralistes » se targuaient de tout savoir, nos relations étaient plus tendues, comme avec le commissaire central de Nice, en 1974 (prise d'otage à l'aéroport).

En règle générale, nos rapports avec les brigades territoriales étaient très cordiaux. Les inspecteurs de BT nous mettaient fréquemment sur la piste des équipes de braqueurs. Ils aimaient que leurs renseignements soient exploités, à charge pour nous de renvoyer l'ascenseur en leur laissant le soin de procéder aux interrogatoires, en signalant à la direction la qualité de l'enquête préalable, en insistant auprès de la presse sur le rôle de la BT.

Troisième cas de figure : la cohabitation avec des services à vocation spécifique, tels que la Mondaine (proxénétisme, drogue) ou la Crim. Là non plus, il n'y avait pas concurrence. A chacun son domaine, à chacun sa mission. Epauler la Criminelle dans les affaires de rapt ne nous posait évidemment aucun problème.

On l'aura compris : les seuls accrochages significatifs, susceptibles d'affoler les gazettes, survenaient lorsqu'un service avait, ou pensait avoir, une compétence comparable à celle de l'antigang dans le domaine de l'intervention. Alors, oui, des conflits pouvaient éclater.

Une affaire fut à cet égard révélatrice des risques encourus quand des collègues extérieurs se montrent trop entreprenants. Elle eut lieu à Paris, le 3 décembre 1975, au surlendemain de l'arrestation de Willoquet. Le service en cause ? L'OCRB, celui-là même qui nous avait aidés à serrer le « coiffeur de Nevers » ! Comme quoi les trêves pouvaient être de courte durée sur le front de la « guerre des polices »...

Un braquage venait d'être perpétré contre une agence du Crédit Lyonnais, avenue Bosquet (VIIe). Surpris par l'arrivée d'une équipe de convoyeurs de fonds, les trois truands avaient déclenché une fusillade. L'un d'entre eux avait réussi à s'enfuir, tandis que ses complices s'étaient retranchés dans la banque avec une vingtaine d'otages. Ils exigeaient deux millions de francs, une somme équivalente en dollars, ainsi qu'une voiture.

Depuis le car de commandement, en stationnement à proximité de la banque, nous étions, Marcel Leclerc et moi, en liaison téléphonique avec les truands. L'un, à l'accent maghrébin, paraissait assez calme ; l'autre, incohérent et nerveux, hurlait : « Il faut qu'on en abatte un pour qu'on nous prenne au sérieux ! »

Comme toujours, s'ouvrit le bal des conseillers en tous genres. Policiers, gendarmes, magistrats, avocats, politiciens de tous bords, venus proposer leurs services, témoigner leur solidarité. Accordons-leur le bénéfice du doute et de la sincérité. Mais nous n'étions pas dupes : quelques opportunistes de salon rappliquaient seulement pour parader ! Amusant manège que celui de ces « amis » de fraîche date qui tournoyaient dans notre dos, dans l'espoir de passer dans le champ des caméras !

De ce point de vue, toutes les prises d'otages se ressemblent. Les journalistes ayant rarement la possibilité d'approcher les policiers et les magistrats en charge des négociations, ils se rabattent, faute de mieux, sur les personnes qui peuvent prétendre émettre un avis sur la question : anciens flics, psychologues, avocats... Il s'en trouve toujours un, refoulé aux barrières de sécurité, qui a son mot à dire. Entouré d'une foule attentive, avide d'accéder à l'écran magique, il parle, il parle sans savoir mais il parle...

À chaque fois, cette agitation nous agaçait au plus haut point. Nous essayions de l'éviter en restreignant au maximum l'accès à la cellule des responsables. Nous savions qu'en cas de coup dur ce serait à nous, et non aux éphémères « consultants », de rendre des comptes. En cherchant coûte que coûte l'isolement, nous étions parfois un peu rudes avec les visiteurs. On ne se faisait pas que des amis...

Dans le courant de l'après-midi, Charles Pellegrini vint nous rejoindre avenue Bosquet. Il était à l'époque chef-adjoint de l'OCRB et je le connaissais depuis des années. Deux jours plus tôt, nous étions ensemble chez Willoquet. Nos relations, généralement cordiales, voire chaleureuses, variaient parfois au gré des événements et de la bonne marche de nos services respectifs.

On m'a reproché quelquefois de déclencher les hostilités en rechignant à collaborer avec l'OCRB. J'avais si mauvaise réputation que Pellegrini me surnomma un jour, l'« affreux

Broussard [1] ». « Affreux », peut-être pas (quoique...) mais sûrement désireux de défendre les intérêts de ma brigade et d'agir dans les meilleures conditions. Quand il fallait coopérer, je m'efforçais de le faire en toute loyauté, mais « Pel » revendiquait l'absolue prédominance de l'office en toutes circonstances, et je dois admettre que j'étais réticent à l'idée de monter des opérations conjointes. Mes inspecteurs se montraient encore plus intransigeants que moi, ils voulaient rester entre eux et ils avaient raison.

Nous étions surtout hostiles à la collaboration dans la phase finale, celle de l'intervention, car nous partions du principe que des hommes n'ayant pas l'habitude de manœuvrer ensemble ne sauraient s'entendre à la perfection, a fortiori dans une situation d'extrême tension. Un travail d'équipe ne s'improvise pas, il est le fruit d'une complicité de longue date. Face à des malfaiteurs, on ne peut oser des expériences fantaisistes, des essais de laboratoire sous prétexte de ne froisser personne. L'association précipitée de policiers qui ne se connaissent pas, ou qui se connaissent mal, comporte trop d'incertitudes. La tragique méprise de Charenton l'avait démontré.

Attention, il y avait, dans les services « concurrents » (BRB, OCRB), d'excellents professionnels. Mais ce n'est pas en rassemblant à la hâte onze vedettes que l'on monte à coup sûr une brillante équipe de football. Je préférais diriger un groupe soudé et cohérent, composé de policiers capables de comprendre un geste, une attitude, un regard de leurs collègues. Ce n'était pas, de ma part, une question de jalousie, une volonté de préserver ma « chasse gardée », mais plutôt du réalisme. J'agissais ainsi par souci de sécurité et d'efficacité.

Sur ce point, au moins, les faits m'ont très souvent donné raison.

Officiellement, Charles Pellegrini et trois de ses collaborateurs nous avaient rejoints avenue Bosquet en qualité d'observateurs pour « renseigner la hiérarchie ». « Tu comprends, s'il devait y avoir des prolongements en province... » m'avait prévenu « Pel ». Au-delà de cette démarche assez logique sur le plan professionnel, je devinais son envie de s'immiscer, une fois encore, dans une affaire qui avait pourtant lieu sur le territoire parisien, dans un domaine, celui des prises d'otages, qui relevait de notre pleine compétence.

1. *A chacun sa mort*, par Charles Pellegrini et Etienne de Monpezat, Editions N° 1, 1990.

Il cherchait depuis longtemps à se greffer sur les activités de la BAC. Les succès de cette unité avivaient la frustration de deux ou trois services, dont le sien. Quelque part, sa réaction était compréhensible : comme souvent, dans la police française, on avait donné naissance à une nouvelle brigade sans oser clairement prévenir les services existants qu'ils seraient dorénavant déchargés de certaines missions.

Pellegrini resta dans les parages une partie de la journée. Connaissant ma réticence à l'égard des interventions communes (en parfait « affreux », je ne m'en cachais pas), il devait sentir que nous n'aurions besoin de personne et qu'il aurait du mal à entrer en jeu.

Les négociations progressaient cahin-caha, alternance d'accalmies et de poussées de fièvre.

Aux environs de 20 heures, les truands tirent quelques coups de feu pour faire croire qu'ils ont abattu le fondé de pouvoir.

Plus tard, dans la nuit, l'un d'eux sortira de l'agence avec un otage :

– Donnez-nous l'argent, bande de salopards, on va tous les tuer !

La foule, stupide comme sait l'être une foule, répondra par des cris contre le « laxisme » des « flics », incapables d'abattre le voyou. Et l'otage utilisé comme bouclier humain ? Et le complice, retranché à l'intérieur ?

Sous la pression des syndicats, le Crédit Lyonnais consent à verser l'argent. Comme le CIC, quelques mois plus tôt, avenue de Breteuil, la banque va payer.

A 1 h 23, les truands sortent, la tête coiffée de cagoules rouges. Abrités derrière un parapluie pour se protéger de nos tireurs d'élite, ils s'engouffrent dans une Fiat bleue. Les deux sacs de billets sont posés sur le siège avant. L'un des malfaiteurs est au volant, son complice à l'arrière avec deux femmes otages.

La Fiat roule vers le pont de l'Alma, puis accélère brutalement en empruntant l'avenue George-V en direction des Champs-Elysées. Nos voitures l'ont prise en chasse, de même qu'un véhicule de l'OCRB. « En renfort, au cas où... » m'a dit Pellegrini.

Je n'ai pas vraiment le temps de penser à ces bisbilles interservices. Sur l'avenue presque déserte, nous suivons les truands de près. De trop près, à leur goût. Le chauffeur pile, descend avec son fusil à canon scié :

– Si nous continuez, on tire !

Il se rassoit au volant, et repart à toute allure. A l'arrière, son complice nous braque. Nous continuons tout de même la poursuite : il n'est pas question de perdre leurs traces. Nous espérons même profiter d'une fausse manœuvre pour les bloquer.

Rue Pierre-Charron, ils grillent un feu et heurtent une Citroën GS qui remontait la rue François-Ier. Les passagers de la GS, deux députés de retour de l'Assemblée [1], s'extirpent de la carcasse. Le conducteur de la Fiat ouvre sa portière, en tenant son fusil. Les rares témoins de la scène plongent sur les trottoirs.

Le truand, à la recherche d'une voiture de rechange, se précipite vers un taxi. Les deux touristes britanniques qui sont assis à l'arrière vont connaître la plus grosse frayeur de leur vie : le malfaiteur leur crie de descendre, tandis que son complice attend dans la Fiat accidentée, avec les otages.

Nous avons déjà bouclé tous les accès du carrefour, sans intervenir car le chauffeur et les touristes sont trop exposés. Les inspecteurs de la BAC se sont réparti les rôles instinctivement. L'habitude de l'action collective...

Cette habitude, nos collègues de l'OCRB Humbert A. et Claude G. ne l'ont pas, du moins pas avec nous. Ignorant sans doute l'épisode de l'accident, ils surgissent dans leur R16, doublent nos voitures, prennent un virage sur les chapeaux de roue et empruntent la rue François-Ier à contresens, de façon à bloquer le taxi. Ils croient probablement que le truand cherche à fuir alors que, pour l'instant, il veut juste faire sortir les touristes et changer de voiture.

La fusillade éclate. Elle va durer un long moment, des secondes qui paraîtront des heures. Les deux policiers tirent sur le taxi qui sera transpercé de sept balles ! Aucune n'atteindra le chauffeur ni les deux Britanniques recroquevillés sur le plancher.

Le truand ne semble pas avoir été touché. Une arme dans chaque main, il revient sur ses pas et se poste devant l'entrée d'un magasin. Je me trouve à une trentaine de mètres de lui, rue Pierre-Charron, avec Roland Bernard et Loïc Janot. Je tire à deux reprises. Ce seront là deux des trois coups de feu de toute ma carrière, alors que j'ai entendu siffler les balles une bonne vingtaine de fois.

1. Pour l'anecdote, signalons qu'avant l'accident, Gilbert Gantier, député républicain indépendant du XVIe arrondissement, avait déposé une proposition de loi tendant à aggraver les peines prévues en cas de prise d'otages !

Touché à une cuisse, le preneur d'otages tombe à la renverse. Il parvient tout de même à redresser le buste pour continuer à tirer, en position assise, avant de s'écrouler définitivement sous les balles d'un inspecteur. Il s'agit d'un jeune truand marseillais, surnommé « Cox ».

Son complice est descendu de la Fiat, la tête en sang, blessé au cuir chevelu. Un 357 Magnum dans une main, un fusil à canon scié dans l'autre, il « arrose » dans toutes les directions. Nous essayons de l'encercler à sept ou huit (dont les deux inspecteurs de l'OCRB), mais il se remet à l'abri dans la voiture, les armes à la main, couché sur les otages.

Accroupi le long de la portière arrière droite, je l'exhorte à se rendre. L'une des deux femmes ne me facilite pas la tâche. Elle ne cesse de crier : « C'est votre faute, c'est votre faute ! » On a beau connaître ce type de réaction, on ne s'y habitue jamais vraiment...

A l'issue d'une brève empoignade, le truand est finalement maîtrisé et les femmes libérées. Nous récupérons la rançon et l'arsenal des braqueurs, à savoir deux fusils, trois revolvers et une centaine de cartouches.

Compte tenu de l'accident et de la fusillade, nous avions eu de la chance. Il s'agissait d'une réussite pour notre brigade, même si nous aurions évidemment préféré arrêter le truand et non l'abattre. Les inspecteurs de l'OCRB, par leur comportement intempestif, avaient failli tout faire échouer. De nombreux journalistes, qui nous avaient suivis depuis l'avenue Bosquet, pouvaient en témoigner. Et ils le firent savoir.

La presse salua le « triomphe » (*France-Soir*) ou le « joli coup double » de l'antigang (*Le Point*), allusion aux deux affaires de la semaine, l'arrestation de Willoquet et l'avenue Bosquet. Mais les médias eurent tendance à trop personnaliser ce succès, à m'attribuer tous les mérites de l'opération. Or je n'avais pas cherché à avoir le beau rôle. J'avais juste été là au moment voulu, au cœur de l'action, avec mes hommes. J'avais fait mon métier, rien que mon métier.

Pellegrini n'apprécia pas cette présentation de la presse et le fit savoir : trop pour l'antigang, pas assez pour l'OCRB. Il vint même s'en plaindre à la direction centrale de la PJ. Bizarrement, quelques échos parurent çà et là, pour contester ma version des faits et prétendre que j'avais voulu tirer la couverture au profit de la BRI. A en croire ces articles, tout le mérite de l'opération revenait à l'OCRB. Des « infos » puisées, on s'en doute, à des sources policières dénuées de toute arrière-pensée boutiquière... On put lire, par exemple, cette explication tendancieuse : « Quand la voiture des gangsters percute celle du député Gantier, Broussard est loin derrière. Et ce sont deux inspecteurs de l'OCRB qui ouvrent le feu. Ils tuent Cox, blessent Manuel et délivrent les otages. »

Humbert A., l'un des deux inspecteurs, revendiqua la mort du truand. L'enquête et les expertises aboutissaient pourtant à d'autres conclusions. Mais s'il le souhaitait, si cela pouvait soulager les échotiers, je lui accordais volontiers le bénéfice de cet « exploit »... tout comme il m'aurait accordé, je n'en doute pas une seconde, le privilège de porter le chapeau si le chauffeur de taxi ou ses clients avaient été blessés ou tués à cause de sa magistrale entrée en scène.

Ces querelles stupides firent quelque bruit dans la grande maison. La direction finit par s'en émouvoir. Afin d'apaiser les esprits, elle nous conseilla, à Leclerc et à moi, de limiter nos contacts avec les journalistes. De nous-mêmes, nous avions de toute façon refusé d'entrer dans cette basse polémique.

Il n'empêche que nous touchions là le point sensible de la fameuse « guerre des polices ». Ce conflit, ponctué d'escarmouches épisodiques mais violentes, était avant tout celui de l'accès à la notoriété, comme si la valeur d'un service et le courage des hommes se mesuraient à l'aune de leurs apparitions télévisées, à la grandeur des photos publiées dans les journaux.

Si le petit écran n'avait pas encore le pouvoir qu'il allait acquérir dans les années quatre-vingt, la dictature de l'image était en marche. Les politiciens l'avaient deviné et la police, comme tous les autres secteurs de la société, commençait à y succomber. Mes détracteurs me reprochaient d'ailleurs parfois d'aller au-devant des caméras, d'être trop « médiatique » comme l'on dit de nos jours. « Broussard arrive après la bataille mais avant RTL », persifla un jour un journaliste mécontent de n'avoir pu décrocher un scoop.

Je ne pense pas avoir jamais mérité ces commentaires.

Oui, j'étais « médiatique ». Peut-être trop, admettons-le, en comparaison de chefs de service moins en vue, moins exposés aussi. Mais avais-je le choix ? Passé un certain palier de notoriété, le personnage public ne maîtrise plus rien, son image lui échappe. Etait-ce ma faute si les affaires traitées par notre brigade provoquaient un réel émoi dans l'opinion et, par voie de conséquence, une importante mobilisation des médias ? Fallait-il que je me cloître dans mon bureau, que je repousse micros et objectifs alors que la hiérarchie me demandait de répondre ? La BRI et la BAC, par leurs réussites ou leurs déconvenues, me contraignaient à agir ainsi. Depuis ce jour d'août 1973 où le ministre de l'Intérieur, Raymond Marcellin, m'avait pratiquement poussé sur un plateau de télévision, j'avais admis que c'était un passage obligé. L'essentiel était d'éviter le piège de la propagande politicienne sur fond de discours sécuritaire. Ce ne fut pas toujours évident. Tout ce qui touche à la sécurité des citoyens a un tel impact que le politique est tenté de l'utiliser à des fins électorales.

A mon sens, cette présence dans les médias faisait partie de ma fonction. Je l'estimais justifiée, pour l'ensemble de la brigade, pour son renom et celui de la police en général, pour tous les inspecteurs qui pouvaient y voir une forme de récompense envers leurs efforts. Et puis, je suis persuadé que cette notoriété nous a aidés : elle nous a permis d'être craints, donc respectés, des truands et crédibles dans le dénouement d'une affaire ou le recueil de renseignements.

Si, comme je le crois, la police est au service du citoyen, elle doit pouvoir s'expliquer devant lui, en cas de réussite comme en cas d'échec. A la demande de la hiérarchie ou avec son feu vert, je m'expliquais donc, dans les bons jours comme dans les mauvais. Après tout, c'était encore le meilleur moyen d'éviter la divulgation d'informations erronées et de tordre le cou aux rumeurs. J'ai fini par entretenir de bonnes relations avec quelques journalistes, parmi les plus fiables. Mais, contrairement à ce qu'on a pu prétendre, je n'ai jamais recherché à tout prix la célébrité. A y regarder de plus près, elle présentait d'ailleurs beaucoup plus d'inconvénients que d'avantages, notamment en matière de tranquillité et de sécurité familiales. Je ne voulais pas que tout cela rejaillisse sur la vie de mes proches, qu'ils aient à en souffrir.

Alors, avais-je péché par excès de « gourmandise » avenue Bosquet ? Avais-je injustement privé Pellegrini de quelques compliments et son inspecteur d'une pièce à son tableau de chasse ? Appelé à témoigner lors du procès, je dus me soumettre aux questions des avocats. Pourquoi avoir « tant attendu » et « fait subir ce calvaire aux otages » ? Pourquoi avoir « pris des risques inouïs » pour abattre le complice qui était à côté du taxi ? C'est à moi, bien à moi, et non à « Pel » ou à ses inspecteurs, qu'il revint de répondre. C'était normal, après tout, j'étais le paron, et le patron doit rester dehors quand il fait gros temps, quand les vaniteux d'un soir fuient la tempête qu'ils ont déclenchée.

Après cinq ans de présence au « 36 », j'avais appris à tenir le cap de mes certitudes, à ne pas m'égarer dans le maquis des susceptibilités et des règlements administratifs. Je savais désormais sur qui m'appuyer, de qui me méfier. J'avais aussi retenu une leçon, essentielle, que m'avait enseignée l'ancien directeur de la PJ, Max Fernet : « Vous verrez, m'avait-il averti, lorsque tout se passera bien, vous serez très entouré, on dira que vous avez eu de la chance... Quand cela se passera moins bien, vous serez seul, on vous traitera, dans votre dos, de roi des imbéciles pour n'avoir pas agi comme ci comme ça. »

Ma carrière d'antigang me confirma la justesse de cette analyse. Quand une affaire tourne mal, les concurrents se font soudain plus discrets, ils rentrent dans l'ombre, tapis dans la caverne de leurs frustrations, pour mieux hurler ensuite avec la meute. A l'inverse, lorsqu'une affaire paraît en bonne voie, ils viennent danser à la lumière des flashes, réclamer leur part de flatterie ou, faute de mieux, ironiser sur la facilité de l'intervention.

C'était cela, surtout, la « guerre des polices ». Rien d'autre que des querelles de voisinage, de puérils combats de coqs, des petits conflits de petits hommes, des blessures d'orgueil et de vanité.

J'en ai parfois souffert, surtout au début, parce que la première blessure est toujours longue à cicatriser. Puis, l'expérience aidant, j'ai fait le tri du vrai et du faux, de l'important et du futile, j'ai consolidé les tranchées de mon amour-propre et dressé des barricades autour de la brigade. J'ai compris qu'il n'y avait pas guerre mais guérilla, un jour ici, un jour là, contre quelques médiocres francs-tireurs.

Après tout, ils tomberaient bien d'eux-mêmes, un jour ou l'autre, au front du ridicule.

1976, l'accalmie

Le *Thélème*, Willoquet, la rue Pierre-Charron... 1975 avait été une année mouvementée. Trop mouvementée, sans doute. En s'aventurant dans les archives de l'époque, on en vient à se demander si l'antigang avait parfois, comme tout service, une vie ordinaire, sans accusations de « bavure », sans publicité excessive, sans guerre des polices. C'était pourtant le cas : la quasi-totalité des affaires ne suscitaient aucune remarque, comme ces fameux trains dont nul n'entend parler puisqu'ils partent et arrivent à l'heure.

Les murs du « 36 » étaient un peu plus jaunes, les marches de l'escalier central un peu plus usées, les hommes avaient pris de l'âge et un peu d'embonpoint, mais le Quai des Orfèvres restait ce lieu magique que j'avais connu à mes débuts à la Criminelle. Il y régnait le plus souvent une excellente ambiance, épicée de plaisanteries de corps de garde. C'était notre côté potache, notre manière de décompresser. Il suffisait d'un rien, d'un pari insensé, d'une boutade inattendue, d'une chanson entonnée par un inspecteur en verve.

Il nous arrivait aussi d'accueillir d'étonnants visiteurs, comme Charly, un retraité qui faisait pour ainsi dire partie des meubles. Il n'était pas policier, personne ne savait au juste dans quelles circonstances il avait jadis connu le « 36 », lui le marchand des faubourgs à l'accent juif inimitable. Il connaissait tous les bureaux, chaque commissaire, chaque inspecteur. Quand il débarquait à l'improviste, pour nous amuser de ses blagues juives, ce vieux filou se taillait un franc succès. Il aimait bizuter les nouveaux. En les croisant dans les couloirs, il ouvrait subrepticement son portefeuille sur une photo coquine et lançait : « Police, vos papiers ! »

Tous nos visiteurs n'avaient pas sa gentillesse. La plupart d'entre eux ne faisaient que passer, le temps de livrer de prétendus « secrets ». Comme tous les lieux de police, le « 36 » attirait des personnages plus ou moins sains d'esprit, ce qui pouvait déboucher sur des scènes cocasses.

Un soir, par exemple, Frédo m'annonça la visite d'un type qui prétendait me connaître. Il avait réussi à franchir les différents contrôles jusqu'au dernier étage. A en croire mon adjoint, il était « monté comme une ablette » et disait s'appeler « Zizi la Bagnole ».

Il se tenait dans le couloir, une casquette sur le crâne, l'imper à la Colombo, le col relevé, le dos voûté, un mégot aux lèvres. Il ressemblait un peu au comique Sim. Pas plus gros, à peine plus grand.

– Robert ! Tu m'reconnais pas ?

– Non... je ne vois pas...

– Zizi... Zizi la Bagnole ! Tu vois pas ? Bon écoute, je vais faire bref : je veux entrer dans ta brigade. Je suis conducteur de bus. Foncer dans Paris, ça m'connaît ! La bagarre aussi, j'aime ça ! D'ailleurs regarde, j'en ai plus une !

Et Zizi d'ouvrir la bouche sur un spectacle de désolation. « Plus une ratiche ! », pour reprendre l'expression de Frédo. Je décidai de ne pas donner suite à l'offre de service de ce brave « collègue » qui sympathisa néanmoins avec mon adjoint.

Une poignée de nos anciens, de Riton Clavier à Jean Rennesson, était partie à la retraite. Le groupe accueillait de nouveaux phénomènes, comme José Gentilini ou Jack Zirnelt, dit « Zizi » (un de plus !), bon flic, bon vivant, bon copain. On le vit un matin se présenter au bureau vêtu d'un pull-over noir frappé de l'inscription « Brigade antigang » en grosses lettres rouges. La veille, en prévision d'une opération délicate, j'avais recommandé aux inspecteurs de redoubler de discrétion ! Ce Zizi-là, cheveux longs, jeans et blouson noir, était si intrépide qu'il parvint même à gravir les cent quarante-huit marches du 36 sur sa moto ! Lors des interventions, il n'était jamais le dernier à aller au charbon. Les badauds s'étonnaient de ses allures de loubard. Des années plus tard, c'est Odile Fairise, une jeune femme dynamique, brillant inspecteur à la BRI, qui le fera quelque peu rentrer dans le rang...

Maintenant qu'il y a prescription, je peux l'avouer : il me prenait souvent, à moi aussi, des envies de canulars. Tous n'étaient pas du meilleur goût mais il faut croire que j'avais quelque talent pour lancer des histoires invraisemblables et les propager dans les services.

Un jour que je déjeunais avec un collègue des Renseignements généraux (RG) et d'autres commissaires, il me vint l'idée, je ne sais trop pourquoi, de lui confier un « secret » de mon invention, fondé en partie sur des faits authentiques. Je savais qu'il me croirait car nos collègues des RG avaient tendance à sauter sur les informations avec la même naïveté que nous sur les confidences d'un indic... Mon secret était suffisamment crédible et savoureux pour qu'il s'en délecte sans retenue.

Nous parlions d'un ami commun, issu de notre promotion de commissaires, à Saint-Cyr-au-Mont-d'Or.

– A propos de Lionel, lui dis-je, tu sais qu'il est drôlement emmerdé avec sa dernière histoire.

– Quelle histoire ? demanda-t-il.

– Tu n'es pas au courant ?

– Non, raconte !

– Tu as entendu parler de l'Ougandaise, ministre d'Amin Dada ?

(Quelques semaines plus tôt, la presse avait évoqué le cas de cette jeune femme qui aurait eu des aventures amoureuses dans les toilettes de l'aéroport d'Orly.)

– Bien sûr, il paraît que c'était bidon.

– Pas du tout ! Je peux t'assurer, moi, que ce n'était pas bidon !

– Tu déconnes ?

– Lionel devait l'accueillir dès son arrivée en France pour organiser sa protection. Il a pris son affaire tellement à cœur qu'une dernière fois, avant qu'elle ne parte, dans les toilettes d'Orly, enfin bref, tu me comprends...

– Le con ! C'est pas croyable ! Je savais qu'il aimait ça mais il est quand même gonflé !

On en resta là.

De retour au « 36 », je m'empressai de prévenir Lionel que notre copain des RG, en bon flic de renseignements, allait chercher à vérifier son information. Dans le courant de l'après-midi, Lionel reçut effectivement un coup de fil en apparence anodin, de la part d'un autre collègue. Comme il avait deviné de quoi il retournait, il joua le jeu, et parut si préoccupé que le collègue en question s'empressa ensuite de rappeler le copain des RG pour lui confirmer que le « séducteur d'Orly » n'avait pas l'air dans son assiette.

Né entre le fromage et la poire, le secret continuait son chemin, franchissant sans scrupule les échelons de la hiérarchie. Quelques jours plus tard, le préfet de police, alerté par les RG, s'étonna du fait que la PJ ne l'ait pas informé des frasques de l'un de ses commissaires ! Le directeur demanda à Ottavioli s'il était au courant de cette histoire. Otta appela aussitôt le principal intéressé, Lionel. Celui-ci, au comble de l'embarras, expliqua qu'il s'agissait d'un canular lancé par Broussard auprès d'un collègue des RG !

On croyait l'affaire dégonflée. Il n'en était rien. Michel Poniatowski, le ministre de l'Intérieur, téléphona au préfet de police pour s'inquiéter de la prochaine parution d'un article relatant les aventures galantes d'un commissaire parisien ! Le préfet, aussi gêné qu'on peut l'imaginer, admit qu'il s'agissait d'une blague de commissaires.

Le petit secret, stoppé dans son élan, n'osa pas s'aventurer plus haut, mais il se permit une ultime facétie.

J'allais cette fois jouer un tour à Lionel. Profitant du passage à la BRI de deux copains antillais, je leur demandai d'aller le trouver en se faisant passer pour des gardes du corps d'Amin Dada. C'étaient deux costauds, le profil de l'emploi, je ne pouvais rêver meilleurs acteurs. Ils firent irruption dans son bureau : « Où est le commissaire Lionel ? Où est-il ? Nous avons deux mots à lui dire ! »

Il était là, devant eux, mais il eut le réflexe de répondre que « M. le commissaire » était « absent pour la journée ». A peine furent-ils sortis du bureau qu'il me téléphona :

– Robert ! Je viens d'être menacé par deux mecs. Tu sais, tes conneries de l'autre jour, la nana dans les toilettes...

– Qu'est-ce que tu me racontes là ?

– Deux Noirs ! Des mecs d'Amin Dada, j'en suis sûr ! Putain, tu verrais les bêtes !

– Ne bouge pas, j'arrive !

Je lui présentai mes deux complices antillais. Cette fois, plus de doute, le secret avait vécu.

C'était cela, la BRI et le « 36 », hors période de tension. Sans cette complicité de tous les instants, sans les liens d'amitié qui nous unissaient, rien n'aurait été possible au sein de la brigade et en dehors.

Comme dans les premiers temps, à l'époque de l'enlèvement du banquier Balthazar Suarez et de notre escapade dans le sud de la France, j'accordais une importance primordiale à l'entente entre les inspecteurs. Et si des chamailleries éclataient entre les membres de la brigade, comme dans n'importe quelle société humaine, les flammèches s'éteignaient d'elles-mêmes. Tout rentrait rapidement dans l'ordre, y compris avec Pellegrini et les hommes de l'OCRB. Nous vivions, les uns et les autres, des moments si intenses que ces broutilles intestines paraissaient soudain d'une ridicule puérilité.

Malgré mes quatre années d'antigang, je m'étonnais encore de la disponibilité et du dévouement des inspecteurs. Nous pouvions les mobiliser de jour comme de nuit, nouveaux et anciens. J'avais conscience d'être perfectionniste, de réclamer toujours davantage, mais j'estimais qu'en raison des risques encourus il n'y avait pas de place pour l'approximatif et l'improvisation. Rien ne devait être laissé au hasard. J'attendais de mes collaborateurs qu'ils soient irréprochables et solidaires ; bref, de bons professionnels. Ils devaient parfois rouspéter lorsque j'intervenais à n'importe quel moment sur les ondes, histoire de savoir où ils en étaient de leur planque ou de leur filature. Ils devaient me maudire de les réveiller aux aurores, de les retenir tard le soir ou de les priver de week-ends.

Je les revois encore au lendemain des affaires réussies, flânant dans les couloirs, le front haut et l'œil rieur, persuadés qu'ils auraient au moins droit à une semaine de détente relative, le temps de rédiger leur rapport et de confectionner l'album des photographies prises au cours des surveillances. Mais non, allez, je leur dégotais, ailleurs dans Paris, une équipe à filer, des braqueurs à serrer. Et ils repartaient aussitôt, maugréant sans méchanceté contre le « bubar » (le barbu) ou « Sarbrou » (Broussard en verlan), comme ils me surnommaient entre eux.

L'imprévu, l'éternel partenaire, demeurait le piment de notre vie de flic. Et nous l'aimions, cette vie. Autour d'inspecteurs comme Gérard Marlet, Loïc Janot, Jean-Louis Fiamenghi, Jean-Pierre Moreau et bien d'autres, s'était forgé un noyau d'irréductibles qui partageaient la même passion, doublée d'un impérieux besoin d'action.

De ce point de vue, les affaires les plus marquantes n'étaient pas obligatoirement celles que retenait la presse. Il y en avait d'autres, moins spectaculaires, qui nous comblaient sans pour autant faire les gros titres. Elles renforçaient notre amitié, consolidaient notre cohésion, nous en sortions harassés mais heureux.

Le 24 octobre 1976 fit date au rayon des souvenirs dignes de mémoire. C'était un dimanche d'automne, un jour à encourager ses enfants sur les terrains de foot. J'étais justement au stade lorsque des agents du commissariat voisin vinrent me prévenir en plein match que mes collègues cherchaient à me joindre d'urgence. Rue des Abbesses, une équipe d'un autre genre (quatre hommes, deux voitures, du matériel de perceurs de coffres) se préparait à entrer en jeu.

Nous les filions depuis plusieurs semaines, sans trop savoir ce qu'ils préparaient, et là, devant nous, à la nuit tombante, ils chargeaient les voitures !

Juste avant qu'ils ne quittent Paris vers l'est, un « cortège » fut constitué. Six voitures, dont la mienne, ainsi qu'Ali, sur sa moto, commencèrent à les suivre. Un modèle de filature : à tour de rôle, chacun prenait le relais du copain puis se laissait glisser loin derrière. Sur les ondes, les consignes étaient strictes : motus ! Les truands pouvaient être équipés d'un scanner.

Comme les amuseurs du groupe ne supportaient pas ce silence, il y en avait toujours un pour oser une plaisanterie, le cri du cochon ou quelques paroles d'une chansonnette. Les autres rigolaient comme des « cibistes » branchés sur la même fréquence. Je ronchonnais pour la forme, en rappelant – dans un langage codé – les consignes de discrétion, jusqu'à la prochaine pitrerie, qui me faisait à mon tour éclater de rire.

Nous ne savions pas où cette filature allait nous conduire. A Troyes, dans l'Aube ? Après avoir tourne-viré, les truands quittèrent la ville. Alors à Chaumont, dans la Haute-Marne ? Peut-être, puisqu'ils fonçaient dans cette direction.

Ils allaient si vite qu'il devenait difficile de les suivre sans se faire repérer. Six voitures immatriculées en région parisienne, un dimanche soir, sur une nationale déserte, ça ne passe pas inaperçu ! Un conducteur sur deux ou trois devait éteindre ses feux et se fier à ceux du collègue de devant. La manœuvre était dangereuse : Marcel Galindo perdit un rétroviseur en frôlant un véhicule qui roulait en sens inverse.

A Bar-sur-Aube, ils bifurquèrent vers Joinville. Nous étions désormais sur une départementale, seuls à seuls, eux et nous, à foncer dans la nuit. Nos plaisantins des ondes ne songeaient même plus à amuser la galerie. Concentration, concentration...

Peu avant le village de Doulevant-le-Château, les truands firent une halte en pleine forêt, nous obligeant à tourner brusquement dans un chemin forestier, tous feux éteints. Seul Christian Lambert poursuivit sa route comme si de rien n'était. En passant à leur hauteur, il remarqua que des sacs transitaient d'un coffre à l'autre. Christian Lambert, un grand brun d'un calme à toute épreuve, était l'une de nos dernières recrues. Arrivé en avril 1975, il s'était intégré sans la moindre difficulté. Il avait le sens de ce métier, un don inné qui allait lui permettre de faire une brillante carrière.

Originaire de la région, il connaissait toutes ces routes. Aussi, quand les truands repartirent, il continua de les suivre. A Doulevant, ils s'arrêtèrent sur un parking pour garer l'une des voitures, et montèrent à quatre dans la seconde.

Notre affaire se précisait. Nous devions surveiller le véhicule relais, sur le parking. Christian et son coéquipier Joël Kerjean patrouillaient dans la secteur. D'autres inspecteurs avaient suivi les casseurs sur la route de Joinville avant de perdre leur trace. En attendant des nouvelles des uns ou des autres, je décidai d'aller prévenir les gendarmes avec Marlet. Il était temps puisque deux pandores s'apprêtaient à se rendre dans la forêt où un villageois avait remarqué des voitures de braconniers, des R16, des R12, une DS, immatriculées 75... Bref, nos propres véhicules !

Le capitaine Sallaz comprit rapidement la situation. En un rien de temps, la brigade de Doulevant – soit une demi-douzaine d'hommes – et celles des bourgades alentour furent mobilisées. Lorsqu'il faut ainsi organiser à la hâte un quadrillage, la gendarmerie est une superbe machine, dont la parfaite connaissance du terrain est indispensable.

Un dispositif d'intervention autour de la voiture relais, des barrages en cas de fuite, tout était prêt, il n'y avait plus qu'à attendre le retour des casseurs. Vers 2 heures du matin, ils furent arrêtés alors qu'ils venaient de vider le coffre d'une grande surface de Joinville. Beaux joueurs, ils n'opposèrent aucune résistance et furent conduits à la brigade de Doulevant pour les interrogatoires.

Cette affaire n'avait rien d'extraordinaire en soi mais elle était de celles qui marquent les esprits. Pour les moments vécus lors de la filature. Pour l'intervention en elle-même, sans violence, en parfaite collaboration avec la gendarmerie. Mais aussi pour la suite, les heures passées dans ce village.

Au petit matin, après une nuit blanche, gendarmes et policiers se réunirent dans le bistrot voisin. Nous n'avions rien mangé depuis le dimanche midi. La patronne, qui doit encore se souvenir de notre appétit, sacrifia quelques douzaines d'œufs pour préparer de délicieuses omelettes. Des gens du coin vinrent se joindre à nous. Il y avait, parmi eux, l'homme qui avait cru apercevoir des braconniers dans la forêt. Pour se faire pardonner, il dut offrir sa tournée...

Les interrogatoires se poursuivirent toute la journée car plusieurs SRPJ avaient des questions à poser à nos quatre perceurs de coffres, de vrais professionnels de la cambriole qui avaient sévi dans d'autres régions.

Le soir venu, comme il était trop tard pour reprendre la route de Paris, Christian Lambert nous proposa de dormir dans la maison de campagne de ses parents.

François Antona [1] se chargea de préparer le dîner, sous les quolibets des copains. Imperturbable, il se tenait devant les fournaux, le 357 Magnum dans son holster, l'étui de cartouches et les menottes à la ceinture!

Les chants et les fous rires se prolongèrent fort tard. Faute de mieux, je dormis comme un bébé dans un lit d'enfant, malgré les ronflements de Galindo qui résonnaient dans toute la maison! A l'aube, plusieurs inspecteurs menèrent les vaches au champ avec un paysan, ami de Christian. Quemener se livra à un époustouflant numéro de torero sous les « olé » de ses collègues...

De retour dans la capitale, d'autres gangs de braqueurs allaient nous donner du fil à retordre : à Paris, le 12 novembre, pour l'arrestation du « géant des Batignolles », (deux mètres sous la toise) et de ses complices; à Villetaneuse, toujours le 12 novembre, pour un braquage; à Paris, le 15 novembre, pour l'affaire du « camion tire-lire » de la Banque de France, rempli de pièces de dix francs; à Alfortville, le 16 novembre, pour l'arrestation mouvementée d'une équipe de braqueurs qui avait agressé le comptable des HLM de la ville [2]; le 11 décembre, au Carreau-du-Temple (Paris X^e^) pour l'arrestation en flag des agresseurs d'un grossiste en jouets...

En dépit de cette cadence soutenue, comparable à celle des

1. François Antona, l'inspecteur de la 1re BT qui avait obtenu le « tuyau » sur le rendez-vous entre les Zemour et leurs rivaux en février 1975, avait rejoint notre brigade le 28 avril 1975.

2. Une violente bagarre nous opposa aux cinq braqueurs dont certains étaient toxicomanes. C'est à cette occasion que je fis connaissance de Joseph Franceschi, maire d'Alfortville et futur secrétaire d'Etat à la Sécurité publique de François Mitterrand. Témoin direct de l'agression, il avait tenu à nous offrir le champagne et à chanter *l'Ajaccienne* avec le petit Roger et Fanfan Santini!

années 73-74, l'année 1976 se terminait de belle façon pour la BRI et la BAC. Leclerc, en poste depuis deux ans, avait trouvé ses marques, malgré les retombées de l'histoire du *Thélème*.

Le vendredi 24 décembre, alors que je m'apprêtais à fêter Noël en famille, une nouvelle retentissante vint secouer notre vieille bâtisse du « 36 » : peu avant 9 h 30, le prince Jean de Broglie, descendant d'une famille illustre, ancien secrétaire d'Etat aux Affaires étrangères du général de Gaulle, cousin par alliance du président Giscard d'Estaing, venait d'être descendu comme un vulgaire voyou sur le trottoir de la rue des Dardanelles, près de la porte Maillot. Une affaire aux relents de scandale : le prince était en froid avec son cousin de l'Elysée et, selon les chroniqueurs politiques, il souhaitait rejoindre le camp gaulliste.

Lorsque la crapulerie débordait sur le politique ou l'inverse, le « 36 » bouillonnait comme une marmite sur le feu. Les chefs de service, toutes opinions confondues, redoutaient les remous. Heureusement, la BRI, brigade d'intervention, n'avait pas à traiter ce genre d'enquête. Ni Leclerc ni moi ne pensions avoir à travailler, d'une manière ou d'une autre, sur ce dossier. Nous nous trompions.

Il devait être à peu près 13 heures, ce vendredi, quand je vis Pierre Ottavioli devant son bureau. En trente ans de maison, le patron de la Criminelle avait eu à traiter plusieurs dizaines d'affaires délicates et il possédait un beau palmarès.

L'enquête sur la mort du prince allait lui revenir. Je lui fis remarquer que cela tombait au plus mauvais moment, à la veille de Noël :

– Eh bien, lui dis-je, vous vous préparez de bonnes fêtes de fin d'année !

– Oui, effectivement... répondit-il. En plus, un inspecteur est mêlé à cette histoire !

– Ah bon ? Qui ça ?

– Simoné, du commissariat de la Défense.

– Attendez... mais on le connaît ! Il est apparu dans des surveillances sur des braqueurs.

– Oui, je sais, Poiblanc (le sous-directeur de la PJ) m'en a parlé et je vais sans doute avoir besoin de vous.

Pour la BRI, comme pour la Crim, l'« affaire de Broglie » venait de commencer.

Affaire d'Etat

L'assassinat d'un prince de la République ! La foudre venait de s'abattre sur le « 36 ». L'affaire sentait le soufre, elle mêlait argent et pouvoir, noblesse et truanderie. Tous les éléments d'un scandale politique étaient réunis. Ni la presse ni l'opposition ne pouvaient rester indifférentes.

Je n'aurai pas la prétention de décortiquer ici l'intégralité de ce dossier. D'autres, mieux placés que moi, s'en sont chargés [1]. Une mise au point s'impose cependant quant au rôle exact joué par la BRI. Cette clarification passe d'abord par un rappel chronologique.

Le 22 septembre 1976 – soit deux mois avant la mort du prince – la BRI est alertée par l'Office des stupéfiants au sujet d'un certain Bernard A., susceptible de commettre des agressions à main armée. Nous identifions plusieurs truands en relation avec lui et procédons à deux opérations :

– le 10 novembre, l'arrestation en flagrant délit de cinq hommes sur le point d'attaquer le service comptabilité d'une entreprise de Villetaneuse. Bernard A. ne figure pas parmi eux ;

– le 24 novembre, l'arrestation d'une équipe en possession de tableaux volés au musée de Barbizon et à l'église de Ville-d'Avray. Toujours pas de Bernard A. dans le lot.

Le même jour (24 novembre 1976), un autre groupe de la BRI, celui de René Plouy, poursuit ses surveillances sur un bar-restaurant de la rue de Maubeuge, *Chez Simone*, un établissement fréquenté par Bernard A. et ses amis. Or les inspecteurs

1. *Échec au crime*, par Pierre Ottavioli, (Grasset 1985.)

s'aperçoivent, en fin d'après-midi, que leurs collègues de la 10e BT sont également présents. Deux services de police convoitent donc, sans le savoir, un objectif identique, en l'occurrence une bande aux ramifications multiples. Les policiers de la « 10 », sans doute déçus d'être privés d'un beau coup de filet, sont contraints de nous laisser le champ libre. Outre la présence de cette brigade territoriale, une seconde surprise nous attend : un inspecteur du commissariat de la Défense, Guy Simoné, semble lié à la bande ! Une enquête à son sujet est aussitôt réclamée à l'Inspection générale des services (IGS).

Ce jour-là, nous n'arrêtons cependant aucun des clients du restaurant *Chez Simone*. A nos yeux, il s'agit juste de suspects que nous espérons intercepter tôt ou tard en flagrant délit de braquage ou de cambriolage.

L'épisode suivant a lieu le 8 décembre. Sur les instructions de Marcel Leclerc, le groupe Plouy se rend à Marly-le-Roi, dans une auberge où Bernard A. et ses acolytes ont leurs habitudes. Les antigangs, en planque aux abords du restaurant, aperçoivent Simoné, le policier de la Défense. Ils comprennent aussi qu'ils sont attendus puisque ce dernier se dirige, sans la moindre hésitation, vers le « sous-marin » pour essayer d'ouvrir les portières.

Qui nous a balancés ? Nous ne l'avons jamais su. Toujours est-il que nous décidons de suspendre les surveillances. Persévérer après ce « coup de chaleur » (le fait de se faire repérer, dans le jargon policier) serait stupide. Se sachant dans le collimateur de la BRI, les malfrats ne vont rien faire, du moins le pensons-nous. Mieux vaut disparaître, quitte à revenir ensuite, par touches successives. Pareille mésaventure n'est pas exceptionnelle, elle fait partie des aléas du métier.

Voilà donc comment, quinze jours avant l'assassinat de Jean de Broglie, la BRI cessa de filer Bernard A., Guy Simoné et consorts pour s'intéresser, momentanément, à d'autres équipes. Or le vendredi 24 décembre 1976, quand éclate l'« affaire », Ottavioli m'apprend que le nom de Simoné apparaît dans cette histoire d'assassinat !

A ce stade du récit, la chronologie revêt encore plus d'importance, tant le dossier est complexe.

Pour tout dire, le fait que le nom du prince de Broglie surgisse à la rubrique « faits divers » des journaux ne surprenait qu'à moitié certains de nos collègues de la police judiciaire parisienne.

Le 1er avril précédent, l'inspecteur Michel Roux, de la 10e BT, avait en effet adressé un rapport confidentiel à son chef, Jean Dufour, qui l'avait à son tour transmis au « 36 ». Ce rapport, très succinct, annonçait une diffusion de faux bons du Trésor, une entourloupe financière en quelque sorte. Aucun nom, aucune date ne figuraient dans cette note dont nous n'avions évidemment pas été informés puisqu'un tel renseignement relevait de la Brigade financière et non de l'antigang.

Cinq mois plus tard, le 24 septembre 1976, ce même inspecteur Roux avait rédigé une autre note, beaucoup plus détaillée que la première. Les commanditaires des faux bons du Trésor étaient, selon son informateur, « le propriétaire de grands restaurants parisiens » et un homme « exerçant une activité politique »... Et l'inspecteur d'ajouter : « Il est à préciser qu'à la suite d'une indélicatesse commise par l'homme politique lors d'une affaire précédente portant sur plusieurs millions, ce dernier devrait être abattu par des hommes de main dans les jours prochains, certainement avant l'opération bons du Trésor. » Suivaient les noms de Pierre de Varga (restaurateur), de Jean de Broglie (homme politique), ainsi que celui d'un expert financier. Autre indication contenue dans la note : « Ces individus sont mêlés dans plusieurs affaires : trafic de véhicules Mercedes, trafic d'or avec la Suisse, trafic de dollars, trafic de drogue... »

Précisons que la BRI n'avait pas eu, non plus, connaissance de cette deuxième note de l'inspecteur Roux. Pour une évidente question de domaine de compétence, nous n'avions pas à la recevoir, pas plus que la précédente.

« Abattu par des hommes de main dans les jours prochains. » Cette terrible mise en garde allait secouer la République.

Ainsi donc la hiérarchie policière parisienne savait, depuis le 24 septembre (date de la deuxième note), que le « cousin de Giscard » risquait d'être descendu comme un malfrat ! Ainsi donc elle n'avait rien fait pour empêcher l'assassinat !

Le 24 décembre, en début d'après-midi, Roger Poiblanc, le sous-directeur des affaires criminelles, convoqua ses principaux collaborateurs. Chacun mesurait la gravité des quelques lignes transmises trois mois plus tôt au patron de la 10e BT, Jean Dufour, puis aux responsables du « 36 ».

Après diverses vérifications, ce rapport était-il resté dans un tiroir du bureau de Jean Ducret, le directeur de la PJ, sans être transmis au préfet de police, Pierre Somveille ? Dans son livre, *Echec au crime*, Ottavioli résume ainsi l'attitude du patron de la PJ : « Il a estimé ne pas posséder d'éléments d'appréciation suffisants pour divulguer une information aussi grave à l'égard d'une personne dont rien ne permettait de douter de l'honorabilité, mais qui, si le renseignement était exact, semblait avoir partie liée avec des malfaiteurs et, dans ce cas, connaissait elle-même les risques qu'elle courait. » Quant à Roger Poiblanc, numéro trois dans la hiérarchie du « 36 », il déclarera devant la cour d'assises de Paris, le 27 novembre 1981 : « Je n'ai pas perdu de vue ces informations. Le contact avec M. Dufour a toujours été maintenu mais je dois dire qu'au fil du temps je n'avais plus le même harcèlement. J'ai pensé que finalement ces informations n'avaient pas de fondement puisque rien n'est venu les concrétiser. Je ne croyais plus à la réalité des trafics. Je reconnais que tout n'a pas été fait. »

En ce 24 décembre 1976, il était trop tard pour avoir des regrets. Le prince était mort, le nom d'un policier apparaissait dans le dossier, le scandale était en marche et les rapports de l'inspecteur Roux, soudain sortis de l'oubli, étaient de toute évidence fort encombrants. Pourtant, contrairement à ce que l'on a pu laisser entendre çà et là, aucune consigne de silence ne fut donnée lors de la réunion du vendredi dans le bureau de Poiblanc. L'objectif prioritaire était l'arrestation du ou des meurtriers.

Même si Jean Dufour admit que son inspecteur n'avait obtenu aucune indication complémentaire postérieurement au rapport du 24 septembre, Ottavioli exigea de rencontrer Roux et son informateur.

Pourquoi assistais-je à cette réunion dans le bureau de Poiblanc alors que le dossier était géré par la Criminelle ? Tout simplement parce que la BRI avait vu Simoné dans les semaines précédentes, en surveillant les braqueurs de la bande de Bernard A., et qu'elle serait probablement sollicitée en cas d'intervention.

Le lundi après-midi, au surlendemain de Noël, ce fut le branle-bas de combat au « 36 ». Selon l'indic de l'inspecteur Roux, un vent de panique soufflait dans les rangs adverses. Le tueur était furieux de n'avoir reçu qu'une partie de la somme promise pour ce contrat (50 000 francs). Les commanditaires souhaitaient le voir au plus vite afin de calmer le jeu.

En l'absence de Leclerc, je dus monter un dispositif de surveillance sur une demi-douzaine de suspects, tous si prudents qu'ils devaient effectivement avoir quelque chose à se reprocher. Ils se livraient sous nos yeux à un curieux manège. Ils se rencontraient dans des cafés, se quittaient, se rejoignaient ailleurs, dans d'autres bars.

Vers 21 heures, une opération était déclenchée dans l'auberge *Henri-IV*, à Marly-le-Roi, où nous avions été repérés une quinzaine de jours plus tôt. A notre arrivée sur les lieux, trois types étaient accoudés au comptoir : deux vieilles connaissances de la BRI et Guy Simoné, arrogant au possible.

Au moment de quitter le restaurant pour regagner le « 36 », je lui fis remarquer qu'il avait oublié son briquet et son paquet de cigarettes sur le comptoir. Il les mit dans sa poche sans rien dire. A plusieurs reprises, lors de l'instruction puis au cours du procès, Simoné prétendra que nous nous connaissions de longue date, avançant comme « preuve » le fait que j'avais reconnu son briquet. Or j'ignorais tout de cet homme, j'avais appris son existence seulement le 24 novembre, le jour de la rencontre BRI-10e BT, rue de Maubeuge ! Mais sa stratégie était claire : en affirmant cela, il renforçait la thèse d'un complot policier orchestré par la BRI.

La soirée de ce dernier lundi de 1976 n'était pas terminée. Tandis qu'une partie des inspecteurs fonçait vers le Quai des Orfèvres, je me rendis dans le XIVe où nous avions localisé Gérard Frèche, dit « petit Gérard », soupçonné d'être le tueur. Attablé dans un restaurant de la rue Sophie-Germain, il se levait sans arrêt pour venir à la fenêtre ou sur le pas de la porte, comme s'il attendait quelqu'un. Il fut arrêté sans aucune difficulté.

Grâce aux informations obtenues par l'inspecteur Roux, l'enquête avait donc progressé rapidement, nos collègues de la Criminelle avaient foncé droit au but. De retour au « 36 », je précisai cependant à Ottavioli que deux individus au moins manquaient à l'appel : un certain Simon K. et le fameux Bernard A., deux voyous repérés précédemment dans l'entourage de Simoné.

– Eh bien, il faut aller les chercher ! conclut Otta.

Tous deux furent arrêtés dès le lendemain matin, mardi 28 décembre.

A peine arrivé au Quai des Orfèvres, Bernard A. demanda à me voir. Je le connaissais de vue puisque nous l'avions suivi sans pouvoir l'épingler en flagrant délit. Nos détracteurs prétendront par la suite qu'il s'agissait d'un informateur de la BRI, ce qui était totalement faux.

Pour lui faire comprendre que nous disposions d'un dossier sur lui, j'entrepris d'abord d'évoquer le braquage de Villetaneuse, qui avait eu lieu bien avant l'affaire de Broglie.

– D'accord, me dit-il, mais ce n'est pas pour ça que vous êtes venus me chercher. Ce qui vous intéresse, c'est Broglie.

Suivit alors un étonnant monologue sur la genèse de cet assassinat :

– J'ai appris, courant juin, que Broglie devait être assassiné. A l'époque, une somme de 30 000 francs était proposée. Une adresse et un numéro de téléphone m'avaient été indiqués. On devait également me fournir l'arme. C'est un ami qui m'a proposé cette affaire. Il la tenait lui-même d'un flic. J'ai refusé tellement j'étais effrayé par un tel projet. J'ai tenté de prévenir Broglie, je suis même allé chez lui, dans l'Eure. Dans la cour, j'ai rencontré quelqu'un qui m'a dit que le prince était parti. J'ai alors pensé à prévenir Ducret et Ottavioli. Je regrette aujourd'hui de ne pas l'avoir fait. J'ai su par la suite que le flic avait trouvé un jeune pour me remplacer. Je ne sais pas pourquoi ils voulaient tuer Broglie mais je sais que c'était une histoire de gros intérêts. Une personne, habitant rue des Dardanelles, aurait chargé le flic de recruter un tueur. J'ai eu l'occasion de rencontrer deux ou trois fois le flic. Je servais d'intermédiaire dans une affaire d'objets volés et lui, il devait me présenter un acheteur. Finalement, l'affaire ne s'est pas faite. C'est dégueulasse ce que l'on a fait à cet homme et je tiens à m'expliquer par procès-verbal [1].

L'affaire de Broglie ne faisait que commencer.

C'est le ministre de l'Intérieur lui-même qui, fort maladroitement, déclencha le dispositif de mise à feu. Dès le mercredi 9 décembre, en effet, Michel Poniatowski se mit en tête d'organiser une conférence de presse.

Quand Jean Ducret me téléphona à mon domicile, ce matin-là, je sentis tout de suite qu'il était gêné. Il m'invita sans grande conviction à participer à cette conférence. Or je n'en avais aucune envie. L'initiative du ministre ne me disait rien qui vaille. Je la jugeais précipitée et j'inventai je ne sais quel prétexte pour ne pas m'y rendre. Ducret n'insista pas.

1. Cette déclaration a été reconstituée de mémoire. Il ne s'agit pas d'un extrait de procès-verbal. Toutefois, après cette entrevue, Bernard A. a confirmé ses propos devant un inspecteur de la Brigade criminelle.

La conférence eut lieu. Michel Poniatowski, avec une satisfaction prématurée, annonça haut et fort que le tueur et ses complices étaient sous les verrous : « M. de Varga et M. X [1] sont les instigateurs de l'assassinat, l'organisateur, c'est l'inspecteur Simoné, et l'assassin, c'est M. Frèche. »

Tout en précisant que la justice était saisie, le ministre s'emballait. Il ne se contentait pas de claironner « le coup de filet est complet », il livrait aussi des informations sur l'enquête et sur le mobile supposé du meurtre [2], ce qui allait provoquer l'indignation du ministère de la Justice et la colère magistrat instructeur.

Présents aux côtés de Michel Poniatowski, Ducret et Ottavioli ne pouvaient dissimuler leur embarras d'être ainsi entraînés, à leur corps défendant, sur une pente savonneuse. Car le fait d'évoquer sur le ton de la certitude une enquête en cours relevait à la fois de la bourde judiciaire et de la bévue politique. Surtout si l'on précise que le ministre se garda bien de mentionner l'existence du rapport de l'inspecteur Roux informant la PJ d'un projet d'assassinat...

Pour ma part, je n'avais jamais eu à me plaindre de Michel Poniatowski. Lorsque la BRI avait été malmenée, elle avait trouvé en lui un défenseur solide. Plus distant que Christian Bonnet, il compensait sa méconnaissance du terrain et des hommes par une capacité à assumer ses responsabilités. J'en avais eu confirmation à l'occasion d'une prise d'otages, en janvier 1975, à Orly, lorsqu'il m'avait accordé sa confiance et qu'il avait sèchement rabroué les piètres conseillers qui papillonnaient autour de lui.

Avec cette conférence de presse, il venait malgré tout de commettre une erreur dont il ne se remettrait jamais [3].

Trois ans plus tard, lorsque les médias révélèrent l'existence des

1. Monsieur X dont le nom avait été imprudemment cité dès le 28 décembre 1976 par Michel Poniatowski, a été relâché en mars 1977. Il a obtenu un non-lieu trois ans plus tard. La Cour européenne des droits de l'homme a, d'autre part, condamné la France à lui verser une forte somme d'argent à titre de dommage moral et matériel.

2. Au cours de cette conférence de presse, la version « officielle » du meurtre est longuement détaillée. Il semble que MM. X, de Varga et de Broglie étaient associés dans une entreprise, la rôtisserie de la *Reine Pédauque*. M. de Broglie aurait accepté de servir d'aval pour un emprunt bancaire de quatre millions de francs destiné à financer l'achat du restaurant. Le contrat passé entre les trois hommes prévoyait que, en cas de disparition du député de l'Eure, les dettes seraient couvertes par les assurances.

3. Le 22 avril 1980, une commission de l'Assemblée nationale est constituée pour examiner une demande socialiste de comparution de Michel Poniatowski devant la Haute Cour de justice. Les faits reprochés sont d'une extrême gravité : non-assistance à personne en danger ; détournement de documents et faux témoignages ; violation du secret de l'instruction. Le 20 janvier 1981, la commission présidée par Gérard Longuet rend ses conclusions : M. Poniatowski n'aura pas à comparaître devant la Haute Cour. L' « affaire Ponia » est close.

rapports (*Le Canard enchaîné* du 2 avril 1980), l'affaire prit en effet une tout autre ampleur.

Si la première note, sur les bons du Trésor, avait donné lieu à des vérifications de la Brigade financière, la seconde avait suivi un itinéraire plus mystérieux. Qu'était-elle devenue sitôt transmise aux responsables du Quai des Orfèvres ? Avait-elle poursuivi son chemin vers le ministère, via le préfet de police, ou bien avait-elle atterri dans un tiroir du bureau de Ducret, en attendant davantage de précisions ? Jean Ducret, pour lequel j'ai toujours eu la plus sincère estime, endossa toutes les responsabilités. Je ne suis pas loin de penser qu'il s'est sacrifié. Une certitude : s'il pouvait lui arriver de commettre des erreurs d'appréciation, comme tout un chacun, il n'était pas homme à monter des coups tordus. La plupart des policiers du « 36 » éprouvaient à son égard respect et sympathie. Si quelques inspecteurs le surnommaient le « Marquis » ou « Bien Coiffé » – sa mise était parfaite et ses costumes de bonne coupe – tous reconnaissaient son intégrité, sa compétence et appréciaient son côté chaleureux.

Pour comprendre comment un tel document peut éventuellement rester sans suite, il faut savoir que des informations confidentielles concernant des personnalités du monde politique, des médias, du « showbiz » ou de la... police sont quasi quotidiennes. Ces milieux fourmillent de mouchards prêts à propager des ragots. Tous les policiers du « 36 » et d'ailleurs, quels que soient leurs grades, ont, un jour ou l'autre, eu vent de rumeurs malsaines sur telle ou telle personne en vue ; un ministre pédophile, un philosophe pervers sexuel, un chanteur trafiquant de drogue, un journaliste proxénète... C'est presque toujours dénué de fondement.

En l'occurrence, il s'agissait d'un ancien ministre et d'un projet d'assassinat.

Pourquoi l'information n'avait-elle pas été jugée sérieuse par la police judiciaire ? Je n'en ai aucune idée. Je sais simplement que, dans un communiqué transmis le 3 avril 1980 à l'agence France-Presse, l'avocat de la famille de Broglie, Robert Badinter, qualifia d'« allégations absurdes » les informations de l'inspecteur Roux selon lesquelles la victime avait pu être mêlée à un trafic de faux bons du Trésor en 1976. Et l'on aurait voulu que la PJ jugeât ces mêmes allégations crédibles dès le 24 septembre 1976 ?

J'ignore également quel a été le rôle joué, dans cette tortueuse affaire, par les Renseignements généraux. De deux choses l'une : ou bien les RG étaient au courant des menaces pesant sur le prince, et ils en ont rendu compte aux plus hautes autorités ; ou bien ils n'étaient pas au courant et cette lacune frise la faute professionnelle, l'une de leurs missions consistant justement – surtout à cette époque –, à savoir ce qui se tramait dans l'ombre des puissants.

Même si l'antigang n'avait pas eu connaissance des rapports, elle ne put éviter les foudres de la critique. Dix fois, cent fois, nous allions devoir expliquer pourquoi, le 9 décembre, quinze jours avant le meurtre, nous avions cessé de filer Simoné à Marly-le-Roi. Comment avait-il pu continuer à manipuler son monde ? Et rester en poste dans un service de police après le 24 novembre, le jour où nous avions découvert qu'il était de mèche avec des truands [1] ? L'IGS n'avait pas donné suite – ou alors sans excès de curiosité – à notre demande d'enquête interne.

Paradoxalement, la rapidité avec laquelle la Criminelle avait mené ses investigations le 27 décembre fit de nous des suspects. C'était clair, dans l'esprit de nos accusateurs : si la police avait réagi si promptement, si elle avait si vite ciblé sa riposte contre Simoné, Frèche et les autres, c'est qu'elle disposait déjà d'un dossier étoffé. De là à affirmer qu'il avait suffi d'attendre l'assassinat pour passer à l'action et arrêter les divers protagonistes, il y avait un fossé que certains s'empressèrent de franchir. La PJ fut accusée de « non-assistance à ministre en danger », de dissimulation puis de falsification de rapports. Elle devint le punching-ball de la classe politique ; un coup à gauche, un coup à droite.

Comme l'appareil judiciaire eut beaucoup de mal à s'y retrouver, avec ses procédures interminables et son goût pour les querelles byzantines, la France s'enlisa dans une affaire d'Etat. Et chacun d'y aller de ses flèches plus ou moins aiguisées contre les « super-flics » du « 36 »... Michel Jobert s'étonna, de l'attitude de ses collègues politiciens, frappés d'amnésie : « Sur l'affaire de Broglie, je dirai que tous ces gens me surprennent en déclarant qu'ils ne savaient pas que Broglie allait se faire assassiner. Toute la classe politique le savait. Bien avant les faits, on disait : " A force de fréquenter des trucs et des machins, il finira par se faire descendre [2]. " »

1. Guy Simoné fut condamné à dix ans de réclusion criminelle, le 23 décembre 1981, par la cour d'assises de Paris, pour complicité d'assassinat. Une condamnation qu'il accueillit avec des larmes de joie car l'avocat général Dorwling Carter avait requis à son encontre vingt années d'emprisonnement.

2. Rapport de la commission parlementaire, page 497.

Pendant cinq ans, de 1976 à 1981, ce dossier nous valut les soupçons les plus infamants. Pendant cinq ans, il nous fallut répondre aux questions des juges puis à celles des parlementaires chargés d'examiner une proposition de mise en accusation de Michel Poniatowski devant la Haute Cour de justice.

Tout policier est comptable de ses actes devant la justice. Il était nécessaire d'établir le rôle de chacun, de savoir pourquoi la BRI avait levé son dispositif le 9 décembre, de déterminer aussi quel avait été le parcours du deuxième rapport Roux. Au-delà de cette démarche parfaitement logique, il y eut néanmoins acharnement contre la police. Oui, acharnement, le terme n'est pas excessif. Nos témoignages sous serment n'y changèrent rien.

Le 27 juin 1980, je reçus par exemple une convocation du conseiller Chevalier, de la chambre d'accusation de la cour d'appel de Paris : « Vous voudrez bien, en vue de cette audition, rechercher dans les archives de votre brigade toutes pièces ou documents sur lesquels ont été consignées les observations faites au cours des filatures ayant permis d'établir le rapport d'ensemble du 29 janvier 1977. »

Chaque mot était lourd de sous-entendus. Dans l'esprit du magistrat, je n'avais pas tout inscrit dans mon rapport de filature de l'équipe Bernard A. Il exigeait les brouillons, les bouts de papier, les tickets de métro ou les paquets de cigarettes sur lesquels il arrive que l'on note à la va-vite un numéro d'immatriculation, un horaire ou une adresse. Trois ans et demi s'étaient écoulés depuis les faits et il ne comprenait pas que ces prétendues « pièces à conviction » avaient été passées à la broyeuse après la mise au propre de nos observations.

Autre sujet d'irritation pour nos inquisiteurs : les écoutes téléphoniques, les « constructions » ou les « zonzons » dans le jargon policier. Sur ce point, force est d'admettre l'inconfort de notre position. Non pas en raison du contenu de ces écoutes mais à cause de l'ambiguïté de la loi à l'époque. Bernard A., notre suspect d'origine, avait été placé sur écoute. Il ne s'agissait pas d'une manœuvre de police politique mais d'une opération assez fréquente et parfaitement admise dans les affaires du grand banditisme et de terrorisme. De tels procédés étaient tolérés par les magistrats, contrôlés par la hiérarchie et sujets à l'approbation du Premier ministre pour éviter les abus. En clair, ces écoutes dites « administratives » étaient acceptées mais illégales. Si nous avions le droit d'y recourir pour débusquer un truand, la loi était ainsi conçue qu'il ne fallait rien dire. Tout fonctionnaire révélant des faits de cette nature, estampillés « secret défense », risquait de dix à vingt ans d'emprisonnement !

Dans l'affaire de Broglie, on aboutit à une situation ridicule. Devant les magistrats, les policiers ne pouvaient parler des écoutes sur Bernard A. sans tomber sous le coup de la loi ; ils ne pouvaient non plus nier leur existence sans être accusés de faux témoignage ! Conséquence : nous dûmes « harmoniser » nos déclarations et suggérer systématiquement aux magistrats de s'adresser au supérieur hiérarchique. De « supérieur » en « supérieur », la question finit par être posée au Premier ministre en personne, Raymond Barre, qui invoqua le « secret défense » !

De toutes parts, on nous suspecta d'avoir bâillonné la vérité, d'avoir agi sur ordre, comme de vulgaires mercenaires. Des accusations ignobles ! Les missions de la BRI étaient celles d'un service de police judiciaire, non celles d'une milice politique.

Il faudrait que l'on m'explique comment une telle brigade, un service de PJ comptant une cinquantaine d'hommes, pourrait mener des missions « spéciales » – en l'occurrence un assassinat par défaut de surveillance – sans que cela se sache. Il se trouvera toujours un commissaire pour refuser, un inspecteur pour se confier à un collègue, à un délégué syndical, à un journaliste. Si, comme le bruit en a couru, des puissants avaient voulu faire abattre un de Broglie trop bien informé sur les finances de certains partis de droite, pourquoi auraient-ils pris le risque de mouiller un service de police dans leur sale besogne ?

Cette hypothèse relevait de l'échafaudage de série B. Il faut dire que l'époque était propice à ce genre de fantasmes. La classe politique dans son ensemble se complaisait volontiers dans la suspicion et la médisance. La droite n'avait pas encore digéré l'après de Gaulle et l'après Pompidou, la gauche avait tendance à voir des complots derrière chaque affaire banalement crapuleuse. La police, elle, restait l'éternelle suspecte de la nation.

Encore une fois, je ne prétends pas détenir la vérité sur cette affaire, je n'ai jamais disposé de tous les éléments du dossier. Peut-être existe-t-il, dans les brumes de la République, d'obscures manœuvres dont je n'ai pas eu connaissance. En tant que simple chef-adjoint de l'antigang, je n'étais pas dans la confidence des chefs de la PJ et encore moins du ministre. Mais s'il est un aspect, un seul, sur lequel je puis me prononcer avec force, c'est celui du rôle de la BRI. Je le répète : nous n'avions pas eu vent d'un projet d'assassinat, nous suivions des braqueurs, pas des assassins en puissance, et nous ne pouvions deviner toutes les intentions de cette bande aux activités variées.

Dans son livre *Seule la vérité blesse* [1], André Giresse, le président de la cour d'assises de Paris qui dirigea le procès du 4 novembre au 23 décembre 1981, nous accuse pourtant de mensonge. Il développe une théorie selon laquelle il aurait existé, dans le sillage des coupables « officiels » arrêtés par nos soins, une deuxième équipe de tueurs chargés, à l'origine, d'abattre le prince : « La seconde équipe aurait frappé de toute manière sur un ordre qui ne venait apparemment pas de Pierre de Varga mais de plus haut. » Autrement dit, Gérard Frèche, voyou sans envergure, ne devait pas, en théorie, passer à l'acte. Il devait uniquement servir d'appât pour la police. Et il aurait en quelque sorte pris les commanditaires de court en honorant son contrat.

Toujours selon le magistrat, la BRI aurait renoncé à interpeller certains protagonistes « protégés ». C'est absurde. Une seule personne a été ménagée : l'informateur. On nous avait demandé de ne pas l'arrêter – et le magistrat instructeur était au courant – car il s'était engagé à fournir des informations déterminantes. Il s'agissait d'un accord – discutable, j'en conviens – entre le juge et la Brigade criminelle. Pour le reste, l'antigang n'a « protégé » personne.

De même, contrairement à ce qu'avance André Giresse, les policiers de la brigade appelés à témoigner devant la cour d'assises n'ont pas menti, comme il le prétend, « avec un ensemble remarquable ». Eh bien non, monsieur Giresse, je ne vous ai pas menti lorsque je me suis présenté à la barre, en 1981 ! J'ai trop de respect pour la justice et pour cette vérité que vous prétendez défendre.

L'antigang n'a pas davantage verrouillé des pistes gênantes. L'inspecteur divisionnaire René Plouy a été injustement mis en cause du fait qu'il dirigeait le groupe qui avait un temps surveillé Simoné et ses amis. Or il n'y avait pas plus droit, plus intransigeant que ce nordiste entré à la brigade dès 1964.

Alors oui, c'est vrai, un ancien inspecteur de la BRI, – aujourd'hui journaliste –, a prétendu que nous étions informés des projets d'assassinats. Mais ces attaques revanchardes, émanant

1. *Seule la vérité blesse*, par André Giresse et Philippe Bernert, Plon, 1987.

d'un homme écarté de la police à la suite de péripéties privées, étaient trop peu crédibles pour être retenues. Croire cet inspecteur et suspecter Plouy, c'était le monde à l'envers!

Dénonçant un « complot politique, policier et criminel de vaste envergure », le président André Giresse affirme aussi : « La BRI de Marcel Leclerc et Robert Broussard fut choisie par Jean Ducret pour organiser les filatures et, par la même occasion, protéger de Broglie, apparemment sans le prévenir. » Tout cela est ridicule : jamais Ducret ne nous a donné la moindre instruction en ce sens! M. Giresse, frustré de n'avoir pu imposer « sa » vérité devant la justice, s'est acharné sur la BRI a posteriori et plume en main, ce qui est toujours moins périlleux que devant des jurés. Au risque de le décevoir une fois de plus, je ne vais pas livrer ici de tapageuses révélations, battre ma coulpe pour le satisfaire, dévoiler un quelconque complot. Ma conscience n'est lourde d'aucun remords. L'affaire de Broglie, telle que je l'ai vécue, se résume à ce que nous avons dit et répété, à savoir que les policiers de l'antigang :

– n'ont jamais su avant le 24 décembre 1976 qu'il existait un projet d'assassinat du prince de Broglie;

– n'ont jamais été chargés de surveiller des individus recrutés pour l'abattre;

– n'ont jamais été chargés de le protéger.

Je n'irai pas plus avant dans les confidences. J'en serais d'ailleurs incapable. J'ai dit ce que je savais, je ne suis dépositaire d'aucun mystère, d'aucune conspiration machiavélique, prisonnier d'aucun carcan politique. Ma vérité, celle qui ne blesse pas, est là, noir sur blanc. Elle se limite, et je n'y peux rien, à ce constat en trois points, froid comme un procès-verbal. Aux autres, à tous ceux qui ont peut-être péché par discrétion, incompétence ou dérobade, d'expliquer pourquoi, après le 24 décembre 1976, Jean Ducret s'est retrouvé étrangement seul sur l'autel des sacrifiés.

Ils n'iront plus au bois

L'homme sortit du bistrot en titubant. Il descendit la rue Caulaincourt d'un pas hésitant. Il tanguait comme un matelot de retour de bordée ! A 1 heure du matin, en cette nuit d'avril 1977, il n'y avait guère que les antigangs en planque pour s'amuser de la scène. Nous étions une quinzaine à surveiller ce café fréquenté par des malfrats et la sortie de ce client vint nous soustraire à la somnolence d'une nuit de veille.

Jean-Louis Fiamenghi – « Fiam » pour ses collègues – nous alerta par radio :

– La trentaine, corpulence moyenne, cheveux châtain clair, front dégarni, blouson de cuir... Il part vers toi, Christian... Il a l'air rond comme une queue de pelle !

Lambert prit le relais. Lorsque le suspect passa à côté de sa voiture, il eut le temps de le dévisager.

– Bon sang, il en tient une belle !... Attend ! Oh putain !... Gégé, regarde, on dirait le pote de Torina !

Pour Gérard Marlet, il s'agissait d'un cadeau inespéré. Quelques jours plus tôt, un informateur lui avait en effet signalé la présence à Paris de Fernand Torina, trente-huit ans, fiché au grand banditisme. Nous avions multiplié les rondes dans le quartier du Parc des Princes, où il était censé résider, mais nos recherches pour repérer sa BMW bleue n'avaient rien donné.

Gégé Marlet voulut en avoir le cœur net. Jouant le noctambule en balade, il croisa notre homme sur le trottoir puis revint à sa voiture.

– C'est bien le Belge [1], le copain de Torina ! Il monte dans une

1. Cet homme n'a rien à voir avec Francis Vanverberghe, dit « Francis le Belge », figure de proue du milieu marseillais des années quatre-vingt.

Audi rouge immatriculée en Belgique. Fiam, tu restes avec le groupe de Roland. Quem, Freddy et Christian, vous m'accompagnez, on le prend en filoche.

Marlet était l'un des meilleurs chefs de groupe de la BRI. Il aimait les affaires de longue haleine. Sa patience et son sens de l'improvisation faisaient alors merveille. Le 24 novembre 1976, tandis que nous filions des voleurs de tableaux qui voulaient cacher leur butin dans un cabanon de pêche, il avait été jusqu'à poursuivre la filature en empruntant la barque d'un pêcheur !

Son groupe s'était fait une spécialité des planques au long cours. Entre mars 1974 et janvier 1976, Gérard et ses hommes avaient par exemple travaillé sur une équipe de neuf truands, le « gang de l'ingénieur ». L'un de ces malfrats, responsable d'une société spécialisée dans les systèmes d'alarme, menait en fait une double vie. En marge de ses activités de patron, il fréquentait des voyous corses, dont certains allaient ensuite faire carrière dans le « gang des postiches ». Eh bien, pendant des mois, Marlet et ses collègues les avaient vus repérer des objectifs, préparer des véhicules, étudier des itinéraires. A plusieurs reprises, le gang avait failli être pris en flag de braquage mais, comme il renonçait chaque fois à la dernière minute, la BRI avait dû repousser l'intervention. Finalement la décision avait été prise, le 5 janvier 1976, d'arrêter toute l'équipe sans attendre le passage à l'acte. Une arrestation en douceur, sur l'autoroute du sud, avec un attirail éloquent : des armes, des gants, des perruques...

Cette affaire avait démontré la difficulté d'obtenir des condamnations significatives. Lors du procès, l'avocat général Dorwling Carter s'était félicité de notre intervention préventive, mais les avocats avaient eu beau jeu de prétendre que rien ne pouvait être retenu contre leurs clients en dehors du port d'armes pour l'un d'eux. Toutefois, les multiples rapports de surveillance et de filature, les albums de photographies prises au cours des repérages étaient édifiants. Les jurés ne s'étaient pas laissé attendrir : deux des accusés, dont l'« ingénieur », avaient été condamnés à huit ans de réclusion criminelle, quatre autres à des peines de trois à cinq ans.

Mais revenons à la rue Caulaincourt, en avril 1977. En reconnaissant le copain de Torina, un Belge surnommé « Casquette », Gérard Marlet ne savait pas qu'il s'apprêtait à passer de nouveau quelques mois dans l'ombre d'une équipe réputée. Cette affaire serait, comme la précédente, un marathon de patience, digne du *Livre des records* et des manuels de technique policière. Car c'est ainsi, dans la foulée d'un fêtard en goguette, que débuta l'une des plus belles filatures de l'histoire de la police française. Un peu plus de quatre mois de travail pour assister finalement au rapt d'un banquier...

Après avoir quitté la rue Caulaincourt, le Belge se rendit au bois de Boulogne. Il ralentit à la hauteur d'une jolie rousse, qui l'accompagna sur un parking de la porte Maillot. Les ébats terminés, la belle retourna au tapin et « Casquette », sans doute mal remis de ses émotions, emprunta un sens interdit. Plus loin, il aperçut une patrouille de motards. Leur intervention allait faire capoter notre plan.

– S'il souffle dans le ballon il va le faire exploser ! Il sera embarqué aussi sec ! s'inquiéta Marlet.

Il prit les devants en empruntant lui-même le sens interdit à vive allure pour alerter les motards.

– Nous sommes de la BRI. On suit ce type pour savoir où il crèche. Demandez-lui ses papiers et, comme il est bourré, conseillez-lui d'aller se coucher. Son nom nous intéresse, même s'il est bidon. Merci les gars !

Le Belge ne remarqua pas notre manège. Trop heureux de s'en tirer à si bon compte, il se dirigea directement vers le quartier du Parc des Princes. On le vit pénétrer dans un immeuble de la rue de la Tourelle, à Boulogne.

Le fait que des individus fichés au grand banditisme demeurent dans un quartier huppé n'avait rien d'étonnant. Le truand de haut vol a souvent un train de vie de bourgeois, sans pour autant tomber dans les excès du luxe « tape à l'œil ». Il distribue des pourboires aux gardiens d'immeuble et aux facteurs (ni trop, ni trop peu), entretient des relations cordiales avec les autres propriétaires. Comme ses voisins médecins ou ingénieurs, il va au cinéma ou au théâtre, dîne dans les meilleurs restaurants, lit les hedomadaires pour cadres supérieurs, élève ses enfants dans le respect des bons principes. Il goûte les charmes de la bourgeoisie, les vêtements de marque et les chiens de race, la berline allemande pour Monsieur, la petite sportive pour Madame. Bref, une vie d'honnête homme qui pratique le tennis et le jogging, l'hiver dans les Alpes, l'été sur la Côte. En côtoyant tous les milieux sociaux, en s'infiltrant dans les secteurs d'activités les plus divers, certains truands ont opté pour l'anonymat et la respectabilité. De nombreux malfrats, retirés des affaires ou encore en activité, fréquentent aussi les clubs ou les cercles à la mode. Le tout-Paris du showbiz et de la flambe raffole de leur compagnie, il s'encanaille à leur contact. La police, elle, s'égare parfois entre les voyous qui jouent les bourgeois et les bourgeois qui jouent les voyous...

Marlet en était convaincu : « Casquette » dormait chez Torina. Toute la nuit, les antigangs se relayèrent devant l'immeuble, près de l'Audi rouge et des différentes « BM » en stationnement dans le quartier.

A 8 h 30, un homme d'une quarantaine d'années sortit enfin de la résidence pour monter dans l'une d'elles, immatriculée dans les Hauts-de-Seine : il s'agissait bien de Fernand Torina, né en 1939 à Boukanefis (Algérie). Un repris de justice connu de la BRI, lié à des individus soupçonnés de l'enlèvement, le 4 février 1976, du directeur adjoint de la société SAAB France, Guy Thodoroff [1].

Le tuyau de Gégé n'était pas percé, Torina était bien à Paris. Il restait à savoir quels étaient ses projets du moment. Rien ne pressait. Dans ce genre de situation, interroger le gardien n'avance à rien. Qu'escompter d'intéressant, en effet ? Apprendre que ce locataire est arrivé « depuis peu » ? Que c'est un « monsieur poli et discret » ? Que les « visiteurs sont rares » et que « personne ne s'en plaint dans l'immeuble » ? Un malfaiteur prend souvent soin de mettre le concierge dans la confidence, d'en faire un allié. Il le prévient à voix basse qu'une pénible histoire de divorce pourrait amener la police à se renseigner à son sujet. Auquel cas, le gardien serait « très aimable » de l'en informer « au plus vite ». Si le cerbère est une brave concierge, il ajoutera sûrement : « A cause des petits, vous comprenez... »

A Boulogne, après le Belge et Fernand Torina, nous vîmes débarquer un troisième homme, Robert Torina, trente-quatre ans, le frère cadet.

Pendant une semaine, les filatures ne nous apportèrent rien de déterminant. L'aîné des Torina menait une existence paisible avec son épouse et ses enfants. Il faisait ses courses, achetait le journal, assistait à des matches de foot au Parc, pour la plus grande joie des inspecteurs Christian Lambert et André Deymie, eux aussi pas-

1. Guy Thodoroff avait été libéré au terme de trente-quatre jours de séquestration, à la suite du versement par ses proches d'une rançon de dix millions de francs. Nous y reviendrons dans le chapitre suivant, consacré à l'affaire Empain.

sionnés de ballon rond. En homme prudent, il se tenait sur ses gardes et garait sa voiture assez loin de l'immeuble. Le tour du pâté de maisons, quelques coups d'œil discrets, et il poussait enfin la porte.

Que préparaient nos suspects ? Comme le P-DG de Fiat France, Luchino Revelli-Beaumont, avait été enlevé en plein Paris le 13 avril, on se demanda un moment s'ils n'étaient pas dans le coup. Or divers recoupements nous permirent d'établir avec certitude qu'ils n'avaient pas participé à ce rapt. Comme quoi les policiers peuvent parfois venir à la rescousse des truands !

Les enlèvements d'hommes d'affaires étaient fréquents à cette époque. Imitant leurs homologues italiens, les voyous français avaient trouvé là un filon des plus rentables. Un an plus tôt, début 1976, nous avions d'ailleurs travaillé avec la Crim sur le rapt de Louis Hazan, P-DG de la société Phonogram. Une belle affaire : au moment de la remise de rançon, deux policiers, Claude Cancès (chef-adjoint de la Crim) et Bernard Pire (inspecteur divisionnaire à la BRI), avaient remplacé les employés de Phonogram censés remettre l'argent aux ravisseurs, place de la Bastille. L'arrestation de deux malfaiteurs nous avait permis d'obtenir ensuite la libération de l'otage et l'identification de l'un des organisateurs, qui n'était autre qu'un cadre de la société !

Rien ne nous permettait de dire qu'un rapt était en projet chez les Torina. Nous pensions plutôt qu'ils projettaient des braquages. Toujours est-il que les planques se succédaient, interminables, vingt-quatre heures sur vingt-quatre, sept jours sur sept. Le soir, lorsqu'il fallait lutter contre les assauts conjugués du sommeil et du découragement, un inspecteur affichait un flegme à toute épreuve : René Plouy, l'homme à la casquette de chasseur de canard. Sobre et résistant comme un chameau, il pouvait rester des heures dans une camionnette sans se lamenter. A l'occasion d'une affaire précédente, dans le XIIIe, il avait même passé plusieurs nuits caché dans un local à poubelles !

Le policier en planque n'est pas seulement un auxiliaire de justice, chargé de pister des malfrats, c'est aussi un témoin de son époque. Installé aux premières loges, il assiste au grand spectacle du quotidien : un quartier de Paris qui s'éveille, l'ouverture des magasins, les promeneurs, les commerçants, les concierges, l'indifférence, la solitude...

Au plus fort de l'ennui, quand il n'y a rien d'autre à faire qu'à prendre son mal en patience, il s'amuse – ou il s'émeut – des mille péripéties qui font la vie.

Un matin, dans l'attente des Torina, Jean Quemener observa ainsi un homme d'une quarantaine d'années sortant de chez lui, dans un quartier chic de l'ouest parisien. Il sifflotait, il avait l'air heureux. Si heureux qu'il se mit à uriner en zigzagant ! Il arrosait le trottoir en souriant aux anges !

Un autre jour, alors que notre camionnette empiétait sur un passage clouté, un contractuel glissa une contravention sous l'un des essuie-glaces. Discrètement, de l'arrière, où il se trouvait avec Claude Colombier, Yves Mougenot (« Papy Mougeot ») parvint à retirer le « papillon ». Le préposé, qui verbalisait déjà le véhicule suivant, s'aperçut de la disparition et rédigea une nouvelle contravention. A peine fut-il reparti que Papy récidiva. Le malheureux contractuel n'y comprenait plus rien. Pour la troisième fois en moins de dix minutes, il mit un papillon sur le pare-brise puis se cacha sous une porte cochère pour démasquer l'invisible farceur. Comme rien ne se passait, il fit mine de partir avant de se retourner brusquement. La contravention avait encore disparu ! Il revint vers la camionnette. Papy actionna alors les essuie-glaces à l'aide d'une commande intérieure. Et le contractuel fonça au commissariat, probablement convaincu qu'il s'agissait d'un phénomène surnaturel !

Au-delà de ces épisodes amusants, nous allions aussi connaître quelques frayeurs. Un soir, par exemple, alors que la filature laissait présager un rendez-vous important, notre première voiture, coincée dans les embouteillages, perdit la trace des Torina.

Quand des truands disparaissent ainsi, les policiers ne peuvent s'empêcher d'envisager le pire : le coup en leur absence. Ils pensent au procès, quand ils devront admettre, devant les juges et les avocats, qu'ils ont perdu les suspects une heure avant le hold-up, le flinguage ou le casse. Les avocats auront tôt fait de balayer nos soupçons pour clamer l' « innocence » et la « parfaite honnêteté » de leurs clients. Dans ce cas, les reproches et les sous-entendus moqueurs de la défense ébranlent même les plus solides. Cela me fait penser à une superbe tirade de Jean Gabin (dialogues de Michel Audiard) dans le film *Le Pacha* où il joue le rôle d'un vieux commissaire de la Crim qui cherche à arrêter un tueur, en l'occurrence « Quinquin » (André Pousse). C'est du Gabin garanti d'origine : « Une supposition. J'arrête le Quinquin. On juge le

Quinquin. Bon. Eh bien, même avec ses dix meurtres affichés, l'avocat va nous le présenter en victime ! Les oreillons à trois ans... des convulsions à cinq... privé de confiture par sa mère, traumatisé par ses professeurs. Il sortira du tribunal avec une amende pour port d'arme, et encore... à condition qu'il prouve pas qu'il fait de la préparation militaire ! »

Si sérieuse fût-elle, la surveillance de l'équipe Torina ne nous apportait aucun élément probant sur un coup éventuel. Seules la personnalité de Gérard Marlet, sa conviction d'avoir tiré les bonnes ficelles nous incitaient à persévérer.

Gégé se trompait rarement. Et s'il s'accrochait de la sorte, depuis la première nuit, rue Caulaincourt, s'il mobilisait tous les inspecteurs de son groupe, c'est qu'il avait le pressentiment que cela mènerait au « gros lot ».

Au moins, ces planques nous permettaient-elles de compléter nos dossiers sur une quinzaine d'hommes, parmi lesquels des ténors aux casiers judiciaires épais comme des bottins. Nous avions déjà filé certains d'entre eux lors d'autres enquêtes mais jamais avec une telle assiduité, des semaines durant, au point d'éprouver la sensation de faire partie de la famille ! L'affaire « Totor » (le surnom que nous avions donné à Fernand Torina) devint notre objectif prioritaire.

Nous étions constamment là, dans l'ombre. A suivre Simon Jacobi sur les champs de course. A manger des sandwiches quand ces messieurs dégustaient des plats raffinés dans les meilleurs restaurants. On imagine le calvaire de Gérard Marlet, pêcheur passionné, espionnant Paul Armando, qui, à chaque partie de pêche, sortait gardon sur gardon ! Un dimanche, à Larmolaye (Oise), on vit aussi deux d'entre eux, Simon Jacobi et Alain Bitoun, disputer une partie de badminton dans la splendide maison de Bitoun. Christian Lambert, qui se promenait avec son chien pour faire plus naturel, eut des sueurs froides lorsque la femme du truand vint gentiment caresser l'animal.

Les renseignements ainsi accumulés nous aidaient à mieux connaître les différents protagonistes. Nous étions persuadés que notre patience serait tôt ou tard récompensée.

Deux adresses retenaient notre attention. A Asnières, quai du Docteur-Dervaux, les truands louaient des boxes. A Paris, rue Guy-Môquet (XVIIe), ils avaient acquis un fonds de commerce au nom de la compagne d'un repris de justice du nord de la France.

Une partie de l'équipe procédait à des travaux d'agencement. Du tas de gravats aux pots de peinture, du litre de rouge au lot de pinceaux, tout, dans le décor, suggérait une activité honnête. Nous pouvions en témoigner : nous avions loué une chambre d'hôtel de l'autre côté de la rue ! Le plus actif, Nicolas Carletto, dit « Carlo », fréquentait le café du coin. Il discutait technique avec deux peintres en bâtiment, ignorant simplement que c'étaient des inspecteurs de la BRI !

Il se passait tout de même des choses bizarres dans ce magasin où les ouvriers s'activaient surtout en sous-sol ! Un matin, histoire de montrer ostensiblement aux habitants du quartier qu'un antiquaire s'y installerait bientôt, ils livrèrent une commode, une table rustique, ainsi qu'une grosse huche à pain, achetée dans la Somme, en présence de deux antigangs. D'autres livraisons se firent, au contraire, en toute discrétion : un matelas, un sommier, des boîtes de conserve, des chaînes et des cadenas achetés à la Samaritaine et au BHV. On était déjà loin des antiquités...

Au fil des semaines, nous découvrions de nouvelles adresses, notamment un café-restaurant désaffecté, *Chez Sparta*, au Plessis-Robinson. L'établissement était fermé depuis la mort du patron. Avec sa façade en bois et ses fenêtres à petits carreaux, il avait des allures de vieux saloon égaré parmi les pavillons de banlieue. Il avait été racheté par une amie de Paul Armando. Cet homme de quarante-cinq ans, séparé de son épouse, rendait souvent visite à ses enfants et petits-enfants. Sans activité officielle, il se prétendait tour à tour ancien bottier ou ancien artisan du textile et menait une existence tranquille, à Issy-les-Moulineaux. Ses voisins le trouvaient fort sympathique, il rentrait chez lui le pain sous le bras et le sac à provisions à la main. Mais il avait, disait-on, la passion du jeu, ce qui nécessitait de l'argent.

Tandis que les ouvriers maniaient le pinceau et la truelle rue Guy-Môquet, que Armando s'occupait du *Sparta*, d'autres membres du gang se chargeaient de la logistique. Ils s'étaient procuré des véhicules, une Peugeot 604 marron, une Renault 16 beige, une estafette blanche, dont ils avaient maquillé les plaques. Ils les garaient à Boulogne, dans le quartier de l'hôpital Ambroise-Paré, et vérifiaient souvent si la police n'avait pas placé de mouchards électroniques sous le capot. Ce perfectionnisme nous amusait, surtout lorsque que nous prenions la scène en photo...

Les têtes pensantes, Fernand Torina, Simon Jacobi et Alain

Bitoun, supervisaient le travail des subalternes : Patrick Zubert, vingt-trois ans, qui demeurait encore chez ses parents ; ou bien Jean Porta, trente et un ans, un pied-noir né à Oran, amateur de voitures américaines. L'un comme l'autre avaient déjà été impliqués dans diverses affaires.

L'équipe s'activait dans quatre secteurs de l'ouest parisien : la place de l'Etoile ; le XVIe arrondissement (rue de la Tour, rue de la Pompe, villa Guibert) ; le bois de Boulogne (entre l'hippodrome de Longchamp et les lacs) ; Neuilly-sur-Seine. A pied, en voiture, à la terrasse d'un café, en survêtement dans les allées du bois, ils semblaient effectuer des repérages sans imaginer une seconde que nous étions dans les parages, déguisés en clochards ou en joggers, au volant d'un taxi ou sur une moto. Ne pas se faire remarquer dans ces quartiers situés en lisière du bois n'est jamais aisé. Les avenues sont larges et aérées, guère propices au camouflage. Il se trouve toujours une vieille dame ou une concierge pour alerter le commissariat sitôt qu'elle voit un véhicule suspect.

Les truands, eux, ne se doutaient de rien. Sauf peut-être une fois, où mon passage rue Guy-Môquet sembla les intriguer. L'équipe redoubla de vigilance et chercha à savoir si nous étions effectivement à ses trousses. Faute de confirmation, elle se remit à l'ouvrage, persuadée qu'il s'agissait d'une erreur sur la personne. Un seul malfaiteur sentit que l'affaire était mal engagée et rentra dare-dare dans sa province.

Cette fausse alerte contribua en tout cas à accroître la pression qui pesait sur nos épaules. Nous étions conscients de prendre des risques, de tenter le diable. Nous avions rarement ressenti une telle tension collective, mélange de crainte et de passion.

Chaque matin, à 5 heures, nous étions au bois de Boulogne. Les prostituées finissaient par nous connaître. Elles devaient nous prendre pour des voyeurs. Ou des voyous. Ou des flics... allez savoir !

A la fin du mois de juillet, nos « amis » redoublèrent d'activité, plus méfiants que jamais. Qu'attendaient-ils ? L'hypothèse des braquages était de moins en moins plausible. Ils semblaient plutôt préparer un enlèvement. La victime serait probablement détenue au *Sparta* ou rue Guy-Môquet. Mais qui serait enlevé ? Quand ? A quel endroit ? Le mystère demeurait entier. Surtout, à quel moment fallait-il intervenir ?

Comme je l'ai déjà dit, la méthode consistant à ne pas arrêter sur-le-champ des individus recherchés dans le cadre d'une autre affaire est contestable. Les avocats et une majorité de juges estiment que les policiers doivent intercepter quiconque a enfreint la loi, quelle que soit la gravité de la faute commise.

En droit, cela ne se discute pas.

En logique policière, il en est tout autrement, du moins dans certains cas.

Je m'explique. Deux ou trois comparses arrêtés pour des broutilles encourent des peines de courte durée. Pendant ce temps, les « cerveaux », assez habiles pour se faufiler entre les mailles du filet, peuvent se faire oublier jusqu'au jour où ils organiseront un nouveau rapt.

Dans cette affaire, nous savions qu'en cas d'intervention prématurée notre intime conviction ne pèserait pas lourd. Nous ne disposions d'aucune charge sérieuse contre Torina et les siens. Ils s'en tireraient avec des peines dérisoires pour port d'arme ou vol de voiture. Et encore, pas tous. Ce jeu de piste méritait un autre sort.

Je ne me souviens pas avoir jamais connu une telle mobilisation au sein de la brigade. Les inspecteurs avaient renoncé d'eux-mêmes aux congés annuels, à toute vie de famille, pour ne pas manquer le jour « J ». Toute la BRI, ou presque, était sur le pont.

Le petit Roger, l'homme des premières heures à Brest, était toujours volontaire pour participer à la phase finale, celle de l'arrestation. Au moment de la répartition des tâches, ses collègues le taquinaient à ce sujet. Comme il n'avait pas la réputation d'être un as du volant mais d'être plus à l'aise dans la camionnette de planque, ils commençaient, des jours avant le « saute-dessus », un travail de sape :

– Allez Roger, tu prendras le sous-marin, c'est toi le meilleur !

Roger savait que le « condamné » à la camionnette avait, en principe, peu de chances d'être présent au moment de la « sauterie ». Il se contentait de répliquer, faussement résigné :

– Eh... si vous voulez !

En fait, à l'arrivée, il se retrouvait souvent aux premières loges ! J'aimais qu'il soit présent dans ces moments-là. Non pas parce que ses collègues étaient moins courageux, moins volontaires pour l'action ou qu'ils n'avaient pas ma confiance, mais il y a comme ça, dans la vie, des affinités qui ne s'expliquent pas.

Nous allions donc laisser les truands agir. Le pari était risqué. La victime chercherait probablement à résister, des témoins essaieraient peut-être de s'interposer, nous serions alors jugés responsables – à juste titre – de la moindre bévue. Nous étions sur le fil du rasoir. Jamais nous n'avions poussé aussi loin notre logique du flagrant délit.

Un dimanche matin, profitant d'un footing dans le bois de Boulogne avec mon chien Lieutenant, j'étudiai une fois encore les itinéraires logiques pour rallier la rue Guy-Môquet ou le Plessis-Robinson au départ du bois. En cet été 1977, les rues de Paris et de la banlieue ouest étaient loin d'être saturées. Nous avions cependant répertorié et minuté toutes les distances en tenant compte d'éventuels incidents (embouteillages, livraisons...). Il restait à connaître l'essentiel : la date, le lieu, l'objectif.

Le lundi 8 août, tout se précipite. Le gang s'agite, procède à des vérifications qui trahissent l'imminence du gros coup. De notre côté, cinquante inspecteurs sont sur le pied de guerre.

Une si vaste opération étant vouée à l'échec si elle n'est pas peaufinée en équipe, j'invite une vingtaine de gars à manger des brochettes chez moi, dans le jardin, tandis que les autres se chargent des ultimes préparatifs matériels. J'ai senti que le groupe avait besoin de décompresser, d'évacuer la tension accumulée au cours des dernières semaines. Il y a là Zizi, Guy, José, Christian, Loïc, le petit Roger, Quem, J.-P. Moreau, Gérard Marlet, bien sûr ; mais aussi André Deymie, gentil ronchonneur et bête de travail. Plusieurs fois blessé, il n'a jamais attendu d'être rétabli pour reprendre le boulot ! Parmi les absents, le patron, Marcel Leclerc, retenu en province pour des raisons familiales.

Les truands pensent être prêts. Nous aussi. Tout est organisé, planifié. Les rôles sont répartis, dans le bois, rue Guy-Môquet, à Asnières, au Plessis-Robinson, où les deux ouvriers en salopette bleue qui font semblant de creuser une tranchée (déjà ouverte par l'EDF !) près du *Sparta* sont des nôtres ! Nous nous sommes attribué des noms de code inédits pour nos communications radio afin d'échapper aux oreilles indiscrètes des truands ou des journalistes, auditeurs attentifs de « fréquence police ».

Mardi 9 août, 6 heures. J'ai peu dormi. J'ai le sentiment de jouer ma carrière sur un coup de poker. Dix fois, cent fois, je me suis répété le film de l'intervention à venir. J'ai tout vu, tout imaginé, tout redouté, surtout le pire. Il est grand temps d'agir, maintenant, sous peine de trop gamberger et de courir à la catastrophe. Mes collaborateurs sont dans le même état d'esprit, il leur tarde aussi de passer à l'action.

Nous sommes convaincus que l'enlèvement aura lieu aujourd'hui. Mais qui sera enlevé ? A quel moment ? A quel endroit ?

Dès 7 h 30, les truands sont à pied d'œuvre, dans le quartier de l'hôpital Ambroise-Paré, à Boulogne. Professionnels jusque dans le choix de leurs tenues vestimentaires, ils portent des survêtements aux couleurs dépareillées afin de compliquer la tâche d'éventuels témoins : Bitoun en rouge et bleu, Carletto en bleu et blanc, tout comme Robert Torina...

Deux autres, en tenue de ville, se livrent à un étrange ballet. Après avoir déposé des sacs de sport dans leurs véhicules, Patrick Zubert se met au volant de la 604, Jean Porta s'installe dans l'estafette. Tous deux roulent en direction du moulin de Longchamp, en lisière de l'hippodrome. Ils laissent l'estafette dans ce secteur bien connu des cyclistes du dimanche et filent, à bord de la 604, jusqu'à la rue du Transvaal, à Boulogne. Porta monte alors dans la R 16 et ils repartent aussitôt. Quelques minutes plus tard, ils se garent dans le bois, près du lac inférieur, et le ballet reprend, à pied cette fois. Ils marchent d'abord avenue de l'Hippodrome puis, méfiants à l'extrême, se séparent, se retrouvent, se séparent de nouveau avant de remonter dans leurs véhicules respectifs.

Un promeneur non averti jurerait que tout est normal. Dans les allées ombragées, des joggers perfectionnent leur foulée. Au bord du lac, un couple de retraités prend le soleil, des cyclistes s'accordent une pause casse-croûte. Mais d'autres personnages complètent ce tableau : entre le moulin et la grande cascade, Fernand Torina et Simon Jacobi attendent dans une Ford Taunus marron à toit noir. Plus loin, à proximité d'une maison forestière, quatre ou cinq « sportifs » effectuent des exercices d'assouplissement : Carletto, Bitoun, Robert Torina... Nous les observons à partir d'une camionnette accidentée, immobilisée le long du trottoir.

A 9 h 59, la R 16 et la 604, conduites par Porta et Zubert, s'engouffrent dans une allée dont la barrière a été retirée.

Au même instant, à quelques dizaines de mètres de là, Robert Torina et ses complices interrompent leurs exercices physiques. Capuches sur la tête, ils s'approchent d'un homme d'une cinquantaine d'années, accompagné d'un labrador. Un jet de gaz lacrymogène dans les yeux suffit à neutraliser le promeneur. Egalement aspergé, le chien s'enfuit ; il reviendra plus tard vers la voiture de son maître.

Les malfaiteurs entraînent leur otage jusqu'à la 604, l'obligent à s'allonger sur la banquette. Les inspecteurs Raymond d'Authier et Jean-Pierre Moreau, eux-mêmes vêtus de survêtements, ont observé la scène à distance. J.-P. intervient sur les ondes :

– Delta terminé, je répète delta terminé !

– Vous êtes sûr, J.-P., le colis est bien parti ?

– Oui, affirmatif... la petite bête, là... le petit animal est tout seul... tout le monde est parti !

Au message codé de Moreau, un farceur des ondes répond par un jappement.

Témoins privilégiés de l'enlèvement, nos deux inspecteurs se sont gardés d'intervenir ; ils n'ont pu identifier la victime. Mais ce n'est plus, désormais, qu'une question d'opportunité. Après quatre mois d'une longue impatience, nous allons enfin entrer en jeu.

La 604 a emprunté l'allée de la Reine Marguerite. Suivie de l'estafette, elle pénètre dans une sorte d'enclos situé sur les berges de la Seine. Les truands enferment l'inconnu dans la huche à pain achetée quelques mois plus tôt et déposent celle-ci à l'arrière de l'estafette. Le convoi – trois voitures et une estafette –, repart en direction de Boulogne, puis du Plessis-Robinson. Les ravisseurs ne remarquent ni nos voitures qui se relaient prudemment, ni les motos de José et de Zizi...

Tout au long du parcours, nos hommes postés à chaque carrefour signalent le passage du « cortège » à l'ensemble du dispositif. Les truands ne peuvent pas nous échapper.

A 10 h 25, ils arrivent au *Sparta*. Simon Jacobi fait le guet tandis que ses amis « livrent » la huche dans l'ancien bistrot. Sitôt l'opération terminée, à 10 h 35, ils commencent à ressortir du pavillon attenant au *Sparta*. Cette sortie au compte-gouttes nous facilite la tâche : ils seront interpellés un peu plus loin, les uns après les autres.

Jacobi et Armando, partis ensemble, tombent les premiers dans la souricière, à Clamart.

Le duo Zubert-Porta est arrêté dans un café de Châtenay-Malabry.

Carletto, lui, est seul au moment de son arrestation, également à Clamart. En voyant les inspecteurs qui viennent le serrer, il ne peut s'empêcher de lâcher : « Oh non, pas vous ! » Ce n'est pas la première fois qu'il les rencontre...

Bitoun, enfin, sera arrêté dans sa propriété de l'Oise.

Selon notre décompte, deux hommes sont encore dans le pavillon : les frères Torina.

Vers 13 heures, Fernand sort du *Sparta* et se dirige à pied vers la poste. Après une brève bagarre, il est neutralisé. Sans avoir le temps de comprendre ce qui lui arrive, il se retrouve face à moi, dans une fourgonnette.

– Nous vous suivons depuis plus de quatre mois, toi et ton équipe. Ce matin, vous avez enlevé un homme dans le bois de Boulogne. Vous l'avez enfermé dans une malle et transporté au Sparta. On a déjà Jacobi, Armando, Carletto, Zubert, Porta et les autres vont suivre. Ton frère doit sortir. Il vaudrait mieux que cela se passe bien. Réfléchis vite.

Demeurant d'un calme absolu, il me regarde fixement, sans la moindre haine, il accepte la défaite.

Depuis la rue, il essaie de convaincre son frère :

– Robert, c'est moi ! Ne fais pas le con, c'est foutu. Les condés sont là.

Robert hésite un instant puis se présente sur le perron, l'air hagard. Prudent, Fernand Torina neutralise le dispositif de mise à feu d'un engin explosif qui, à travers le jardinet, relie la grille d'entrée du pavillon.

Sur leurs indications, nous descendons au sous-sol. L'otage, dont nous ne connaissons toujours pas l'identité, est cloîtré derrière une porte en contre-plaqué. En attendant qu'un inspecteur se procure la clef, un surprenant dialogue s'engage.

– N'ayez pas peur, c'est la police. Qui êtes-vous ? Que faites-vous ?

– Je suis Bernard Mallet et... j'attends.

– Oui, d'accord, mais quelle est votre profession ?

– Mais vous, qui êtes-vous d'abord ? Je ne comprends plus rien, moi !

– Je suis de la brigade antigang et j'attends la clef !

– Qu'est-ce que c'est que cette histoire ? Je suis banquier, j'ai été enlevé dans le bois de Boulogne par des individus en survêtement. Je ne suis pas blessé mais je souffre des yeux. Ils m'ont aspergé de gaz lacrymogène. Comment êtes-vous arrivés là ?

– Un peu de patience, on va tout vous expliquer.

L'inspecteur Freddy Breut a récupéré la clef de cette ancienne soute à charbon de deux mètres sur deux mètres cinquante. Le banquier est assis sur un matelas posé à même le sol, des menottes lui entravent les poignets et les chevilles. De lourdes chaînes, bardées de cadenas, le relient à un anneau scellé dans le mur. Il porte une cagoule aveugle, nouée autour du cou. C'est un homme d'une grande élégance, vêtu d'un complet beige. Ses cheveux grisonnants et sa fine moustache lui donnent des airs de Clark Gable. Ses ravisseurs ne l'ont pas maltraité.

Quatre mois de planque pour le rapt le plus court ! L'affaire, dans sa phase active, s'est terminée sans que les truands aient eu le temps d'exiger une rançon. Bernard Mallet, descendant de l'une des plus anciennes familles de banquiers protestants du pays, président ou administrateur de plusieurs sociétés, ne sera resté prisonnier que trois heures ! Dans nos bureaux du « 36 », je lui raconte la traque qui a permis une libération si rapide. Il comprend notre réticence à intervenir trop tôt et approuve notre choix.

Aux journalistes, il confiera ensuite les détails de son enlèvement : « Tous les matins, après le petit déjeuner, je vais promener mon chien Radar (!) au bois de Boulogne. Ce matin, quatre ou cinq individus qui faisaient du jogging m'ont entouré. L'un d'eux, qui avait relevé la capuche de son survêtement, m'a demandé si j'étais bien M. Mallet. J'ai répondu que oui et il m'a aussitôt aveuglé avec du gaz lacrymogène. A peine ces gangsters m'avaient-ils fait monter de force dans leur voiture qu'ils m'ont enfilé la cagoule et mis les menottes. J'ai ensuite réalisé que l'on grimpait dans un autre véhicule et que l'on me fourrait dans une sorte de coffre. Quand je me suis retrouvé dans cette boîte, je me suis dit : " Tu es dans ton cercueil, ta dernière heure est arrivée. " Les gangsters ne m'ont dit qu'une seule phrase : c'est à ton fric qu'on en veut, on est pas des politiques et on prendra tout le temps qu'il faudra. »

Le travail de la BRI avait donc pris fin dans la soute à charbon. Nos collègues de la Crim, chargés de l'enquête, saisirent un arsenal impressionnant sur place, mais aussi dans un local d'Issy-les-Moulineaux : douze grenades défensives, trois pistolets, deux revolvers, deux mitraillettes, plusieurs centaines de cartouches, des gilets pare-balles, des cagoules, des perruques, des faux passeports, des permis de conduire et des cartes d'identité falsifiées portant les photos des truands arrêtés...

Rue Guy-Môquet, dans le sous-sol du magasin d'antiquités, ils avaient creusé une fosse si bien murée qu'elle constituait en fait une mini-cellule équipée d'un lavabo, d'une échelle et de chaînes fixées aux murs. Tout avait été prévu pour une détention prolongée. Dans l'arrière-boutique, ils avaient aménagé une kitchenette, un lit de camp et des toilettes pour un gardien.

Les interrogatoires ne furent guère fructueux. Les malfaiteurs de cet acabit sont trop au fait des procédures judiciaires pour se laisser aller à des propos qu'ils pourraient regretter. S'ils craquent – cela arrive –, ils reviennent sur leurs déclarations devant le tribunal, prétextant un passage à tabac pour ne pas perdre la face vis-à-vis de leurs complices.

Robert Torina, le seul à avoir été interpellé dans le pavillon, affirma s'y être arrêté pour se « reposer un peu ». Il ignorait qu'un homme se trouvait dans la cave (il nous avait pourtant remis lui-même les clefs !). Quant à Porta, responsable d'un bureau de pompes funèbres dans une ville de banlieue, il devint soudain amnésique, déclarant ne plus se souvenir de rien. Entre flics et truands, un dialogue de sourds s'instaura.

– Les faux papiers ?

– On se savait recherchés par la police...

– Les armes ?

– On ne savait pas qu'elles étaient là. Une autre équipe a dû les apporter avant notre arrivée.

Certains jouaient la montre, comme des footballeurs qui défendent un résultat. D'autres, estimant qu'il était inutile de nier tout en bloc, répétaient : « Je ne répondrai qu'au juge d'instruction, en présence de mon avocat. » Ils disposeraient ainsi d'un délai pour s'inventer des alibis plus ou moins convaincants.

Seul Carletto fut plus bavard, sans être pour autant très prolixe. Il reconnut avoir effectué, à la demande d'un « inconnu », des travaux dans une boutique de la rue Guy-Môquet et dans un café du Plessis-Robinson. Et les clefs de cadenas retrouvées dans ses poches ? « Je me suis trompé de pantalon », répondit-il.

Dix personnes furent inculpées d'arrestation illégale et de séquestration, autrement dit d'enlèvement sans demande de rançon (ils n'avaient pas encore eu le temps de la réclamer !), ce qui réduisait la lourdeur des peines encourues.

Le procès devant la cour d'assises de Paris se tint sous la présidence du célèbre magistrat Charles Petit, en présence de l'avocat général Paul Malibert et d'une escouade de ténors du barreau. Des débats passionnants avec des accusés qui avaient eu le temps de préparer leur défense.

Nicolas Carletto habitait sous un faux nom dans un immeuble

du XVIe. Les intérêts qu'il détenait dans plusieurs pizzerias le dispensaient de sa spécialité d'origine, la maçonnerie. Il avait pourtant repris du service dans le sous-sol du magasin et au *Sparta.* Quelques mois après son arrestation, il avait confié au juge d'instruction : « J'en ai marre d'être pris pour un con à cause de ces ordures... » Evoquant ces confessions, le président Petit l'interrogea :

– Vous avez été le seul à reconnaître partiellement les faits. Vous avez, en outre, mis en cause les autres membres de la bande. Nous vous écoutons.

Carletto était visiblement inquiet à l'idée de passer pour une balance.

– Je maintiens mes déclarations pour certaines personnes mais je me suis trompé pour Jacobi et Bitoun. Ils ne sont pas dans le coup. Si j'ai participé à cette affaire, c'est parce que je croyais qu'il s'agissait de donner une leçon à un patron de maison de passe. Je m'excuse auprès de mes camarades de les avoir traités d'ordures.

Fernand Torina, qui se disait restaurateur et « dans les affaires » (sans préciser lesquelles...), passa sans transition d'un mutisme absolu à une volubilité extrême. Un vrai one man show ! Modeste, il affirma : « Je suis un âne, monsieur le président, je n'ai pas beaucoup de matière grise. » Bigot, il confessa que la Bible était son « livre de chevet ». Entre deux tartuferies, il admit être l'organisateur du rapt et révéla à la cour ce qu'il présentait comme ses « véritables motivations ».

– Jusqu'ici, j'ai nié toute participation à l'enlèvement. Je mentais. J'ai été chargé d'enlever Bernard Mallet par un sénateur qui avait eu des déboires électoraux et dont le parti avait du mal à réunir des fonds pour les élections. Une personne dont je tairai le nom... Elle m'a demandé de retenir M. Mallet deux ou trois jours, le temps pour sa banque de détourner 15 millions par un jeu d'écritures. M. Mallet est un parfait honnête homme. Il s'agissait d'approvisionner la caisse noire d'un parti politique.

Torina manquait d'imagination : une fable comparable, à quelques variantes près, avait déjà été avancée lors du procès des ravisseurs du P-DG de Phonogram. Il avait alors été question de trafics d'armes et d'extrême droite. Une escroquerie étant moins sévèrement condamnée qu'un enlèvement, il fallait bien tenter le tout pour le tout !

– Et les armes ? reprit Charles Petit.

– C'était pour faire croire à M. Mallet qu'il s'agissait d'un vrai enlèvement mais elles n'ont jamais servi. Je ne suis pas dangereux, je suis un père de famille, monsieur le président !

Simon Jacobi, né à Casablanca en 1945, était un petit bonhomme replet. Avec ses lunettes, sa calvitie précoce et son visage poupin, il était presque attendrissant. Il se présenta comme un « incompris » auquel les autorités marocaines et françaises avaient toujours refusé des documents d'identité, l'obligeant de la sorte à posséder jusqu'à dix jeux de faux papiers ! Il indiqua, non sans fierté, avoir travaillé pour des services parapolitiques français et étrangers. Comme son ami Torina, il se proclamait « homme d'affaires ». En fait, il s'intéressait surtout aux combines des courses de chevaux. Il était actionnaire dans plusieurs écuries et propriétaire d'un cheval. En dépit des « persécutions » dont il prétendait être victime, il roulait en Porsche et vivait dans un bel immeuble du front de Seine, dans le XVe. A la barre, devant le président Petit, il bégayait.

– Jacobi, vous vous trouvez toujours là où il ne faut pas !

– C'est vrai, monsieur le président, je ne devrais pas être dans le box des accusés puisque je ne suis pour rien dans cette affaire.

– Qu'est-ce qui vous a amené tous les jours dans ce secteur du bois de Boulogne ?

– C'est un peu gênant à expliquer...

– Mais encore ?

– Je passais dans le bois pour rencontrer des prostituées.

– Tous les jours ?

– Absolument.

– Pourquoi n'alliez-vous pas au bois de Vincennes ?

– Parce qu'elles sont moins jolies, monsieur le président ! Et, puisque vous insistez, je vous avoue qu'on trouve au bois de Boulogne des spécialités qui n'ont pas cours à Vincennes.

– Dites-moi, il semble que ce bégaiement vous soit venu au cours de l'instruction ? Le juge Hanoteau a remarqué qu'à votre premier interrogatoire, vous ne bégayiez pas !

– C'est que, ce jour-là, il n'avait rien à dire, monsieur le président répliqua l'avocat de Jacobi, Me Joannès Ambre.

Patrick Zubert n'avait que vingt-trois ans. Il habitait à Bagneux, chez ses parents, de braves gens qui ne comprenaient pas comment leur fils avait pu être mêlé à une affaire pareille. Ce grand type aux allures d'adolescent dégingandé déclara avoir été tourneur, peintre en bâtiment, commerçant, chômeur, et surtout malchanceux. Il avait occupé un emploi de frigoriste dans les chambres froides mais il avait été contraint de démissionner car il était sujet aux rhumes ! La cour découvrit aussi qu'il souffrait d'amnésie...

– Racontez-nous votre journée du 9 août.

– C'est que, monsieur le président, j'ai pris un coup au moment de mon arrestation. Depuis, mes souvenirs sont particulièrement flous.

Alain Bitoun, trente-six ans, était domicilié à Lamorlaye, dans la demeure que nous avions surveillée. Il niait les faits.

– Bitoun, lui dit le président, vous avez été vu à de multiples reprises avec les autres membres de la bande à proximité du domicile de M. Mallet ainsi que dans le bois de Boulogne. Qu'en pensez-vous ?

– Pur hasard, monsieur le président ! Je connais Fernand Torina depuis très longtemps. Je suis de Bab-el-Oued et il est pied-noir, comme moi. Nous avons de grandes affinités. Et si j'allais au bois à cette époque c'est que j'avais des problèmes de poids.

– De quoi ?

– De poids, monsieur le président. J'avais dix à douze kilos à perdre, alors j'allais chaque jour au bois faire du footing.

– D'accord... mais, à ce moment-là, il ne faut pas rester des heures assis dans la voiture de votre ami Torina. Croyez-moi, la voiture, il n'y a rien de plus mauvais pour la ligne !

Mon témoignage et ceux des inspecteurs allaient bien sûr balayer ces arguments sans consistance. Les accusés et leurs avocats en avaient conscience. Il ne fut plus question, cette fois, de prostituées ou de kilos superflus, d'amnésie ou de rapt politique.

– Nous sommes convaincus d'avoir eu affaire à une bande parfaitement organisée, spécialisée dans les enlèvements. D'après nous, trois individus, par leur passé, leur envergure, leur façon de travailler sur le terrain, sont très vite apparus comme les têtes pensantes, les organisateurs et les responsables du rapt. Il s'agit de Fernand Torina, Simon Jacobi et Alain Bitoun. Nous les avons laissés faire afin de découvrir toute la bande. Nous nous apercevons, aujourd'hui encore, combien il est difficile de prouver la culpabilité de malfaiteurs aussi chevronnés. Pris en flagrant délit, ils nient l'évidence. On imagine le résultat si toutes ces observations n'avaient pas été effectuées de façon quasi systématique.

– Oui, reprit le président, ils ont dû faire un fameux cirque si l'on en juge par celui qu'ils font ici !

Cette remarque provoqua un incident d'audience. La défense jugeait « scandaleux » ce dérapage verbal. Me Joannès Ambre, l'avocat de Jacobi, demanda au magistrat de diriger les débats avec « objectivité ». Le président Petit, dont l'exceptionnelle carrière s'achevait à l'issue de ce procès, interrompit l'audience. Il exigeait des excuses. Les débats reprirent deux heures plus tard, après bien des palabres, amplifiées à dessein par les avocats.

Finalement, Bitoun, Jacobi et Fernand Torina furent condamnés à quinze ans de réclusion et trois autres (Porta, Zubert et Armando) à dix ans. Carletto et Robert Torina durent passer huit ans de leur vie derrière les barreaux. Un complice, Michel Lorieux, s'en tira pour sa part avec cinq ans de réclusion.

De l'avis de nombreux policiers et magistrats, l'affaire Mallet a marqué une étape importante dans l'attitude de la justice face au grand banditisme. J'allais d'ailleurs m'en rendre compte en décembre 1978, à Londres, lors d'un séminaire sur les nouvelles techniques du rapt.

Devant cent cinquante spécialistes originaires de trente-sept pays, des Américains du FBI effectuèrent une démonstration spectaculaire, convaincus que le matériel digne des romans d'espionnage (vidéo, écoutes téléphoniques, détecteurs de sources de chaleur, « mouchards » électroniques...) était devenu « indispensable ». Lorsque vint mon tour d'expliquer la technique française, je m'efforçai simplement de rappeler que la police demeurait d'abord une affaire d'hommes et pas uniquement une question de technique. La plupart des participants à ce séminaire partageaient mon point de vue. En évoquant avec eux l'affaire du banquier Mallet, j'eus la surprise de constater qu'ils en avaient déjà entendu parler. Elle avait fait l'objet d'une large diffusion par le canal d'Interpol et des écoles de police l'avaient inscrite à leur programme ! Jamais, auparavant, des policiers n'avaient suivi les préparatifs d'un enlèvement et procédé, en un temps record, à la libération de l'otage et à l'arrestation des ravisseurs. La fin de mon exposé fut saluée par de longs applaudissements. C'était le plus grand hommage que l'on pouvait rendre à la Brigade antigang.

Si je devais retenir une affaire, une seule, de mes dix années d'antigang, ce serait à coup sûr celle-là : la plus complète, la plus passionnante. Un homme y avait joué un rôle essentiel : l'inspecteur divisionnaire Gérard Marlet. C'est lui qui, le premier, nous avait mis sur la piste de cette équipe. C'est encore lui qui, des mois durant, avait assuré, avec son groupe, la surveillance des futurs ravisseurs.

Le 17 juin 1986, lorsque Gégé s'est tué dans un accident de voiture, en rentrant chez lui après une mission, nous avons tous éprouvé une peine immense. Ce n'est pas seulement un collègue que nous avons perdu mais un ami, l'Ami.

Le jour des obsèques, un homme seul se tenait au fond de l'église. Comme nous, il avait les larmes aux yeux. C'était le banquier Bernard Mallet.

L'enlèvement du baron Empain

Céder ou ne pas céder au chantage des ravisseurs ? Dans l'affaire du banquier Bernard Mallet, l'éternelle question ne s'était pas posée puisque les malfaiteurs, pistés depuis des mois, avaient été arrêtés avant même d'avoir demandé une rançon. Mais un tel scénario était exceptionnel. En règle générale, la BRI ne devançait pas l'événement, elle entrait en scène en cours d'enquête.

En liaison avec la brigade criminelle, nous devions gérer au mieux ces situations délicates, tant vis-à-vis des familles que de l'opinion publique. La charge émotionnelle est telle, dans une affaire de rapt, que le responsable policier doit peser chaque mot, chaque silence. Il se trouve en effet au carrefour de toutes les exigences : celles des proches de l'otage, légitimement impatients ; celles des enquêteurs de terrain, qui réclament au contraire du temps et de la patience ; celles, enfin, des médias, avides d'informations.

Comme mes collègues, j'étais partisan de la fermeté, j'estimais que le paiement de la rançon était une défaite, un encouragement à de telles pratiques. La police ne pouvait pas, ne devait pas, s'engager dans la voie de la capitulation.

Je sais qu'il est facile de prôner l'intransigeance dès lors que l'on n'a aucun lien de parenté ou d'amitié avec la victime. C'était pourtant, de mon point de vue, la seule ligne de conduite envisageable. La plupart des familles le comprenaient, elles acceptaient nos conseils, même lorsque les ravisseurs essayaient de les impressionner en ordonnant la mise à l'écart totale de la police.

Cette coopération nécessitait une approche psychologique d'une infinie délicatesse car certaines de ces familles avaient tendance à adopter une attitude défensive, empreinte de méfiance. Soudain confrontées à un drame auquel elles n'étaient évidemment pas préparées, elles nous suspectaient d'être indifférents, voire hostiles, à leurs préoccupations affectives. De même, celles qui avaient les moyens de verser la rançon ne comprenaient pas toujours notre refus de les laisser payer. Ce sentiment de rejet, heureusement assez rare, était une réaction compréhensible qu'il fallait contourner en instaurant un climat de solidarité. L'un de nos inspecteurs, Michel Calvet, y parvenait à merveille. Il se portait volontaire pour assurer une présence physique auprès des familles, quitte à loger chez elles. Ce « relais » nous était indispensable.

Il arrivait aussi que les parents ou les amis des personnes enlevées aient des idées préconçues sur la BRI. Au vu de notre réputation, certains se fiaient à nous avec un espoir démesuré comme si nous étions capables de tout résoudre en un tour de passe-passe. D'autres, en revanche, nous considéraient comme des baroudeurs insensibles, juste bons à surgir tous flingues dehors, au risque de faire échouer la libération de l'otage. Au bout du compte, ils paraissaient surpris de constater combien nous prenions notre tâche à cœur, notamment lors des kidnappings. Je me souviendrai toujours des paroles de la mère d'un garçonnet que nous avions raccompagné chez lui : « Vous aviez l'air aussi heureux que nous ! » me confia-t-elle, visiblement surprise qu'il en soit ainsi [1].

J'avais la conviction que les policiers devaient conserver, quoi qu'il advienne, la totale maîtrise des opérations, en liaison, bien entendu, avec les proches de la victime. Lorsque ceux-ci persistaient dans une démarche solitaire, nous devions persévérer, maintenir nos surveillances, même à leur insu. Du reste, avions-nous le choix ? Que dirait-on si, en notre absence, la personne chargée de la remise de rançon était tuée ou séquestrée à son tour ? D'autres truands ne seraient-ils pas tentés de suivre cet exemple si la police baissait sa garde sous la menace ?

Au cours de l'hiver 1976, bien avant l'épisode Mallet, la Crim et la BRI avaient été confrontées à un conflit de ce type avec la famille de Guy Thodoroff, le jeune P-DG de Saab France. Il avait été enlevé à Paris par quatre hommes cagoulés et son père,

1. Il nous arrivait même d'être plus heureux que certains parents, inconscients des dangers. Nous avons connu le cas d'un père qui refusait de répondre aux ravisseurs de sa gamine si ceux-ci se manifestaient aux heures de sommeil, entre 22 heures et 6 heures du matin !

Tsatcho Thodoroff, avait aussitôt fait savoir qu'il paierait les dix millions de francs réclamés par les ravisseurs.

Le 17 février, une première tentative de remise de l'argent nous amène à suivre cet homme de soixante-seize ans à travers la capitale. Conformément à une lettre d'instructions signée de son fils, il se rend au *Castille*, un bar du boulevard Saint-Denis. Vers 13 h 30, il reçoit un appel téléphonique. Son correspondant lui signale qu'un message est caché sous un tabouret du bistrot. Il doit prendre le métro, descendre à Barbès-Rochechouart, trouver un autre bout de papier sous le siège d'un Photomaton.

A 14 h 15, il arrive devant la cabine située à la sortie de la station. Nos inspecteurs sont dans la foule, à observer les faits et gestes des passants. Malheureusement, Tsatcho Thodoroff ne trouve aucun message. Epuisé, il retourne au métro, traînant la rançon sur le quai comme un vulgaire sac de pommes de terre, puis il rentre chez lui, rue Daru (XVIIe), où Pierre Ottavioli le rejoint. En discutant tous les deux, ils s'aperçoivent qu'il s'est probablement trompé de Photomaton et qu'il y en a un autre, à l'intérieur de la station. M. Thodoroff insiste pour retourner à Barbès sur-le-champ.

La seconde cabine est la bonne. Les ravisseurs lui ordonnent de prendre un taxi jusqu'au 40, rue de la Mare (XXe), où l'attend un troisième message, collé cette fois derrière un panneau indicateur. Le sac d'argent en main, Tsatcho Thodoroff se rend donc dans le XXe. Suivant toujours les indications, il monte dans une Autobianchi. Les clefs de contact et les instructions suivantes sont dans la boîte à gants.

A la nuit tombante, ce parcours du combattant nous entraîne jusqu'à la porte de la Villette. Il fait froid, le vieil homme paraît exténué. Un énième message est dissimulé derrière un panneau du périphérique. Il le lit, descend un talus abrupt et dépose la rançon à l'angle d'un stade situé entre le canal de l'Ourcq et le périphérique. Mais les truands, dont le plan est d'une minutie diabolique, ne viendront pas la récupérer.

Ottavioli coordonne les opérations depuis son bureau du « 36 », en collaboration avec mon ami Frédo Vénier. Il me demande de rapporter le sac pour le placer sous scellé. Nous pensons ainsi dissuader Tsatcho Thodoroff d'agir en solitaire, sans nous consulter. C'est son intérêt et celui de son fils. Peine perdue : il rétorque qu'il est assez fortuné pour s'acquitter tout de même de la rançon sans vendre un seul de ses biens! Puissance de l'argent... et méfiance à l'égard de la police. La curiosité des journalistes, qui font le pied de grue devant son domicile pour mieux suivre les policiers dès qu'une voiture démarre, incite M. Thodoroff à mener l'affaire à sa façon, c'est-à-dire sans nous.

Le 23 février, après l'échec d'une autre tentative (et une autre confiscation de l'argent), l'otage adresse un SOS : « Je n'en peux plus, je suis dans un état de délabrement moral et physique complet. Il faut que M. Poniatowski et sa police comprennent qu'on n'a pas le droit de jouer avec la vie des gens... Je supplie qu'on fasse tout pour faciliter la remise de la rançon. Si cette nouvelle tentative échouait, je serais tué... »

Le 9 mars, au trente-quatrième jour de séquestration, le jeu de piste reprend, à l'initiative des ravisseurs. Tsatcho Thodoroff nous a clairement avertis qu'il se passerait de notre aide. Comme nous comptons malgré tout être présents, l'affaire va tourner à une ahurissante partie de cache-cache.

Le vieil homme, entêté mais admirable de courage, se sait suivi par la BRI. En nous baladant une partie de la journée dans le bois de Boulogne, il nous joue un tour de garnement. Pendant ce temps, l'un de ses collaborateurs se charge en effet de livrer l'argent aux ravisseurs! M. Thodoroff obtient de la sorte la libération de son fils, profondément choqué par sa séquestration dans des caves aménagées en cachots.

Cette affaire, cas extrême dans les relations conflictuelles police-famille, connaîtra finalement une issue honorable pour la police française puisque trois personnes, fortement soupçonnées, seront arrêtées, un an et demi plus tard, dans le cadre de... l'affaire Mallet; trois hommes qui nieront avoir participé au rapt de M. Thodoroff.

De l'écolier Fabien au P-DG Guy Thodoroff, de Bernard Mallet à Louis Hazan, chaque enlèvement nous contraignait à définir des priorités et une ligne de conduite. A défaut d'être le meilleur, le cap de la fermeté était, je l'ai déjà dit, le moins mauvais de tous. C'était notre seul bouclier contre le renoncement.

Pour comprendre cette attitude et ne pas y voir la marque d'une quelconque indifférence à l'égard des victimes, il importe de mesurer la spécificité technique de ce genre d'affaires. Si une prise d'otages, dans une banque par exemple, a au moins l'avantage d'offrir, au terme d'une phase initiale d'observation, des données plus ou moins précises (lieu de l'action, profil psychologique des personnes concernées, nombre de malfaiteurs ou de terroristes...), un rapt se résume, lui, à une série de points d'interrogation : les ravisseurs sont-ils nombreux ? Où retiennent-ils leur prisonnier ? Sont-ils capables de l'exécuter ? Comment remonter jusqu'à eux ? Pour déceler la faille dans leur plan et les pousser à l'erreur, il faut à tout prix leur opposer un front uni police-famille.

Une autre affaire, la plus célèbre de toutes, allait bientôt nous exposer à ce type de difficultés mais, cette fois, en bonne entente avec les proches de la victime. Je veux parler du rapt du baron Edouard-Jean Empain, P-DG du groupe industriel Empain-Schneider, enlevé le 23 janvier 1978 devant son domicile de l'avenue Foch.

Les responsables de la Crim, Pierre Ottavioli et son adjoint Claude Cancès, maîtres d'œuvre de cette enquête suivie de près par le gouvernement, surent gagner la confiance de l'entourage de M. Empain. Michel Calvet, l'inspecteur de la BRI aux dons de psychologue, s'installa même dans l'appartement familial. Nous devions pourtant jouer serré car les ravisseurs avaient envoyé une terrifiante preuve de leur détermination : un morceau de doigt de leur otage. Ils réclamaient vingt millions de francs, vingt millions de Deutsch-Marks et quatre millions de dollars. Une somme colossale.

A la mi-février, après des semaines de tractations et diverses péripéties, ils abaissèrent leurs prétentions pour n'exiger « que » trente-quatre millions de francs. Ils firent savoir que le porteur de la rançon, un collaborateur de M. Empain, devrait se présenter, le mercredi 22 février, à 11 h 30, au *Mont d'Arbois*, un hôtel de Megève (Haute-Savoie). « Jacques Dupont » serait son nom de code et « Félix Lechat » celui des ravisseurs !

Leclerc, André Bizeul et plusieurs inspecteurs des deux services emménagèrent à Megève, dans un chalet transformé en poste de commandement. Je me rendis quant à moi à Sallanches, avec une quinzaine d'hommes de la BRI, dont un nouveau, un tout jeune inspecteur, arrivé chez nous quelques mois plus tôt, François Santini. Ce sportif accompli, d'une discrétion confinant à la timidité, allait rapidement devenir un élément clef de la BRI et de la BAC.

Robert Guitard, dit « Targui » ou le « Narvalo », était également du voyage dans les Alpes. C'était un génie du bricolage, capable de réparer les radios, de régler les caméras de surveillance et les micros ultra-sensibles, d'inventer toutes sortes de gadgets. Il avait ainsi conçu un attaché-case équipé d'un appareil photo miniature avec déclenchement à la poignée ou sur signal radio, ce qui constituait une prouesse technique à l'époque. Il connut son heure de gloire le jour où des policiers japonais en visite à Paris restèrent pantois d'admiration devant ses trouvailles!

Au même titre que Pierre Dauphin (« Flipper »), Guitard veillait sur notre matériel avec une attention de conservateur de musée. Il faut dire qu'ils avaient tous les deux de quoi s'occuper, la BRI et la BAC étant dotées d'équipements dernier cri : des appareils vidéo, des gilets pare-balles, des casques et des boucliers de protection, des combinaisons d'assaut, des explosifs, de l'outillage pour ouvrir ou découper les portes, des fusils et des carabines de précision (lunettes à infrarouge et à laser), des armes de poing de tous calibres (avec ou sans silencieux), des stylos tirant du 22 long rifle... Signalons aussi le « sarcophage », fort utile lors des prises d'otages. Il s'agissait en fait d'une sorte de caisson métallique monté sur roulettes qui permettait à l'un d'entre nous de s'abriter à l'intérieur et de viser par un orifice percé dans le blindage. Comme il n'y avait pas d'ascenseur au « 36 », il avait fallu trouver un moyen pour descendre tout ce matériel lorsque nous partions en mission. Nous utilisions donc un monte-charge, un bac où s'entassait notre bric-à-brac d'armes et de gadgets.

Pour cette mission savoyarde, Robert Guitard avait emporté une bonne partie de son attirail. Il fallait en effet envisager les scénarios les plus fous, y compris une opération en haute montagne, dans les pires conditions météo. Nous avions même prévu une intervention par hélicoptère dans l'hypothèse d'une remise de rançon sur un champ de neige!

Un inspecteur de la Crim, Jean-Marc Mazzieri, s'était porté volontaire pour remplacer le collaborateur du baron censé remettre l'argent. De père corse et de mère indochinoise, ce jeune policier n'avait rien d'un colosse mais il passait pour un remarquable spécialiste des sports de combat, un athlète tout en muscles. Une Mercedes avait été louée à son intention en Suisse, afin qu'il se déplace au gré des instructions des ravisseurs. Les billets étaient répartis dans deux sacs. Seuls ceux situés sur le dessus du pactole étaient authentiques.

Délaissant le « 36 », j'avais donc pris mes « quartiers d'hiver » dans un hôtel de Sallanches.

En dépit des paires de skis alignées sur les toits de nos voitures, nous dûmes inventer un prétexe pour justifier le séjour montagnard de ces célibataires parisiens dont les repas étaient pour le moins « animés »... Les hôteliers devaient se poser bien des questions en nous voyant avec de longs étuis en bois qui renfermaient en fait des fusils à lunettes ! Jean Quemener, jamais à court d'idées, leur confia que nous étions des techniciens spécialisés dans l'étude des coulées de neige. A l'entendre, les fameux étuis contenaient des piquets de jalonnement, pour des mesures de précision. L'idée était plutôt judicieuse mais la nouvelle fit le tour des autres pensionnaires, ce qui nous obligea à les rassurer quant aux risques d'avalanches sur les pistes !

Les jours passaient. Toujours pas de nouvelles des ravisseurs. Roland Linck et Robert Guitard se languissaient déjà du bitume de la capitale. Leurs ronchonnements de Parigots devenaient un sujet de rigolade au sein du groupe. Il ne fallait pas trop pousser Linck pour qu'il se fende d'une tirade sans appel : « Les mecs de la neige, c'est des sales cons ! » Et Guitard de répéter à longueur de journée : « Fait chier, la neige ! »

Mais il était dit que la paisible cité savoyarde n'assisterait pas à la libération du baron Edouard-Jean Empain. Quelques jours plus tard, la direction de la PJ nous fit savoir que notre escapade aux sports d'hiver n'avait plus de raison d'être et qu'il fallait rentrer. Il est vrai que notre plan était mal engagé à la base : avant même notre installation dans les Alpes, une radio périphérique avait annoncé, sans le moindre scrupule, que les ravisseurs se manifesteraient à l'*Hôtel du mont d'Arbois* ! Nous étions restés dans la région par acquit de conscience, dans l'espoir que les malfaiteurs, malgré ces « fuites », ne renonceraient pas à leurs projets. En fait, ils avaient choisi de prolonger le calvaire de M. Empain.

Avant de remonter sur Paris, nous devions restituer la Mercedes louée en Suisse pour Mazzieri. L'inspecteur de la Crim franchit la frontière sans encombre. Il avait pourtant de fausses plaques d'immatriculation, deux sacs de sport remplis de billets (vrais et faux) et un 357 Magnum sous le siège conducteur ! Ma DS était en règle, sans faux papiers, sans fausse rançon, sans flingue sous le siège, mais c'est elle, la Citroën de la police française, que les douaniers suisses auscultèrent sous toutes les coutures ! Accompagné d'un inspecteur, je finis par dévoiler mon identité, demandant à joindre notre interlocuteur de la police helvétique, mis dans la confidence de nos préparatifs. Les douaniers refusèrent, intrigués qu'ils étaient par l'attitude de l'homme qui semblait nous attendre, un peu plus loin, au volant d'une Mercedes ! Au terme de longues explications, mon vieux copain Gilbert Pannatier, de la Police de l'air et des frontières de Genève, réussit à nous tirer de ce mauvais pas.

L'affaire Empain s'éternisait, elle tournait au feuilleton.

L'épisode suivant eut lieu le 23 mars, deux mois jour pour jour après l'enlèvement. Cette fois, Jean-Marc Mazzieri, dont le courage mérite d'être souligné, allait devoir suivre les instructions des malfaiteurs qui le prenaient toujours pour un collaborateur de leur otage. L'inspecteur savait ce qui lui restait à faire : réunir dix-sept millions de francs suisses en billets usagés non répertoriés, dans deux sacs de sport ; avoir de quoi prendre des notes ; posséder une montre à l'heure de l'horloge parlante et une voiture avec le plein d'essence.

Fidèles à notre stratégie du flagrant délit, nous voulions pour notre part rester en coulisse, afin d'intervenir dès que possible pour arrêter au moins celui qui viendrait récupérer la rançon.

A 14 h 45, ce 23 mars 1978, Mazzieri se rend d'abord au *Fouquet's*, sur les Champs-Elysées. C'est là, au cœur de Paris, que le jeu de piste va commencer.

Dès qu'il entre dans tel ou tel établissement, désigné par un message ou un autre, il est appelé au téléphone. Les ravisseurs l'ont affublé d'un nom de code inédit : « M. Marat ». On l'aura deviné : ils se présentent eux-mêmes comme « Charlotte Corday » ! Méfiants, ils lui posent des questions sur le groupe Empain, sur les directeurs, pour s'assurer qu'il ne s'agit pas d'un policier. Mazzieri, qui a parfaitement préparé son coup, finit par gagner leur confiance.

Dirigé vers la porte d'Auteuil, il doit fouiller dans une poubelle pour en sortir une enveloppe en kraft, et un message, caché dans une bouteille de lait vide. Empruntant l'itinéraire recommandé (plan à l'appui), il aboutit ensuite dans un café de la porte d'Orléans, puis au quatrième sous-sol d'un parking voisin. Cette fois, l'enveloppe est dissimulée derrière une gaine électrique. Il faut qu'il prenne l'autoroute du sud jusqu'à la borne téléphonique d'urgence A23. Et là, changement de voiture : il doit abandonner son véhicule de location et prendre le volant d'une R 12 break que les ravisseurs ont garée à son intention sur un parking d'Antony.

Mazzieri roule maintenant en direction des *Trois Obus*, une brasserie proche du Parc des Princes.

Cette filature constitue pour nous une épreuve épuisante. Nous avons la sensation d'être entourés de suspects. C'est un peu comme si l'ennemi était là, tout proche, partout et nulle part à la fois. Ces deux jeunes sur une moto ? Fausse alerte. Ce type dans une camionnette ? Ces promeneurs ? Cet ambulancier ? Ce livreur ? Cette femme trop curieuse ? Peut-être... et puis non, finalement, non...

Des *Trois Obus*, Mazzieri est « aiguillé » vers l'hôtel *Hilton* de l'aéroport d'Orly. C'est à croire que le jeu de piste ne finira jamais !

A la réception du *Hilton*, il reçoit un appel de Charlotte Corday lui enjoignant de laisser la R 12 sur le parking, de rentrer chez lui en taxi avec les deux sacs et de revenir le lendemain, au même endroit, à 18 h 30. Selon les ravisseurs, il est « trop tard pour se rencontrer ce soir ».

Vendredi 24 mars 1978, à l'heure dite, Mazzieri se présente au bar de l'hôtel.

– M. Marat est demandé au téléphone ! M. Marat, s'il vous plaît !

Mazzieri prend le combiné. Son correspondant s'inquiète d'abord de savoir s'il a bien dormi. Parfait dans son rôle de collaborateur craintif, l'inspecteur affirme avoir passé une nuit blanche. L'autre, rassurant, lui dit de faire le plein d'essence à la station voisine puis de revenir au bar. Il lui conseille même de boire un whisky pour se décontracter.

Mazzieri se rend à la station, revient à l'hôtel, commande une eau minérale. Service service !

Peu avant 20 heures, c'est un autre homme qui rappelle, plus tendu, plus pressé que le précédent. Il invite « Marat » à rentrer sur Paris. Un message l'attend sous une pierre, à la borne B 16.

Le parking du *Hilton*... L'autoroute A6, direction Paris... La borne B 16... Nos véhicules sont en liaison radio permanente mais il devient presque impossible de tout contrôler tant le flux de la circulation nous pousse à avancer. Certains sont donc contraints de doubler Mazzieri, de quitter l'autoroute à la sortie suivante pour revenir en sens inverse.

20 h 10. L'inspecteur gare la R 12 sur la bande d'arrêt d'urgence et se dirige à pied vers la fameuse borne 16. Au même

moment, une dépanneuse s'arrête. S'agit-il des ravisseurs ? Nous sommes sur le point d'intervenir mais l'inspecteur de la Crim, d'un calme stupéfiant, invite le dépanneur à poursuivre sa route.

Cet incident va-t-il tout faire échouer ? Nous n'avons même pas le temps de le craindre. Sous les yeux de l'inspecteur et du dépanneur – qui n'a rien à voir avec notre affaire –, deux individus cagoulés dévalent le talus, s'engouffrent dans la R 12 de Mazzieri et foncent sur la bande d'arrêt d'urgence. L'un deux est armé d'un pistolet-mitrailleur. Comme les sacs de billets sont dans le coffre, ils pensent sans doute avoir gagné la partie mais notre dispositif est tel qu'ils ne peuvent nous échapper.

Mazzieri, aussi surpris que nous par cette brusque accélération des événements, saute dans la première voiture suiveuse, celle d'André Deymie (BRI) et de Jacques Vedel (Crim). La course-poursuite s'engage.

Quelques centaines de mètres plus loin, les truands ralentissent devant le mur antibruit qui borde l'A6. D'autres hommes cagoulés surgissent par une porte ouverte dans ce mur et déclenchent la fusillade sur l'autoroute, en plein départ pour le week-end de Pâques ! Deux des nôtres seront blessés : René Berrux, atteint à l'épaule, et David Lailheugue, touché au cou.

David montait souvent en première ligne dans ce type d'opération. Rien ne semblait pouvoir l'impressionner ; ni les coups de feu, ni le plus fou des gymkhanas. Ce Landais pure souche était un homme au caractère bien trempé, solide en toutes circonstances. Berrux, d'un naturel moins fougueux mais tout aussi sympathique, était un costaud dont l'accent parisien n'avait rien à envier à celui de Frédo.

Si leurs complices du mur antibruit avaient pu s'échapper dans l'Haÿ-les-Roses, les deux occupants de la R 12 étaient blessés. L'un d'eux allait décéder sur place. Le second, légèrement atteint au bras gauche, fut conduit à l'hôpital. Tout reposait désormais sur un interrogatoire.

Je le revois encore, deux jours plus tard, dans le bureau de Pierre Ottavioli. Il savait que son cas était indéfendable. Il venait d'être arrêté en flagrant délit, la rançon n'avait pas été versée, l'otage devenait encombrant pour ses complices, il subirait seul, devant la justice, toutes les conséquences d'une éventuelle exécution.

Utilisant le poste d'Otta, il téléphona à ses amis.

– J'ai conclu un accord correct avec la police. Ils ne savent pas où j'appelle. Abandonnez de suite ou bien vous irez de carnage en carnage sans avoir un sou. Libérez le baron.

Le soir même, Edouard-Jean Empain était libéré, près de la porte d'Ivry, au sud de Paris, avec dix francs en poche pour prendre le métro. Il retrouva son épouse vers 22 h 30, à la station Opéra.

Cet homme de belle allure, présenté à juste titre comme un « gagneur », venait de vivre deux mois d'horreur. Il avait surmonté les pires souffrances, subi les pires humiliations. Il avait d'abord vécu sous une tente, dans des conditions d'hygiène déplorables, enchaîné, la tête couverte d'une cagoule, dans l'impossibilité de se lever, avec un simple seau pour tout sanitaire. Amputé d'une phalange, il s'était soigné lui-même, avec de l'alcool et des pansements. Par la suite, il avait changé à deux reprises de lieu de détention, ses conditions de vie s'étaient un peu améliorées.

La fermeté avait donc payé. En refusant le chantage des ravisseurs, nous avions choisi la bonne option. Les arrestations qui suivirent complétèrent ce succès de la PJ parisienne.

Pour célébrer la libération de M. Empain, une réception eut lieu dans une salle du Quai de l'Horloge. D'ordinaire, les hommes de l'antigang n'aimaient pas vraiment ce genre de cocktails officiels, un peu trop guindés à leur goût. Cette fois, cependant, ils avaient tenu à venir. Nous étions tous sincèrement heureux de le rencontrer, ce fameux baron. Nous voulions faire sa connaissance, lui raconter Megève, la porte d'Orléans, Orly, Charlotte Corday, la borne 16...

C'était un homme sympathique, de contact chaleureux. Nous étions si heureux de discuter avec lui que je ne prêtai pas attention à l'information que Poiblanc, l'ancien patron de la Crim devenu sous-directeur des affaires criminelles, vint me glisser à l'oreille :

– Vous devez partir à Montmorency, il y a une prise d'otages !

Je me contentai de lui répondre par un sourire entendu, du style « elle est drôle, celle-là, chef », et je repris ma conversation avec Empain.

Quelques minutes plus tard, Poiblanc revint à la charge, étonné que je sois encore là :

– Et Montmorency ? Non mais c'est sérieux : dépêchez-vous [1].

En un coup de vent, l'assistance se dépeupla d'une trentaine de convives. Le baron, éberlué, eut juste le temps de me lancer au passage « Eh bien, quel métier vous faites ! Bonne chance... »

Dans les mois qui suivirent, Edouard-Jean Empain essaya de reprendre goût à la vie, d'oublier tout ce qu'il avait enduré. Mais le traumatisme était tel qu'il éprouva des difficultés à sortir du gouffre. Cette épreuve avait fait de lui un autre homme. Il eut ainsi, vis-à-vis de ses geôliers, une attitude étonnante de prime abord mais en définitive assez classique du point de vue psychologique. Il passa de la haine à la compassion, aidant même certains d'entre eux à leur sortie de prison.

Pareille réaction relève de ce qu'il est convenu d'appeler le « syndrome de Stockholm », en référence à une affaire de prise d'otages au cours de laquelle une jeune femme avait pris fait et cause pour un braqueur au point d'en tomber amoureuse. Ce phénomène, dont j'ai pu constater les effets néfastes tout au long de ma carrière, s'explique assez aisément. Lorsque l'otage a le sentiment d'être abandonné par le monde extérieur, il en vient à s'autopersuader que personne ne se soucie de son sort, et finit par trouver des qualités à son geôlier. Pour peu que celui-ci sache le manœuvrer psychologiquement, il ira jusqu'à la compréhension, voire la solidarité. Dès lors, la tâche du policier devient fort compliquée : il doit rester intransigeant vis-à-vis des truands tout en essayant de prouver à l'otage qu'il veut le sauver.

M. Empain montra moins d'indulgence à l'égard de ses proches, notamment ses collaborateurs. Comme nombre de personnes confrontées un jour à pareil drame, il se sentit délaissé après sa détention, ce qui le conduisit à faire le point sur son existence, à réviser quelques valeurs personnelles.

Des années plus tard, j'eus l'occasion de le croiser, incidemment, à l'aéroport de Casablanca. Il avait l'air triste et terriblement seul.

Comme les deux inspecteurs qui se trouvaient avec moi ce jour-là, j'étais content de le voir mais je ne savais trop quelle serait

1. Le 31 mars 1978, un homme en liberté conditionnelle, déjà condamné pour divers braquages, attaque un bureau de poste dans le Val-d'Oise. Pris en chasse par la police, il se réfugie dans un pavillon de Montmorency. A l'arrivée de la BAC, vers 19 h 45, il retient un couple en otage. Il réclame une BMW ainsi que 2,5 millions de francs mais nous comprenons vite qu'il n'a pas le tempérament d'un desperado. Il se rendra finalement vers minuit, au terme de plusieurs heures de négociations.

sa réaction car on disait, à l'époque, qu'il en voulait à la police d'avoir décortiqué tous les aspects de sa vie. Il avait été choqué par ce déballage sur la place publique, sans toutefois formuler le moindre reproche à la BRI, chargée de la phase opérationnelle. Or c'est presque en ami, réjoui par cette rencontre fortuite, qu'il nous salua et demanda des nouvelles de Lailheugue et Berrux, bien remis de leurs blessures. Il nous était reconnaissant d'avoir tout fait pour le libérer. Dans un entretien accordé à *VSD* six mois après le rapt, il avait d'ailleurs déclaré : « Les seules personnes qui ont été bien avec moi après ma libération, ce sont les hommes de l'antigang. Visiblement, ils étaient heureux que je m'en sorte. Et puis, ils avaient risqué leur vie pour moi (...). L'un des rares moments agréables après ma libération, je l'ai passé au cocktail, avec les gars de l'antigang. »

Le traquenard

Dernier jour de vacances, premier jour de pluie. Ce lundi 31 juillet 1978 ne pouvait mieux commencer ! Toute la nuit, un orage avait arrosé la région d'Aulnay-de-Saintonge, mon village natal. Nous devions prendre la route de Paris dans la matinée mais je ne pus résister à la tentation de partir à l'aube chercher des escargots – des « cagouilles » comme on dit chez nous –, plaisir du terroir que je partageais avec mon père et mes fils. Au moment de remonter vers la capitale, deux mille « petits gris » s'entassaient dans deux caisses en bois, arrimées sur le toit de la 404 familiale !

Peu après notre départ, un flash radio vint me rappeler aux réalités parisiennes et m'apprendre qu'une prise d'otages était en cours à l'ambassade d'Irak, rue de la Faisanderie, dans le XVIe arrondissement.

A 10 heures, une employée de l'ambassade avait alerté police-secours. Selon elle, « plusieurs individus » s'étaient introduits dans les locaux par l'annexe des services culturels, 9, rue du Général-Appert. Ils auraient fait usage de pistolets-mitrailleurs.

Notre vieille Peugeot n'était jamais rentrée si vite de vacances. Comme elle n'était évidemment pas équipée d'une radio de service, je devais me contenter des informations diffusées au compte-gouttes et au conditionnel par les stations périphériques :

* 10 h 20. Il s'agirait d'un commando de trois ou quatre hommes. L'un d'eux s'est enfui, les autres seraient retranchés à l'intérieur avec plusieurs otages. La brigade anticommando est mobilisée.

* 11 h 15. Les terroristes semblent être palestiniens. Ils s'expriment en arabe ou en anglais. Sur les sept ou huit otages, un, au

moins, serait gravement blessé. Une dizaine d'employés auraient par ailleurs trouvé refuge au troisième étage. L'ambassadeur, Mundhir Tawfik, est à l'Elysée pour une visite protocolaire prévue de longue date car il s'apprête à quitter son poste en France.

* 13 heures. Un doute subsiste quant au nombre exact des terroristes. En fait, un seul homme serait encore dans l'immeuble. Il exige un avion pour aller à Londres, où une militante de son organisation (Al Thair, la « vengeance ») est détenue. L'un de ses complices, qui s'est enfui dès le début de l'opération, a été poursuivi par des gardiens de la paix. Il a tiré, sans l'atteindre, sur un passant qui cherchait à s'interposer.

* 15 h 20. Libération de l'otage gravement blessé. Il est atteint de six balles à l'abdomen, aux cuisses et aux mains.

Voilà donc quelle était la situation lorsque j'arrivai enfin à Paris.

Pierre Ottavioli et Marcel Leclerc tenaient une réunion avec les membres du service de sécurité de l'ambassade. Des gendarmes du GIGN étaient là en renfort, sur l'insistance d'Ottavioli. Parmi eux, leur chef, Christian Prouteau, que je connaissais déjà, et son adjoint, Paul Barril, que j'allais apprendre à connaître. A dire vrai, la présence du GIGN me paraissait superflue. J'estimais que la BAC pouvait assumer seule cette mission sur son « territoire » de la Préfecture de police. Par expérience, je me méfiais de ces opérations conjointes où, pour ne vexer personne, on sollicite la collaboration de tous...

Mes collègues me firent un rapide résumé de la situation. Selon le blessé libéré un peu plus tôt, le terroriste était seul avec sept otages, il disposait d'une mitraillette, de deux armes de poing et de grenades quadrillées. Il avait fixé un ultimatum à 17 heures. Les négociations étaient menées au téléphone par le truchement de l'inspecteur François Antona, qui s'exprimait tantôt en anglais, tantôt en arabe.

Dans l'éventualité d'une intervention, il fallait repérer les lieux, donc pénétrer dans l'immeuble. A en croire le blessé, le Palestinien se tenait au premier étage, dans un bureau situé sur le côté gauche du couloir, mais nous préférions vérifier par nous-mêmes.

Pour ce genre d'infiltration, j'aimais être accompagné du petit Roger, mon complice du cap Corse, ou de François Santini, le jeune inspecteur qui avait intégré la brigade au moment de l'affaire Mallet. Cette fois, c'est justement avec lui, Fanfan, que j'entrepris de monter au premier étage par l'entrée située rue du Général-Appert.

Grâce à une technique d'observation qu'il serait imprudent de révéler ici, du fait qu'elle est encore utilisée par les unités d'intervention, je vis un homme debout dans l'encadrement de la porte d'un bureau. Il nous tournait le dos, comme s'il surveillait l'intérieur de la pièce. Devinant notre présence, il se retourna brusquement pour tirer une rafale dans notre direction. Les balles firent voler des éclats de plâtre, dans une pétarade assourdissante. L'arme au poing, nous étions prêts à riposter mais il s'était aussitôt réfugié dans le bureau.

Il était 17 heures, l'heure de l'ultimatum. A l'extérieur, ces coups de feu avaient laissé craindre le pire. Planqué dans l'escalier avec Fanfan, j'indiquai brièvement, par radio, que personne n'était touché.

Quelques minutes plus tard, nous étions de nouveau à l'étage : le terroriste était de retour dans le couloir. Il était assis, la mitraillette sur les genoux, ses jambes dépassaient légèrement dans l'embrasure de la porte.

Sitôt revenu au poste de commandement, j'appris que le dialogue commençait à porter ses fruits. Le Palestinien prenait conscience de son isolement. Antona lui répétait qu'il ne risquerait rien s'il se rendait à la police française. Après un moment d'hésitation, il finit par céder, à condition qu'un représentant de la Ligue arabe assiste à son arrestation. En revanche, il insistait pour que les Irakiens soient tenus à l'écart.

Policiers et diplomates, réunis dans les locaux du centre culturel, acceptèrent ses exigences. Une seule chose me gênait : le comportement de l'ambassadeur, Mundhir Tawfik, qui avait abrégé sa visite à l'Elysée pour mieux superviser les négociations. J'éprouvais un sentiment de malaise en le voyant s'entretenir à voix basse avec ses collaborateurs, dont le premier secrétaire, Ibrahim Al Sigab. Comme les règles du jeu devaient être clairement définies avant la phase finale, je m'adressai à lui devant témoins :

– Monsieur l'ambassadeur, nous sommes bien d'accord, il n'y a que deux possibilités : soit il se rend sans difficulté et il est mis à la disposition de la justice française, soit il commet le moindre geste équivoque et il est abattu sur-le-champ, même si les faits ont lieu à l'intérieur de votre ambassade et en présence d'un membre de la Ligue arabe. Il faut que celui-ci le sache.

– Cela va de soi ! répondit-il d'un ton agacé.

Si cette mise au point était outrageante à ses yeux, elle ébranla davantage encore le représentant de la Ligue, Ahmed Abdoun, qui n'avait pas envisagé une issue sanglante ! Mais il était trop tard pour faire marche arrière. L'ambassadeur avait donné son accord, il nous laissait toute liberté d'action, chacun feignait d'être optimiste.

18 heures. Je m'enferme dans un bureau avec Plouy, Antona et Santini. L'inspecteur René Plouy, qui part à la retraite le soir même, a tenu à être à mes côtés une dernière fois. Alors qu'il enfile son gilet pare-balles, nous échangeons quelques plaisanteries sur les frissons de l'action qui vont à coup sûr lui manquer.

Des membres du service de sécurité et le premier secrétaire nous rejoignent. Ils sourient, admiratifs devant nos équipements. Pensent-ils que le destin du terroriste est scellé, que nous allons l'abattre sous un prétexte quelconque ? Je crois deviner qu'un règlement expéditif du problème leur conviendrait parfaitement. Il est pourtant hors de question de l'exécuter ! S'il tient ses engagements, nous tiendrons les nôtres.

En attendant, nos hôtes irakiens sont aux petits soins. Ils nous apportent des jus de fruits, des petits fours. Au moment où nous sortons de la pièce, le premier secrétaire, Al Sigab, me gratifie même d'une tape amicale sur l'épaule.

– Bonne chance, monsieur le commissaire, je suis sûr que cela va bien se passer.

C'est alors qu'un inspecteur vient m'avertir des mouvements suspects de quelques hommes du service de sécurité de l'ambassade dont certains sont armés. Leurs déplacements d'un bâtiment à l'autre nous intriguent depuis un moment ; nous avons dû leur demander à plusieurs reprises de cesser leur manège. J'en informe aussitôt Marcel Leclerc, qui décide de se positionner avec un groupe de policiers dans un garage situé au rez-de-chaussée de l'ambassade. Ils surveilleront les Irakiens afin qu'il n'y ait aucune confusion.

Il n'empêche que cette agitation ne me dit rien qui vaille. Trop de monde, trop de gesticulations, trop de palabres. Sur l'insistance du directeur de la PJ, Jean Ducret, l'ambassadeur ordonne à ses collaborateurs de laisser le champ libre à la police française. Tout paraît d'ailleurs rentrer dans l'ordre puisque deux ou trois Irakiens qui se trouvaient dans le garage traversent la rue et rejoignent leur ambassadeur, au centre culturel, avec les autorités françaises.

Les rideaux du bâtiment sont fermés, les volets clos, toutes les conditions sont réunies pour aborder la phase finale.

Nous approchons de l'immeuble, côté rue du Général-Appert. Antona, Plouy et Fanfan Santini sont avec moi, de même qu'Ahmed Abdoun, de la Ligue arabe. L'un des otages, une jeune femme, vient nous ouvrir la porte. Elle réclame une pièce d'identité au diplomate, pour la montrer au Palestinien, lequel nous autorise ensuite à monter.

Il est debout sur le palier, en retrait de l'escalier. Il a environ vingt-cinq ans, il n'est pas très grand, plutôt mince. Il pointe sa mitraillette vers nous, mais sans agressivité excessive. Nous lui demandons de lever les bras, l'arme au-dessus de la tête. Il retire le chargeur, nous le remet. Plouy et Antona lui confisquent ses revolvers et sa grenade, sous la protection de Fanfan. Ottavioli nous a rejoints et tout se déroule comme prévu. Nous sommes même relativement détendus.

La suite de l'opération ne devrait pas poser de problème : dans la rue, Ottavioli va rapprocher sa voiture; il nous restera alors à sortir avec le fedayin puis à foncer vers le « 36 ». Le scénario idéal.

Nous attendons dans le couloir, devant la porte entrouverte. Le Palestinien ne comprend pas cette attente, il s'en inquiète.

– Que fait-on là? demande-t-il à Santini. Qui attend-on? J'aimerais avoir un gilet pare-balles comme toi.

Je le rassure en lui répétant qu'il n'a rien à craindre, que personne ne lui tirera dessus, pas plus les Irakiens que les Français.

– Je serai devant toi, nous irons jusqu'à la voiture.

Il est en confiance, il sourit.

Cette fois, ça y est, la R16 d'Ottavioli est stationnée au milieu de la chaussée, à sept ou huit mètres sur notre droite. Nous sortons avec le Palestinien. Il va monter à l'arrière. Deux hommes de la Criminelle, Jacques Capela et Roland Segear, s'apprêtent à monter également pour l'encadrer sur la banquette arrière. Ottavioli est déjà au volant.

C'est à ce moment que claque un coup de feu.

L'un des nôtres a-t-il tiré accidentellement? Je me tourne vers Fanfan.

– Merde! Qui a fait le con?

– Je n'en sais rien!

Aussitôt après, la fusillade fait rage, avec la R16 pour cible. On se fait allumer de partout! Des immeubles, du trottoir opposé, de la rue... Mes « cessez le feu » n'y changent rien. Sur la droite, j'aperçois le petit Roger en position de tir, et Christian Lambert, et Georges Héritier, et bien d'autres encore, inspecteurs de la Crim ou de la BRI. Je ne comprends plus rien !

Cherchant à m'abriter, je rebrousse chemin vers l'entrée du bâtiment, suivi de Plouy. Les Irakiens, flingues en main, n'ont pas l'air de vouloir nous aider ; ils nous claquent la porte au nez ! Je ne parviens pas à saisir mon 357 Magnum, coincé dans la poche droite de ma veste d'été. De retour de vacances, je n'ai pas pris le temps de m'habiller comme il convenait ! Ces manipulations provoquent l'ouverture du barillet. Les cartouches tombent sur le trottoir et me voilà accroupi, en pleine fusillade, ramassant mes munitions dans le caniveau !

Je me poste maintenant derrière une Mercedes en stationnement.

Une balle percute le pare-chocs.

Je baisse la tête, j'essaie de recharger mon arme.

Tout va si vite que je n'ai toujours pas compris qui tire sur qui. S'agit-il d'un commando venu libérer son complice ? Sans doute pas car ils ont surtout visé la voiture où se trouvait le Palestinien. Il semble d'ailleurs qu'il soit blessé.

Sur le trottoir opposé, je reconnais un grand moustachu à lunettes qui tire sur la R16 tout en se repliant rue de la Faisanderie. C'est Ibrahim Al Sigab, le diplomate irakien, celui-là même qui m'avait donné une tape amicale sur l'épaule ! Deux autres types armés détalent dans la même direction. L'un d'eux a le visage en sang. Ce sont eux, nos agresseurs : les Irakiens ! Nous sommes tombés dans un traquenard fomenté avec la complicité des plus hauts diplomates, à commencer par l'ambassadeur ! L'explication devient évidente : comme nous n'avons pas tué le terroriste, ils ont voulu l'exécuter sans se soucier de la présence des Français. Il ne s'agit ni d'une méprise ni d'un cafouillage mais d'une trahison, d'un acte de guerre en territoire étranger.

Plouy et moi poursuivons sur une dizaine de mètres les trois hommes de la rue de la Faisanderie. Ils protègent leur fuite en tirant à l'aveuglette. Journalistes et badauds doivent s'allonger au sol ou se cacher derrière les voitures.

Autour de l'ambassade, les hommes de la BAC ont obtenu un arrêt de la fusillade en braquant leurs armes sur les fenêtres d'où venaient la plupart des tirs. Husni Haj Eid Walid, le jeune preneur d'otages palestinien, a été blessé à une jambe. Il va être évacué vers l'hôpital Beaujon [1].

Ottavioli est resté debout devant sa voiture. Deux de ses inspecteurs ont été touchés : Roland Segear, grièvement blessé au cou, et Jacques Capela, mortellement atteint de plusieurs balles.

L'un des nôtres, François Antona, a été touché à une main. A quelques mètres à peine, un Irakien baigne dans son sang. Il a été tué par un homme de la BAC au moment où il visait Leclerc. Nous avons été tellement surpris que c'est le seul coup de feu parti de notre côté, contre plusieurs dizaines du camp adverse.

Dans le hall de l'annexe culturelle, les représentants des deux pays s'interrogent, s'accusent, chacun cherchant à se décharger de ses responsabilités. Les Irakiens jurent qu'ils n'y sont pour rien, que des amis du terroriste ont voulu le libérer... Dans l'attroupement ainsi formé, je reconnais le type aux lunettes, Ibrahim Al Sigab, le premier secrétaire.

Je lui saute dessus.

– Lui, il a tiré, je l'ai vu, il a tiré !

Je l'agrippe sans ménagement. Jean Ducret, le directeur, intervient. Stupéfait, il redoute une erreur de ma part.

– Vous êtes sûr, vous êtes bien sûr ?

J'entends à peine ses appels à la prudence tant je suis hors de moi. Oui, je l'ai vu tirer sur la voiture, puis courir vers la rue de la Faisanderie ! Il s'est débarrassé de son arme dans les locaux diplomatiques et il ose venir nous narguer !

D'un geste violent, il parvient à se dégager. Il me menace :

– Monsieur, vous êtes ici dans les locaux de l'ambassade d'Irak, sortez !

En théorie, je devrais effectivement quitter ces lieux, protégés par l'immunité diplomatique. Mais trois mètres, tout au plus, séparent le sol irakien du trottoir français. Plié en deux par un uppercut au foie, le diplomate est immédiatement pris en charge manu militari par des hommes de la BAC. Deux de ses compatriotes, arrêtés les armes à la main, le suivront bientôt : Khalil Al Windawi, trente-trois ans, et Aboul Natik, trente-sept ans.

Cette journée du 31 juillet 1978 restera celle de la lâcheté et de

1. Nous apprendrons par la suite que sa mission d'origine était d'abattre plusieurs agents des services irakiens, accusés de soutenir les « durs » du mouvement palestinien. Cette mission ayant échoué, il avait préféré s'en remettre à la police et à la justice françaises plutôt que d'être exécuté par les agents de Bagdad.

la sauvagerie. Les pseudo-diplomates avaient voulu rendre la justice à leur manière, façon flingueurs.

Dans les couloirs du « 36 », l'indignation se transforma en écœurement quand on nous indiqua qu'aucune charge ne serait retenue contre les trois Irakiens arrêtés en flagrant délit, Al Sigab et les deux autres. Dans la mesure où ils étaient couverts par l'immunité diplomatique, la seule sanction possible était l'expulsion ; en formant le vœu de les voir inculpés par la justice de leur pays. Inutile de dire qu'ils accepteraient volontiers cette expulsion et qu'en fait d'inculpation, ils auraient droit à une médaille sitôt rentrés en Irak !

Nous n'avions pas l'intention de contester le principe de l'immunité. Mais devait-elle s'étendre aux crimes de sang commis sur la voie publique ? Seules cinq autorisations de port d'armes avaient été délivrées aux Irakiens, dont une pour l'ambassadeur. Or des dizaines de personnes pouvaient certifier qu'ils avaient été beaucoup plus nombreux que cela à tirer. Il s'agissait à mes yeux d'une injustice insupportable, doublée d'une insulte à la mémoire de Jacques Capela, l'inspecteur de la Crim.

La protection dont bénéficiaient ces tueurs nous révoltait d'autant plus qu'elle s'expliquait avant tout par des intérêts économiques et géopolitiques. Il était clair que la France ne voulait surtout pas froisser un pays « ami » auquel elle venait de fournir une centrale nucléaire. Non, messieurs de la police, il ne fallait pas contrarier un si bon client, du moins tant qu'il ne convoiterait pas le pétrole du Koweït voisin.

Je n'avais jamais connu une telle fronde au Quai des Orfèvres. Comme l'ensemble de la profession, le « 36 » grondait contre cette diplomatie du dos rond et du silence méprisant à l'égard de la police. Les inspecteurs occupaient l'escalier central, discutaient dans les couloirs, les délégués syndicaux allaient de réunion en réunion, les patrons s'efforçaient de calmer les esprits tout en partageant la peine de leurs « troupes ». L'agitation paralysait toute la PJ parisienne.

Cinq cents personnes, avec leur brassard « police », se réunirent bientôt dans la cour du « 36 ». Les anciens avaient du mal à contenir les jeunes, ceux pour lesquels Capela, marié et père d'un petit garçon, était un ami avant d'être un collègue. C'était décidé, ils allaient se rendre place Beauvau, au ministère de l'Intérieur. Une manifestation sans précédent.

De jeunes commissaires, dont Claude Cancès, André Bizeul et Ange Mancini, décidèrent de s'associer au mouvement. Que devais-je faire ? Certains chefs de service me déconseillèrent de franchir le pas. A les entendre, j'étais trop « médiatique », je pourrais par la suite regretter cette marche silencieuse.

Or je n'avais pas le cœur à m'enfermer dans mon bureau, soumis et muet, je voulais être parmi ceux que je côtoyais chaque jour. En agissant ainsi, j'allais pourtant à contre-courant de ma nature profonde, moi qui n'avais pas le tempérament d'un militant ou d'un contestataire. Pour tracer ma route, je m'étais toujours gardé de tout écueil partisan.

Poussé par l'urgence de l'indignation mais aussi par le souci d'éviter les débordements, j'allais donc défiler, malgré les appels à la prudence de Marcel Leclerc, mon supérieur hiérarchique direct, et de Pierre Ottavioli, le patron de la Criminelle.

La « manif » eut lieu le mardi 1er août, en fin d'après-midi, avec des flics de tous âges, de tous grades, de toutes tendances politiques. Elle devait être digne et silencieuse ; elle le fut. J'avais craint, un moment, que certains syndicalistes ne profitent de l'occasion pour aiguiller le débat sur des revendications corporatistes. Mais ils restèrent dans le chemin de la dignité, comme ils me l'avaient promis. J'avais, d'ailleurs, décidé de ma présence à cette condition.

Le cortège parvint place Beauvau. Depuis le départ du « 36 », je n'avais pas quitté les avant-postes. Un contrôleur général de l'IGPN – la « police des polices » – me fit appeler au poste situé à droite en entrant dans la cour du ministère. Il avait été désigné par la direction de la Police nationale pour désamorcer le mouvement et comptait sur moi pour l'y aider. Je le connaissais, je l'appréciais. Il essaya de me dissuader d'aller plus loin dans ce qui était perçu, en haut lieu, comme une épreuve de force avec le gouvernement :

– Je vous aime bien, vous le savez, me dit-il, vous êtes promis à une belle carrière. Il est encore temps de renoncer. Cette affaire va mal se terminer pour tout le monde.

Je n'avais pas l'intention de faire marche arrière, je voulais voir le ministre, Christian Bonnet. J'étais là pour ça, comme les autres, et je finis par le rencontrer, avec une dizaine de collègues, commissaires et inspecteurs.

Il nous reçut longuement, posa beaucoup de questions, écouta nos explications. Par expérience, je savais que les hommes de pouvoir sont souvent peu attentifs aux tourments de la base. J'avais appris, depuis mes débuts, à déceler les traces d'ennui ou d'irritation chez un puissant, comptable de son temps. En homme responsable et sensible, Christian Bonnet ne se montra ni indifférent ni pressé. Il prit la pleine mesure de notre douleur, de notre sentiment de solitude.

– Votre démarche est légitime et respectable. Je suis totalement avec vous.

En notre présence, il téléphona au Premier ministre, Raymond Barre, pour que le gouvernement sorte de son silence en nous adressant un message de soutien. Nous avions soif d'explications et c'est tout ce que nous réclamions, un témoignage de sympathie et de considération.

De retour devant la grille du ministère, un représentant des inspecteurs fit un compte rendu de la réunion et chacun regagna le « 36 » dans le calme.

Le lendemain, en fin de matinée, alors que j'étais encore sous le choc des événements des deux derniers jours, Marcel Leclerc me demanda d'assurer, avec des hommes de la BRI, la protection des Irakiens expulsés ! Nous devions les escorter jusqu'à Orly, où les attendait un avion à destination de leur pays. Un affront de plus : la BRI chargée de la protection des flingueurs de l'ambassade !

Je n'ai jamais su qui, en haut lieu, était à l'origine de cette provocation. L'idée même d'une telle mission était une injure à notre amour-propre. Sans chercher à savoir de qui émanait cet ordre, je refusai d'obéir. Je reçus aussitôt le soutien des inspecteurs. Finalement, la hiérarchie fit appel au GIGN...

Les obsèques de Capela eurent lieu le jeudi matin, à l'heure où un nouvel acte terroriste était commis dans Paris [1]. Après la levée du corps, dans la cour de la Préfecture de police, un cortège de trois à cinq mille personnes partit en direction des Invalides. Dans la lignée de notre marche vers Beauvau, nous tenions à observer une minute de silence devant le ministère des Affaires étrangères, quai d'Orsay. Juste pour le symbole, pour faire comprendre qu'en dépit de la compassion exprimée par le Premier ministre et

1. Le 3 août au matin, deux Jordaniens font irruption au siège de la Ligue arabe à Paris, 138, boulevard Haussmann. Ezzedine Kalak, le chef de mission de l'OLP en France, est abattu. Son adjoint, Adnan Hamad, succombera à ses blessures. Trois autres personnes sont blessées. Cette opération s'inscrit dans le cadre de la lutte que se livrent les différentes factions palestiniennes, les modérés de Yasser Arafat, soutenus par la Syrie, et les extrémistes d'Abou Nidal, soutenus par l'Irak.

Christian Bonnet, nous n'étions pas dupes et qu'au-delà de l'immunité diplomatique, ces tripatouillages, que nul n'avait d'ailleurs daigné nous expliquer, relevaient bien de la capitulation.

Je n'ai jamais regretté d'avoir participé aux marches silencieuses vers la place Beauvau et le Quai d'Orsay. Dans la police et au-delà, il s'est pourtant trouvé une poignée de personnes pour me reprocher d'être descendu dans la rue, en tête de cortège. Ce n'était pas, à les entendre, la place d'un responsable policier. C'est ainsi qu'un soir, alors que j'assistais – exceptionnellement et à contrecœur – à une réception dans un hôtel particulier du XVIe arrondissement, j'eus un accrochage avec ce qu'il est convenu d'appeler une « dame du monde ».

Entourée d'une dizaine de convives en smokings et robes longues, elle me faisait compliment sur compliment, à propos de l'antigang, des arrestations, des prises d'otages. Coupe de champagne à la main, elle parlait à voix haute, très « Marie-Chantal », du style « quel courage, quelle vie excitante, monsieur le commissaire ! ». J'étais de plus en plus agacé. Comme mon épouse, je redoutais ce genre de réception où l'on se croit obligé de discuter avec des tas de gens qui ont des idées sur tout... Il nous tardait de filer à l'anglaise. Je croyais avoir trouvé un prétexte – une « affaire urgente » – quand la « dame du monde » revint à la charge, pour un reproche cette fois.

– Je dois tout de même vous dire, monsieur le commissaire, que nous avons été choqués, mes amis et moi, de vous voir il y a quelques mois avec tous ces braillards devant les grilles du ministère !

Ma femme, qui se tenait juste derrière moi, me pinça discrètement les fesses pour me dissuader de répliquer. Mais j'avais trop envie de remettre « Marie-Chantal » à sa place, et de manière gaillarde.

– Que voulez-vous, madame, on ne peut pas avoir des couilles un jour et se conduire en gonzesse le lendemain !

Passé un moment de stupeur, elle éclata de rire, estimant, avec les autres invités, que j'avais décidément « beaucoup d'humour » et un « langage imagé » ! Quelques minutes plus tard, je quittais enfin la réception pour aller dîner avec mon épouse dans un petit restaurant de la porte Maillot...

« Avec tous ces braillards devant les grilles du ministère... » Ce type de remarques avait le don de me mettre en colère, je ne pouvais supporter qu'on me donne des leçons de dignité. Pouvait-on imaginer pire injustice que la liberté offerte aux assassins de Jacques Capela ? En voyant les Irakiens s'évader « légalement », j'avais éprouvé un sentiment de dégoût, j'avais eu honte. Honte pour notre pays, honte pour la démocratie. L'Histoire allait prouver, quelques années plus tard, que la France, si soucieuse de préserver ses peu glorieuses amitiés irakiennes, serait mal récompensée de sa faiblesse.

Au centre des choses

Le scandale de l'ambassade d'Irak avait profondément choqué l'ensemble de la police française, tous services confondus. Qu'on le veuille ou non, « raison d'Etat » ou pas, la France avait courbé l'échine, déployé un tapis rouge devant les barbouzes de Bagdad.

Dans ces conditions, je devais surmonter mes propres interrogations pour motiver les hommes de la BRI. Que dire ? Que faire ? Comme moi, ils venaient de traverser l'une des périodes les plus pénibles de leur carrière. Le souvenir des obsèques de Jacques Capela, dans la cour de la Préfecture de police, en présence de sa femme et de son petit garçon, resterait à jamais gravé en nous. L'idée de justice, celle-là même qui présidait à nos destinées de flics, était sortie souillée de cette affaire.

Je me suis souvent demandé si certains de nos gouvernants, en capitulant ainsi devant la barbarie, qui plus est sans donner le moindre début d'explication, ont conscience des répercussions de leurs décisions. J'en doute. Il y a loin du Quai d'Orsay au Quai des Orfèvres, encore plus loin de l'Elysée aux commissariats de quartier, et ils ne peuvent imaginer ce qu'est la police au sortir d'une telle déflagration. L'onde de choc se propage, laissant chacun aux prises avec son indignation, confronté à la terrible question qu'un policier ne devrait jamais se poser : « à quoi bon ? ».

Dans ces moments-là, je me sentais prisonnier de mes responsabilités, tiraillé entre mes doutes et l'obligation d'aller de l'avant, de réagir, de « positiver » comme l'on dit. Mais positiver quoi ? La mort d'un jeune policier ? La défaite de la justice ? Quelque part, j'avais l'impression de me mentir à moi-même. Peut-être était-ce, après tout, une manière comme une autre d'échapper à la spirale négative, une forme d'autopersuasion, la méthode Coué appliquée à la police...

C'est à cette époque, au cours de l'été 1978, que je pris la tête de la brigade.

Marcel Leclerc venait d'être nommé à la Criminelle, en remplacement d'Ottavioli. Comme j'avais obtenu, quelques mois auparavant, le grade de commissaire principal, j'allais pouvoir diriger la BRI et la BAC. Dans les faits, cette promotion ne changeait pas grand-chose : mêmes hommes, mêmes locaux, même bureau. Je ne voulais surtout pas de bouleversements, j'entendais demeurer un patron de terrain. A quarante-deux ans, je m'imaginais mal cloîtré au « 36 », orchestrant la manœuvre assis dans un fauteuil.

Il restait à désigner un adjoint, un numéro deux.

Mon choix se porta sur René-Georges Querry, un commissaire en poste à la Mondaine. Intelligent, d'une disponibilité totale, ce Belfortain avait un sens inné de l'organisation d'un dispositif sur le terrain. En dépit de ses allures de cadre un peu trop sérieux (ses lunettes, sans doute), « Jo » Querry était le meilleur des camarades, spirituel et courageux. Il ne cherchait jamais à parader, à se mettre en valeur. Comme tout un chacun, il avait des défauts, objets de plaisanteries entre nous ; son bureau par exemple. Un modèle de pagaille ! Des notes éparses, des gribouillis, des dossiers, des feuilles volantes, des numéros de téléphone... Par miracle, il finissait toujours par s'y retrouver. Enfin, c'est ce qu'il prétendait ! Et puis, autre sujet de plaisanterie, il avait une fâcheuse tendance à cabosser les voitures !

Le numéro trois du service était désormais Gaston Pautot, un authentique professionnel de la PJ. En 1976, il avait succédé à Frédo Vénier, notre manitou des ondes, admis à faire valoir ses droits à la retraite. Gaston accomplissait sa tâche avec beaucoup de sérieux, de tact et de loyauté. Il était, lui aussi, un ami fidèle, dans les bons comme dans les mauvais moments.

La brigade profita d'une accalmie sur le front du terrorisme pour vivre un deuxième semestre 1978 entièrement placé sous le signe du banditisme avec l'arrestation, entre septembre et décembre, d'une dizaine d'équipes spécialisées dans les attaques de banques et de supermarchés. En fidèles adeptes du « flag », nous préférions toujours attendre qu'elles franchissent le pas, au risque de déboucher, parfois, sur des situations cocasses...

Le 24 décembre au soir, nous apprenons que la caisse centrale d'une grande surface de la banlieue sud doit être attaquée lors de sa fermeture, vers 22 heures. Tandis que les derniers clients quittent le magasin, nous voyons un homme déposer un sac de sport dans une haie de fusains, à l'arrière du bâtiment, puis s'asseoir sur un banc, à une centaine de mètres de l'entrée principale. Nous sommes persuadés qu'il s'agit d'un complice venu apporter les armes, les cagoules, les perruques... Mais voilà qu'à 22 h 15 il se lève, récupère son bagage et s'en va. Pressés d'en finir pour aller réveillonner en famille, nous l'arrêtons un peu plus loin.

Hélas pour nous, ce n'est pas le casse du siècle, juste une entourloupe de fin d'année : son beau-frère, employé dans les entrepôts de marchandises, a fauché de quoi améliorer leur réveillon, à savoir quatre queues de langouste et une bouteille de champagne !

Le pauvre bougre, complètement désespéré, s'imagine déjà en prison. Pensez donc, si l'antigang est là, avec ses flingues et ses gilets pare-balles, c'est qu'il risque gros ! Mais non, allez, c'est notre jour d'indulgence, un cadeau avant l'heure : nous le laissons partir...

Un soir de Noël gâché pour deux pieds nickelés ! Rassemblés autour de nos voitures, nous rions de ce piètre coup de filet.

– Bon, qu'est-ce qu'on fait des bestioles ? s'interroge un inspecteur, avec d'évidentes arrière-pensées gastronomiques. On pourrait... Enfin, patron... c'est la fête, non ?

– Avec le champ', ça doit pas être mauvais... suggère un autre.

J'interviens. Il faut restituer les queues de langouste et la bouteille ! Question de principe. On en profitera pour conseiller à la direction de veiller à la caisse.

Deux antigangs tambourinent aux portes vitrées de l'hypermarché. Les rares employés encore présents refusent d'ouvrir. Sans doute effrayés par nos mines patibulaires, ils appellent les gendarmes ! Le directeur, confus de cette méprise, récupérera finalement sa marchandise. A notre demande, il ne cherchera pas à connaître le nom de l'employé fautif. Voilà en tout cas comment le redoutable « gang de la langouste » fut démantelé par l'antigang un soir de Noël !

D'autres équipes, professionnelles celles-là, nous donnaient du fil à retordre. Je veux parler des vraies bandes de casseurs, les as de la cambriole. Avec ces malfrats, qu'ils soient casseurs ou braqueurs, nous étions dans notre élément, loin du terrorisme et de ses imbrications diplomatiques. Le 15 décembre 1978, neuf jours avant cette fameuse nuit de Noël, nous avions par exemple coincé les auteurs d'un casse bien plus spectaculaire puisqu'il portait sur 12 000 montres Younger et Bresson !

Début 1979, nos collègues de Creil nous alertent au sujet d'une autre affaire : un truand fiché à Interpol, Bruno F., remarqué à maintes reprises aux abords d'un hypermarché de la région. Inutile de l'interpeller : l'homme a du métier, il ne dira rien. Autant le filer, lui faire un « brin de conduite » comme on dit entre nous, pour remonter jusqu'à d'éventuels complices. Une dizaine de personnes seront ainsi localisées. Localisées, pas arrêtées : « flag » oblige, nous attendons le jour « J ».

Et ce jour arrive. Mais sans nous...

Un lundi matin, on nous signale un casse, rue Saint-Denis, dans une entreprise d'affinage de métaux précieux. Un vrai trésor, évalué à six millions de francs : 130 kilos d'or, 10 kilos d'argent, 8 kilos de platine, des bijoux... Les malfaiteurs se sont introduits dans les locaux par les sous-sols, ils ont abandonné sur le coffre une bouteille de champagne vide. De la belle ouvrage, digne d'Arsène Lupin ! Dans cette rue chaude de la capitale, où l'on mesure le danger des mots, personne n'a rien vu, rien entendu.

Est-ce l'œuvre des truands de Creil ? Probablement. Divers indices le confirment. Le temps d'un week-end, nous les avons délaissés pour nous consacrer à un objectif plus urgent. Ils en ont profité. Le pied de nez, volontaire ou pas, est magistral. Nous pensions suivre des braqueurs de grandes surfaces, nous avons loupé des passe-murailles !

Le mardi, au sortir d'une nuit de réjouissances, Théo le rugbyman, le colosse de la bande, prend l'avion pour Toulon. Sitôt arrivé, il monte dans une voiture immatriculée en Suisse. Nos collègues de la BRI de Nice s'empressent de le suivre jusqu'à un village de l'arrière-pays varois. Entre-temps, Jo Querry et une dizaine d'antigangs parisiens ont quitté la capitale par l'autoroute du sud. Sur place, ils pourront compter sur l'aide des gendarmes locaux, commandés par le propre frère de Querry !

A 20 h 10, l'ensemble du dispositif est prêt, à Paris et dans le Sud. Neuf personnes vont être arrêtées en même temps ; sans trop de dommages à Paris, mais au prix d'une furieuse bagarre dans le village varois. Les antigangs niçois et parisiens auront toutes les peines du monde à maîtriser Théo et ses comparses, qui se défendront comme des avants dans une mêlée houleuse.

De tels pugilats étaient fréquents. En ce début d'année, par exemple, une rixe nous avait opposés à quatre braqueurs, dans un square de la porte de la Muette. L'un d'eux, surnommé le « gros Michel » ou « Michel le Dingue », enrageait tellement de se faire serrer par Gérard Marlet, Robert François et Gérard Paes qu'il avait donné des coups de tête contre un lampadaire. Le visage en sang, il avait apostrophé les rares passants en se plaignant de « violences policières »... Les accusations de ce genre étaient exceptionnelles. Les coups échangés lors des interpellations n'entraînaient généralement aucune poursuite judiciaire, d'un côté comme de l'autre. Disons qu'ils faisaient partie des règles du jeu...

En sept années de BRI, j'avais appris à gérer les situations d'affrontement physique, à contrer les effets secondaires de la violence : la nervosité, l'agressivité, la panique. Bien sûr, lors d'une bagarre ou d'une fusillade, nous n'étions jamais à l'abri d'un drame ; c'était une question de chance, de hasard aussi. Mais l'expérience acquise au fil des interventions nous permettait généralement de conserver une grande lucidité. J'étais moi-même admiratif devant le sang-froid, voire le flegme, dont témoignaient les inspecteurs au plus fort de l'action. J'allais d'ailleurs en avoir une nouvelle fois la preuve au printemps 1979.

Le 14 juin, nous parvint en effet de Belgique une information selon laquelle, à Schaerbeek, dans la banlieue de Bruxelles, un fourgon postal avait été attaqué par quatre malfaiteurs. Lorsque je téléphonai à mon homologue de la PJ bruxelloise, le commissaire Franz Reyniers, j'ignorais qu'il était déjà sur une piste internationale. Je voulais non seulement avoir des précisions sur cette agression mais aussi lui faire part d'un important travail de recherche effectué par le groupe « documentation » concernant des malfaiteurs qui se rendaient parfois en Belgique. Certains de ces truands ayant disparu depuis plusieurs jours, je souhaitais lui demander s'il n'avait pas quelques informations à leur sujet. Il fit tout de suite le rapprochement avec l'affaire de Schaerbeek.

Une agression, un assassinat plutôt : l'un des convoyeurs, père d'un bébé de dix mois, avait juste eu le temps de crier « non, pas ça ! » avant d'être abattu. Les braqueurs n'avaient pas tiré par accident, mais délibérément, pour tuer.

Grâce à divers témoignages, les enquêteurs bruxellois avaient relevé des similitudes entre cette agression et une précédente, survenue un an plus tôt, à Saint-Josse. A l'époque, deux policiers avaient été blessés. Selon la police belge, le gang était probablement composé de malfaiteurs français, italiens et belges. L'enquête s'avérait néanmoins difficile et tous les truands n'étaient pas encore identifiés.

Sans le savoir, la BRI était donc sur les traces des futurs meurtriers du convoyeur de fonds. Mais que pouvions-nous faire ? Les groupes Linck et Pire enquêtaient sur eux depuis peu, sur l'insistance du chef de la « doc ». Nous n'avions rien de concret à leur reprocher, aucun méfait ne semblait en préparation. On ne peut tout de même pas diffuser des messages d'alerte, en France et à l'étranger, dès qu'un malfaiteur « potentiel » disparaît pendant une journée !

Reyniers décida de venir à Paris avec son adjoint Marnette. Je les avais côtoyés tous les deux dans le cadre d'autres affaires, sans jamais avoir à me plaindre de leur collaboration.

L'ensemble de l'antigang était à pied d'œuvre. Nous avions répertorié les planques et les lieux de rendez-vous de l'équipe. Reyniers et Marnette, qui participaient à nos filatures, avaient identifié plusieurs compatriotes parmi nos suspects, dont un certain « Monsieur Paul ». Trois jeunes femmes, liées à la bande, avaient également été filées dans les grands magasins où elles dépensaient sans compter. Visiblement ces coquettes n'avaient aucun souci d'argent !

Nous avions prévu avec Reyniers une action simultanée dans nos pays respectifs, samedi 16 juin 1979, afin d'interpeller le plus grand nombre de personnes possible. Il conviendrait ensuite de déterminer les responsabilités de chacun.

Ce jour-là, il régnait une ambiance de fête sur les Champs-Elysées. Dans l'attente de la finale de la Coupe de France de football, supporters nantais et auxerrois commençaient à boire et à chanter. Mais si nous restions dans nos véhicules de planque, c'était pour une tout autre rencontre. Quelques-uns de nos malfrats étaient en effet attablés au drugstore Etoile. Nous assistions depuis près de deux heures à des allées et venues dans les quartiers de l'Etoile et de l'Opéra. Tout ce beau monde semblait en fait sur le point de se séparer.

Vers 12 h 20, après bien des embrassades, « M. Paul » s'installa au volant de sa BMW blanche. Sa compagne italienne (une des coquettes) le suivit en Austin, sur l'autoroute du nord. Leur voyage prit fin à 13 heures, à la hauteur du péage de Survilliers. Ils n'opposèrent aucune résistance aux antigangs qui les conduisirent au Quai des Orfèvres.

Pour l'instant, tout fonctionnait comme prévu, dans une parfaite coordination. Nous devions cependant faire vite afin d'éviter que la nouvelle des arrestations ne vienne aux oreilles des comparses encore en liberté.

Peu après le départ de « M. Paul » et de sa compagne, quatre de nos voitures avaient pris en filature une BMW grise, immatriculée en Belgique. Elle se dirigeait vers le pont de Neuilly avec quatre personnes à bord, quatre Corses déjà identifiés, trois hommes et une femme. Le conducteur roulait prudemment, en lorgnant sans arrêt dans le rétroviseur.

Il s'engagea dans la rue Soljenitsyne, à Puteaux. Une artère déserte, coincée entre les gratte-ciel de la Défense et des pavillons condamnés à la destruction.

C'était le moment de les bloquer.

La voiture de Jean-Pierre Caillot pila devant la BMW, à l'angle de l'avenue Jean-Jaurès. Georges Besançon surgit sur le côté gauche, Pierrot Degand à l'arrière. Un instant gêné par la circulation, j'arrivai avec un léger temps de retard. Pépé m'accompagnait.

Les truands, pris en tenaille par nos voitures, nous mitraillèrent depuis leur BMW. Une pétarade comme j'en avais rarement vu, une vingtaine de coups de feu en quelques secondes! Les pare-brises volaient en éclats, les vitres tombaient une à une...

Puis le silence revint.

C'était fini.

Côté braqueurs, le bilan était lourd : l'un d'eux était mort, tué d'une balle dans la tête; un autre était blessé au ventre; le troisième, ainsi que la jeune femme, étaient indemnes.

La chance avait été avec nous. Surtout avec Jojo Besançon : sept balles avaient perforé le tableau de bord de sa voiture. Les bras écartés, il s'adressa à moi, le plus calmement du monde :

– Vous croyez que la maison va me rembourser mon blouson?

Une balle s'était faufilée entre son bras gauche et son corps, déchiquetant tout un pan du vêtement!

Il s'en étonnait à peine. Question d'habitude, pour ce récidiviste surnommé « Jojo trompe la mort ». Dans l'affaire des braqueurs du club Méditerranée de Corfou [1], du temps où il était à l'OCRB, une balle avait perforé son portefeuille avant d'être stop-

1. Le 17 juillet 1977, dans l'île grecque de Corfou, trois hommes masqués commettent un hold-up au club Méditerranée « Ipsos ». Le caissier est tué, un employé blessé. L'enquête sera confiée à l'OCRB (*A chacun sa mort*, par Charles Pellegrini et Etienne de Monpezat, édition n° 1, 1990).

pée par sa plaque de police ! Sans parler du jour où il avait été renversé par un semi-remorque. Le camion avait broyé la moto mais Jojo s'était glissé entre les roues par un roulé-boulé de cascadeur ! Un seul inspecteur était au moins aussi veinard que lui : « Pépé le Mocquot ». Deux semaines avant l'affaire de Puteaux, il avait failli mourir lors d'une fusillade au marché Saint-Pierre [1].

Notre opération franco-belge n'était pas terminée pour autant. Lorsque les truands s'étaient séparés, à l'heure du repas, un autre groupe de la BRI, dirigé par Jo Querry, avait suivi deux hommes et une femme dans Paris.

Ils furent interpellés à 14 h 05, rue du Faubourg-du-Temple, à la sortie d'un magasin de vêtements. Encore un trio de haute volée ! « Pierrot un œil » passait pour un dur dans le cénacle des braqueurs ; il était marié avec la sœur d'un malfrat arrêté en 1975 lors de la prise d'otages de l'avenue de Breteuil [2]. Le troisième était tout aussi coriace. En pleine bagarre, Christian et Fiam comprirent enfin ce qui lui valait le sobriquet de « Chevelu » : ils se retrouvèrent avec une moumoute dans les mains !

Un complice, que nous pensions interpeller chez lui, renonça à rentrer en apprenant par la radio les événements de Puteaux. Les perquisitions nous permirent néanmoins de récupérer une quinzaine d'armes, des faux papiers, des véhicules volés... En Belgique, les collègues de Reyniers arrêtèrent quatre personnes. Ils purent ainsi établir – ce qui était déterminant – le rôle de chacun dans les braquages et savoir que les truands avaient eu vent d'un « beau coup » à Schaerbeek par l'intermédiaire d'un postier, collègue de travail du jeune père de famille tué dans l'agression.

La fusillade de Puteaux avait donc fait un mort, Tino Di Marzo. Agé d'une quarantaine d'années, originaire d'un village corse, il avait un casier judiciaire bien rempli. Il était notamment recherché pour le meurtre d'un commerçant et d'un policier, en mai 1974, dans l'Hérault. Il avait pu échapper à la police en se réfugiant dans son village, un nid d'aigle d'où il voyait venir

1. Le 31 mai 1979, dans le quartier du marché Saint-Pierre, trois malfrats que nous filons depuis plusieurs jours attaquent deux femmes qui transportent l'argent d'une entreprise. Les truands s'enfuient en voiture. Bloqués dans la circulation, ils changent de véhicule. Une course-poursuite s'engage avec la BRI, une fusillade éclate. Un truand est tué, l'autre blessé. Aucun passant n'a été touché et c'est miraculeux. Notre ami « Pépé », Alain de son prénom, a eu une sacrée émotion. Dans l'échauffourée, un braqueur s'est emparé de son arme de service et lui a plaqué le canon sur la tempe avant de presser la détente. Il y a bien eu un « clic » mais le revolver s'est enrayé...

2. Lire le chapitre « Le coiffeur de Nevers ».

l'adversaire. Nous savions qu'il appartenait au gang mais nous ne l'avions encore jamais vu lors des filatures.

L'un de ses complices était recherché pour un casse (une centaine de coffres bancaires). L'autre, que nous avions déjà alpagué dans une autre affaire, sortait de prison. Sitôt après la fusillade, c'est lui qui m'adressa la parole :

– Oh, Broussard... Il faut nous comprendre, on vous avait pris pour des gangsters !

– C'est marrant, nous aussi !

On ne put s'empêcher de sourire tous les deux.

Des dialogues de ce genre, dans des situations aussi sanglantes, peuvent choquer, j'en ai conscience. Pour les juger, il faut cependant avoir connu pareille situation. Nous venions de vivre des moments d'une rare violence ; les balles avaient giclé de tous côtés. Après une telle tension, toute personne normalement constituée traverse une période de décompression, ressent le besoin de libérer un trop-plein émotionnel. D'où ces mots, d'où ces sourires, mal venus, peut-être, mais impossibles à juguler. Les nerfs commandent, c'est humain.

Quiconque a frôlé la mort, quiconque est sorti indemne d'une mission ou d'une catastrophe comprendra ces réactions. Que l'on ne s'y trompe pas : elles masquent en général une tempête intérieure, une sorte de peur à retardement, et les plus fanfarons sont souvent les plus atteints... Combien de fois ai-je vu des hommes, même parmi les plus endurcis, réchapper d'une fusillade avec l'air faussement détaché de ceux qui en ont « vu d'autres » ?

Les hommes de la BRI avaient, eux, l'avantage de l'habitude, un « self-control » de chirurgien. Dans les minutes suivant une intervention, ils affichaient une décontraction parfois déroutante, au point de surprendre les personnes présentes sur les lieux. En février 1977, à la suite d'un échange de coups de feu avec des braqueurs sur le boulevard Pereire, un dirigeant national de Force ouvrière, témoin de la scène, s'était étonné en public du sang-froid des policiers et du geste, pourtant anodin, d'un inspecteur qui avait offert une cigarette au voyou couché sur le ventre, les poignets menottés, blessé à une jambe.

Bizarrement, dans ce genre de situation, l'affolement venait plutôt des personnes extérieures à la brigade. Un jour que nous avions arrêté cinq malfaiteurs en présence d'un juge d'instruction en stage d'observation dans notre service, j'eus la surprise de voir le jeune magistrat balancer un coup de pied à un truand à terre parce que celui-ci avait osé lui tirer la langue ! Ce n'étaient pas là des manières enseignées à l'Ecole nationale de la magistrature... Ce juge de grand renom, avec lequel j'ai toujours entretenu des rapports amicaux, se souvient sans doute de la remarque, superbe d'ironie, que lui avait glissée Roland Linck : « Alors, monsieur le juge, on délivre sa CR [1] ? »

J'éprouvais toujours autant de plaisir à mener cette lutte contre le grand banditisme. J'avais craint que la multiplication des prises d'otages ne me détourne du « tout-venant », des braquages et des casses, et qu'avec l'âge la lassitude me gagne. Mais non, il m'arrivait encore, comme aux premiers temps, de passer des nuits dans une voiture, de manger des sandwiches à l'arrière d'un « sous-marin », de m'amuser des pitreries d'un Jojo Thalmann ou d'un Zirnelt. Même pour des affaires qui ne mobilisaient ni les ministres ni le Tout-Paris de la diplomatie.

Décrire ce que l'on éprouve par exemple en surveillant une équipe de casseurs sur le point d' « opérer » un coffre est pratiquement impossible. Dans l'ombre de ces aristocrates de la cambriole, il est des sensations que les mots ne sauraient traduire avec fidélité. Disons que l'on se laisse porter, mi-inquiet mi-impatient, par la vague de l'événement. L'essentiel est de rester vigilant, de garder la tête hors de l'eau, d'éviter les rouleaux. Or certaines vagues s'éternisent. Des heures, des jours, des semaines d'une interminable attente, jusqu'à l'intervention. Le plaisir, car c'en est un, ne réside pas dans la « performance », dans le fait d'épingler deux, trois ou dix truands et de nourrir les statistiques ; encore moins dans un quelconque sentiment de haine ou de vengeance à l'égard des malfaiteurs. Non, la satisfaction naît du travail collectif, de l'aboutissement d'une longue traque, sans avoir été repéré, au plus près du danger.

C'est avec une gourmandise de débutants que nous suivîmes ainsi, tout au long de l'été 1979, un gang de casseurs qui rêvaient d'imiter Albert Spaggiari et ses complices, auteurs du « casse du siècle », le 16 juillet 1976, à Nice (317 coffres, 60 millions de francs).

Comme « Bert » Spaggiari, nos dix à douze malfrats voulaient passer par les égouts et creuser un tunnel jusqu'à la salle des coffres

1. Commission rogatoire (CR) : document qu'un juge d'instruction délivre à un officier de police judiciaire pour procéder, à sa place, à des actes d'instruction.

d'une banque parisienne. Cette information, transmise par nos collègues de la BRI de Nice et recoupée avec un tuyau de la huitième brigade territoriale, allait déboucher sur une belle prise.

Début juillet, les inspecteurs niçois et parisiens qui travaillaient ensemble sur cette affaire comprirent que l'objectif des truands était une agence de la Société générale, rue de Sèvres (VIe). Ils voulaient y accéder en passant par le 85, rue des Saints-Pères, un bâtiment contigu à la banque. Dès lors, vingt-quatre heures sur vingt-quatre, nous allions filer et photographier ces hommes sur lesquels Bernard Collignon, l'infaillible mémoire de la « doc », possédait déjà quelques fiches bien remplies.

Vêtus de bleus de travail, les casseurs se faisaient passer pour des employés de l'EDF installant un réseau électrique dans les sous-sols.

– Nous en aurons pour plusieurs semaines, avaient-ils dit à la concierge.

Ils venaient tous les jours à heures fixes, avec un matériel perfectionné : des lances thermiques, un vérin hydraulique, quatre bouteilles d'oxygène, deux barres à mines, 20 kilos de mastic, quatre bouteilles de gaz, un moteur électrique, des gants, des tabliers en amiante, des casques et des lunettes de protection, six chalumeaux, des câbles électriques...

Pour les observer dans de bonnes conditions, il nous fallait également jouer la comédie, charge à chacun de s'imprégner de son personnage. Après nos collègues niçois, qui s'étaient déguisés en cyclistes grimpant le col de Tende pour assister à un rendez-vous important de la bande, nous allions à notre tour sortir l'attirail de nos amis Guitard et Dauphin. Les « ouvriers » José Gentilini, Pierre Degand ou Jean-Louis Fiamenghi chargeaient de pleines brouettées de sable ou des pavés près d'une fausse cabane de chantier ! Il y avait aussi de faux égoutiers, de faux livreurs et même de faux agents de la RATP qui descendaient fréquemment dans la station désaffectée Croix-Rouge... En face, l'équipe de casseurs avait fière allure avec son ingénieur, ses conducteurs de travaux, ses manœuvres, sans oublier, bien sûr, les spécialistes italiens, sans lesquels un casse ne serait pas un casse. Des phénomènes, ceux-là : comme dans les belles histoires de voyous, on les avait vus débarquer tous les cinq à Paris, valises à la main et costumes noirs, puis attendre sagement leurs correspondants parisiens sous l'Arc de Triomphe !

Ignorant à quel stade des travaux ils en étaient, nous devions assurer une présence continue, même les samedis et les dimanches. Nous pensions en effet qu'ils entreraient véritablement en action lors d'un week-end prolongé. Et pourquoi pas le 14 juillet ? L'hypothèse paraissait plausible. Voilà comment, invité avec mon épouse à la traditionnelle garden-party de l'Elysée, je dus m'enfuir à la hâte et enfiler un bleu de chauffe pour passer le reste de la journée dans les égouts !

Ce petit jeu dura plusieurs semaines, jusqu'au 10 août. A dater de ce jour, les truands cessèrent de venir rue des Saints-Pères. Avaient-ils repéré notre manège ? Rencontraient-ils des problèmes techniques ? S'étaient-ils inquiétés, comme nous, de la venue, un beau matin, de vrais égoutiers ? Comme leur matériel était toujours sur place, nous devions maintenir nos planques.

Le 28 août, cinq d'entre eux revinrent enfin dans le quartier. En accord avec mon collègue Georges Moréas, chef de la BRI de Nice, je décidai de les « sauter ». Ils s'inclinèrent en gentlemen du casse ; pas un coup de feu, pas une bousculade, pas un cri. Ils avaient rêvé de milliards et probablement envisagé de laisser un message à la Spaggiari – « sans arme, sans haine, sans violence » – mais ils avouèrent que ce fric-frac était, tout compte fait, au-dessus de leurs forces et qu'ils étaient venus récupérer leurs outils. Un système de défense comme un autre...

A l'image du rapt du banquier Bernard Mallet, en 1977, cette affaire nous avait permis de vivre des moments d'une extraordinaire intensité. Chaque nuit de planque, chaque casse-croûte avaient renforcé les liens d'amitié entre les inspecteurs.

J'avais moi-même savouré ces semaines de vie commune avec un enthousiasme de débutant, tout heureux d'enfiler un bleu de chauffe ou de casser la croûte dans la cabane de chantier avec « JP » Moreau ou Lionel Guerry. Dans les égouts, dans la camionnette, à mettre en scène notre comédie du faux, j'avais eu le sentiment d'être plus que jamais au contact des réalités de la délinquance. Je ne voulais surtout pas m'en éloigner. M'enfermer dans un bureau et prendre vraiment du recul était impossible, sous peine de ne plus côtoyer suffisamment les hommes avec lesquels je travaillais. Sous peine, aussi, de sacrifier l'essentiel : le plaisir.

J'avais l'impression de n'avoir pas encore épuisé toutes les richesses émotionnelles que recèle ce métier, je voulais vivre à fond ces années qui resteraient, je le savais, les plus marquantes de ma carrière. Et puis, patron de la brigade ou pas, j'avais soif d'action, de filatures, d'interventions. C'était, depuis mes débuts en brigade territoriale, ma raison d'être flic, comme un besoin d'évoluer au cœur de la vie.

Dans son œuvre *Les Justes*, Albert Camus a merveilleusement défini cette nécessité du terrain. L'un des personnages, le directeur de la police Skouratov, affirme en effet : « Là, nous sommes au centre. C'est pour cela, d'ailleurs, que je me suis fait policier. Pour être au centre des choses. »

Mesrine

1. Le champagne du grand Jacques

Vendredi 2 novembre 1979.

S'il est une date, une seule, qui a marqué à jamais ma carrière, c'est bien celle-là. Date charnière, avec un « avant » et un « après », épicentre de ma vie de policier, carrefour de mes doutes, de mes convictions.

Vendredi 2 novembre 1979, jour de la mort de Jacques Mesrine.

De sa folle cavale, les amnésiques n'ont voulu retenir que l'épilogue : un homme tué par l'antigang, au volant de sa voiture, le corps criblé de balles. En parfaits architectes du mensonge, ils ont ensuite consolidé les fondations du mythe, inversé les rôles jusqu'à faire du truand un héros et du flic un salaud.

Si nos détracteurs avaient pris la peine d'étudier vraiment les faits et d'analyser le personnage – ne serait-ce qu'en parcourant son livre [1] –, ils auraient compris qu'une telle issue était inévitable. Le « Grand », comme nous le surnommions à la BRI, devait mourir sous les balles de la police, c'était son destin de tueur. Il l'avait annoncé, il l'avait écrit, et me l'avait même dit de vive voix.

Tout au long de son existence, cet homme intelligent mais mégalomane s'était évertué à éviter les issues de secours que la société ouvrait devant lui. Emporté par la spirale de l'orgueil, il était devenu boulimique, insatiable. Toujours plus d'argent, de célébrité, de mort... Mais il n'avait jamais perdu sa lucidité et connaissait les dangers de cette fuite en avant.

1. *L'Instinct de mort*, par Jacques Mesrine, éditions Jean-Claude Lattès, 1977.

Alors oui, c'est vrai, le vendredi 2 novembre 1979, Mesrine a été tué par la brigade antigang au volant de sa BMW. Notre camion s'est arrêté, quatre de mes inspecteurs ont épaulé leurs armes, il a refusé de se rendre, il est mort. J'avais espéré une fin moins sanglante mais je ne regrette rien.

Avant d'en arriver à cet après-midi d'automne, nous avons suivi, au cours des années soixante-dix, des trajectoires parallèles, marquées par deux arrestations, un procès et de nombreux défis. A sa manière, Jacques Mesrine a joué un rôle crucial dans la vie de la brigade. Dans la mienne, aussi. Un rôle qu'il convient de décrypter ici pour comprendre l'essentiel, l'épilogue de la porte de Clignancourt.

Mesrine voit le jour le 28 décembre 1936 à Clichy (Hauts-de-Seine) dans une famille d'honnêtes gens, dessinateurs dans une entreprise de broderie de luxe. Ni lui ni sa sœur cadette ne manquent de quoi que ce soit. Lorsque la guerre éclate, son père est fait prisonnier, la mère et ses deux enfants se réfugient chez des cousins, dans une ferme du Poitou. A la fin des hostilités, en 1945, la famille se regroupe à Clichy. Jacques Mesrine mène une existence paisible. A douze ans, il fréquente le collège des Oratoriens de Juilly (Seine-et-Marne). L'indiscipline étant sa matière de prédilection, il est renvoyé de cet établissement, puis de quelques autres.

Adolescent, il a déjà l'étoffe d'un meneur autoritaire, attiré par les virées nocturnes, les films de gangsters. C'est le temps des larcins initiatiques, vols de voitures, fauche dans les magasins. Sans trop de conviction, il s'essaie à des petits boulots : manutentionnaire chez un fabricant de tissus, vendeur de journaux à la criée (il n'a jamais été étudiant en architecture comme on l'a souvent prétendu). A dix-huit ans, alors qu'il n'a pas encore trouvé sa voie professionnelle, il pense avoir rencontré la femme de sa vie, une Sénégalaise qu'il épouse en 1955. Le couple divorcera deux ans plus tard, pendant la guerre d'Algérie. En Afrique du Nord, Jacques Mesrine découvre l'action, la souffrance, une « scène » aux dimensions de son tempérament d'aventurier.

En avril 1959, quand il revient à Paris décoré de la Valeur militaire, ses parents sont fiers de lui. Il se lance quand même dans la carrière de malfrat : « J'allais faire du crime une profession. Je le savais, pour l'avoir décidé. (...) Cette détermination allait me conduire au sommet et faire de moi un ennemi public de deux pays, la France et le Canada. J'allais devenir un tueur. Un de ces fauves criminels qui suppriment de sang-froid un être de chair et de sang sans en ressentir le moindre sentiment de culpabilité. Ces hommes que j'allais tuer le seraient pour des raisons d'honneur, d'intérêt ou, tout simplement, pour défendre ma vie [1]. »

Mesrine se révolte contre son avenir, trop banal à ses yeux, de jeune banlieusard. Son second mariage, avec une Espagnole parfaitement honnête, n'y change rien, ni la naissance d'une petite Sabrina.

Cambriolages et hold-up se succèdent. Des coups qui portent sa griffe. Un jour, il pénètre dans un immeuble les bras chargés d'un bouquet de fleurs. En cas de problème, il se fera passer pour un livreur. N'ayant pas été dérangé, il abandonnera finalement le bouquet sur la table du salon, pour s'excuser du dérangement. Ces manières de gentleman s'accompagnent d'une inébranlable confiance en soi. A la fois metteur en scène et acteur de ses propres aventures, le truand en apprentissage se pique au jeu, dangereux mais grisant, de la provocation. Il suit sa route de rebelle, volant les bourgeois et narguant les flics.

Interpellé en décembre 1961, Jacques Mesrine passe dix-huit mois en prison, à Evreux puis à Fresnes. Son premier séjour à l'ombre.

A sa libération, en juillet 1963, il se consacre à sa femme et à sa fille. Durant près de seize mois, il travaille chez un maquettiste. Il donne entière satisfaction à son employeur et apprécie la vie de famille (son épouse accouche d'un deuxième enfant, un garçon) mais cela ne l'empêche pas de rechuter en décembre 1964, après un licenciement économique : « Dans le fond de moi-même, j'étais un professionnel du crime (...), je me sentais encore plus dangereux et je l'étais réellement [2]. »

France, Espagne, Suisse... Mesrine ignore les frontières, son champ d'action s'étend, ses méthodes évoluent. Il ne s'encombre pas de fleurs pour exécuter un proxénète en lui enfonçant une lame de cran d'arrêt dans le genou puis dans le foie.

Des épisodes nébuleux jalonnent cette période de sa vie. Ainsi, pourquoi s'introduit-il, le 2 décembre 1965, dans la résidence du gouverneur militaire de Majorque ? « Un simple cambriolage », prétend-il. « Faux », rétorquent les enquêteurs espagnols, qui le

1. *L'Instinct de mort.*
2. *Ibid.*

soupçonnent d'être un « agent » venu dérober des documents secrets. Dans son livre, il affirme être entré dans la villa à la demande d'un mystérieux commanditaire, afin de relever des numéros sur un carnet d'adresses. Autre aspect énigmatique du personnage : l'hypothèse, souvent avancée, selon laquelle il aurait rendu des services à l'OAS, favorable à l'Algérie française. Une hypothèse plausible mais jamais étayée de preuves tangibles.

A son retour d'Espagne (la justice espagnole lui a épargné la prison ferme), son épouse lui donne un troisième enfant. Il ne s'assagit pas pour autant : cambriolages à Paris, règlements de comptes dans le sud de la France, braquages en Suisse... C'est définitivement la vie qu'il entend mener.

En 1967, séparé de sa femme espagnole, il s'éprend de Jeanne, alias Janou, rencontrée à Pigalle. Avec elle, il devient gérant d'une auberge en forêt de Compiègne, un endroit qui se transforme vite en repère de malfrats. Mesrine n'étant pas homme à prospérer dans la limonade, il s'imagine ailleurs, à l'étranger, dans un pays à sa mesure, le Canada par exemple. Il voit en Janou la partenaire idéale pour ses projets nord-américains.

En 1969, on les retrouve tous les deux dans la région de Montréal, où un milliardaire les a embauchés comme domestiques, Janou la gouvernante et Jacques le cuisinier-chauffeur. Mais le rêve canadien tourne court : ils sont congédiés quatre mois plus tard, à la suite de divers incidents. Ils décident alors de revenir avec un complice pour enlever et brutaliser le milliardaire impotent, qui se déplace à l'aide de béquilles. Terrorisé, celui-ci accepte de payer l'« amende » de 200 000 dollars. Il parviendra toutefois à donner l'alerte et l'affaire échouera in extremis.

Les deux Français en fuite vivent un moment à Percé, à 600 kilomètres au nord-est de Montréal. Après leur départ du motel des *Trois Sœurs*, fin juin 1969, l'hôtelière est découverte mortellement blessée. Mesrine et sa compagne nieront toujours être coupables, jurant qu'ils avaient déjà quitté la ville au moment du meurtre.

Recherchés au Canada, ils réussissent à pénétrer sur le territoire américain. Un autre pays, d'autres projets, une autre police aussi : interpellés au cours d'un contrôle d'identité sur une autoroute texane, ces Bonnie and Clyde à la mode française vont fréquenter les prisons américaines avant d'être extradés au Canada.

C'est le retour à Percé ; derrière les barreaux, cette fois. Outre l'agression du milliardaire de Montréal, ils sont soupçonnés du meurtre de l'hôtelière. Autant d'excellentes raisons de se soustraire à la justice canadienne. Aussi, le 17 août 1969, celui que les Canadiens surnomment « Mister Jack » parvient à neutraliser un surveillant et à délivrer sa compagne. Ils filent ensemble sous la pluie, en pleine forêt. Leur cavale sera brève : de nouveau arrêtés, ils ne peuvent échapper au procès. Pour l'agression de leur employeur et l'évasion, Jacques Mesrine est condamné à dix ans de prison ; Janou, l'équipière modèle, à cinq ans et demi. Les jurés estiment insuffisantes les charges retenues contre eux dans l'affaire du motel.

A la suite d'une tentative d'évasion du pénitencier de Sainte-Anne-des-Plaines, Mesrine est transféré à Saint-Vincent-de-Paul, dans une unité réservée aux criminels endurcis. La réputation de l'endroit ne l'impressionne pas le moins du monde puisqu'il s'en évade, le 21 août 1972, avec cinq autres détenus. Quatre d'entre eux sont rapidement rattrapés ; le cinquième, Jean-Paul Mercier, suit « Mister Jack ».

Ensemble, ils agressent deux automobilistes et se font conduire à Montréal, où des complices vont les accueillir et leur fournir des armes pour commettre des braquages. Mais les deux hommes ont de la suite dans les idées. Le dimanche 3 septembre, ils reviennent devant l'unité spéciale de Saint-Vincent-de-Paul pour libérer leurs amis. Au cours de la fusillade avec les surveillants, Mercier est touché à une jambe et à un bras. Ils doivent repartir en catastrophe. Leur assaut était voué à l'échec mais le Français avait promis de tenter le coup, il a tenu parole.

Toute marche arrière est désormais impossible. Empêtré dans son personnage de tueur, il va au contraire franchir une étape supplémentaire dans l'ultra-violence, le 10 septembre 1972, toujours avec Mercier.

Les deux hommes s'entraînent au tir dans la forêt, près de Saint-Louis-de-Blandford, lorsque deux gardes forestiers les surprennent sans savoir à qui ils ont affaire. Le coffre du véhicule des truands est rempli d'armes. Sans hésiter un seul instant, ils tirent sur les gardes.

Mesrine pourrait leur laisser une chance, les ligoter dans un coin et s'enfuir. Il préfère les achever de deux balles dans la tête. « Nos crimes n'avaient pas été prémédités, écrira-t-il, ils n'étaient rien d'autre que de la légitime défense. Nous étions en guerre, toutes les polices voulaient notre peau depuis l'attaque du pénitencier. Nous venions de donner notre réponse. Ni pitié ni remords... »

Associé à une jeune Canadienne prénommée Jocelyne (Janou est encore en prison), il voyage aux États-Unis, au Venezuela, en Espagne. Le gamin de Clichy est devenu l'un de ces passe-frontières dont on affirme dans les journaux qu'ils sont « recherchés par toutes les polices ».

De retour en région parisienne, il emménage avec sa nouvelle compagne à Mantes-la-Jolie puis à Boulogne-Billancourt. Coïncidence ? Les agences bancaires de la banlieue ouest sont visitées une à une. L'argent afflue, le couple mène la vie de château. Vêtements de marque, restaurants renommés, boîtes de nuit à la mode, voitures de luxe... Rien n'est trop beau.

Ces manières de prince du crime n'empêchent pas Jacques Mesrine de se comporter en sinistre flingueur. Il débarque un jour dans un bar à filles du quartier de la Madeleine, à Paris. Il veut punir le patron qu'il soupçonne d'être un indic. Le taulier ayant eu l'heureuse idée de s'absenter, Mesrine entre dans une colère folle, jette le contenu de son verre au visage de la serveuse, renverse les tables, brise des bouteilles et brandit son colt 45. Un gardien de la paix qui se présente à la porte reçoit une balle dans le cou. Terrassé par la douleur, le policier tombe à genoux. Mesrine s'approche, le braque à bout portant, menace de dégrafer les épaulettes de l'uniforme « à coups de calibre ». Il n'en aura pas le temps, l'arrivée de renforts le contraignant à fuir.

La baraka est avec lui, il peut remercier sa bonne étoile. Ne s'est-il pas tiré des pires guêpiers ? Maquillé, perruqué, muni de faux papiers, il s'est joué de ses poursuivants avec une insolente facilité. Cette veine nourrit son ego de voyou, flatte sa vanité de solitaire. Il est ce qu'il rêvait d'être, un tueur sans pitié, riche et dominateur. Jacques Mesrine est fier de Jacques Mesrine.

A force de modeler son personnage, de parader quand il devrait se faire oublier, il finit malgré tout par commettre des erreurs.

Le 8 mars 1973, au terme d'une remarquable enquête, les hommes du Service régional de police judiciaire (SRPJ) de Versailles l'arrêtent à Boulogne-Billancourt avec l'aide de la BRI. Je suis présent, avec les inspecteurs de l'antigang, mais je ne participe pas directement à l'arrestation menée par mon ami Alain Tourre, du SRPJ. Jocelyne, l'amie canadienne, est également interpellée.

Les bras chargés de provisions, Mesrine n'a pu utiliser ses

armes. Comble de la provocation, il habite un appartement loué sous un faux nom (Bruno Dansereau) à un juge ! A cette adresse, 1, avenue Pierre-Grenier, nous saisissons une quinzaine d'armes, des jeux de faux papiers, des carnets de chèques, des liasses de billets...

– Combien d'hommes as-tu tués dans ta carrière ? Dix ? Vingt ? lui demande Tourre.

– Pourquoi pas trente-neuf ! réplique Mesrine, sans sourire.

Nul ne saura s'il s'agissait d'un aveu ou d'une boutade.

Le nombre exact de ses victimes n'a jamais pu être établi. Les preuves ont manqué dans certaines affaires. Seule certitude : il a tué et blessé au Canada et en France. En conclusion de sa conversation avec Tourre, il promet de ne pas végéter plus de trois mois à la prison de la Santé.

Je l'ignore encore mais Jacques Mesrine, « le Grand », vient d'entrer dans la vie de la BRI. Il y restera six ans et demi.

Quoiqu'il jouisse déjà d'une solide réputation dans le milieu, il n'est pas encore, en cette année 1973, une tête d'affiche comme Christian Jubin [1] et, maintenant qu'il est derrière les barreaux, nous l'oublions quelque peu pour passer à d'autres malfrats. 1973 est d'ailleurs une année d'intense activité pour la brigade. La récente création de la « filiale » anticommando (2 octobre 1972) nous apporte un surcroît de travail, avec de fréquentes séances d'entraînement.

Quatre-vingt-dix jours plus tard, le 6 juin 1973, Jacques Mesrine, voyou globe-trotter, comparaît devant le tribunal correctionnel de Compiègne pour une banale histoire d'abus de confiance datant de l'époque où il tenait une auberge.

Soudain, il se dresse dans le box, pointe une arme vers le président.

– Lâchez-moi ou je tue le juge ! crie-t-il aux gendarmes qui l'encadrent.

Les gendarmes s'écartent. Mesrine se précipite sur le magistrat, l'agrippe par le cou, plaque le revolver contre sa nuque.

– Tous par terre ! hurle-t-il en tirant un coup de feu d'intimidation.

Il traverse la salle d'audience serré contre son otage, le doigt sur la détente. Dans la cour, le chef d'escorte essaie de s'interposer. Une balle lui frôle la tête.

1. Lire le chapitre « Antigang ».

Parvenu dans la rue, Mesrine libère le magistrat et court vers la voiture d'un complice. D'autres coups de feu claquent. Il blesse un gendarme mais reçoit lui-même une balle dans le bras. Le complice démarre, l'évasion est réussie.

Comment a-t-il pu se procurer une arme ? Un jeu d'enfant pour ce comédien né. Sitôt parti de la Santé à bord d'un fourgon cellulaire, il a fait croire aux gardiens qu'il souffrait de dysenterie. Au palais, il a demandé à se rendre d'urgence aux toilettes. Prétextant l'absence de papier hygiénique (une main amie avait fait le vide), il a obtenu de changer de « petit coin ». Le second n'étant pas mieux équipé, il s'est énervé, exigeant cette fois de monter au premier étage où se trouvaient les wc réservés en principe aux avocats. Le rouleau rose était en place, de même qu'un Luger 9 mm posé sur le coffret de la chasse d'eau. On connaît la suite...

Mesrine est homme de parole : il n'est pas resté en prison. Sa cavale va durer un peu moins de quatre mois, le temps d'un été. Un été 73 chargé pour notre service, avec la prise d'otages de Brest puis celle de l'ambassade d'Arabie Saoudite [1].

A cette époque, je n'en suis encore qu'à mes débuts d'antigang, je profite de l'expérience des vétérans comme Clavier, Frédo, Chaix ou Yeprémian. Pour moi, tout s'est accéléré depuis une douzaine d'années : l'Algérie, le Bon Marché, le commissariat d'Argenteuil, la 1re BT, et maintenant le « 36 », la double casquette BRI–BAC. Pour Mesrine aussi, la vie s'est emballée depuis 1960 : la cambriole, les mariages, les crimes, les cavales, l'Espagne, le Canada, les Etats-Unis, les pénitenciers, les maisons d'arrêt. Son évasion de Compiègne a fait grand bruit, il a pris du galon dans la pègre, acquis une renommée dans l'opinion publique.

Nous allons de nouveau entendre parler de lui le 27 septembre 1973.

En fin de matinée, trois braqueurs attaquent une agence de la BNP, avenue de Villiers (XVIIe). Un costaud à moustaches rousses braque le directeur avec une arme de gros calibre. A l'entrée, un complice fait le guet. Le troisième, un colosse de près de deux mètres, rassure clients et employés :

– Pleurez pas, mes petites chattes, c'est pas votre fric qu'on vient piquer ! On ne vous fera pas de mal.

1. Sur la prise d'otages de Brest, le 18 août 1973, lire le chapitre « Baptême brestois ». Sur la prise d'otages de l'ambassade d'Arabie Saoudite à Paris, le 5 septembre 1973, lire le chapitre « Les fedayin de la Muette ».

Les trois hommes s'échappent dans une R 16 blanche conduite par un complice.

Le numéro de cette voiture est diffusé sur les ondes. Un brigadier en tournée avec ses collèges la signale bientôt boulevard Barbès, garée en double file devant une banque ! A l'intérieur, le même trio : le moustachu, le colosse, le guetteur.

– Les képis sont là ! On sort tranquilles...

Devant l'agence, une fusillade éclate. Sans se préoccuper des passants, les truands tirent sur les gardiens qui parviennent malgré tout à interpeller le chauffeur. Les trois autres stoppent une Fiat, éjectent le conducteur et disparaissent dans Paris.

Chargé des enquêtes sur ces deux braquages, le chef de la 1re BT, Marcel Leclerc (futur patron de l'antigang car nous ne sommes qu'en 1973) recueille les témoignages. Il découvre ainsi que le colosse n'est autre que Michel A., surnommé le « Porte-Avions », rapport à son artillerie et à sa carrure (1 m 90, 110 kg). Le moustachu, c'est Jacques Mesrine, l'évadé de Compiègne, qui ne se cache pas à l'autre bout du monde, comme on l'a supposé un moment, mais rue Vergniaud (XIIIe) où l'enquête va nous conduire dès le lendemain, 28 septembre.

La résidence « La Fontaine aux clercs » n'a rien d'une tanière de voyous. Personne, dans l'immeuble, n'a prêté attention à un locataire du deuxième étage, un certain M. Lefèvre. C'est Mesrine.

En prévision de l'arrestation, l'antigang a été appelée en renfort de la 1re BT.

A 20 heures, notre dispositif est déployé dans l'ensemble du quartier. Je monte au deuxième étage, avec Bébert Objois, le petit Roger et quelques autres.

Les escaliers... Le couloir... La porte de M. Lefèvre, sur la gauche...

– Police, rendez-vous, l'immeuble est cerné !

Aucune réponse. Seul le doux ronronnement de la minuterie perturbe un silence pesant.

Deuxième tentative.

– On sait que vous êtes là... vous êtes bloqué !

Toujours pas de réponse.

Apprenant l'arrestation de ses complices, il n'est peut-être pas revenu dans cet appartement. Certains inspecteurs, estimant qu'il n'y remettra plus jamais les pieds, préconisent de partir en laissant une équipe en planque, par acquit de conscience. D'autres, sans trop savoir pourquoi, restent persuadés qu'il est là. Il faut juste faire semblant de redescendre, histoire de le pousser à la faute.

Nous percevons alors un léger bruit à l'intérieur de l'appartement. Trois fois rien, juste un bruit de vie, une chaise que l'on bouge, un placard qui se ferme. Une porte, seulement une porte, nous sépare de Jacques Mesrine !

Je l'imagine en embuscade, armé d'un quatorze coups et d'une mitraillette. Je crains ses réactions, sa violence, mais il ne faut rien laisser paraître, faire comme si nous avions la maîtrise de la situation.

– C'est raté, vous êtes là !

Silence.

– Sortez ou je fais sauter la porte !

Un homme vocifère en allemand.

– Parle français, on se comprendra !

– Je suis un citoyen allemand en compagnie de la fille d'un ambassadeur, crie-t-il avec un fort accent germanique. Je téléphone immédiatement à mon ambassade. Ah, il est beau, le pays des droits de l'homme !

– Arrête tes conneries, tu en fais trop !

– Ah, vous allez tout de suite comprendre qui je suis. J'ai assez d'explosifs pour tout faire sauter. Ça va être un carnage ! Je suis un terroriste de la bande à Baader, petits Français de merde, vous voulez du sang, vous allez en avoir !

– Terroriste ou pas, tu sors les mains sur la tête.

– Bordel, vous n'avez rien compris ! Vous ne savez pas qui je suis !

– Oh si, je le sais, tu es Jacques Mesrine et on se connaît !

– Ah, voilà autre chose ! Qui es-tu, toi, petit flic de merde, pour me parler comme ça ?

– Broussard.

– Broussard ? Le gars au collier... C'est toi qui étais à Brest l'autre jour ?

– C'est ça, oui.

– Eh bien, avec moi, ta psychologie tu peux te la foutre où je pense, ça ne prendra pas. Je n'ai rien à perdre. Tu comprends ? Rien à perdre ! Je vais vous faire sauter la cervelle, bande d'enculés !

Mesrine tel qu'en lui-même, violent, sûr de lui, courageux physiquement. Un truand hors norme. Il s'agite, il hurle, il déplace des meubles, fait claquer la culasse de ses armes. Depuis le couloir, nous percevons une voix de femme.

– On va tous sauter ! Je ne retournerai jamais en prison ! Tu m'entends, Broussard ? Jamais ! Des innocents vont payer, des voisins, des locataires que je vois de ma fenêtre, la fille qui est avec moi. Tu seras responsable de leur mort, je le gueule très fort pour qu'ils le sachent tous. Tu seras responsable du carnage. Je vais tout faire exploser !

– Tu n'as aucune chance de t'en tirer.

– Non, je n'ai pas encore perdu. D'abord, je vais commencer par allumer deux ou trois locataires de l'immeuble en face. Bande de cons, on va rigoler un peu ! Après, je veux un feu d'artifice, oui c'est ça, un vrai feu d'artifice !

– Arrête, c'est pas ton genre. On est pas du même côté de la porte mais on a certains traits de caractère en commun, tu ne crois pas ?

– Arrête avec tes leçons et ta psychologie. Tu m'énerves ! Tu entends ?

– Allons, pas de panique, tu vois, je garde mon calme.

– Ecoute-moi, poulet, ça ne prend pas, ton baratin. Non, non, ne crois pas, je ne m'énerve pas. Tu vois, c'est peut-être vrai que, dans d'autres circonstances, on aurait pu se parler. Je reconnais que tu es courageux. Je suis au courant de ce que tu fais avec tes gars mais, aujourd'hui, il n'y a pas à discuter. Au fait, tu es bien Broussard ? Passe-moi ta carte sous la porte ! A propos, comment es-tu arrivé là ?

– L'enquête, mon vieux, l'enquête.

– Passe ta carte !

– Oui, tu parles, tu vas m'envoyer un pruneau à travers la porte !

– Eh, je pourrais en dire autant quand je vais me baisser pour la ramasser !

– Oui, c'est vrai. Bon, je la passe sous la porte et on ne tire pas. D'accord ?

– Parole.

J'ai confiance, sa parole est une garantie. Je glisse ma carte d'identité – dont l'adresse n'est plus valable – sous la porte. Elle me revient quelques minutes plus tard, enveloppée dans un article de *France-Soir* relatant une affaire de l'antigang. Griffonnés sur le papier journal, ces mots : « C'est bien toi, félicitations » ; signé : « Mesrine ».

J'ai le sentiment d'avoir marqué un point. Nous venons de

nous tester mutuellement. Il en découle une forme de respect. Le duel est loyal, les coups bas sont interdits.

– Bon, alors, Mesrine, qu'en penses-tu?

– Tu te rends compte, on a exactement le même âge!

– Je sais, on est de la classe 36, on aurait pu être ensemble en Algérie.

– Oui, mais là, on est face à face!

– Et la fille, qui est-ce?

– Elle n'est pas dans le coup. Ne l'emmerde pas. Donne-moi ta parole qu'il ne lui arrivera rien.

– Si elle n'a rien fait, il n'y aura aucun problème.

– Laisse-moi vingt minutes, après j'ouvre!

– Vingt minutes? Pour quoi faire?

– Pas ce que tu crois! Il faut que je fasse un peu le ménage. Ranger mes affaires, nettoyer mes armes, ça prend du temps!

– Tu te fous de moi? Maintenant, ça commence à bien faire!

– Oh, calme-toi! Tu ne vas quand même pas croire que je vais me rendre comme un charlot. Mon petit Broussard, on va s'expliquer les armes à la main. Tu rigoles ou quoi?

– Je te donne dix minutes, si tu ne sors pas je fais sauter la porte et on vous enfume comme des rats!

– C'est ce qu'on verra.

– C'est tout vu. Dix minutes, pas une de plus!

Il se rebiffe, il annonce un « carnage ». Dans le couloir, Jacques Chaix est à mes côtés, Bernard Pire, Jean-Pierre Caillot, René Plouy, Bébert Objois nous font face, le petit Roger n'a pas bougé. Ce type est un phénomène : il pourrait rester des heures comme ça, flingue en main, l'œil fixe, comme s'il guettait le sanglier dans son maquis du cap Corse!

Une fumée âcre filtre sous la porte. Avec Mesrine, tout peut arriver, y compris une explosion...

– Cassez-vous, ça va sauter! Jamais je ne retournerai en prison, je préfère crever les armes à la main! Jamais!

– On se calme.

– Mais tu es con Broussard ou quoi?

– Non, je ne suis pas con et toi non plus. Tu sais ce que tu peux faire et ne pas faire.

– Ça y est, tu recommences avec ta psychologie! Mais tu me fais chier! Je ne sortirai pas, on va sauter ensemble, tu l'auras cherché. Terminé.

– Qu'est-ce que tu fais brûler ?

– Comment ? Cette odeur ne te rappelle rien ?

– Non, je ne vois pas, des plans de braquage, peut-être...

– Entre autres, oui, quelques souvenirs personnels... Quand on part en voyage, on fait le ménage derrière soi !

Le ton amusé de ma remarque sur les plans de braquage l'a décontenancé. Contraint de se placer sur un pied d'égalité avec moi, dans son comportement comme dans ses propos, il devient plus calme, plus conciliant, presque sympa.

Mais la conversation a assez duré, je hausse le ton.

– Maintenant fini de jouer, je t'avais accordé dix minutes. Ça fait trois quarts d'heure que je suis devant la porte, ma patience a des limites. Je croyais que tu étais courageux. Tu t'es foutu de ma gueule, je me suis trompé. Alors, tu te décides ?

– Oui, flic, j'arrive... Eh, Broussard ?

– Oui.

– On dit que t'es un dur de dur.

– Tu n'es pas mal non plus dans ton genre !

– Tu sais que ça m'emmerde de me rendre ?

– Je m'en doute.

– Dis-moi, j'aimerais vérifier que tu es aussi gonflé qu'on le dit. Serais-tu capable de te présenter sans arme et sans gilet pare-balles ?

– Quand tu veux ! Et toi, tu es capable de sortir sans arme ?

– Je suis tout aussi courageux que toi ! Je voudrais que tu gagnes cette arrestation en prenant un risque personnel.

– D'accord, je me présente sans arme, sans gilet pare-balles, tu as ma parole. Et toi, où seront tes armes ? Quelles garanties tu me donnes ?

– Ma parole. On va voir celui qui va se dégonfler.

– Il n'y en aura aucun.

Cette fois, la partie est bien engagée, je ne risque rien à relever le défi. Un truand de sa stature est attaché à certaines valeurs, à des règles que les jeunes voyous ne respectent plus. Il sait qu'il a devant lui des policiers qui évoluent en permanence au cœur de la pègre, qui en connaissent les usages, il ne peut se dégonfler sans compromettre sa réputation.

Le petit Roger, Chaix, Bébert et les autres inspecteurs présents reculent de plusieurs mètres. Me voilà seul, le blouson ouvert, les bras écartés, pour montrer que je ne suis pas armé.

La porte s'ouvre.

Mesrine est là, devant moi, pour la première fois, chemise sombre, manches retroussées. Il bombe le torse en fumant un cigare de nabab. Il sourit, les poignets tendus, offerts aux menottes. Théâtral. « Mesrinien. »

On se serre la main.

– Chapeau, Broussard, tu ne trouves pas que c'est une arrestation qui a de la gueule ? On va arroser ça ! Fifille, du champagne pour ces messieurs ! Ce sont des flics, des vrais !

Je n'aime pas particulièrement le champagne mais je dois concéder qu'en de telles circonstances, une petite coupe ne se refuse pas, elle fait partie du « cérémonial ».

Mesrine évoque aussi cette arrestation dans son livre : « C'est là que l'on voit les grands flics... Face à face, il n'y a plus l'ennemi public face au patron des antigangs mais deux hommes, deux durs qui savent la valeur de la parole donnée. Broussard prenait un risque énorme mais c'était un homme qui avait calculé l'importance que prenait son geste à mes yeux. J'ai toujours respecté un adversaire loyal. Dans la rue, un des deux, le moins rapide, aurait perdu la vie... Mais Broussard avait le geste gratuit de gagner mon arrestation : sa vie contre la parole d'un tueur. Le citoyen ordinaire ne pouvait pas comprendre, lui qui, le cul assis, ne risquait jamais sa peau, qu'aurait-il pu comprendre à une histoire d'hommes ? »

N'en jetez plus ! A l'écrit comme à l'oral, Jacques Mesrine péchait par excès de zèle, il avait tendance à trop en faire dans le style « bandit d'honneur ». Rien ne justifiait cette grandiloquence, j'avais juste fait mon métier de policier avec l'aide des gardiens de la paix et ensuite des inspecteurs de la 1re BT. Sans eux, la BRI n'aurait pas connu ce succès. Il n'empêche que c'est également dans ce genre de situation que l'on reconnaît les « beaux voyous ». Force est d'admettre que nous avions vécu un moment rare, parole de truand contre parole de flic.

Je n'ai jamais éprouvé d'admiration pour Jacques Mesrine mais j'ai toujours respecté les malfaiteurs capables de perdre avec élégance. Il était de ceux-là et cette arrestation reste l'un des meilleurs souvenirs de ma carrière.

Quand le sous-directeur de la PJ, Roger Poiblanc, le patron de la 1re BT, Marcel Leclerc et le procureur de la République nous rejoignent rue Vergniaud, ils s'étonnent de nous voir si décontractés. Il est vrai que les comptes rendus radio parlent d'état de siège !

– Alors, petit proc, tu trinques ? demande Mesrine.

Le magistrat refuse poliment. Mesrine en profite pour le brocarder sans méchanceté. Pendant que nous trinquons, Gaston Pautot et ses enquêteurs étalent son arsenal sur le lit : mitraillettes, pistolets, revolvers, grenades, fumigènes, masques à gaz...

Le lendemain, le Grand demande à me voir. Je le retrouve dans une cellule de garde à vue, dans les locaux de la 1re BT. Il n'a rien perdu de sa superbe.

– Salut beau crâne [1] !

– Salut beau flic !

– En forme, Jacques ?

– Ça peut aller, me répond-il. Et la petite, vous la relâchez quand ?

– Comme promis, elle va sortir. Tu veux lui parler ?

– Oui, je veux bien. Bon, je voulais te voir... C'est normal de saluer les amis lorsque l'on part en voyage ! Et puis, je voudrais te faire part de mes projets. Je me donne deux ou trois ans maximum pour réussir la belle, sinon je me fous en l'air. Je ne veux pas pourrir en prison. Tu vois, je t'aime bien et je te respecte, mais la prochaine fois il n'y aura pas de champagne et on sera obligés de se tirer sur la gueule ! Réfléchis, on ne pourra pas faire autrement. L'homme de la rue ne peut pas comprendre mais le premier qui tirera aura raison. Qu'est-ce que tu veux, c'est con mais c'est comme ça !

Quelques semaines plus tard, depuis la Santé, il écrira : « Moi qui ai la haine des flics, j'ai de l'estime pour Broussard. C'est lui qui m'a sauté la dernière fois. Si on enlève le flic et le truand, sur le plan hommes on est assez proches l'un de l'autre. Dire que le destin nous oblige à nous tirer sur la gueule ! C'est con, non ? Je crois, que je suis fou et c'est cela qui est grave. C'est cela qui fait de moi l'ennemi public numéro un. »

Le truand est en prison, l'homme est à la « une ». La presse s'est emparée de son destin. Mesrine le tueur, le cambrioleur aux bouquets de fleurs, le prince de l'évasion, passe-frontières et passe-murailles, le seigneur qui offre une coupe aux antigangs... Il s'est façonné un personnage à facettes, inclassable. Séducteur, il fascine les avocates. Elles se bousculent pour assurer sa défense ; elles se jalousent, aussi.

1. Beau crâne : expression argotique pour désigner un malfaiteur réputé.

A la Santé, il fait l'objet d'une surveillance renforcée, dans le quartier de haute sécurité (QHS). Il continue malgré tout de revendiquer son statut de caïd. Malheur à celui qui ose le contrarier. Aucun article n'échappe à sa vigilance de censeur, surtout ceux qui relatent des affaires nuisibles à sa légende. Il poursuit les médias en diffamation pour rétablir la vérité, et sortir de prison le temps d'un procès, ce qui lui permettrait de refaire le coup de Compiègne. Les autorités judiciaires ne tombent pas dans le piège. Elles refusent de donner suite à ses plaintes. Il se venge par des écrits de plus en plus provocants, comme cette lettre du 6 novembre 1975 à Jacques Derogy, de *L'Express* : « En plus, vous m'accusez de louer mes services de tueur à gages aux proxénètes... Vous êtes une crapule, Derogy. (...) Ne soyez pas surpris si certains de mes amis viennent vous demander des comptes (...) ; un bout de papier n'a jamais servi de gilet pare-balles. »

Mesrine met en ébullition les médias, la police, la justice. On ne compte plus les policiers, les gendarmes ou les journalistes, soi-disant menacés, qui sollicitent une protection rapprochée. Pour un peu, ils en tireraient une certaine fierté. Après tout, n'est-ce pas un signe de notoriété que d'être menacé par l'ennemi public numéro un ? C'est un peu comme les personnes qui se prétendent sur écoutes téléphoniques pour mieux se convaincre de leur importance...

Chez les voyous, le cas du grand Jacques ne fait pas l'unanimité. Si une majorité d'entre eux admirent son courage, d'autres lui reprochent d'être une star oublieuse de ses origines. A les entendre, il aurait tendance à snober les copains, à jouer les donneurs de leçons, il n'appartiendrait plus tout à fait à ce monde de la pègre qu'il a si souvent sollicité pour des faux papiers, des armes ou des planques.

Mesrine est une star, un sujet « vendeur » à la « une » de l'actualité. Pour la forme, on prétend « participer au débat », on affiche ses scrupules dans des éditoriaux sinueux sur le devoir d'informer, mais tout cela n'est qu'habillage, le mal est fait. A chaque nouvel article, à chaque nouvelle émission télévisée, l'histoire se déforme, la vérité devient mensonge, les inexactitudes foisonnent. Le droit de réserve imposé à tout fonctionnaire m'oblige à contenir mes indignations de policier et de citoyen. J'assiste, impuissant, à l'échafaudage d'une légende. Je ne comprends pas qu'un tueur puisse jouir d'une si large publicité, profiter d'une telle liberté de parole en dehors de son droit, légitime, à être défendu. J'y vois un problème de fond pour la démocratie, celui des dérives médiatiques. Ce n'est plus de l'information, c'est une opération de propagande au service d'un malfaiteur incarcéré, en attente de jugement. Tous les organes de presse ne sont pas complices, mais ceux qui franchissent le pas le font en parfaite connaissance de cause, par appât du gain.

Aujourd'hui, avec le recul des années, je constate que Jacques Mesrine, par ses talents de manipulateur, a été un précurseur. Depuis, d'autres escrocs de l'image, d'autres princes du paraître ont utilisé les médias pour masquer leurs déboires judiciaires.

Son ascension médiatique nous scandalise d'autant plus que la brigade traverse à l'époque une période pénible et n'a pas droit, loin s'en faut, aux mêmes faveurs. L'année 1975 a débuté par la prise d'otages de l'avenue de la République et surtout la fusillade du *Thélème*, avec les frères Zemour, le 28 février. Il y a eu, ensuite, le drame de Charenton et la mort de l'inspecteur Pottier. En dépit de nos réussites (l'arrestation du ravisseur du petit Fabien, les prises d'otages de la Sarthe, de Strasbourg...), nous avons été sur la sellette.

De plus, un autre truand nous donne du fil à retordre, et il est en liberté, celui-là : Jean-Charles Willoquet, en cavale depuis son évasion du palais de justice de Paris [1]. L'ancien coiffeur a connu Mesrine en prison. Il est devenu son ami, du moins le croit-il. Le Grand, plus retors, le manipule à sa guise.

Le 28 octobre 1975, jour où la BRI localise le couple Willoquet avenue Kléber, Jean-Charles parvient à s'enfuir mais sa femme, Martine, est interpellée. Son sac renferme une grenade ainsi qu'une lettre de Mesrine. Depuis sa cellule, il suggère à Willoquet d'enlever deux personnalités de son choix, un magistrat et un politicien de l'opposition par exemple, pour les échanger ensuite contre lui. Le pouvoir céderait rapidement : « Il sera toujours possible, écrit Mesrine, de tuer l'un (le magistrat en premier) pour prouver votre détermination en gardant le second comme monnaie d'échange... Tu peux aussi demander de l'argent, c'est ton affaire... »

Le document est truffé de conseils techniques si astucieux qu'il est préférable de ne pas les dévoiler ici. C'est une brillante leçon du maître Jacques à l'élève Jean-Charles.

1. Sur Jean-Charles Willoquet et son évasion, le 8 juillet 1975, lire le chapitre qui lui est consacré.

Quand il apprend l'arrestation de Martine Willoquet avenue Kléber, le Grand est catastrophé. Tous ses projets s'effondrent. Les murs de la Santé ne lui ont jamais paru si épais. Furieux contre ce complice qu'il croyait plus futé, il se montrera dorénavant féroce à son égard.

Comparer Mesrine et Willoquet? Les deux hommes partageaient un même besoin d'être reconnus, craints, admirés; bref, une même volonté d'exister par la force et la violence. Willoquet était cependant plus instinctif, plus physique que Mesrine. Il compensait les excès de sa fougue par une baraka insolente et une indéniable hardiesse. Le Grand, lui, avait des qualités d'organisateur, il était rusé, pragmatique, calculateur. L'un comme l'autre, ils étaient à la merci des caprices de l'orgueil, c'était leur point faible, leur talon d'Achille.

1976, 1977. Mesrine programme ses vengeances, rumine sa rancœur contre Willoquet, étudie ses projets de « belle ». Il rédige *L'Instinct de mort*, dans lequel il écrit : « Je n'ai que du sang de flics et de truands sur les mains, je ne regrette rien. » Cette autobiographie, si elle permet de mieux cerner le personnage, n'en reste pas moins à sens unique. Il s'attribue le beau rôle face à la « société » et à ses « flics ».

En revendiquant des crimes jusque-là non élucidés, il déclenche également une campagne de presse. L'ouvrage fait scandale, il est qualifié de « tissu de mythomanie » par *L'Express*. Le philosophe Michel Foucault évoque un « rewriting de supermarché ». L'écrivain Gilles Perrault remarque dans *Le Nouvel Observateur* : « Bien naïfs sont ceux qui s'étonnent de voir Mesrine s'accuser dans son livre de crimes ignorés de la justice. Ses deux meurtres " officiels " (les gardes forestiers canadiens) suscitaient l'indignation. A partir de trente ou quarante, on verse dans la perplexité. Il n'était qu'un assassin, le voilà devenu un personnage. On ne guillotine pas un homme qui a fait réfléchir Michel Foucault. » La vérité est là, dans cette excellente analyse de Perrault : le mythe est en route, il est trop tard pour l'arrêter.

Le procès de cet accusé devenu superstar s'ouvre aux assises de Paris, le 3 mai 1977. Il gratifie la cour d'un show digne de sa réputation. Mesrine dans le rôle de Mesrine.

Provocateur : « Moi, je suis d'accord pour travailler avec des armes bidons mais seulement le jour où les policiers de l'antigang auront les mêmes. »

Ironique : « J'ai toujours fait du travail propre. Jamais je n'ai planté une arme dans le dos de quelqu'un ou alors il n'y avait pas de cartouche car j'ai trop peur des accidents. »

Militant : « En haute sécurité, on se pend ou on se révolte. Alors, messieurs les magistrats, à quoi ça sert, les barreaux, les chaînes, l'isolement, si on peut acheter les clefs qui ouvrent les portes ou les serrures des menottes, si on trouve des employés de prison prêts à des échanges contre de l'argent ? »

Sûr de son effet, il triture son nœud de cravate et sort le moulage en plâtre d'une clef de menottes. Il le jette dans la salle.

– Trois mille francs, pas davantage, pour acheter à un maton l'empreinte de cette clef !

Il va trop loin. Personne ne peut oublier ce qu'il est exactement, un professionnel du crime, cynique et orgueilleux.

Tout l'antigang suit l'évolution du procès dans la presse. Dans nos voitures de planque, en pleine surveillance des futurs ravisseurs du banquier Bernard Mallet (9 août), nous ne manquons pas de lecture : les journaux abondent d'articles sur Mesrine.

Arrive le jour de nos retrouvailles devant la cour. « Beau flic contre beau crâne », titre un quotidien. Je me rends au palais de justice, voisin du « 36 ». Je n'ai pas vu le Grand depuis septembre 1973. L'affaire remonte à près de quatre ans mais j'en garde un souvenir intact. On n'oublie pas une arrestation au champagne.

Appelé à la barre, je raconte brièvement les faits. L'un de ses défenseurs se lève et me demande :

– Si vous vous êtes présenté sans arme, c'est que vous étiez convaincu que notre client n'était pas aussi dangereux qu'on veut le dire ?

– Ce n'est pas exactement cela. Il m'avait lancé un défi. Je devais répliquer en lui lançant un autre défi, celui de sortir sans arme. Ni l'un ni l'autre nous ne pouvions reculer et perdre la face.

– Oui, intervient l'avocat général Langlois, mais si Mesrine a accepté, c'est qu'il ne pouvait pas faire autrement, il était acculé.

En fait, sur ce point, tout le monde a plus ou moins raison. Et j'explique pourquoi en revenant dans le détail sur l'intervention proprement dite : la porte, les négociations, les coups de bluff...

Interrogé, Mesrine confirme :

– Ça s'est passé de cette façon, monsieur le président. Croyez-moi, c'est une arrestation qui avait de la gueule ! C'était la parole d'un flic contre celle d'un truand. Mais la prochaine fois, monsieur le président, je peux vous dire qu'il n'y aura pas de champagne! Vous pensez bien que je vais tout faire pour m'évader et si Broussard se trouve une nouvelle fois devant moi, ce sera un combat d'hommes qui se passera dans la rue, sur le pavé et le premier qui tirera aura raison!

Debout dans le box, impressionnant d'assurance, il se tourne vers moi :

– Nous sommes d'accord, Broussard?

– D'accord, Mesrine.

Dans cette salle bondée mais silencieuse, nous vivons un de ces moments qui font la magie d'un procès d'assises, quand les mots sont si pesants qu'ils ajoutent à la solennité du lieu.

Le 19 mai 1977, Jacques Mesrine est condamné à vingt ans de réclusion criminelle.

2. La cavale

« Vous êtes prisonnier de votre personnage et cela représente l'évasion la plus difficile à réussir. » Derrière les barreaux de la prison de la Santé, Jacques Mesrine peut méditer cette pertinente analyse de Charles Petit. Le président de la cour d'assises de Paris a vu juste : toute sa vie, Mesrine a été l'otage de sa mégalomnie, l'esclave de ses paris.

Voilà près d'un an qu'il a été condamné, presque cinq qu'il est en prison. Malgré l'échec de ses projets avec les Willoquet, il n'a pas renoncé à sortir avant l'heure.

Au parloir, ce 8 mai 1978 au matin, le détenu le plus célèbre de France reçoit la visite d'une avocate. Profitant de l'absence d'un surveillant auquel il a demandé d'aller chercher un dossier dans une cellule voisine, il saute sur une table, passe la main dans la gaine d'aération, sort deux armes et une corde. Au même instant, le surveillant parti récupérer le dossier est agressé par François Besse, un autre spécialiste de l'évasion [1].

Les deux détenus prennent des matons en otages, les enferment

1. Le 10 mai 1971, François Besse s'évade de la centrale de Gradignan (Gironde) où il purgeait une peine de sept ans de réclusion. Il est repris le 7 février 1973 mais il s'évade de nouveau de Gradignan, le 7 août 1974, avant d'être arrêté le lendemain, au cours d'un cambriolage. Transféré à Fresnes, il s'en évade le 19 octobre 1975. Il est repris le 4 mars 1976, après un braquage à Maisons-Alfort. Il se retrouve avec Mesrine à la Santé. Nouvelle évasion, le 8 mai 1978, avec ce même Mesrine.

dans une cellule et libèrent Carman Rives, un Nantais de vingt-six ans, condamné pour meurtre. Déguisés en surveillants, ils courent dans les couloirs. Grâce à une échelle empruntée à des ouvriers qui travaillent dans la maison d'arrêt, ils parviennent sur le mur d'enceinte et déroulent leur corde côté rue.

Mesrine et Besse descendent les premiers. Rives est encore sur le mur lorsqu'une fusillade éclate avec des agents en patrouille dans le quartier. Mortellement blessé, le Nantais s'écrase sur le trottoir. Les deux autres tirent sur les policiers, sans les atteindre puis s'enfuient à bord d'une R 20 dont ils ont éjecté le conducteur.

En quelques minutes, deux des plus dangereux détenus du pays se sont échappés de la Santé, la prison dont, paraît-il, « on ne s'évade pas ».

La nouvelle provoque une secousse sans précédent. L'Elysée exige des explications, la presse évoque une « bavure scandaleuse », le ministre de la Justice, Alain Peyrefitte, est sous le feu des questions. Comment un tueur si redouté, isolé au quartier de haute sécurité, avec pour seuls contacts les surveillants et sa cohorte d'avocats (cinquante-cinq visites de seize défenseurs en trois mois !), a-t-il pu se procurer des armes ? Nul ne saura jamais qui les a introduites à la Santé.

Mesrine est libre.

Au « 36 », les inspecteurs sont furieux, surtout ceux qui ont vécu l'arrestation de la rue Vergniaud. Tout cela n'aurait-il donc servi à rien, si ce n'est à contraindre un tueur au « chômage technique » pendant un peu moins de cinq ans ? Les complicités dont il a bénéficié nous donnent le sentiment d'avoir été trahis. Comme à l'accoutumée, les services de police vont être envoyés au « casse-pipe » pour rattraper cette bévue pénitentiaire.

Nous ne sommes pas près de retrouver sa trace. Il a des relations, de l'argent, beaucoup d'argent, même s'il ne peut percevoir les droits d'auteur de son livre. Si ses réserves venaient à s'amenuiser, il ne manquerait pas de s'approvisionner à la source, dans les banques.

Ce n'est pourtant pas devant une agence bancaire qu'il réapparaît, en compagnie de François Besse, le vendredi 26 mai 1978, peu avant minuit. C'est au commissariat de Deauville, où il se fait passer pour un policier :

– Commissaire Dorner, de la brigade des jeux. Je voudrais voir l'inspecteur de permanence.

– Il sera là demain répond le planton.

– Bon, je repasserai.

Les deux hommes se rendent au casino. Le Grand sort une carte tricolore. Cette fois, il se prétend fonctionnaire au ministère de la Justice, à la recherche d'un tricheur. Il demande d'abord à rencontrer un responsable de l'établissement puis change de ton devant le caissier :

– Je suis Mesrine, vous avez sans doute entendu parler de moi !

Il repart avec 70 000 francs mais son plan n'a pas pleinement réussi car il rêvait en fait d'un exploit plus retentissant : voler des armes et des uniformes aux policiers du commissariat avant de s'en prendre au casino et à ses clients. Les gardiens étant plus nombreux que prévu, il a dû renoncer à la première phase, celle des armes et des uniformes.

Ce ne sera pas l'unique contre-temps de la soirée.

En sortant, les deux braqueurs tombent en effet sur des policiers, alertés par les employés du casino. Les coups de feu claquent, Mesrine est légèrement blessé au poignet et à la hanche, Besse est touché à la jambe. Ils parviennent à s'enfuir à bord d'une Simca. Mesrine, l'auteur à succès qui jure n'avoir que du « sang de flics et de truands sur les mains », n'a pas épargné des innocents : une jeune femme a été blessée à la poitrine, un touriste britannique a été atteint au mollet.

Courses-poursuites, barrages forcés, fusillades... Tout au long de la journée de samedi, la traque bat son plein. Les gendarmes ne parviennent pas à les intercepter.

Le dimanche matin, les fuyards s'approchent d'une ferme, près de Bernay (Eure). Le temps de panser leurs plaies, ils prennent un couple en otage. Le fermier et son épouse sont ensuite contraints de les transporter en voiture jusqu'à Bonnières, dans les Yvelines.

– Si vous prévenez les gendarmes avant la nuit, on vous retrouvera ! avertit Mesrine.

Reprenant leur cavale, ils traversent la Seine en barque, de façon à semer les chiens policiers. Le Grand connaît parfaitement la région pour y avoir déjà séjourné. Cette connaissance du terrain sur lequel il évolue est d'ailleurs une constante de sa méthode. Il a souvent monté ses coups ou établi ses planques dans des secteurs familiers, le nord de Paris (XVIIe et XVIIIe), Clichy, la Normandie, les Yvelines, l'Oise, la Seine-et-Marne.

Je n'ai encore jamais rencontré François Besse mais je l'imagine différent de son compère, plus matois, moins « rouleur ». A mon sens, il n'est pas du genre à se laisser griser par la renommée. En authentique truand, il apprécie la discrétion et ne devrait pas s'éterniser aux côtés d'un Mesrine accaparé par ses ambitions d' « ennemi public numéro 1 ».

L'enquête sur leur évasion de la Santé est conduite par la Brigade de répression du banditisme (BRB) qui opère en aval de l'événement, lorsque les faits ont été commis, et non en amont, comme l'antigang. Nous ne participons donc à la traque du Grand que de manière épisodique, lorsqu'il s'agit d'exploiter un renseignement ou d'assurer des surveillances. Le reste du temps, notre brigade se consacre à d'autres truands, comme ces braqueurs arrêtés le 3 juin alors qu'ils s'apprêtaient à attaquer un hypermarché, à Neuilly-sur-Marne. Nous saisissons sur eux cinq revolvers, des fusils à canon scié, des grenades...

Il faut pourtant admettre que nous rêvons tous, moi le premier, de coincer Mesrine. Non pas qu'il soit plus redoutable que tel ou tel autre malfrat, mais c'est Mesrine. Sans le vouloir, je tombe à mon tour dans le piège du mythe.

Depuis la rue Vergniaud, notre duel a pris une tournure inhabituelle pour moi. De toute ma carrière, aucun malfaiteur ne m'a imposé un combat si personnalisé. Que ce soit en garde à vue, lors du procès ou dans la presse, il a tout fait pour que nous entrions ensemble dans la spirale du défi. Cette évolution est aussi dangereuse pour moi que pour la brigade, dont je suis désormais le patron puisque Leclerc vient d'être nommé à la Criminelle. Je n'ai rien à gagner à me prendre au jeu d'un conflit personnel.

Les deux hommes sont en fuite depuis plus de deux mois et la France entière croit les avoir vus. On les signale également en Belgique, au Luxembourg, en Angleterre, en Algérie... Les mythomanes, les informateurs suspects, les « chasseurs de primes », les escrocs de tout poil submergent la police d'indiscrétions plus ou moins fantaisistes. Toutes ces informations doivent être vérifiées, quitte à perdre un temps précieux.

Un soir, je reçois un appel au bureau.

– Commissaire Broussard ?

– Lui-même.

– Je suis... Enfin, disons que je m'appelle Paulo. Je peux vous aider à trouver Mesrine et Besse. Ça vous intéresse ?

– Oui, plutôt, je vous écoute.

– Je préfère vous voir. A 23 heures, à l'angle de l'avenue du Trône et de la place de la Nation. Venez seul, je vous reconnaîtrai. Une fois dans votre voiture, je poserai mes conditions. Attention ! c'est du sérieux et un conseil : pas de turbin ! On est d'accord ?

– D'accord, à ce soir.

Cet appel m'intrigue, je n'ai pas l'impression d'avoir affaire à un illuminé. Comme il m'est déjà arrivé de rencontrer ainsi des informateurs anonymes, j'accepte.

A 23 heures, je suis à la Nation, seul mais armé. Un type s'approche. Athlétique, la quarantaine, visage sévère, une vraie « gueule » de tueur. Il monte à mes côtés, m'indique l'itinéraire à suivre, vérifiant sans cesse que nous ne sommes pas suivis. A tour de rôle, nous décidons du trajet, ce qui permet d'éviter les entourloupes. Après avoir tourné et viré dans l'est parisien et la proche banlieue, nous repartons à l'autre bout de la capitale, sur l'autoroute de l'ouest.

Enfin, il parle.

– Bon, voilà, j'ai un ami en prison. Vous l'avez arrêté avec Mesrine, la dernière fois. Je vous file la planque du Grand et du petit François contre la libération de mon ami. Si le tuyau est bon, j'ai votre parole qu'il sera immédiatement libéré. C'est le marché que je propose.

– Holà, ça ne se fait pas comme ça !

– Si vous préférez que ces abrutis continuent leur cinéma, c'est à vous de voir !

– Peu de gens savent où ils sont. Vous allez porter un sacré galure [1], non ?

– C'est notre affaire, nous avons nos raisons. C'est à prendre ou à laisser.

– Je vais réfléchir, lui dis-je. On peut se rappeler demain à 18 heures ?

– OK. J'espère qu'il ne sera pas trop tard.

Nous rentrons sur Paris. Gare de l'Est, il ouvre la portière et disparaît dans la nuit.

Le lendemain, une rapide enquête nous permet d'identifier Paulo et de le localiser. Il s'agit bien d'une ancienne relation de

1. Galure : chapeau en argot. En cas d'arrestation de Mesrine et Besse, Paulo risque en effet de porter le chapeau et de passer pour une « balance ».

Mesrine, il peut donc savoir où il se cache. Son attitude m'intrigue de plus en plus.

A 18 heures, le téléphone sonne. J'explique à Paulo que je n'ai pas encore la réponse de la chancellerie, ce qui est faux puisque je n'ai pas entrepris la moindre démarche. Il est bien évident que le troc proposé n'est pas envisageable une seule seconde ! Je cherche uniquement à gagner du temps. Il me répond :

– Demain matin, à 5 heures, je vous rappelle au bureau et vous verrez que je ne suis pas un bidon. Il sera sans doute trop tard, tant pis pour vous.

Pourquoi me téléphoner aux aurores ? Simplement parce qu'il maîtrise son Code pénal. Il sait que nous ne pouvons intervenir dans un domicile avant 6 heures.

Paulo est ponctuel. A 5 heures, il m'appelle d'une cabine. Nos inspecteurs, qui le suivent depuis la veille au soir, l'interpellent aussitôt et le conduisent au 36. Il nous dévoile alors l'astucieux stratagème que Jacques Mesrine avait imaginé pour faire sortir un ami de prison.

Premier acte : Paulo me propose son « marché ». Si j'accepte, il m'indique l'adresse d'un hôtel où les deux truands séjournent.

Deuxième acte : l'antigang se rend à cet hôtel tenu par un taulier bienveillant. Mesrine et Besse ont effectivement passé la nuit dernière dans une chambre. La preuve ? Un verre et une carafe portent les empreintes du Grand. Manque de chance, ils ont disparu à l'aube !

Troisième acte : comme le tuyau est bon, nous sommes contraints de tenir parole et de libérer l'ami incarcéré car ce n'est tout de même pas la faute de l'informateur si nous sommes arrivés trop tard.

Le rôle de Paulo se limitait donc à me faire une proposition et à déposer dans la chambre le verre et la carafe manipulés par Mesrine pour les besoins de la mise en scène !

Le Grand avait également envisagé l'hypothèse de mon refus d'entrer dans la combine. Dans ce cas, Paulo devait tout de même me révéler l'adresse et alerter un hebdomadaire pour vendre le scoop et les photos d'une intervention manquée de la BRI. Le journal nous aurait ridiculisés sur le thème « Prévenue la veille, l'antigang se présente trop tard ! ».

Mesrine avait oublié une autre hypothèse, la dernière, celle qui consistait à ne rien promettre au dévoué Paulo trop malin, selon lui, pour se faire arrêter !

Cet épisode rocambolesque prouve que le grand Jacques se sent de plus en plus à l'étroit dans son costume de gangster. Même lorsqu'il est méconnaissable, comme à Deauville, il clame qu'il est « Mesrine ». Dès que les journalistes relâchent leur attention, il écrit, il envoie des cassettes dans les rédactions. Le jeune malfrat qu'il était jadis avait besoin de violence pour apprécier la vie. L'ennemi public qu'il est devenu s'est découvert une nouvelle arme, les médias, et d'autres exigences, celles d'une star capricieuse qui jette l'anathème sur les flics et les surveillants de prison.

En tout cas, il n'est pas en cavale pour tout le monde. Si les policiers peinent à le localiser, une journaliste indépendante a obtenu, elle, un rendez-vous ! « Après une longue enquête », Isabelle de Wengen a pu rencontrer « l'ennemi public » et vendu son scoop à *Paris-Match*.

Sur les photos, il porte un calibre et une grenade à la ceinture, une mitraillette à la main. Dans l'entretien, il déclare : « Le coup de recevoir les flics au champagne, c'est un folklore qui est terminé. Maintenant, c'est la guerre. Il faut que la police sache que je ne me rendrai pas (...). Les flics font leur boulot et on n'a pas de cadeau à se faire (...). Je ne risque pas de vieillir. Je sais très bien que cela se terminera mal. Je sais très bien que je vais mourir, que je vais me faire abattre, demain, dans quinze jours, dans un an ou dans huit mois si j'ai de la chance (...), c'est logique. C'est la suite. Suite et fin. Et moi je connais la fin, c'est déjà pas mal (...). De toute façon, je leur ferai face. Il ne faut pas qu'ils se fassent d'illusion. Où que ce soit, ce sera celui qui tirera le premier qui gagnera. »

N'est-il pas immoral d'ouvrir ses colonnes à un tueur ? L'un des nombreux avocats de Mesrine, Me Jean-Louis Pelletier ne partage pas notre indignation. Quant à la journaliste, longuement interrogée, elle niera avoir versé une partie de ses gains au truand, comme le laissera pourtant entendre un complice du Grand...

La BRB de Serge Devos, à l'affût du moindre renseignement, effectue un minutieux travail d'enquête sur les rares pistes qui s'offrent à elle. Un jour d'octobre 1978, j'apprends ainsi que nos collègues suivent un homme susceptible d'être en relation avec Mesrine, un certain Nounours, domicilié dans le nord de Paris. La BRB est parvenue jusqu'à lui grâce à un informateur qui paraît crédible puisqu'il a fourni des précisions intéressantes :

– le signalement de ce Nounours ;
– le lieu où il aurait hébergé Mesrine et Besse ;
– l'adresse d'un café fréquenté par Mesrine ;
– l'adresse d'un box abritant une moto et une voiture utilisées par les truands.

Partant de ces indications, les inspecteurs de la BRB ont procédé aux vérifications d'usage. Ils ont d'abord localisé le studio de Nounours, au 12, passage Albert (XVIIIe), puis un local, situé au même endroit, une bâtisse vétuste où Mesrine et Besse auraient séjourné pendant plusieurs semaines. Les hommes de Devos ont également repéré le box, au 153, rue Belliard, ainsi que le bistrot, le *Leibnitz*. Il reste que tout cela repose sur les dires d'un seul homme, l'indic. Si fiable soit-il, la BRB n'a trouvé aucune trace tangible des deux évadés.

Ces investigations méritent néanmoins quelques filatures complémentaires. Le 23 octobre 1978, dès que nos collègues nous transmettent le dossier, nous commençons des surveillances sur Nounours.

Le personnage ne cadre pas du tout avec l'idée que l'on peut se faire d'un complice de Mesrine. Il a vingt-quatre ans, des allures pataudes, des pantalons élimés, une mobylette orange qu'il doit pousser au démarrage. Un marginal plutôt qu'un voyou, un paumé plutôt qu'un braqueur. Chaque soir, il boit coup sur coup au *Leibnitz*. Il côtoie deux malfrats, Daniel H. et Christian K. (dit « Kiki »), qu'il rencontre chez *Gysou* ou chez *Bibiss*, d'autres troquets du quartier. Rien n'indique cependant qu'il est au courant de quoi que ce soit. A plusieurs reprises, il se rend au 7, passage Saint-François (XVIIIe) mais l'endroit est difficile à surveiller et il est impossible de savoir qui il y rencontre. A toutes fins utiles, nous prenons des photos, notamment d'une jeune femme, aperçue à l'entrée du passage.

Comme Nounours n'a pas le profil de l'emploi, la plupart des inspecteurs ont l'impression de perdre leur temps, d'être à la remorque de la BRB, d'hériter de tous les tuyaux percés ou qui ne sont plus d'actualité. Certains se souviennent en effet avoir passé des heures dans des cabanes de chasseurs de canards, sur la baie de Somme, parce que le Grand rôdait, paraît-il, dans la région ! Bien sûr, c'était faux. Ils se souviennent aussi avoir perdu des dimanches et des dimanches à planquer devant les boucheries du nord de Paris pour voir si ce même Mesrine, friand de viande d'agneau, ne viendrait pas acheter son gigot dominical ! Evidemment, ils ne l'ont jamais vu. Alors, à quoi bon filer Nounours... Après tout, si la BRB croyait vraiment à cette piste, elle l'aurait suivie jusqu'au bout !

Le vendredi 10 novembre, en fin d'après-midi, je prends donc la décision de lever provisoirement le dispositif. De toute façon, je suis confronté à des problèmes d'effectifs : la majeure partie de la brigade est au palais de justice de Paris, où se tient le procès du « gang de l'ingénieur », démantelé par le groupe Marlet en janvier 1976. Nous sommes plusieurs à témoigner à l'audience présidée par Charles Petit. D'autres ont été affectés à la protection des magistrats et des jurés, qui ont fait l'objet de menaces. Pour couronner le tout, un vent de fronde souffle sur le service. Quelques inspecteurs, menés par un délégué syndical, font la grève du zèle. En cette veille de week-end du 11 Novembre, ils réclament une revalorisation de leurs frais d'enquête. Toutes ces raisons, ajoutées à ma décision de lever la planque, vont aboutir à l'un des plus retentissants ratages de ma carrière.

Mesrine rêve en effet d'une opération de prestige qui lui vaudrait la « une » des médias et relancerait sa lutte contre les QHS.

Ce même vendredi, à 19 h 30, il pénètre avec un complice dans un immeuble bourgeois du XVIe arrondissement, au domicile du président Charles Petit, qui l'a condamné à vingt ans de réclusion en 1977. Un magistrat à sa mesure, pense-t-il.

Mesrine sonne. La fille de M. Petit vient ouvrir.

– Le président est-il là ?

– Non, il est au palais.

– Bon, on va l'attendre.

Charles Petit est effectivement au palais avec le « gang de l'ingénieur » et une grande partie de la BRI !

Trois personnes se trouvent à cet instant dans l'appartement : la fille, la petite-fille (âgée de deux ans) et le gendre de M. Petit. Pendant une demi-heure, les agresseurs fouillent les meubles, vident les tiroirs, insultent leurs otages. Mesrine vole 300 francs et des cartes de visite.

– On veut que le garde des Sceaux supprime les quartiers de haute sécurité. Il y en a marre !

Atteinte par des gaz lacrymogènes, la fillette est prise de nausées. Mesrine, le bandit d'honneur, se comporte en loubard.

A 20 heures, le fils Petit se présente à la porte, mais sa sœur parvient à lui dire de prévenir la police. Les agresseurs savent que leur affaire est mal engagée. Ils battent en retraite, dévalent les escaliers. Dans le hall d'entrée, ils se heurtent à des policiers en tenue. Le Grand réussit à désarmer un agent et même à lui passer les menottes avant de s'enfuir ! Son complice sera arrêté un peu plus loin.

Dans la rue Alphonse-XIII, le troisième homme, censé attendre les deux autres au volant d'une R 16, a déjà filé. Comme si de rien n'était, Mesrine part à pied, stoppe une voiture, braque le conducteur et s'évanouit dans Paris...

Pour lui, cette opération mal préparée s'est soldée par un échec. Son comparse a été interpellé, le débat sur les QHS n'a pas progressé, son image est ternie. Le gentleman des gazettes, le redresseur de torts s'est mué en voyou. Nous l'apprendrons par la suite, à l'écoute d'une cassette qu'il avait lui-même enregistrée avant l'agression, il comptait exécuter le président Petit et les témoins gênants : « S'il y a quatre poulets, je les flingue d'entrée et si le juge n'ouvre pas, je l'allume à travers la porte. »

Côté policier aussi, c'est un fiasco. Pour l'antigang, surtout, car l'homme qui accompagnait Mesrine dans l'appartement du magistrat n'est autre que Nounours.

Deux heures de patience supplémentaires, passage Albert, et nous aurions débouché sur Mesrine ! Quant au chauffeur de la R 16, nous découvrons qu'il s'agissait de Christian K., l'une des relations de Nounours.

Pourquoi Jacques Mesrine s'est-il associé, lui, le « beau crâne », à un troisième couteau comme Nounours ? Par intérêt, bien sûr. Dès qu'il a fait sa connaissance dans un bar de la porte de Saint-Ouen, il a deviné tout le parti qu'il pouvait tirer de cet adolescent attardé, naïf et influençable. Subjugué par son mentor au gangstérisme politique, Nounours a été entraîné dans l'engrenage des services risqués.

Mesrine vient de franchir en fait une étape décisive dans sa dérive mégalomane. Il est passé du milieu des voyous à celui des idéalistes, des vrais truands aux pseudo-idéaux révolutionnaires. Certes, il a toujours besoin de courtisans, comme jadis, mais il les recrute désormais à la marge, pour ne pas dire dans la zone, et non dans le Paris des braqueurs, au sein d'un milieu perplexe devant tant d'extravagances. François Besse étant trop malin pour le fréquenter davantage, il doit s'entourer de fidèles de cœur et non de fidèles de raison, de militants et non de truands.

Il n'empêche qu'il s'est une fois de plus échappé. J'ai moi-même commis des erreurs qui expliquent en partie cette bévue.

Je dois d'abord concéder que nous n'avons pas tout de suite pris au sérieux la nouvelle d'une agression chez le magistrat. « Le président Petit a été pris en otage, il y a eu des coups de feu », indiquait en substance le message reçu au « 36 ». Comme l'intéressé était sous nos yeux, au palais, nous avons cru à une manœuvre de diversion ou à une confusion avec les menaces qui pesaient sur le procès. Faute de réagir assez vite, nous avons perdu beaucoup de temps.

Deuxième point indiscutable : confronté à des problèmes d'effectifs, j'aurais dû demander à la BRB d'assurer la relève complète du dispositif en place aux abords du passage Albert. J'ai eu tort de me contenter de la présence d'une équipe restreinte de ce service.

Les perquisitions opérées dans cette planque et dans celle de l'impasse Saint-François attisent nos regrets. Elles nous permettent notamment d'identifier la nouvelle compagne de Mesrine, Sylvia Jeanjacquot, la jeune femme que nous avions aperçue à l'entrée du passage. Nous découvrons également des armes, des munitions, du matériel radio, des gilets pare-balles, des jeux de faux papiers, ainsi que des photos prouvant que certaines personnes interrogées à la suite de l'entretien accordé à Isabelle de Wengen n'ont pas dit toute la vérité...

Les voisins sont stupéfaits d'apprendre la véritable identité du « gentil monsieur », client régulier du café du coin. Il inspirait pourtant confiance, ce brave homme, quand il partait sur sa mobylette, vêtu d'un bleu de chauffe. Mesrine est décidément un surdoué du camouflage, le Fregoli du banditisme.

La presse glose sur les malheurs des « super-flics » et sollicite l'avis de l'ancien inspecteur Roger Borniche qui habite justement le même immeuble que les Petit. Profitant de l'aubaine, il se fend de conseils grotesques. « Moi je... Moi je... Moi je... » L'éternel refrain de la suffisance et des fanfaronnades. Avec ce donneur de leçons, c'est sûr, Mesrine serait déjà sous les verrous !

Quelques critiques viennent également de l'intérieur de la BRI. Le délégué syndical de la brigade insiste sur l'insuffisance des moyens matériels et surtout financiers...

Je ne nie pas le droit des policiers à faire valoir leurs revendications, à clamer leur indignation. Je crois l'avoir prouvé en maintes circonstances, y compris après le drame de l'ambassade d'Irak. J'estime cependant qu'il est des circonstances où il faut faire fi des revendications corporatistes et assumer ses responsabilités. Notre échec est déjà suffisamment humiliant pour ne pas l'exploiter à des fins militantes !

Des tensions se font sentir, des jalousies entre groupes apparaissent. La BRI, pourtant présentée comme le service le plus uni du « 36 », serait-elle déchirée par des conflits internes ? Ces mesquineries d'amour-propre me blessent. Comme j'ai de mes fonctions une conception un brin patriarcale – quelquefois à l'excès, j'en conviens – je souffre de voir les antigangs se chamailler de la sorte. Oh, ce n'est pas l'empoignade générale, mais les frictions se multiplient.

Je ressens les attaques du délégué comme un affront personnel. Je l'ai longtemps considéré comme un ami et j'avais de bonnes raisons de penser que c'était réciproque. Tout a basculé le jour où il a mis son dynamisme au service du syndicalisme, il s'est alors cru obligé d'engager une croisade contre la hiérarchie. Je suis devenu, à ses yeux, le symbole de celle-ci, un « joker au service du gouvernement » pour reprendre son expression. Le ressort s'est définitivement cassé lorsqu'il a déclaré en public : « Nous avons de l'estime l'un pour l'autre, nous sommes montés à la riflette ensemble. Malheureusement, je devrai un jour oublier cette amitié et me montrer " malhonnête " pour mener à bien la tâche syndicale qui m'est confiée... D'autres que moi ont été choqués par cette métamorphose en " Saint-Just " du 36. » Excessif, incohérent, il s'est brouillé avec ses amis syndicalistes, mais aussi avec la plupart des hommes de la BRI.

Et Mesrine dans tout cela ? Il a disparu, comme d'habitude. Christian Bonnet, le ministre de l'Intérieur, est furieux. Et il y a de quoi ! Quelques jours avant ce loupé, lors d'une réunion de travail, il a demandé aux responsables de la Police nationale de faire le point sur les affaires en cours mais personne n'a jugé utile de l'informer de la surveillance effectuée dans le XVIIIe. Et voilà qu'aujourd'hui, après l'agression commise chez le président Petit, il apprend l'existence de Nounours ! Il en fait le reproche au directeur central de la PJ, Maurice Bouvier, lequel avance une excuse embarrassée : « Nous voulions vous faire une bonne surprise, monsieur le ministre... »

3. Le Grand et l'anguille

Mesrine court toujours... Mais au moins court-il au grand jour ! Besse, le passe-muraille, se fait au contraire si discret que, pour remonter jusqu'à lui, nous devons tirer toutes les vieilles ficelles de la PJ ! L'éternelle recette « suivez la femme... » va se vérifier, une fois encore.

A l'issue d'une longue filature commencée à Paris, des inspecteurs de l'OCRB et de la BRI retrouvent la trace, en Belgique, de deux jeunes femmes proches du petit François. N'ayant évidemment pas le droit d'intervenir dans ce pays, ils transmettent le relais aux responsables de la PJ bruxelloise, Reyniers et Marnette.

Après une rapide enquête, François Besse est arrêté le 11 mars 1979, en fin d'après-midi.

Il vivait sous une fausse identité, dans un appartement de la rue de la Tulipe. La fin de la cavale est une belle réussite pour les polices belge et française mais il reste à savoir s'il acceptera de nous mettre sur la piste de Mesrine. J'en doute, je l'imagine mal jouer les balances. Franz Reyniers, lui, veut y croire. Selon lui, Besse parlera s'il se sent en confiance.

Quelques semaines après l'arrestation, j'assiste à un interrogatoire. Le petit François est dans le bureau de Reyniers, calé dans un fauteuil, le visage si serein qu'on lui donnerait le Bon Dieu sans confession. Il apprécie ces moments de détente. Il faut dire que nos amis bruxellois sont aux petits soins avec lui : plateau-repas, bières, cigarettes... L'ami François sait comment amadouer son monde, il s'y emploie avec aisance, par son sourire, ses plaisanteries. Lorsque j'en viens à évoquer Mesrine, il esquive mes questions et nous parlons du « pays ». Il est originaire de Cognac, moi de Saint-Jean-d'Angély : entre Charentais...

Reyniers reste convaincu que ce climat de confiance va l'inciter à nous donner des informations sur Mesrine. Les deux truands n'ayant pas le même profil psychologique, il pense que Besse a pris ses distances. Admettons... Mais sans doute pas au point de le trahir. Je crois plutôt qu'il nous endort avec ses manières de gendre idéal ! Au terme d'un deuxième séjour à Bruxelles, je préviens Reyniers :

– Ce type est une anguille. Je te parie un repas qu'il se fera la malle avant deux mois !

– OK, ça tient !

Concernant Mesrine, la traque se poursuit. Il est signalé partout, en France et à l'étranger, des dizaines de suspects sont interpellés, parmi lesquels un inspecteur de police, véritable sosie du grand Jacques ! Profitant de cette frénésie collective, des intermédiaires peu scrupuleux se manifestent pour fournir des renseignements sur l'évadé le plus célèbre de France. Et même pour le « vendre » : un journaliste, sur le point d'obtenir un entretien avec Mesrine, me propose de le « balancer » en échange de deux cents mille francs ! Sa proposition pourrait poser un cas de conscience – jusqu'où aller pour arrêter un malfaiteur aussi dangereux ? – mais la démarche est répugnante. Elle l'est d'autant plus que la personne qui a servi d'intermédiaire entre le reporter et le truand est parfaitement honorable et totalement étrangère à la magouille. Heureusement pour le journaliste, Mesrine n'a jamais eu vent de l'affaire ! En représailles à mon refus, cet « indic » sera mon plus féroce accusateur au moment de l'épilogue, porte de Clignancourt.

Nous sommes donc au printemps 1979. Le Grand profite de sa liberté pour régler ses comptes. Il somme son éditeur de lui restituer ses droits d'auteur, bloqués sur décision de justice : « Un fusil à lunettes, cela porte à 200 mètres (...), personne ne peut se vanter de me devoir quelque chose. » Il s'en prend aussi aux policiers, en particulier à Serge Devos, de la BRB : « Demain, s'il continue à me casser les pieds, je peux le prendre en photo avec mon fusil à lunettes. »

Dans le duel qui nous oppose, il lance ses banderilles par médias interposés. Sollicite mon avis sur l'efficacité du pistolet tchèque ou les grenades qu'il vient de se procurer. Précise que leurs éclats sont mortels dans un rayon de cinquante à quatre-vingts mètres. Assure m'avoir croisé dans la rue sans que je le reconnaisse. Selon lui, je portais même des gants ! Comme ce n'est jamais le cas, même en plein hiver, je réponds par une boutade au journaliste qui me rapporte l'information : « Dites-lui que je ne prendrai pas de gants quand je le retrouverai... » Fair-play, comme il sait l'être parfois, il admet qu'il a pu se tromper et le fait savoir, toujours par voie de presse !

L'épisode suivant va s'étaler sur trente-sept jours, durée de la séquestration d'un homme de quatre-vingt-deux ans, Henri Lelièvre, surnommé le « Milliardaire de la Sarthe » depuis qu'il a fait fortune dans l'immobilier.

Le 21 juin 1979, M. Lelièvre reçoit la visite de deux hommes dans sa propriété de Maresche. Exhibant des cartes de police, ils veulent le conduire chez le procureur de la République pour des « problèmes d'immigrés » dans l'un de ses immeubles. Le milliardaire les suit. Une fois dans la voiture, il comprend qu'il est victime d'un rapt. Les ravisseurs réclament dix millions de francs. Enfermé dans une pièce exiguë, pieds et mains entravés, le vieil homme ne perdra pas son sens de la négociation : il réussira à abaisser le tarif à six millions !

La famille hésite à collaborer avec la police, réaction qui nous rappelle celle de Tsatcho Thodoroff, dont le fils avait été enlevé en 1976 [1]. Dans une lettre à ses proches, Henri Lelièvre s'inquiète : « Si, par malheur, j'étais exécuté la police en porterait l'entière responsabilité. » Les ravisseurs envoient des photos de l'otage à *Paris-Match.* Ces méthodes ressemblent fort à celles du Grand. C'est probablement lui.

Du côté policier, rien n'est fait pour rétablir la sérénité. Les maladresses s'accumulent, les services travaillent en ordre dispersé.

Précisons tout de suite que ni l'antigang, qui sort à peine de l'affaire franco-belge [2], ni la BRB de Serge Devos ne traitent le dossier Lelièvre. L'enlèvement ayant eu lieu en province, l'enquête est du ressort des policiers locaux, en liaison, à Paris, avec l'OCRB, un service lui-même en proie à des frictions internes. Handicap supplémentaire : les différents juges d'instruction saisis des volets successifs du feuilleton Mesrine (l'évasion, le hold-up de Deauville, l'affaire Petit et quelques autres...) refusent de se dessaisir. Cette pagaille bénéficie au truand. Judicieusement conseillé par son entourage, il exploite la complexité du système et la rigidité de l'administration.

Au-delà du carcan réglementaire, on pourrait imaginer, compte tenu de l'identité du malfaiteur recherché, une collaboration accrue entre les services parisiens. Or c'est loin d'être le cas : la BRI est tenue à l'écart de l'affaire Lelièvre et le sera jusqu'au bout. Charles Pellegrini, chef-adjoint de l'OCRB, se garde bien de nous tenir informés. Seul Lucien Aimé-Blanc, son patron, comprend que l'intérêt général est d'agir en équipe. J'entretiens d'excellentes

1. Sur l'affaire Thodoroff, lire le chapitre « L'enlèvement du baron Empain. »
2. Sur l'affaire franco-belge (fusillade à Puteaux le 16 juin 1979) lire le chapitre « Au centre des choses. »

relations avec lui, c'est un grand flic, doublé d'un homme franc et sincère, mais la situation confine à l'absurde puisqu'il m'informe confidentiellement de l'évolution d'une enquête à laquelle nous ne pouvons participer !

Trois ans et demi se sont écoulés depuis l'affaire de l'avenue Bosquet [1], source de tensions entre l'OCRB et la BRI, mais la « guerre des polices » connaît encore des soubresauts. Pas de trêve durable sur ce front-là : querelles d'orgueil, chamailleries de flics, rivalités exacerbées entre les baronnies de la PJ, la preuve est faite de la mauvaise organisation de la police française dans sa lutte contre le grand banditisme, avec une répartition des missions pour le moins floue entre les services.

Le 12 juillet 1979, une tentative de remise de rançon a lieu à Dammartin-en-Goële (Seine-et-Marne), en présence de l'OCRB. Une fusillade éclate. Les malfaiteurs parviennent à s'éclipser.

Suite à ce cafouillage, la famille ne veut plus entendre parler de la police. Si Henri Lelièvre est finalement libéré le 28 juillet, à proximité du cimetière des Batignolles (XVIIe), c'est parce que son fils a versé la rançon à l'insu des policiers censés l' « escorter » ! Interrogé aussitôt, le milliardaire confirme que Mesrine est bien le chef de la bande.

Après l'affaire Petit, l'affaire Lelièvre. Christian Bonnet, le ministre, est ulcéré par cette succession de bévues. La pagaille est telle qu'il désigne un coordinateur unique, en l'occurrence Maurice Bouvier, le directeur central de la Police judiciaire, qui va devoir mettre tous les problèmes à plat, arbitrer entre les services. Le temps presse, car une autre mauvaise nouvelle nous est parvenue le 26 juillet : François Besse s'est évadé !

En fin de matinée, il a été transféré au palais de justice de Bruxelles. Encadré par deux gendarmes, il s'est assis sur un banc, dans l'attente de l'interrogatoire. Comme l'exige la loi, les gendarmes lui ont ôté ses menottes. Il s'est penché légèrement, de manière à s'emparer du revolver qu'un complice avait accroché sous le banc. Dans la cour réservée aux membres du barreau et aux journalistes, une moto l'attendait.

Depuis, il est en cavale et j'ai gagné mon pari : l'anguille s'est

1. Sur l'affaire de l'avenue Bosquet, lire le chapitre « Guerres des polices. »

faufilée une fois encore, mes collègues belges me doivent un repas [1] !

Cette évasion complique un peu plus la situation mais, dès lors que le ministre de l'Intérieur a renforcé les pouvoirs de Maurice Bouvier, je suis convaincu que l'esprit d'équipe va prévaloir. Je me trompe. A la rentrée de septembre, une autre affaire va venir relancer le feuilleton Mesrine.

Le lundi 10 septembre 1979 au matin, Jacques Tillier, journaliste à l'hebdomadaire *Minute*, se rend place d'Italie. Comme plusieurs de ses confrères avant lui, il a négocié un entretien avec le truand en cavale. Le brûlot d'extrême droite, qui ne s'est jamais privé de me traîner dans la boue et de dénigrer la brigade, est disposé à ouvrir ses colonnes à un rebelle « gauchiste ». Pour vendre du papier, les tenants de l' « ordre nouveau » ne sont plus à un désordre près...

Mesrine se présente au rendez-vous à l'heure convenue. Avec sa perruque, ses lunettes et sa barbe, il est méconnaissable. Le type qui l'accompagne se fait appeler Paul. Tous trois montent dans une R 5. Tillier ignore que la conversation est enregistrée.

La R 5 emprunte l'autoroute du nord, puis des chemins de campagne vers la forêt d'Halatte (Oise), où elle s'arrête à proximité d'une carrière désaffectée.

Les deux truands et le journaliste pénètrent dans une grotte, le lieu idéal pour une entrevue discrète. Utilisant des morceaux de papier enflammés en guise de torches, ils parviennent dans une salle assez spacieuse, éclairée par des bougies que le Grand a allumées. Au fond de la grotte, il y a une table de pierre que Mesrine appelle l' « autel ».

L'endroit est lugubre. Un vrai décor de messe noire.

A partir de là, le ton change. Mesrine avertit Tillier que c'est à son tour de poser les questions. Obligé de se dévêtir, le journaliste est roué de coups, insulté, humilié, torturé. Le Grand et son complice rivalisent de sauvagerie. Le reporter, complètement nu, doit se mettre à quatre pattes. Mesrine lui tire une balle dans l'épaule, une autre dans le bras, une dernière dans la mâchoire. Il passe une bougie devant son visage avant d'interrompre enfin la

1. François Besse sera arrêté trois ans plus tard, le 19 juillet 1982, à Valence, en Espagne. Transféré à Madrid le 16 février 1983, il s'échappe du fourgon cellulaire. Après onze années de cavale et six évasions à son palmarès, il est repris au Maroc le 3 novembre 1994. Agé de cinquante ans, il est actuellement détenu en France.

séance de torture. L'« interview » est terminée. Les truands ont pris des photos. Ils croient probablement que leur victime est à l'agonie.

Après leur départ, Tillier parvient à ramper jusqu'à la route. Il sera bientôt secouru par un automobiliste. Coïncidence ? Plusieurs véhicules de l'OCRB circulent dans les parages mais ils n'ont pu intercepter la R5 ! Une fois encore, l'Office central n'a pas eu le temps de prévenir l'antigang... Comme dans l'affaire Lelièvre, l'OCRB a manœuvré en solo.

La présence de nos collègues, révélée plusieurs jours plus tard, intrigue les journalistes. Un débat, l'éternel débat, s'ouvre sur le devoir d'informer, sur les relations entre les journalistes et leurs sources. Mesrine, avide de publicité, s'exprime sur le sujet. Le 13 septembre, dans une lettre au directeur de *Minute*, il justifie sa barbarie par divers articles publiés dans l'hebdomadaire : « Me faire traiter de lâche par *Minute* est pour moi un compliment. (...) J'ai tendu une embuscade à votre " cador de la saloperie " et je suis en mesure d'apporter les preuves de tout ce que je vais affirmer : Jacques Tillier voulait faire un scoop avec moi contre la somme de quarante millions d'anciens francs et quitter votre hebdo. En contact permanent avec certains flics et un de mes " faux amis ", il me balançait au prochain rendez-vous. (...) Les confidences de Tillier sont abjectes. (...) Tillier pendant plusieurs minutes n'a pas arrêté de salir Broussard et Devos (ce qui pourrait paraître sympathique à certains, pas à moi). Je ne crois pas un mot de ce qu'il m'a dit. (...) Nous sommes passés à l'adresse d'Aimé-Blanc, qu'il m'a donnée avec complaisance. (...) A l'avenir faites imprimer votre hebdo sur du papier à cul, il retrouvera sa juste place dans la cuvette à merde qui vous sert d'encrier (...). »

Le 14 septembre, Jacques Mesrine envoie quatre photos du guet-apens au *Matin de Paris*, qui les publie. Sévèrement mis en cause – y compris par ses confrères, qui relèvent des contradictions dans son récit –, Tillier nie avoir servi d'appât pour l'OCRB mais il ne peut empêcher le mystère de planer sur cette histoire tortueuse.

4. Naissance d'un mythe

Qui mettra un terme à la cavale de Jacques Mesrine ? Depuis son évasion, le 8 mai 1978, il s'est activé sans compter, avec plus ou moins de réussite : il a braqué des banques et un casino, séquestré une famille [1], franchi quelques frontières, enlevé un milliardaire, « puni » un journaliste... Ses activités de truand ne l'ont pas empêché de mener, parallèlement, des opérations de relations publiques. Il a envoyé des lettres aux journaux, accordé des entretiens, clamé son hostilité aux QHS. Il est devenu, pour les Français, un personnage familier. Admiré ou craint, mais familier.

L'intrusion dans le quotidien du pays est la meilleure arme qu'il ait découverte depuis la grenade défensive. Quelque part, j'en suis moi-même victime. Il est entré dans ma vie par effraction. Le fric-frac parfait !

Il n'est pas de ces truands ordinaires, sitôt arrêtés sitôt oubliés. On n'oublie pas Mesrine. Sa renommée n'accorde aucun répit. Plus une réunion familiale, plus une soirée entre amis sans que son nom soit cité. Mes proches n'y échappent pas : les copains de mon fils aîné le pressent de questions ; les clientes de mon épouse doutent que l'on puisse le pincer un jour. Le soir, au restaurant ; le dimanche, au stade ; l'été, en vacances... Mesrine ! Mesrine ! Mesrine !

Si l'on n'y prend pas garde, la psychose menace. On croit le voir partout, à la sortie de l'école, devant le collège, dans une rue voisine, sur le parking du supermarché, faisant le guet dans une voiture... Devant l'afflux des lettres anonymes, je demande à mes fils et à ma femme de redoubler de vigilance. En réalité je crains davantage l'action d'un détraqué que celle du Grand. En effet, à l'inverse de certaines petites frappes, il n'est pas homme à se venger ainsi. Je l'imagine mal renouveler l'erreur de l'affaire Petit. Je suis convaincu qu'il ne tentera rien contre les miens, comme il sait, de son côté, que nous n'utiliserons pas ses enfants ou sa mère. Aux journalistes obséquieux qui lui soufflent que nous sommes prêts à exercer un chantage affectif, il réplique qu'il a confiance en nous, sur ce point tout au moins.

A force d'avancer en ordre dispersé, les services de police et de gendarmerie lui ont facilité la tâche. Tout le monde a péché par défaut d'humilité : les gendarmes n'ont pu l'arrêter après l'affaire de Deauville ; nous l'avons manqué passage Albert ; l'OCRB n'a pas été plus brillant dans les épisodes Lelièvre et Tillier. A chaque

1. Quelques jours après l'affaire du casino, Mesrine et Besse ont réussi un spectaculaire hold-up avec prise d'otages au Raincy dans la banlieue parisienne. Après avoir chloroformé la femme et la fille d'un fondé de pouvoir, ils se sont fait remettre, par celui-ci, une forte somme d'argent.

fois, il s'est éclipsé in extremis pour réapparaître ailleurs, barbu ou moustachu, déguisé en ouvrier ou en cadre supérieur. Il aime aussi changer de prénom : ses amis l'appellent souvent « Bruno ».

Comment retrouver sa trace ? L'affaire Tillier a prouvé que l'heure de la coopération n'avait pas encore sonné. La direction centrale de la PJ avait, paraît-il, « oublié » de nous prévenir que l'OCRB s'intéressait à un rendez-vous entre le journaliste et le truand ! Cet « oubli » aura au moins un mérite, puisqu'il va déboucher, enfin, sur une action concertée. Des équipes mixtes (BRB–OCRB–BRI) sont constituées. Dès lors, tout va aller très vite.

Dans la grotte de la forêt d'Halatte, Mesrine était accompagné d'un certain Paul. Il s'agit vraisemblablement d'un faux prénom, destiné à brouiller les pistes. Agé de trente-cinq à quarante ans, ce Paul à l'accent marseillais avait les cheveux assez longs, une moustache tombante et une mauvaise dentition. Divers renseignements indiquent qu'il pourrait en fait se prénommer Charles. Il serait sorti d'une centrale depuis peu.

Un seul groupe de la BRI est chargé de l'enquête, celui de Freddy Breut, Christian Lambert, Jean-Louis Fiamenghi, Joël Kerjean, Roland Guinguet... Nous n'avons plus droit à l'erreur. Aussi, afin de limiter les risques de bavardages et de fuites, j'exige une discrétion absolue. En dehors de ces cinq inspecteurs, personne, pas même leurs copains de l'antigang, ne devra être au courant de leurs investigations.

Une fois dressée la liste de tous les Charles ayant fréquenté les prisons françaises pour de longues peines, des photos sont présentées à Tillier, qui identifie Charles Bauer, ancien pensionnaire de la centrale de Lisieux [1]. Un minutieux travail d'enquête débute alors, mené par le groupe de l'antigang, en liaison constante avec des collègues de l'OCRB.

Pour remonter à Bauer, il faut surveiller ses proches, c'est le B-A-BA du métier. Nous apprenons qu'en prison, il recevait souvent la visite d'une enseignante. Renseignements pris, elle a disparu de son domicile...

1. Charles Bauer, accusé de complicité dans la tentative d'assassinat du journaliste Jacques Tillier, a été acquitté le 15 février 1982 par la cour d'assises de Paris. Le procès n'a pas permis de faire toute la lumière sur cette affaire. La cour a estimé que Bauer n'était pas le « Paul » impliqué dans l'agression. Jacques Tillier n'a pas « chargé » l'accusé. Il a notamment déclaré : « J'ai dit que M. Paul était Bauer. Si Bauer dit aujourd'hui qu'il a un sosie et que quelqu'un qui lui ressemble est monté dans la voiture, pourquoi pas ? Si ce n'est pas Bauer qui était dans la grotte, je voudrais dire que le sosie de Bauer s'est conduit avec moi comme un salaud. »

C'est bien connu, les profs sont assurés à la MAIF ou à la GMF. A Caen, nos inspecteurs ont l'heureuse idée de consulter les dossiers des mutuelles. Banco! L'enseignante possède une Renault 14 bleu marine, immatriculée 566 CS 75. Il se trouve que cette voiture a été verbalisée plusieurs fois à Paris, ces derniers mois. Le service des contraventions est en mesure de délimiter le quartier : l'église de la Trinité, à trois cents mètres de la gare Saint-Lazare.

Il est temps, désormais, de mettre l'ensemble de la BRI dans la confidence, à commencer par Jo Querry, mon adjoint. J'éprouve quelque remords à ne pas l'avoir informé plus tôt. Peut-être ai-je cédé à une forme d'angoisse du ratage? J'ai eu tort, il a toute ma confiance et mon amitié. Je lui explique que Bauer et sa compagne résident probablement dans le quartier Saint-Lazare. Le fait est que la fameuse R 14 ne va pas tarder à être localisée, en stationnement derrière l'église. Nous ne la quitterons plus.

Deux jours plus tard, les policiers en planque voient enfin Charles Bauer. Il serre un bébé contre sa poitrine, l'installe dans la R 14 tout en scrutant les environs, puis il démarre. Par la suite, nous le verrons à plusieurs reprises en compagnie de l'enseignante et du nourrisson, en particulier lors d'une balade au bois de Boulogne.

Nous pourrions l'arrêter dans le cadre de l'affaire Tillier mais il ne parlerait pas, j'en suis convaincu, et Mesrine parviendrait à filer. J'insiste donc auprès de ma hiérarchie pour que le dispositif soit maintenu aussi longtemps que possible. Le couple Bauer, en dépit de ses précautions, peut nous conduire au Grand, à condition de procéder à une surveillance légère, d'une infinie souplesse, par touches successives, venir puis repartir, sans essayer de tout découvrir d'emblée. Cette tactique, dite de la « dentelle » en jargon policier, reçoit un accueil mitigé à la direction de la PJ. Selon Maurice Bouvier, il sera difficile de tenir ainsi plusieurs jours. Je devine surtout que les autorités politiques, par nature impatientes, souhaiteraient annoncer à l'opinion que l'enquête progresse...

Lucien Aimé-Blanc, le patron de l'OCRB, n'est guère favorable, lui non plus, à la « dentelle ». Il préférerait neutraliser Bauer tout de suite pour aboutir au Grand. Nos relations de confiance me permettent tout de même d'obtenir la participation de quelques-uns de ses inspecteurs aux surveillances. Il n'empêche qu'en m'accrochant à l'option « dentelle », je sais que je me lance dans l'opération à mes risques et périls.

Querry met sur pied un dispositif à même de fonctionner jour et nuit dans l'ensemble du secteur Saint-Lazare. Son sens de l'organisation fait merveille. Bauer ne remarque rien, ni les voitures ni les camionnettes (les « sous-marins »), ni les piétons qui surveillent le quartier.

Le mercredi 31 octobre, en début d'après-midi, le couple monte dans la R 14 et se dirige vers la porte de Clignancourt, au nord de Paris. « La filature la plus facile de ma vie », admettra par la suite Querry.

Ils se garent à proximité du marché aux puces et sortent de la voiture. La femme marche devant, Bauer se tient en retrait, comme s'il ne la connaissait pas. Nous ne l'avons jamais vu si fébrile qu'en cette veille de Toussaint. Il cherche à débusquer toute présence suspecte dans la foule. Quelques instants après sa compagne, il pénètre au 35-37, rue Belliard, un immeuble de construction récente.

Nous ignorons tout de cette adresse – les Bauer n'y sont jamais venus – mais nous avons confusément la sensation d'approcher du but. Question d'intuition. Les antigangs partagent avec les truands qu'ils pourchassent une étonnante capacité de détecter la présence de l'adversaire, une sorte d'instinct animal. Et puis, indice convergent, Mesrine s'est souvent réfugié dans ce quartier, c'est son territoire, sa tanière. Il est né à Clichy, à deux kilomètres de là, il connaît chaque rue, chaque impasse, pour y avoir fait les quatre cents coups. Se retranche-t-il derrière l'une de ces fenêtres ?

Vers 18 heures, à la nuit tombante, Gégé Marlet intervient sur notre fréquence radio.

– C'est lui ! Enfin je crois... C'est du cinquante-cinquante ! Perruque bouclée châtain clair, une barbe, de grosses lunettes. Il arrive boulevard Ornano... La prof marche devant, suivie de la gonzesse du Grand... Il est sur l'autre trottoir. Charly le suit à une dizaine de mètres, en protection. Ils font semblant de ne pas se connaître... Une vraie patrouille ! Sûr : ils sont tous enfouraillés... Le Grand a une main dans sa poche de blouson, l'autre dans une sacoche à l'épaule. Putain, les gars... j'ai le palpitant qui explose !

Gégé n'est pas le seul dans ce cas. Nous sommes une trentaine, planqués en divers endroits, à savourer cette récompense espérée depuis près d'un an et demi. Pour éviter d'être repéré, je me suis dissimulé à l'arrière d'une fourgonnette.

A mesure que le suspect avance, passant devant nos voitures avec ses amis, tout le monde y va de son estimation à la radio.

– Oui, oui, c'est lui à 60 %...

– 70 % !

– 90 % !

– Affirmatif ! C'est good ! 100 %, les gars ! 100 % !

Marlet a encore un doute.

– On refait un passage !

Il passe à sa hauteur.

– 200 % !

Nous vivons tous un moment exceptionnel, le cœur à cent à l'heure. Pour un peu, nous aurions presque peine à croire qu'il est là, à quelques mètres, truand de chair et d'os. Roland Linck et Robert Guitard, nos maîtres en argot, ont une métaphore de poète pour résumer la scène : Jacques Mesrine vient de « fleurir » devant nous.

S'aventurer à l'air libre est un exercice périlleux pour un malfaiteur en cavale. Il ne doit jamais oublier que le quidam le plus anodin peut être un flic. Ce postier sur son vélo, cette élégante en tailleur rouge, ce chauffeur de taxi qui cherche une adresse... Un comportement équivoque, un regard trop insistant et le fugitif se croira démasqué. Ses réactions seront alors imprévisibles.

Devons-nous intervenir ou patienter ? Un inspecteur propose de serrer Mesrine et ses complices quand ils parviendront à la hauteur de sa voiture. Je refuse.

– Patience les enfants, on laisse couler pour l'instant...

Avec tout autre truand nous profiterions de l'occasion, mais il ne s'agit pas d'un gangster classique. Il est plus rusé, mieux organisé, il dispose probablement de grenades. En outre, l'arrestation simultanée de quatre personnes armées et séparées de quelques mètres est une opération trop aléatoire. Nous devons enfin évacuer l'euphorie qui nous a gagnés. Toute précipitation est nuisible, il convient de peaufiner notre plan, d'étudier le quartier dans ses moindres recoins.

Mesrine et sa compagne, Sylvia Jeanjacquot, pénètrent chez un marchand de meubles, puis dans un magasin de chaussures. Il profite de miroirs dressés devant les tabourets d'essayage pour observer la situation au-dehors. La présence des Bauer, qui montent la garde devant des vitrines voisines, nous dissuade toujours d'intervenir.

Bien sûr, quelques minutes plus tôt, rue du Mont-Cenis, lorsqu'il a longé la camionnette où je me cachais avec Christian

Caron et Jean-Yves Toumit, nous aurions pu surgir, mais Charles Bauer était en protection et les femmes, sur l'autre trottoir, n'auraient pas manqué de réagir. Il était impossible d'improviser ces interpellations sans courir au carnage.

Le couple quitte le magasin de chaussures. Mesrine paraît mal à l'aise. Dos au mur, il inspecte les environs. On dirait qu'il a deviné notre présence, comme si son instinct, qui l'a tiré de tant de mauvais pas, venait de l'alerter.

Il ne faut surtout pas laisser prise au doute. Allégeons le dispositif en douceur...

Pareille consigne ne se transmet pas de vive voix, par radio, c'est une affaire de « feeling ». Un geste, une attitude, un regard suffisent à comprendre qu'il faut se replier ou, au contraire, rester en position afin d'éviter un mouvement trop brusque. J'admire cette capacité des hommes de l'antigang à communiquer en silence. Ils sont tous là, dans la foule, mi-policiers mi-comédiens, capables de « sentir » la situation. L'un pénètre dans une boulangerie, un autre fait mine d'attendre l'autobus, un troisième demande son chemin à une passante. Tous savent contenir le mélange d'excitation et d'appréhension qui les tenaille. La surveillance d'un truand puissamment armé devient, dans ces cas-là, un exercice de haute voltige, elle exige un « self-control » et un sens de l'improvisation hors du commun.

En quelques minutes, notre dispositif est allégé. Le Grand et ses amis se sont-ils aperçus de quelque chose ? Mesrine s'est-il enfui ? Est-il rentré chez lui ? A-t-il continué à faire ses courses ? Nous n'en savons rien.

Vers 19 heures, une nouvelle en provenance de Saint-Lazare nous rassure : le couple Bauer est de retour à son appartement. Nous n'avons donc pas été repérés porte de Clignancourt. Si cela avait été le cas, Charles et sa compagne auraient pris le large. Un peu plus tard, c'est au tour de Sylvia Jeanjacquot de rentrer seule rue Belliard après s'être attardée chez un marchand de primeurs. Georges Querry et José Gentilini, clients presque ordinaires, ont pu s'approcher à deux mètres, alors qu'elle choisissait les fruits à l'étal.

Le Grand a disparu mais nous avons, cette fois, l'assurance de le retrouver tôt ou tard.

En début de soirée, je suis appelé par radio. Je dois me rendre, d'abord Quai des Orfèvres, puis rue des Saussaies, à la Direction centrale de la police judiciaire. Roger Poiblanc, le sous-directeur des affaires criminelles, m'accompagne, de même que Lucien Aimé-Blanc.

Maurice Bouvier, le directeur central, nous apprend que le ministre s'impatiente. La discussion tourne à l'aigre.

– Que se passe-t-il ? Vous l'avez vu tout l'après-midi et vous n'avez rien pu faire ?

– Eh bien oui, nous n'avons rien pu faire... Les risques étaient considérables, tant pour les passants que pour nous. Honnêtement, je ne me sentais pas prêt. On n'improvise pas une opération si délicate en quelques minutes. Je connais suffisamment mes gars pour vous dire qu'ils sont de mon avis. Il n'y a pas eu de pépin, rien n'est compromis, c'est l'essentiel.

– Ecoutez, vous savez que je vous fais confiance mais à la direction générale, au cabinet du ministre, à Matignon et même à la présidence, on ne comprend pas. Cette affaire est devenue depuis longtemps une affaire politique !

Je ne supporte pas ce type de pression. En 1973, à l'ambassade d'Arabie Saoudite, alors que le ministre de l'Intérieur de l'époque, Raymond Marcellin, me faisait part de l'impatience de ses collègues du gouvernement, je lui avais répondu : « Qu'ils me montrent le chemin et je les suis ! »

J'adopte la même attitude face à Bouvier.

– Oui, lui dis-je, vu d'ici c'est facile mais sur place c'est moins évident. Ça fait dix-huit mois que l'on attend !

– Ne vous fâchez pas, réplique le directeur, mais ne cherchez pas à refaire le coup de la dernière fois. Pas de risques insensés. Le champagne, c'est terminé. Personne ne nous pardonnerait, et ne vous pardonnerait, un nouvel échec. Cette affaire n'a que trop duré. Il faut en finir.

Plusieurs « conseillers » assistent à cette réunion improvisée. Les commentaires acerbes et les sourires sarcastiques de ces lapins de corridors me laissent sans voix. Mon regard croise celui d'Aimé-Blanc. L'un comme l'autre, flics de terrain, nous ne pouvons admettre que des « ronds de cuir », des hommes de dossiers qui n'ont jamais entendu siffler autre chose que les oiseaux le week-end à la campagne, puissent commenter notre boulot. Bouvier est un directeur au passé policier trop prestigieux pour ne pas mesurer notre amertume. Il nous réconforte d'une tape amicale sur l'épaule. Quoi qu'il advienne, nous savons qu'il assumera ses responsabilités.

« Il faut en finir », a-t-il dit.

Cette phrase fera l'objet, quelques jours plus tard, d'une polémique retentissante autour d'une question cruciale : l'ordre nous avait-il été donné d'abattre l'ennemi public numéro un ?

J'affirme ici que cela n'a jamais été le cas.

Les propos du directeur ont été sortis de leur contexte, livrés en pâture à la presse par l'un des participants à la réunion. Si Bouvier a dit qu'il fallait « en finir », il songeait, j'en suis persuadé, à l'ensemble de l'affaire et non à une exécution pure et simple. En s'exprimant ainsi, il nous laissait le libre choix quant à la stratégie à adopter.

Porte de Clignancourt, en cette soirée du mercredi 31 octobre 1979, nous sommes une quarantaine, en majorité de l'antigang, tous conscients qu'une planque exceptionnelle commence. « La » planque.

Nous sommes habitués à de telles situations mais l'apparente solidité psychologique de chacun peut dissimuler une insondable fragilité. Au-delà des rires crispés, d'une sérénité de surface, personne ne saurait deviner l'ampleur des angoisses qui minent le copain. Pense-t-il à ses gosses ? A sa femme ? Au ratage ? Aux prophéties du Grand sur la « fusillade finale » ? Ce soir, l'adversaire n'est pas un voyou anonyme que l'on cueille au saut du lit, sans trop se préoccuper du danger, comme par routine. Il a un nom, un visage, un passé : c'est Jacques Mesrine.

Je revois nos rencontres :

– Rue Vergniaud, en 1973, lorsque nous avions bu le champagne.

– Le lendemain, dans la cellule de la première brigade territoriale, quand il m'avait prévenu : « La prochaine fois, on se tirera sur la gueule. Réfléchis, on ne pourra pas faire autrement. C'est con mais c'est comme ça ! »

– Devant la cour d'assises, quand il avait confirmé : « La prochaine fois, ça se passera dans la rue et le premier qui tirera aura raison. »

Aujourd'hui, j'ai lieu de le croire.

Pour cette nuit de veille, certains privilégiés sont au chaud, blottis dans leurs voitures, en attente dans les quartiers voisins. D'autres, moins veinards, sont à la belle étoile, comme Roland Linck, le meilleur spécialiste du camouflage que la BRI ait jamais connu. Un surdoué du déguisement ! Livreur, déménageur, chauffeur de taxi, balayeur... Il a enfilé bien des bleus de chauffe, coiffé bien des casquettes au cours de sa carrière. Cette fois, il a revêtu des guenilles de clochard et s'est fait un lit de cartons, sous un arbre de la place.

Vers 3 heures du matin, alors qu'il médite sur les affres de la vie à la cloche, Roland nous signale qu'un type se dirige à pied vers la rue Belliard. Ni la coiffure ni la tenue vestimentaire ne sont celles de l'après-midi, mais on dirait le Grand. Il marche d'un pas cafouilleux, il semble ivre. Est-ce lui ? Nous sommes sur le point de le serrer, de bloquer toutes les rues.

– Je n'en suis pas trop sûr... admet Dominique Quirin, qui le voit passer près de son sous-marin.

L'inconnu s'approche du 35-37. Le doute nous interdit toute action, une méprise pouvant avoir des conséquences catastrophiques. De toute façon, il est trop tard, il est entré dans l'immeuble.

A cette heure de la nuit, nous pouvons, enfin, alléger notre dispositif.

Pour éviter d'être remarqués, nous avons déniché un endroit discret permettant de garer une demi-douzaine de voitures. C'est une sorte de cour, derrière une grille entrouverte. Nous somnolons à deux ou trois par véhicules. Il faut attendre la visite d'un couple, en pleine nuit, pour réaliser que nous sommes en fait dans une école ! Un enseignant, de passage dans le quartier avec son épouse, a remarqué notre présence. Nous prétextons la surveillance d'une équipe de malfaiteurs, sans autres précisions. Il promet de ne rien dire.

Le jour s'est levé, la planque se poursuit. Nous avons peu dormi, trois ou quatre heures d'un sommeil agité. Personne ne demande à être relevé tant cette affaire nous tient à cœur. Seuls quelques-uns, dont le domicile n'est pas très éloigné, ont pu faire un saut chez eux pour prendre une douche. Une rotation a tout de même été instaurée entre les gars des premières loges et ceux postés en périphérie. A tour de rôle, nous pouvons manger un sandwich et même des parts de pizza : le gand José et « la Truffe » ont inventé un système pour les réchauffer sur le moteur de leur voiture !

Stef, lui, n'a pas droit au repos. Comme il est le plus petit gabarit de la brigade – seul le « petit Roger » et Georges Chavanon le concurrencent –, il s'est enfermé dans le coffre de notre triporteur de planque, garé à proximité de l'immeuble de Mesrine. Il reste des heures et des heures recroquevillé dans sa minuscule maison de tôle. Certes, la malle est conçue pour héberger un pensionnaire et la musette de ravitaillement est mieux garnie que celles des coureurs du Tour de France mais une telle position nécessite une volonté de fer.

La journée de jeudi s'écoule ainsi, de planques statiques en surveillances mobiles, avec Roland en clochard et Stef dans son triporteur, sans que nous apercevions une seule fois Jacques Mesrine ou Sylvia Jeanjacquot. Nous apprenons en revanche, grâce à des écoutes téléphoniques branchées sur la ligne des Bauer, que le Grand a fait la fête dans une boîte de Pigalle avec son copain Charles. Finalement c'est peut-être lui que nous avons vu pénétrer dans l'immeuble au milieu de la nuit...

Ce jeudi de Toussaint nous permet au moins d'améliorer notre plan.

Toutes les hypothèses envisagées sont peaufinées. Imaginons, par exemple, qu'il passe près de l'une de nos camionnettes. La porte s'ouvre, deux inspecteurs surgissent, trois autres l'ont déjà pris en tenaille sur le trottoir... Nous avons également prévu un camion : quatre hommes armés seront postés à l'arrière, ils devront braquer leurs armes sur Mesrine afin de protéger leurs collègues au sol qui procéderont à son arrestation. Ils s'entraînent déjà à soulever la bâche arrière le plus rapidement possible.

Vendredi matin. Aucun incident n'est venu troubler la deuxième nuit, rythmée par les tours de garde et les pauses sandwiches. Je suis resté avec Lucien Aimé-Blanc. Notre voiture était garée dans une allée parallèle au boulevard périphérique, à moins de deux cents mètres de l'immeuble.

Stef a fini par quitter la caisse de son triporteur. Jojo Chavanon l'a remplacé devant l'immeuble.

A 15 heures, vendredi 2 novembre 1979, c'est lui qui intervient sur les ondes, d'une voix à peine audible.

– Sylvia sort. Elle tient un caniche en laisse. Elle regarde dans toutes les directions... Le Grand sort à son tour... Il regarde... un temps d'arrêt... Il regarde encore... Il marche derrière elle... Il porte un blouson de cuir marron foncé et sa sacoche en bandoulière... Putain, il est impressionnant ! Il roule sa caisse... C'est dingue ! Il marche devant. Elle est à quelques mètres derrière. Faites gaffe... Je ne les vois plus. Gégé, à toi...

Les hommes de l'antigang et leurs collègues de l'OCRB se transmettent le « témoin » d'un véhicule à l'autre. Je me tiens à l'arrière d'une camionnette aménagée.

Gérard Marlet prend le relais.

– Oui, je les vois. Rue Belliard... Ils marchent... Ils regardent... Merde, je ne les vois plus !

– Ça va, c'est bon, ils sont là, assure Fiam. C'est vrai qu'il roule ! Le con, il va se déboîter une épaule ! Ils montent dans une BM gris foncé... 83... 83 CG... 83 CSG 75. Oui, c'est ça, à tous, je répète : 83 CSG 75. Attention, ils reculent vers l'immeuble ! Jojo, c'est pour toi !

– La BM s'arrête près de moi, murmure Jojo. Le Grand ouvre le coffre... Je ne vois pas ce qu'il fait... Sylvia ressort de l'immeuble avec des vêtements dans les bras... Elle les met sur la banquette arrière. Le Grand pénètre dans l'immeuble. Il revient avec une valise... Coffre... Sylvia... Le Grand...

– Jojo ? Jojo ? On ne te reçoit plus... Jojo ?

Ce silence de quelques secondes paraît durer des heures. Notre collègue nous avouera avoir connu, à ce moment-là, une trouille phénoménale. Avant de se mettre au volant, Jacques Mesrine s'est adossé au triporteur. Dans sa cachette, Chavanon n'osait plus respirer ni bouger le moindre orteil !

Mesrine est constamment sur le qui-vive, sa sacoche à portée de main. Il n'est pas possible d'intervenir à pied, comme nous le pensions. Peut-être pourrons-nous le surprendre dans le flot de la circulation ? Assis, ceinture bouclée, sa compagne près de lui, il ne réagira pas aussi vite qu'à pied. Nous devons essayer de le cerner. Pris en étau, n'ayant aucune chance d'éviter l'arrestation, il devrait se rendre. Seul impératif : agir avant qu'il ne s'engage sur le périphérique où notre opération deviendrait trop aléatoire.

Il démarre. Roule lentement. Ralentit à la hauteur de la rue du mont Cenis. Nos quinze voitures et camionnettes réparties dans le secteur se relaient pour le suivre ou signaler son passage.

Je donne l'ordre au conducteur du camion bâché de foncer vers la porte de Clignancourt. Comme convenu, les inspecteurs qui se cachent à l'arrière devront protéger leurs collègues au sol.

Une occasion de coincer la BMW se présente rue Belliard, alors qu'elle n'a parcouru que quelques dizaines de mètres. Une de nos voitures se trouve devant, deux autres derrière. Malheureusement, une camionnette qui n'a rien à voir avec notre dispositif s'intercale entre le premier véhicule et la BMW. Le chauffeur s'arrête en double file. Mesrine patiente. Nous aussi.

Ces instants me semblent interminables. En quelques heures, l'histoire s'est accélérée à une telle vitesse que j'ai perdu toute notion du temps. Mesrine est devant moi depuis une poignée de secondes mais j'ai l'impression de le pister depuis des siècles. Il est détendu, comme s'il relâchait son attention. On dirait qu'il part en week-end ou en balade.

Maintenant, tout dépend de nous.

Porte de Clignancourt, la circulation devient plus dense. Concentré sur sa conduite, il ne prête pas attention aux véhicules alentour. Il ne se méfie pas non plus du camion bleu qui s'approche. A l'arrière, les quatre inspecteurs attendent le signal pour se redresser et pointer leurs armes sur la BMW, en protection de leurs collègues. La bâche est déjà à moitié enroulée.

Le conducteur fait comprendre à Mesrine qu'il souhaiterait le doubler et tourner à gauche. D'un hochement de la tête, le Grand acquiesce.

On m'indique par radio que la situation est propice.

– Allez, les enfants, on y va !

Le camion s'arrête juste devant la BMW.

– Je ne le vois pas ! s'inquiète l'un des quatre.

– Derrière, juste en dessous ! réplique le conducteur, qui surveille la voiture dans son rétroviseur.

Ils se dressent, carabines alignées, Mesrine dans la ligne de mire.

– Police ! Ne bouge plus ! hurle l'un d'eux.

Dans le même temps, des inspecteurs ont giclé des voitures et des estafettes pour se précipiter vers la BMW. Le Grand nous voit, il réalise qu'il est piégé, il est pétrifié sur son siège. Sylvia Jeanjacquot se penche vers lui, elle n'a pas attaché sa ceinture.

J'arrive sur la gauche, de trois quarts face, l'arme à la main. Loïc est près de moi, Georges Querry et Gérard Marlet sont de l'autre côté de la BMW. D'autres, encore, se précipitent...

Mesrine a compris. D'un geste brusque, il ouvre sa portière tout en se penchant sur sa gauche, comme pour saisir quelque chose sous son siège. La ceinture de sécurité le gêne dans ses mouvements mais il réussit à se baisser. Nous avons tous la même prémonition : depuis son évasion, il n'a cessé d'affirmer qu'il utiliserait des grenades pour sauver sa peau.

Estimant que leurs collègues sont en danger, les quatre du

camion ouvrent le feu. Un policier au sol tire également un coup de feu.

Il est 15 h 15, Jacques Mesrine est mort, nous l'avons tué.

La ceinture maintient le corps criblé de balles dans la position où le trouveront les photographes : la tête inclinée sur la droite, les bras ballants. A ses pieds, côté portière, sa sacoche de cuir laisse entrevoir deux grenades défensives et incendiaires. L'une d'elles est prête à l'emploi, la goupille a été retirée, la cuiller est retenue par un élastique. D'une seule main, en déplaçant l'élastique avec le pouce, selon une technique connue des commandos, il aurait pu utiliser cet engin dont les éclats sont mortels et incendiaires dans un rayon de cinquante à quatre-vingts mètres. C'est pour cette raison qu'il avait entrouvert la portière. A la ceinture, il portait un GP 35, quatorze coups.

Sa compagne, blessée par des éclats de verre à un œil et à un poignet, sort de la BMW avec l'aide de deux policiers. Elle s'affaisse sur le trottoir.

Les armes se sont tues depuis plusieurs secondes. Tous les coups de feu ont été tirés par rafales, dans le même instant, en direction du conducteur et seulement du conducteur.

Je viens de vivre un moment trop intense, une accélération trop brutale de l'histoire, pour définir mon émotion. Ce n'est ni de la peine ni de la satisfaction; on ne peut se réjouir de la mort d'un homme, quel qu'il soit. Seulement, dans un tel mélange de sensations, l'instinct de conservation prime. Mes pensées ne sont pas pour ce cadavre mais pour toute mon équipe, pour les automobilistes ou passants témoins de la scène. Nous sommes en vie. Ils sont en vie. Les grenades nous rappellent qu'un massacre a été évité de justesse.

Un homme, un seul, est mort : Jacques Mesrine. C'est déjà trop, mais nous devions tirer pour épargner d'autres vies.

Sylvia Jeanjacquot est évacuée par le SAMU. Le caniche, touché par un éclat de verre à une patte, est conduit par un inspecteur dans une pharmacie puis chez un vétérinaire.

Déjà, les badauds affluent par centaines, les photographes grimpent aux réverbères, montent sur les abribus et le toit des voitures. Il règne dans le quartier une pagaille sans nom. Nous-mêmes, nous sommes incapables de résister à une sorte de décompression.

A 16 h 20, Sabrina Mesrine, accompagnée d'un ami, arrive sur les lieux. Deux policiers la protègent de la ruée des photographes. J'ai conscience du drame qu'elle subit, de l'émotion qu'elle peut éprouver en voyant le corps de son père encore dans la BMW. Mais les artificiers doivent s'assurer que les grenades ne vont pas exploser à la première manipulation. Je souhaite aussi que tous les actes judiciaires soient effectués dans le strict respect de la loi. Les polémiques qui suivront me donneront raison d'avoir pris ces précautions. Que n'aurait-on pas insinué, en effet, si le corps avait été évacué aussitôt...

La BRB procède aux constatations sous le contrôle du procureur de la République Christian Le Guhennec. Aidé d'un brigadier, je détache la ceinture et dépose enfin le corps sur une civière. Je pense à ce qu'il disait si souvent : « celui qui tirera le premier aura raison » ou bien encore « dans la rue, un des deux, le moins rapide, aura perdu la vie... ».

En marge de l'opération de la porte de Clignancourt, d'autres hommes de l'antigang et de l'OCRB, sous la direction de Querry et de Pellegrini, partent interpeller le couple Bauer, rue Saint-Lazare. Quant à la planque de Mesrine, rue Belliard, elle renferme un arsenal de guerre : mitraillettes, revolvers, pistolets, grenades, masques à gaz [1]...

Ce n'est plus un appartement, c'est un bunker ! Un manteau est accroché dans le couloir, de manière à ce qu'un « curieux », lorgnant par le trou de la serrure, croie qu'un homme se tient debout devant la porte. Au-dessus du lit, un matelas est plaqué au mur, retenu par un système de cordes et de poulies. En cas de fusillade ou d'attaque au gaz, il aurait basculé sur le lit, protégeant ainsi les personnes allongées. Plus loin, sur le rebord de la fenêtre, un grappin et une corde sont prêts à l'usage. Mesrine disposait, en outre, de quatorze jeux de faux papiers. Les enquêteurs récupèrent également de nombreux documents, des fiches sur des journalistes, des hommes d'affaires, des policiers qu'il envisageait d'enlever. Ils découvrent enfin une cassette audio, enregistrée quelques jours plus tôt.

D'une voix émue, la musique du film *Midnight Express* en fond sonore, il adresse à Sylvia Jeanjacquot un ultime message d'amour et raconte, par avance, les circonstances de sa mort. A la lumière

1. Les complices de Mesrine dans l'affaire Lelièvre seront arrêtés par la suite. Une partie de la rançon sera récupérée. Quant à la part du Grand, celui-ci avait pris des dispositions afin qu'elle ne soit pas trouvée, du moins par les policiers !

de ce qui vient de se passer à deux cents mètres de là, c'est une stupéfiante prémonition :

« Je suis déjà mort, tombé sous les balles des policiers... Mais ma fin était inévitable, quand un homme vit par les armes, la violence et le vol, c'est très rarement qu'il meurt dans son lit... Que les flics m'aient assassiné ou pas, c'est possible. En réalité, la question ne se pose pas. Face à un type comme moi, il n'y a pas de cadeau à faire. Je n'en ferai pas non plus de mon côté... La mort n'est rien pour celui qui a su vivre... A la finale, j'ai assumé ma criminalité jusqu'au bout et je considère que ce n'est pas si mal que ça, d'aller jusqu'au bout. Je n'aime pas les gens qui reculent... Je suis mort les armes à la main même si je n'ai pas eu le temps de m'en servir... Même si les policiers m'ont tué avant de mettre ma main sur mon revolver, il faut te dire une chose, si j'avais eu le temps de mettre la main dessus, je m'en serai servi... peut-être que j'ai mis la main dessus et que je m'en suis servi... Ce qu'il y a de terrible c'est que certains vont faire de moi un héros et il n'y a pas de héros dans la criminalité ! Il n'y a que des hommes qui sont des marginaux et qui n'acceptent pas les lois. »

Vendredi 2 novembre 1979. Le feuilleton Mesrine est terminé, le mythe continue.

5. Droit de réponse

Pour la BRI, pour moi, s'ouvrit, à compter de cette date, une période de mises en cause malsaines, de controverses infamantes. Oh, bien sûr, cette hostilité se limita à une infime minorité d'aboyeurs, noyés dans la masse des témoignages de félicitations et de soutien. Mais il s'agissait d'une minorité terriblement influente, habituée à la désinformation, aux délires antiflics. Leurs voix s'élevèrent, au nom des « droits de l'homme », pour dénoncer un « assassinat », une « exécution », pour dire tout et n'importe quoi, faire de nous des bourreaux et de Mesrine une victime. J'allais recevoir des lettres anonymes et des menaces de mort.

Estimant que nous l'avions tué sans lui laisser le temps de se rendre, sa mère et sa fille furent encouragées à porter plainte pour « assassinat et tentative ». L'audition des policiers et des témoins, ainsi que les comptes rendus rédigés avec précision dans les formes de droit, emportèrent la conviction des magistrats. Ils estimèrent que les conditions de la légitime défense étaient parfaitement réunies.

L'exploitation médiatique, et surtout commerciale, de cette affaire fut tout de même d'une rare intensité. Combien d'articles, de livres, de films, de documentaires, imposèrent de cette journée du 2 novembre 1979 une version très souvent erronée, injurieuse, diffamatoire ? Le « produit » Mesrine était un bon filon pour les journaux, les chaînes de télévision, les producteurs de cinéma. Combien de policiers, fonctionnaires en exercice ou flics de salon, qui n'avaient jamais participé à ce genre d'opération, affirmèrent qu'ils s'y seraient pris « autrement » ? Un inspecteur, qui s'était précipité sur les lieux caméra au poing, monnaya même son film, comme quoi il y a vraiment des crapules partout, y compris, malheureusement, dans la police.

Jacques Mesrine se découvrit bien des avocats, hommes de robe ou d'intérêt. Des intellectuels, des politiciens, des artistes firent son panégyrique posthume. On lui dédia des chansons, une pièce de théâtre ; on suggéra de donner son nom à des rues, à des lycées. Auraient-ils hurlé au « massacre », à l' « assassinat », si ses grenades avaient explosé dans ce quartier populaire ? Et si l'un des nôtres avait été sur la civière ? Non. Pour ces gens-là, seuls les policiers peuvent être abattus en faisant leur métier.

Ces réactions, si choquantes fussent-elles, n'avaient rien de surprenant. Elles étaient la conséquence logique du processus de « starification » que le Grand avait si bien orchestré. Du temps de sa cavale, il s'était en effet constitué une cour d'adorateurs dévoués, prêts à oublier les crimes du tueur pour s'extasier devant les facéties du Mandrin. Etrangement, qu'ils écrivent dans « *Libé* » ou ailleurs, ces admirateurs fermaient aussi les yeux sur certains passages de *L'Instinct de mort* lorsqu'il traitait, par exemple, les Maghrébins de « bicots » ou de « bougnouls ». Là encore, c'est bien connu, seule la police est raciste. Un héros ne saurait l'être et, à mes yeux, Jacques Mesrine n'en était pas un.

En définitive, je crois qu'il a plu parce qu'il savait plaire. Défendre le riche contre le pauvre, encourager l'opprimé face à l'oppresseur, moquer le gendarme et magnifier le voleur. Malgré ses excès de mythomane et son amour de l'argent, il avait compris que son discours d'homme libre, de rebelle en fuite, trouverait écho dans la France de la fin des années soixante-dix. Au-delà d'une lutte sans doute sincère contre les quartiers de sécurité renforcée, il savait tout le bénéfice qu'il pouvait tirer d'une politisation de son propos. Evoquant sa mort, James Sarazin écrivit fort justement dans *Le Monde* : « Bien entendu, il était le dernier à accorder crédit à cette prétendue " politisation " de son " combat " mais il démontrait qu'il possédait à fond toutes les ficelles de la récupération. (...) Jacques Mesrine avait choisi de devenir le prisonnier d'une gloire qui, aujourd'hui, encense tous ceux qui sortent des lots communs mais aussi d'entrer du même coup dans un cycle qui ne pouvait que s'achever, un après-midi de novembre, dans un caniveau du XVIIIe arrondissement. »

Il avait dû lui-même s'étonner du nombre de dévots disposés à le suivre sur cette voie, qui à l'origine n'était nullement la sienne. Il leur avait répété qu'il n'était qu'un « truand », un « monstre d'orgueil » dont le destin était de mourir sous les balles des policiers et non d'être glorifié, mais rien n'y avait fait. L'opinion publique est ainsi constituée, dans ce pays, qu'il y aura toujours des opportunistes pour se montrer plus royalistes que le roi, des imbéciles pour se faire plus « mesriniens » que Mesrine.

Passe encore pour les libertaires en tous genres. Après tout, leur admiration s'inscrivait dans une logique militante, poing levé et drapeau noir. Mais les autres, les moralistes bien-pensants ? Il y avait, chez eux, une part de snobisme à vouloir s'ériger en défenseurs de Mesrine, un besoin de s'encanailler en bouffant du flic dans les dîners en ville et sur les plateaux de télévision. Par un raccourci malhonnête, ils allèrent même jusqu'à occulter le fait qu'il était muni de deux grenades et d'un quatorze coups.

Tout mégalomane qu'il était, je ne suis pas persuadé que le Grand aurait apprécié leurs gesticulations polémistes. N'affirmait-il pas que « l'homme de la rue ne pouvait pas comprendre » la nature du « combat » qui nous opposait ?

Je crois finalement avoir eu davantage de respect pour lui que les flatteurs qui en firent leur Robin des Bois. Jacques Mesrine était un truand, rien qu'un truand, pas un bandit d'honneur.

Des années durant, j'ai lu ces articles, regardé ces films, écouté ces débats. J'y étais traité au mieux de « cow-boy », au pire d' « assassin ». En raison du devoir de réserve imposé à tout fonctionnaire, mais aussi afin d'éviter le guet-apens de la surenchère médiatique, je n'ai pas pu m'opposer au fait que le réalisateur André Génovès reprenne mon nom dans son film *Mesrine*, un long métrage également contesté par la famille du défunt.

Impuissant devant tant de bêtise, j'ai laissé mes supérieurs répondre (timidement) à ma place. Puis, avec le temps, la hiérarchie a changé et ce soutien minimum s'est émoussé, jusqu'à devenir silence, par indifférence ou par faiblesse. A chaque fois que le sujet Mesrine revenait dans l'actualité, et Dieu sait qu'il revenait souvent, on me conseillait le mutisme, et je me retrouvais seul à encaisser les coups sans avoir la possibilité de me défendre.

Alors, aujourd'hui que l'heure du « droit de réponse » est arrivée, chacune des questions qui alimentèrent la controverse nécessite une mise au point définitive. Non pas pour me justifier mais plutôt pour revendiquer mon entière responsabilité : oui, nous avons tué Jacques Mesrine le 2 novembre 1979 ; oui, j'aurais préféré une autre issue ; non, nous n'avions pas le choix. Si la « mission » avait été de de l'abattre, nous aurions pu le faire dès le premier jour. Par exemple, lorsqu'il est passé à côté de la camionnette où je me trouvais...

* Avais-je reçu l'ordre de l' « exécuter » comme on l'a si souvent prétendu ?

Faux. La petite phrase de Maurice Bouvier – « il faut en finir » – a été sortie de son contexte. Que je sache, ce n'est pas le directeur de la PJ ni le ministre de l'Intérieur qui se trouvaient porte de Clignancourt. J'avais totale liberté pour choisir le moment et la méthode d'intervention. Je l'ai fait en mon âme et conscience. Même si je n'ai pas tiré le moindre coup de feu, je suis le responsable de la mort de Jacques Mesrine.

* La police ne lui a-t-elle laissé aucune chance ?

Faux. Bien sûr, tout comme Lucien Aimé-Blanc, je souhaitais l'arrêter sans effusion de sang et, pourquoi pas, avec panache, comme la première fois. Je pensais d'ailleurs qu'en me voyant arriver de trois quarts face, il aurait admis sa défaite.

La mission initiale des inspecteurs du camion était de le tenir en respect pour nous protéger au moment de l'arrestation. L'un des quatre a crié : « Police ! Ne bouge plus ! » alors que nous nous précipitions vers la BMW. C'est à cet instant qu'il a eu sa chance, lorsque nous lui avons fait comprendre qu'il était piégé.

Entre le moment où il a vu les policiers au sol et celui où il s'est baissé vers les grenades, il s'est écoulé deux ou trois secondes. Cela peut paraître extrêmement bref, mais c'est Mesrine qui a décidé qu'il en soit ainsi.

Constatant qu'il était coincé, il a ouvert la portière et essayé de saisir au moins une grenade. Les quatre tireurs ne lui en ont pas laissé le temps. On ne peut pas leur reprocher d'avoir ouvert le feu pour nous protéger. Je maintiens qu'ils ont réagi comme ils devaient le faire dès lors que le Grand s'était baissé vers sa sacoche.

* Aurions-nous pu intervenir plus tôt ?

Oui, le premier jour, mais en prenant des risques trop importants pour les passants. Une intervention dans l'appartement – à condition de le localiser dans l'immeuble, ce qui n'était pas encore fait – eût été tout aussi improbable. Le Grand ne se serait pas rendu avec le sourire, comme rue Vergniaud, en 1973. Cette fois, il aurait tenté le tout pour le tout, ainsi qu'il l'avait annoncé. En matière d'arrestation, l'histoire ne se répète pas.

* Avons-nous utilisé des carabines spéciales, interdites en France ?

Trois des quatre policiers du camion étaient équipés de carabines de marque Ruger (calibre 5,56 mm), le quatrième avait un pistolet-mitrailleur Uzi (calibre 9 mm). Ces armes, effectivement très puissantes, et les munitions adéquates (des balles perforantes), étaient utilisées depuis des années par différents services, en France et à l'étranger. Mesrine avait suffisamment prévenu qu'il disposait d'un pare-brise renforcé et de grenades (« autorisées » ?) pour que nous prenions nos dispositions. Autre précision concernant l'équipement : le camion bleu n'était pas celui d'un marchand de primeurs, comme le veut la légende, mais un véhicule des services techniques de la Préfecture de police.

* Fallait-il lui laisser la possibilité de se défendre ?

Cette question, ahurissante en soi, a été posée en public. Alors, puisqu'il faut y répondre, autant le faire clairement : la France n'est pas le Far West et Jacques Mesrine n'a pas eu la possibilité de se défendre, juste celle de se rendre, la seule qui vaille dans un Etat de droit. Et puis, parler d'« assassinat », c'est n'avoir rien compris à sa personnalité ni à ses principes. Entre nous, les règles étaient définies depuis longtemps, pour l'un comme pour l'autre. Je ne les ai pas enfreintes. « Le premier qui tirera aura raison... » dixit Mesrine.

* Les policiers ont-ils tiré de trop nombreux coups de feu ?

Dix-huit balles ont été tirées au même instant, en rafales, par les occupants du camion, ainsi qu'un coup de feu par un policier au sol. C'est trop, je le concède.

* Avons-nous bu le champagne devant le corps ?

De tous les mensonges, c'est celui qui m'a le plus touché. Non, nous n'avons pas sablé le champagne près de la BMW, ni par la suite, Quai des Orfèvres. Ceux qui l'ont prétendu ont emprunté sciemment un raccourci scandaleux entre la rue Vergniaud, en

1973, et la porte de Clignancourt, en 1979. Mais il faut croire que cela donnait du piquant à l'odieux dans les gazettes et dans les mauvais films. Pourtant, même si la légende doit y perdre de son éclat, je précise que le 2 novembre au soir, j'ai simplement dîné avec une vingtaine de mes hommes, sans liesse particulière ni joie indécente, comme nous le faisions à l'issue de chaque affaire. Chacun est rentré chez soi de bonne heure. J'ai moi-même rejoint ma femme et mes fils. J'étais exténué par deux nuits de veille.

* Ai-je brandi le corps de Jacques Mesrine comme un chasseur au retour d'un safari ?

C'est une autre attaque ignoble, une de plus, mais reprise en images, celle-là, par André Génovès. Si j'ai extrait le corps de la voiture avec l'aide d'un brigadier c'est, au contraire, pour le soustraire aux caméras et à la meute des photographes, alors que toutes les constatations légales étaient enfin terminées. Mais je n'ai pas levé sa jambe en souriant comme un bienheureux devant les objectifs ! Je note toutefois que certains journalistes, dont l'Américain Pierre Salinger, ont décelé à ce moment précis une sincère émotion sur mon visage ; ce qui était exact. L'espace d'un instant, je me suis imaginé sur le brancard à la place de Mesrine.

* Avons-nous laissé éclater notre joie ?

Ce reproche est justifié, bien que la « joie » en question n'ait pas été aussi démonstrative qu'on a voulu le faire croire. Malgré tout, c'est vrai, dans les minutes qui ont suivi l'intervention, nous avons laissé libre cours à notre soulagement. Il ne s'agissait pas de célébrer la mort d'un homme mais le fait d'être encore en vie à l'issue d'une opération qui avait soumis nos nerfs à rude épreuve.

Comme d'autres, j'ai souri. Des sourires nerveux, incontrôlés, comparables à ceux que connaissent parfois les rescapés d'une catastrophe ou d'un grave accident. A froid, après coup, cette réaction est choquante. Je le reconnais, je le regrette. En toute honnêteté, je serais incapable de dire si, de nouveau placé dans les mêmes conditions, je ne réagirais pas de la même manière.

En revanche, une photo largement reprise dans la presse nécessite une explication plus catégorique. Ce cliché, où j'apparais carrément hilare, a été pris trois heures après l'intervention, alors que le corps avait été évacué depuis longtemps. Je ne riais pas de la mort de mon « adversaire » mais d'un incident dont des dizaines de personnes venaient d'être témoins. Un jeune photographe était juché sur une camionnette malgré l'interdiction de son propriétaire. Le conducteur, un colosse à l'accent parisien, avait démarré, obligeant le jeune homme à des cabrioles qui avaient déclenché l'hilarité générale. Un autre photographe s'était empressé de prendre une photo, diffusée ensuite à mes dépens, dans un autre contexte.

Alors, suis-je l'« assassin » de Jacques Mesrine ? Aujourd'hui encore, dix-huit ans après ce vendredi qui a marqué à jamais ma carrière de policier et ma vie d'homme, l'injure me blesse, pour toutes les ignominies qu'elle sous-entend. Ma femme, mes fils, mes parents, mes amis en ont peut-être souffert davantage que moi. Je n'ai pu leur épargner l'affront de films nauséabonds avec un Broussard de caricature, mauvais flic et piètre acteur, ni les débats indignes auxquels je ne pouvais participer.

Ils ont toujours su, eux, que j'étais en paix avec ma conscience, comme tous les hommes de la brigade. Mesrine a simplement eu la vie qu'il avait choisie, la fin qu'il avait imaginée, la mort qu'il avait souhaitée : l'arme à la main.

La scoumoune

Les répercussions de l'affaire Mesrine auraient pu ébranler la brigade, entraîner des scissions, provoquer des fractures. Rien de tout cela n'arriva. L'opprobre restant le fait d'une minorité d'aboyeurs, l'antigang traversa les turbulences sans trouble majeur.

Si j'avais eu des doutes sur la fragilité de l'édifice – en particulier à la suite du loupé du passage Albert, en 1978 –, celui-ci demeurait en fait d'une remarquable stabilité. Il n'était pas question d'ignorer les critiques ou de feindre l'indifférence, mais de faire front avec notre bonne foi, nos arguments, nos résultats. Le Grand avait eu sa chance, il n'avait pas su, ou pas voulu, la saisir. Nous avions la conscience tranquille, ni remords ni regrets.

L'après-Mesrine marqua simplement un retour à ce que l'on pourrait appeler l'« ordinaire » du banditisme, avec des malfaiteurs moins célèbres mais tout aussi dangereux – parfois davantage – que celui de la rue Belliard. Notre « livre des affaires », un registre dans lequel nous notions tout avec une rigueur d'épicier, s'enrichit en deux mois de quelques belles prises.

– 4 décembre 1979 : arrestations de trois braqueurs multirécidivistes qui venaient d'attaquer une agence de la Société Générale dans le XVIIe.

– 7 décembre 1979 : arrestation de deux malfrats en flagrant délit de braquage d'une Caisse d'épargne à Saint-Arnoult-en-Yvelines.

– 8 janvier 1980 : arrestation d'un malfaiteur évadé de la centrale de Melun deux ans plus tôt.

– 12 janvier 1980 : arrestation en « flag » d'un gang auteur d'un hold up à Ozoir-la-Ferrière et d'une vingtaine d'autres auparavant.

– 30 janvier 1980 : arrestation d'une équipe qui venait d'attaquer une agence du CIC, dans le XVIIe...

Les inspecteurs abordaient ces interventions une à une, avec une motivation intacte, sans céder à la lassitude. Cette constance constituait, à mon sens, la plus efficace des ripostes aux geignards habituels. Le groupe, si riche en fortes personnalités, résistait aux maux de son temps, la jalousie, le cynisme, la suffisance. Oh, tout n'était pas lisse : des coups de gueule éclataient parfois, avec leur lot de « mots doux » et de portes claquées, mais chacun s'employait ensuite à soigner les rares blessures d'amour-propre. Notre conception de l'amitié et du métier l'emportait sur ce qui pouvait nous diviser. A tel point, d'ailleurs, que la brigade avait la réputation de fonctionner à la façon d'un clan, hermétique à toute influence extérieure.

Je dois admettre qu'il y avait un peu de cela, comme une inclination atavique au corporatisme « BRI », une manière d'esprit de clocher, qui datait de François Le Mouël, le premier patron.

Il ne fallait pas voir dans cette tendance au repli une arrogance de vedettes, ni la marque d'un quelconque élitisme. Nous n'étions pas atteints du syndrome de la grosse tête et nous n'avions pas non plus la prétention, depuis notre dernier étage du « 36 », de dominer la police française. Non, notre comportement tenait avant tout à la nature même de notre travail.

Un homme évoluant au cœur du danger est par essence difficile d'accès. Sans forcément en être conscient, il se tient sur la défensive, s'entoure de mille barrières intimes, n'accorde pas immédiatement sa confiance et son amitié à « celui-qui-ne-peut-pas-comprendre ». Quelque part, il y va de sa survie, parce que l'action ne souffre pas l'imperfection dans les rapports humains. Au plus près de la mort, quand tout repose sur les petits riens de l'incertitude, il veut pouvoir compter sur son équipier, connaître ses forces, ses faiblesses, deviner ses impulsions, ses défaillances. Cette complicité ne s'acquiert pas du jour au lendemain, elle est le fruit d'une relation durable, d'une solidarité de tous les instants, de concessions mutuelles. Le danger rend prudent en affection. Aussi, nous étions méfiants, nécessairement méfiants. Moi le premier.

Une fois acquise, en revanche, cette amitié est de celles qui durent. Elle s'est forgée au « feu », elle a résisté à la tentation du sauve-qui-peut, il n'y a plus de collègues ou de simples copains, mais d'authentiques amis.

Intégrer la brigade n'était donc pas évident. Le service fonctionnait un peu comme ces clubs très « sélects », jaloux de leurs traditions, de leurs valeurs, accessibles par parrainage. Un clan, oui, c'est vrai.

Les candidatures ne manquaient pourtant pas ; j'en recevais plusieurs dizaines chaque année. Comme nos effectifs étaient limités à une cinquantaine de personnes et que les départs étaient rares, tous ces prétendants ne pouvaient être enrôlés. Certains étaient écartés d'office, soit en raison de leurs états de service, soit à cause de la période choisie pour faire acte de candidature. Les opportunistes qui nous envoyaient leurs CV au lendemain d'une affaire suivie d'importantes retombées médiatiques n'avaient pratiquement aucune chance d'être retenus ! Mieux valait se manifester en période normale et avoir quelqu'un dans la place, un « parrain » en quelque sorte. Les recommandations d'un chef de groupe étaient plus fiables que toutes les notes administratives. Ils savaient, eux, quelles étaient les qualités requises pour gagner la confiance des autres : l'humilité, la disponibilité, le courage, le sens du travail en équipe...

Sitôt incorporé, le nouveau venu découvrait les réalités de la BRI, loin des clichés dont elle était affublée. Il s'initiait aux rites qui faisaient probablement notre force : les tours de planque, les pauses casse-croûte, les repas de fin d'affaire, les entraînements... Il comprenait surtout que cette brigade astreignait chacun, commissaires ou inspecteurs, à des servitudes épuisantes. Nul ne pouvait s'y soustraire, c'était le lot commun et j'y tenais par-dessus tout. Pour quelques minutes excitantes, combien de nuits de planques et de filatures fastidieuses ?

Tout cela n'était pas sans conséquences sur la vie privée. Aussi comme il était exclu d'imposer des fonctions à risques à des hommes préoccupés par des problèmes personnels, je posais systématiquement la question aux candidats sur l'accord de leur femme pour un poste si exposé. De mon côté, j'avais la chance, le privilège, d'avoir une épouse qui acceptait ma passion pour cette brigade. Une passion exclusive ; excessive aussi, sans doute.

Le vendredi était un jour particulier dans la vie du service, la dernière marche avant le repos hebdomadaire pour ceux qui n'étaient pas de permanence le week-end. Je me doutais bien qu'ils avaient envie, et besoin, de souffler. Mais je savais aussi qu'ils ne sauraient résister à l'appel d'une affaire prometteuse. En fin d'après-midi, je descendais à la direction afin de m'informer sur les enquêtes en gestation, à la Criminelle notamment. Je demandais alors aux inspecteurs de patienter un moment avant de partir.

Au fil des semaines, ils prirent l'habitude de m'attendre dans le bureau de Roland Linck, l'un des anciens. Avec son visage un peu rougeaud, ses manières de père tranquille, sa Gitane maïs au coin des lèvres, il n'avait pas le profil d'un casse-cou. D'un naturel réservé, il avait le courage modeste des hommes de devoir. S'il aimait se déguiser en chauffeur de taxi, en livreur ou en clochard, pour assurer une planque, comme dans l'affaire Mesrine, sa présence était également appréciée dans les interventions. Un peu moins dans les boîtes de nuit, comme j'avais pu le constater un jour...

A l'issue d'une mission dans les Alpes, nous avions décidé de finir la soirée incognito dans un établissement de Chamonix tenu par des Corses. Tandis que les anciens consommaient dans l'arrière-salle, les jeunes s'activaient sur la piste de danse et repoussaient sans cesse l'heure du départ. Roland, lui, était pressé de rentrer se coucher. En désespoir de cause, sans rien dire à personne, il se joignit aux danseurs, surpris de voir le « chibani » s'initier au disco... En réalité, tout en gesticulant, il vaporisait discrètement du gaz lacrymogène !

L'assistance fut contrainte d'évacuer rapidement les lieux, à l'exception des gars de la BRI, retenus dans l'arrière-salle par le personnel. Nous devions désigner l'auteur de cette plaisanterie qui était, j'en conviens, d'un goût douteux. Tous les Corses de la station s'étant rassemblés à l'extérieur pour nous faire une grosse tête, l'empoignade s'annonçait rude...

Voilà comment, rigolant comme larrons en foire, on se mit en colonne par un, derrière la silhouette de catcheur de notre vaillant Pépé le Mocquot ! Les bras écartés, dansant d'un pied sur l'autre, nous étions un peu comme les rugbymen néo-zélandais, les fameux All Blacks, qui se livrent au rituel du « haka » avant chaque match.

Pépé ouvrait la marche.

– Allez, les enfants, quand il faut y aller, faut y aller !

Heureusement, sur le pas de la porte, deux ou trois Corses du

« comité d'accueil » reconnurent en Fanfan Santini un copain du village et cette nuit mouvementée s'acheva par une mémorable soupe à l'oignon !

La réunion du vendredi, dans le bureau de Roland, constituait pour tout le monde une occasion de prendre un pot, de procéder à une séance d'autocritique. Dominique Quirin (« Gueule d'amour »), Guy Chétard (« Tarché »), Jean-Pierre Moreau (« le vieux JP ») ou le petit Roger Stella... chacun en prenait pour son grade de la part des copains. Untel parce qu'il s'était assoupi pendant une surveillance, tel autre pour sa maladresse lors d'une intervention. Roland Linck, connu pour son humour froid de Parigot pure souche, disposait, dans son lexique personnel, d'expressions sur mesure à l'attention de chacun : « Grille d'égout », « Tige de frein », « Motte de beurre »...

Il n'y avait aucune méchanceté dans la démarche de ces hommes, juste une volonté de rire un moment, en se charriant gentiment. Lorsque je venais les rejoindre, en sortant du bureau du directeur, ils avaient déjà oublié qu'ils étaient en retard pour le départ en week-end... Pépé le Mocquot, le philosophe des faubourgs, lâchait sa maxime habituelle : « On est quand même mieux là qu'à l'usine. »

Les inspecteurs du groupe Mougenot étaient toujours en avance d'une plaisanterie, surtout à l'approche des fêtes de fin d'année. Quand venait l'heure des étrennes, chacun recevait son cadeau. Jean-Yves Toumit, alias « Aimable », eut droit à un disque de l'accordéoniste du même nom. Jean-Marc Bloch, dont la voiture était réputée aussi crapoteuse que celle du lieutenant Colombo, reçut une poubelle équipée d'un volant, d'une corne, de rétroviseurs et d'une plaque minéralogique !

Nous pouvions rester des heures à écouter Christian Truffinet, dit « la Truffe », ou encore Jojo Thalmann, si doué pour imiter Bourvil. Cet ancien haltérophile était l'un de nos amuseurs, à la fois fantasque et sérieux. Le soir venu, quand tout le monde rêvait d'un bon lit, il soulevait des kilos de fonte pour se maintenir en forme ! Il était capable d'initiatives un peu folles. Un soir, tandis que nous sortions en groupe d'un restaurant du Quartier latin, de jeunes musiciens jouaient pour une poignée de touristes. Sans doute n'aimaient-ils guère la « flicaille » mais ils avaient l'air plutôt sympas. Afin de tonifier leur spectacle, Ivanoff et notre Jojo national se livrèrent à un époustouflant numéro de saltimbanques.

Marchant sur les mains, ils haranguaient la foule, l'invitaient à venir applaudir les musiciens. Un autre inspecteur fit le tour des spectateurs avec un chapeau en main. Les jeunes furent plutôt étonnés d'apprendre que nous étions policiers. Je crois même qu'ils crurent à une plaisanterie...

J'aurais aimé que nos détracteurs nous surprennent dans ces moments-là, juste pour savoir si, oui ou non, nous ressemblions aux « cow-boys » qu'ils dénigraient parfois. L'antigang était à cent lieues de leurs idées reçues.

Ces liens d'amitié, cette connivence que d'autres brigades nous enviaient étaient en fait à double tranchant. Lorsque l'un d'entre nous venait à être blessé, notre douleur s'en trouvait amplifiée : Daniel Berton dans l'affaire du *Figaro* (1973), Jacques Chaix au *Thélème* (1975), René Berrux et David Lailheugue dans l'affaire Empain (1978), François Antona à l'ambassade d'Irak (1978)...

En octobre 1977, nous avions également failli perdre un jeune inspecteur, Gérald Héliès, touché à l'artère fémorale lors d'une fusillade dans la planque du « Dingo », un truand auquel un juge d'application des peines avait eu la généreuse idée d'accorder une permission de cinq jours, ce qui lui avait donné l'occasion de « remonter » au braquage. Héliès, qui faisait partie de l'équipe chargée de l'arrêter dans sa tanière, avait fait irruption dans le studio. « Dingo », assis sur un canapé face à la porte, s'était aussitôt emparé d'un flingue sous un coussin, il avait touché l'inspecteur avant d'être abattu.

Je revois Gérald, allongé dans le couloir, son regard entre frayeur et résignation, la cuisse ouverte, le sang qui giclait par saccades, les infirmiers du SAMU, son transfert à l'hôpital Tenon, le bloc opératoire... Les gars avaient donné leur sang pour qu'il survive. Et il s'en était sorti, avec de graves séquelles mais vivant.

Plus de trois ans s'étaient écoulés depuis cette affaire et, par bonheur, par chance surtout, nous n'avions pas encore connu la mort. Elle avait épargné la BRI. J'y pensais, bien sûr. On y pense toujours. Mais je me gardais bien de l'avouer. Nous n'en parlions pas, non plus, entre nous. Le sujet était tabou. En ma qualité de patron, j'avais la hantise de la routine et je songeais aux collègues tombés pour avoir négligé les élémentaires précautions.

Chacun de nous livrait contre le spectre de la mort un duel intime, manière de retarder l'échéance. Il fallait être solide car si tout être humain en vient tôt ou tard à imaginer son enterrement, le policier a, lui, le triste privilège d'imaginer aussi le fil des événements : des truands, des armes, la fin. Au cœur de l'action, il n'y pense pas. Après, forcément.

Ce scénario final, Roland Linck devait l'envisager de temps en temps. Il devait y penser avec ce fatalisme désabusé qui le caractérisait. Mais le vendredi soir, quand revenait la réunion rituelle avec des copains, dans son bureau du « 36 », il l'oubliait. N'était-ce pas là, après tout, le charme et le drame de nos vies ? La roue ne cessait jamais de tourner.

Pour Roland, elle s'arrêta tout de même le 3 décembre 1980. Ni une bavure, ni une fusillade, juste une sale histoire, un « accident à la con », comme il aurait dit.

C'était en fin de matinée, rue Vercingétorix, dans le XIVe. La BRI et l'OCRB suivaient trois braqueurs qui venaient de commettre un hold-up et repartaient chez eux à bord de deux voitures. Si le premier se montra docile, les deux autres essayèrent de se débattre en sortant de leur Austin. L'un d'eux se débarrassa d'une grenade quadrillée que Jean-Yves Toumit, dans un réflexe admirable, jeta par-dessus un mur bordant une voie ferrée. L'engin n'explosa pas mais, dans la bousculade, l'arme d'un inspecteur de l'OCRB s'accrocha dans la parka d'un truand. Le coup partit, la balle traversa le corps de Roland à la hauteur du foie, avant de blesser à la cuisse un inspecteur de l'Office, Jean-Marc Maury.

Mercredi 3 décembre 1980. La mort.

Elle s'imposait à nous dans sa cruelle stupidité, au détour d'une intervention presque banale. Un « accident à la con », vraiment.

Je ne savais comment réagir, j'étais coincé entre mes responsabilités et ma peine, entre l'obligation de faire face, d'assumer mon rôle de chef de service et le besoin de pleurer mon ami loin des tumultes de l'indécence, avec mes proches, avec les gars de la BRI, d'aider l'épouse de Roland et ses deux enfants. Mais n'étais-je pas en train de payer ma conception de ce foutu métier ? A trop vouloir m'investir, à trop miser sur l'affectif, j'avais pris le risque d'en souffrir quand le vent de la malchance viendrait à tourner.

Les caméras, voraces en détresses inédites, surent en profiter, au nom du devoir d'explication. En tant que patron, je devais parler, c'était une obligation, presque un ordre, en mémoire de Roland Linck, pour écarter les soupçons de bavure ou de guerre des polices.

Je n'avais jamais autant souffert devant les journalistes. Ils n'étaient pour moi que des ombres alignées derrière une rangée de micros et d'objectifs. Pensez donc : un antigang à la dérive ! Des larmes de flic plein cadre, en gros plan ! L'occasion était trop belle, l'image trop tentante. Leurs questions tombaient, toujours les mêmes, les « comment ? », les « pourquoi ? » et je parlais et je parlais, à mots hésitants, la gorge nouée, l'œil embué. J'étais comme ces chefs de famille que l'on visite un jour d'obsèques. Des inconnus arrivent d'on ne sait où, des cousins oubliés, des voisins anonymes, de lointains parents. Par respect pour le défunt, il se doit de leur « raconter », encore et encore, ce qui accentue sa propre douleur.

Au terme de la cérémonie officielle, à Paris, la BRI se rendit à Dammartin-en-Goële, le village de Roland. Nous étions tous présents, l'amitié en rangs serrés. Un homme se tenait debout, au fond de l'église. Il se mêla ensuite aux inspecteurs dans les allées du petit cimetière. C'était Christian Bonnet, le ministre de l'Intérieur, qui nous avait rejoints sans prévenir quiconque, à titre personnel, en ami sincère de la brigade.

La disparition de Roland provoqua un profond traumatisme au sein du service. On ne sort pas indemne d'une rencontre si brutale avec la mort. L'« après » fut une période délicate à gérer, une convalescence psychologique. D'affaire en affaire, nous allions tenter de vaincre le signe indien.

L'arrestation de deux équipes de braqueurs, le 18 décembre, place de la République, et le 24 décembre, à Puteaux, contribua à nous remettre sur le chemin de la confiance. Vint par la suite, le 10 février 1981, le démantèlement d'une partie du « gang de la banlieue sud », parmi lesquels des truands déjà arrêtés en 1973. Rien que du beau monde, et du matériel de premier choix : une dizaine de mitraillettes, une quinzaine d'armes de poing, des grenades, des appareils radio... Ces réussites étaient encore le plus bel hommage que nous puissions rendre à Roland. Les inspecteurs de son groupe, désormais dirigé par Roger Stella, étaient plus unis que jamais : Jojo Thalmann, Jean-Yves Toumit, Christian Caron, Loïc Janot, Patrick Le Gall, Jean-Pierre Thouvenot...

Une spectaculaire évasion allait bientôt nous mobiliser. Une « belle » que Mesrine lui-même n'avait pas osé tenter, en son temps : par hélicoptère !

Le 27 février 1981, en milieu de matinée, un industriel se présente à l'héliport d'Issy-les-Moulineaux. Il veut se rendre à Orléans avec son secrétaire. Dès que l'appareil a pris un peu d'altitude, les deux passagers contraignent le pilote à mettre le cap sur Fleury-Mérogis. L'hélico survole le terrain de sport, descend jusqu'à un mètre du sol, sous le regard des détenus. Deux d'entre eux, et non des moindres, se précipitent à bord : Gérard Dupré, trente-quatre ans, est un multirécidiviste du braquage, il connaît beaucoup de monde dans le milieu, en particulier dans la banlieue sud ; l'autre, Daniel Beaumont, quarante et un ans, est tout aussi redoutable.

Le SRPJ de Versailles a été chargé de l'enquête. En liaison avec la BRI, le commissaire divisionnaire Richard dresse la liste des relations des deux fugitifs. Nous identifions et retrouvons notamment une jeune femme prénommée Vanessa. Suivie dans tous ses déplacements, elle s'entoure de trop de précautions pour avoir la conscience tranquille. Par son seul comportement, méfiant à l'excès, elle nous incite à persévérer.

Le 6 mars, en fin d'après-midi, nous la voyons quitter son domicile du XVIe arrondissement et se diriger à pied vers la porte Maillot. Elle hésite, tourne en rond, puis monte dans un taxi. Après des détours dans Paris, elle se fait conduire à proximité du cimetière du Père-Lachaise.

Il fait déjà nuit. Elle marche seule dans la rue de la Folie-Régnault. Un homme la dépasse sans lui adresser la parole et revient sur ses pas. Nous reconnaissons Gérard Dupré, l'un des deux évadés de Fleury. Sur le trottoir opposé, dans l'obscurité, un inconnu semble assurer la protection du couple.

Dupré et Vanessa sont maintenant ensemble, suivis de l'inconnu, en retrait de quelques mètres. La rue étant presque déserte, j'ai décidé d'intervenir dès que possible, avec une équipe à pied soutenue par des hommes en voiture.

Nos « piétons » sont prêts à ceinturer les truands. Las ! ceux-ci se rendent compte de la manœuvre. Ils ouvrent le feu. Une fusillade brève mais très dense. Dupré, blessé, profite de la bagarre qui nous oppose au « garde du corps » et à la jeune femme, pour s'enfuir en boitant. En plein pugilat, quelqu'un crie :

– Roger est touché !

Je me retourne. Le petit Roger est allongé sur le trottoir. Le sang jaillit de sa cuisse. Je me précipite pour lui tenir la tête surélevée et pratiquer un point de compression. Son regard bleu se voile lentement. Je pense à Roland, je l'imagine, lui, le petit Roger, Roger Stella, l'ami des premières heures, l'homme de Brest, ces dizaines et ces dizaines d'affaires traversées sans pépin, et puis là, un soir de mars, le drame au coin de la rue.

Il veut me parler à voix basse. Je me penche.

– Dites à Edmond comment ça s'est passé, qu'il ne s'inquiète pas.

Edmond, c'est le frère aîné de la famille Stella. Il vit au pays, là-haut, dans son cap Corse.

– Oui, je lui dirai... Ne t'inquiète pas, ça va aller...

Il faiblit à vue d'œil. Le sang coule en abondance.

– On a la poisse, hein patron ?

Je ne réponds pas, les mots n'auraient aucun sens. Je sais bien qu'il songe à Roland. Ils étaient du même groupe, de la même famille. Il lui a succédé pour rassurer les gars, et voilà qu'à son tour, trois mois plus tard, il est à terre.

Cette allusion à Roland me bouleverse. J'ai l'impression qu'il se résigne au même destin, qu'il se laisse aller sur la même voie, qu'il s'incline devant la fatalité. Je suis indifférent à tout ce qui se passe autour de moi. Peu m'importe que le « garde du corps » ait enfin été maîtrisé, qu'il s'agisse de l'un des organisateurs de l'évasion. Peu m'importe aussi que Dupré ait disparu, je ne sais plus que dire, que faire.

Nous ignorons la nature exacte des blessures de Roger mais il n'est pas besoin d'être chirurgien pour comprendre qu'elles nécessitent une intervention immédiate. Les secours s'organisent, un médecin de passage propose son aide.

Je suis encore avec Roger lorsque Christian Caron nous rejoint en courant.

– Venez vite, patron, on a localisé Dupré !

Christian est un autre membre du groupe Stella, ex-Linck. Un homme fantastique, sur le terrain comme dans la vie de tous les jours. Il était parti à la poursuite du fuyard sans savoir que le petit Roger avait été touché. En l'apercevant, il blêmit. Sa soudaine affliction me ramène à la réalité. Les gars sont tellement déstabilisés que je dois reprendre la direction des opérations.

Le petit Roger l'a bien compris.

– Patron, mon groupe a la poisse, allez-y, ils ont besoin de vous.

Kiki Caron m'entraîne jusqu'à l'impasse Daunay.

Les autres inspecteurs, postés devant l'entrée d'une serrurerie où Dupré serait retranché, pensent à Roland, à Roger, à la scoumoune qui s'acharne. Ils sont trop énervés pour intervenir de suite. Dans leur esprit, il n'est pas question de vengeance, juste d'un besoin impérieux d'aller au-devant du danger pour conjurer le mauvais sort. Or je ne peux les laisser entrer sans leur faire courir d'énormes risques. Je ne peux non plus les écarter : ils ressentiraient cela comme un signe de défiance.

Il importe de décompresser, de répartir les rôles, sans précipitation. La présence de François Santini, si souvent volontaire pour intervenir avec moi, me sera indispensable.

– Bon les enfants, je vais entrer avec Fanfan. Vous nous protégerez en restant en retrait et sur les côtés, d'accord ? Attendez, je vous demande une seconde, il faut être à l'aise...

M'éloignant de quelques mètres, je prends tout mon temps pour uriner le long d'un mur.

A mon retour, les visages ont changé, la tension est tombée. Par ma décontraction forcée, je me suis moi-même rassuré. Il suffit souvent d'un rien, d'un mot, d'un geste anodin, pour apaiser un groupe sous pression excessive.

– Allez les enfants, on y va tranquilles...

La porte de la serrurerie est demeurée ouverte. Le propriétaire, un moment pris en otage, nous a confirmé que le truand était blessé et que, compte tenu de la configuration des lieux, il ne pourrait s'échapper.

Suivi de Fanfan, je pénètre dans l'atelier du rez-de-chaussée. Nous progressons dans la pénombre, par petits bonds, en protection mutuelle. Nous allumons la lumière sur un décor à la Simenon, un bric-à-brac de ferraille et de tôles. Derrière et autour de nous, Loïc, Toutou, Jojo, Patrick, Fiam, Kiki, l'arme à la main, manœuvrent avec beaucoup de professionnalisme.

Dupré étant introuvable, nous montons à l'étage par un escalier de bois. La lumière du rez-de-chaussée éclaire le couloir du haut. Les portes des trois bureaux sont closes.

Fanfan et moi avons vécu une scène comparable en février 1978, à Boulogne-Billancourt, quand deux braqueurs s'étaient réfugiés dans un appartement où se trouvaient une jeune femme et son petit garçon. L'un des malfaiteurs était grièvement blessé, prêt à tirer pour sauver sa peau et nous avions dû donner l'assaut. Au moment de forcer la porte de la salle de bains, où ils s'étaient retranchés, un coup de feu avait claqué, la balle avait frôlé Fanfan.

Nous avançons dans le couloir du haut, au-dessus de l'atelier.

Nous enfonçons la première porte. Personne.

Nous enfonçons la deuxième porte. Personne.

Nous enfonçons la troisième porte.

– Attention, grenade ! crie Santini.

Dupré est recroquevillé sous un bureau, gravement touché mais conscient. Il tient un 357 Magnum dans une main et, dans l'autre, un objet dont la partie métallique dépasse.

– Ne bouge pas ! lui ordonne Fanfan en le braquant avec sa mitraillette.

Dupré pose son arme.

Je m'approche pour lui bloquer la main. Je presse si fort que j'entends un craquement. Il s'agit en fait d'un briquet en plastique argenté !

Les médecins du SAMU, qui viennent secourir Dupré, nous rassurent sur l'état de santé du petit Roger. Une balle de gros calibre lui a déchiqueté le haut de la cuisse, il a perdu beaucoup de sang, mais ses jours ne sont pas en danger. Il a été évacué dans de bonnes conditions à l'hôpital Saint-Antoine.

A la suite de cette affaire, on nous félicita pour notre sang-froid. Quelques voix s'élevèrent aussi, au sein de la hiérarchie, pour estimer que nous avions pris trop de risques. C'est vrai, après tout, nous aurions pu abattre l'évadé de Fleury-Mérogis [1] puisque nous étions en légitime défense ! Il avait un 357 Magnum, peut-être une grenade, il venait de blesser l'un des nôtres. Une rafale sous le bureau et c'en était fini, sans témoin pour nous contredire.

Ce n'était pas, heureusement, notre conception de la justice. Le 2 novembre 1979, porte de Clignancourt, nous avions tiré sur Jacques Mesrine dans un réflexe défensif, parce qu'il s'apprêtait à saisir ses grenades avec des intentions maintes fois exprimées, qui plus est dans un quartier très fréquenté. Là, dans la serrurerie, nous avions parié sur la reddition de Dupré, en espérant qu'il renoncerait à un sursaut suicidaire.

Ni cow-boys ni justiciers, nous n'avions pas droit de vie ou de mort sur les truands. Nous n'étions pas non plus obsédés par l'idée de venger Roland Linck ou Roger Stella. Nous n'avions qu'un devoir : celui de faire notre métier en toute honnêteté.

1. La cavale de Dupré a duré une semaine, du 27 février au 7 mars 1981. Celle de Daniel Beaumont, l'autre évadé de Fleury-Mérogis, a duré quatre mois. Il a été grièvement blessé lors d'une fusillade avec les policiers espagnols qui venaient l'arrêter dans une villa du sud de l'Espagne. Il était en compagnie du pseudo « M. Garnier », l'industriel qui avait loué l'hélicoptère.

Les évadés de Liancourt

Dupré et Beaumont évadés de Fleury-Mérogis ; Mesrine et Besse évadés de la Santé ; Willoquet évadé du palais de justice de Paris... En répertoriant nos affaires des années 70-80, j'en viens à conclure que nous aurions été beaucoup moins sollicités si ces messieurs étaient restés derrière les barreaux. Gérald Héliès n'aurait pas été estropié à vie, en 1977, si le « Dingo » n'avait pas bénéficié d'une permission. Roger Stella n'aurait pas été blessé en 1981 si des filins d'acier avaient été tendus au-dessus du terrain de sport de Fleury.

Je sais, « avec des si »...

Le couple justice-police, trop souvent miné par la défiance, sortait affaibli de chacune de ces crises. Elles ravivaient les éternelles rancœurs corporatistes.

Aux condamnations trop timides de certains tribunaux, à l'interventionnisme excessif de quelques juges d'instruction désireux de jouer au flic, s'ajoutaient les aménagements de peine accordés trop généreusement par des magistrats crédules.

Attention, je n'entends pas mettre ici en cause l'ensemble de la magistrature, ce serait lui faire, si j'ose dire, un mauvais procès. Tout au long de ma carrière, j'ai connu une immense majorité de femmes et d'hommes compétents, courageux et pugnaces, conscients des difficultés de la police, prêts à l'aider, à la soutenir. Mais j'en ai aussi rencontré qui semblaient tout faire pour entretenir la discorde.

Un exemple ? En 1981, un juge d'application des peines accorde à une vieille connaissance de la BRI, Patrick Langlois, un régime de semi-liberté qui l'astreint uniquement à dormir en prison. Beau-frère de Willoquet, copain de Mesrine (mort deux ans plus tôt), Langlois a présenté au juge la lettre d'une société disposée à l'engager comme directeur-adjoint. A en croire le papier à en-tête, c'est une société de placement de machines à sous dans les bistrots...

Chaque matin, à 6 h 30, ce détenu modèle quitte sa cellule de la maison d'arrêt de Corbeil, monte dans sa voiture de fonction. Chaque soir, à 22 heures, il réintègre la prison.

Les inspecteurs de l'antigang, qui oublient rarement leurs clients d'antan, procèdent tout de même à des filatures de routine. Comme ça, par curiosité... Ils constatent que Langlois profite de ses heures de liberté pour jouer au tennis. Le reste du temps, il ne place pas de machines à sous dans les bistrots mais fréquente une équipe de braqueurs. C'est d'ailleurs avec eux qu'il va être arrêté par la BRI, au moment d'attaquer un supermarché de Villejuif ! Pour un « directeur-adjoint » en cours de réinsertion, il dispose d'un matériel de bureau original : un fusil à pompe, deux 357 Magnum, des cagoules... La fameuse société, si généreuse qu'elle a emporté la conviction du gentil juge, est une coquille vide, créée pour l'occasion, par deux des braqueurs, avec l'argent des Assedic ! Quant à la voiture de fonction, il s'agit d'un véhicule volé...

Patrick Langlois et ses complices connaîtront de nouveau les faveurs de la justice quatorze mois plus tard. Suite à l'erreur d'un autre juge – l'oubli de renouveler l'ordonnance de détention provisoire –, ils vont recouvrer la liberté avant leur procès, malgré les protestations de syndicats de policiers et la mise en cause du garde des Sceaux de l'époque, Robert Badinter.

La fréquence des évasions, « légales » ou pas, contribuait à attiser les tensions justice-police. Les prisons françaises perdaient régulièrement quelques pensionnaires célèbres. La presse, friande d'exploits de monte-en-l'air, ironisait sur les défaillances de l'administration pénitenciaire. De notre point de vue de policiers, il y avait quelque chose de décourageant à rechercher des malfrats déjà arrêtés un ou deux ans plus tôt par la BRI ou d'autres services. Une impression d'éternel recommencement...

Je n'éprouvais aucun sentiment de vengeance envers les évadés, juste une rancœur accrue à l'égard du « système » et de ses insuffisances. Ils en profitaient, c'était leur droit de détenus.

Chacun de nous, qu'il soit ou non policier, ne peut cacher une admiration voilée pour le prisonnier capable de s'évader sans user de violences contre les surveillants. Notre mémoire collective, si riche en histoires de barreaux sciés à la lime et de tunnels creusés à la timbale, nous porte naturellement à soutenir le fugitif contre son geôlier. Disons que c'est notre côté « Papillon ». Moi-même, il m'est arrivé de me dire, à propos d'un Besse, d'un Mesrine ou d'un Spaggiari : « Il est quand même fort ! » Tout en condamnant leurs méthodes, je reconnaissais également un certain mérite aux hommes et aux femmes de parole qui, au péril de leur propre liberté, tentaient d'extraire l'ami en détention. A l'automne 80, nous avions ainsi arrêté trois hommes qui avaient monté une opération en plein tribunal de Cahors pour libérer leur copain Charles, surnommé le « Psychologue » depuis qu'il avait obtenu une maîtrise de psychologie en prison.

La traque d'un homme, qu'il s'appelle Willoquet, Mesrine ou Dupré, n'a rien de comparable avec les autres formes de lutte contre la délinquance car le policier en vient à se sentir responsable des actes du truand en cavale. Chaque journée perdue engendre un complexe de culpabilité. Il imagine le pire, que le malfaiteur va se protéger en prenant des otages, qu'il va tuer ou blesser des innocents. De tous les hommes recherchés, l'évadé est en effet le plus imprévisible.

Je m'explique. Lorsqu'un braqueur ou un cambrioleur cherche à se faire oublier après un coup, il préserve ses acquis, à savoir son butin et sa liberté. La police le poursuit, il se cache, c'est une attitude défensive, la suite logique d'une opération plus ou moins réussie.

Le cas d'un évadé est fondamentalement différent. Il a joué gros, il a gagné sa liberté, elle est devenue son bien le plus précieux. Il s'y accroche d'autant plus qu'elle a été obtenue de haute lutte. Toute la différence est là, dans cette notion de liberté conquise et pas simplement défendue. Il est prêt à tout pour ne pas retourner en prison. Il garde un souvenir récent, encore chaud pourrait-on dire, de l'univers carcéral. Comme enivré par la soudaine possibilité de maîtriser son destin, il avance à tâtons dans une société qui a changé en son absence. Le danger réside justement dans ce brusque retour à la lumière, dans cette griserie mêlée de nervosité.

Le pire ennemi d'un truand en cavale n'est pas la police, c'est la paranoïa. Sans cesse sur le qui-vive, il se croit épié, le moindre regard l'inquiète, il se méfie de ses amis, la plus insignifiante présence policière lui paraît anormale. Contenir semblable pression n'est pas donné à tout le monde. Seuls les caïds du milieu en sont capables, ils ont le sang-froid requis et surtout le « sens du flic », cet instinct qui permet de détecter le « condé », d'anticiper ses initiatives. Mesrine, Willoquet, Besse, les trois ténors de mes années d'antigang, avaient ce « sens du flic », mais ils n'étaient pas les seuls. Parmi les affaires d'évasion auxquelles la BRI a été confrontée, l'une des plus marquantes, tant pour les faits en eux-mêmes que pour la personnalité des individus concernés, restera celle dite des « évadés de Liancourt », en 1982.

A l'époque, deux cents détenus étaient soignés dans cette prison-hôpital du département de l'Oise. Pour d'évidentes raisons humanitaires et techniques, la surveillance y était moins stricte que dans les établissements classiques. Un double grillage de six mètres de haut, surmonté de miradors, ceinturait tout de même les bâtiments.

Le 28 mars 1982, vers 17 heures, les détenus étaient en promenade lorsqu'un sac de sport, lancé de l'extérieur par un ami, atterrit aux pieds de deux candidats à la « belle », Raymond G. et Michel M. et Michel. Le sac contenait des armes et une cisaille. Après avoir blessé un surveillant, ils firent une brèche dans le grillage. De l'autre côté, leurs complices avaient tout prévu : une Peugeot 204, les clefs sur le Neiman; de l'argent et des vêtements sur la banquette arrière.

Raymond, quarante-deux ans, était surnommé « le Grand », comme Mesrine, mais il n'en avait pas le palmarès. A la BRI, nous le connaissions pour l'avoir arrêté chez lui, cinq ans plus tôt, dans une histoire d'assassinat. Devant Lambert et Marlet, il s'était emparé d'une arme pour se suicider. Les deux inspecteurs avaient vainement essayé de l'en dissuader. Il s'était tiré deux balles dans le ventre. De graves séquelles physiques, ajoutées à la tuberculose, justifiaient son incarcération à Liancourt.

Michel, de trois ans son aîné, était également malade. Il souffrait d'un cancer de la gorge et d'une trachéotomie, d'où son surnom dans le milieu : le « Muet. » Spécialisé dans les braquages, il se présentait aux guichets muni d'un cahier d'écolier où il avait inscrit, d'une écriture appliquée : « Ne criez pas, donnez-moi l'argent! » Certes, il réprouvait la violence inutile et son revolver n'était qu'un jouet, mais ni les employés ni les clients n'étaient censés le savoir... Depuis sa prison, il n'avait cessé de dénoncer la sévérité des jurés qui l'avaient condamné à la réclusion perpétuelle alors que l'avocat général n'avait requis « que » quinze ans, compte tenu de son état de santé. Les pourvois en cassation ayant été rejetés, les demandes de grâces médicales étant restées lettres mortes, il avait choisi de s'évader avec Raymond G.

La 204 filait sur les routes de campagne. Les gendarmes, qui survolaient la région en hélicoptère, l'avaient localisée. Les deux truands, contraints de changer de véhicule, s'engouffrèrent dans une GS, éjectant le conducteur sur le bas-côté. Pour franchir les barrages, ils prirent en otage une jeune femme qui cueillait des jonquilles avec son mari en forêt de Pont-Sainte-Maxence. Sous la dictée de G., elle dut griffonner des messages jetés à l'intention des poursuivants : « ne faites rien, ils sont prêts à tout... », « laissez-nous passer sinon tout va sauter... » Le Muet brandissait une grenade.

Aux abords du village d'Estrées-Saint-Denis, Raymond fit rédiger une autre mise en garde : « Nous sommes condamnés à perpétuité, nous n'en avons rien à foutre de mourir. Si vous ne nous laissez pas passer d'ici cinq minutes, on fait sauter la voiture. Réponse : cinq appels de phares. » Le colonel de gendarmerie ordonna une manœuvre de repli. Au signal convenu, les évadés de Liancourt comprirent qu'ils avaient remporté cette bataille-là.

Plus loin, la GS s'embourba jusqu'à l'essieu et ils durent poursuivre leur périple à pied, entraînant leur otage à travers bois et champs.

En pleine nuit, ils se réfugièrent dans un cabanon de pêcheur, le long d'une rivière. Un canapé, une couverture, des boîtes de sardines, des fruits, du vin... Ils y restèrent toute la journée de lundi. Le Muet, qui faisait presque pitié tant il était mal en point, montra quelques photos de sa fille à la jeune femme.

Vers minuit, ils quittèrent leur refuge pour traverser le pont le plus proche et pénétrer dans le parc d'un château inhabité. La jeune femme y fut abandonnée, pieds et poings liés, une couverture sur le dos, avec la promesse que les gendarmes seraient prévenus rapidement.

L'otage entreprit alors de dénouer ses liens. A l'aube, elle parvint devant une usine et demanda de l'aide au veilleur de nuit. Son mari vint la chercher dans une voiture de police. Durant ces trente-six heures, elle n'avait pas été maltraitée. Les deux hommes n'en demeuraient pas moins dangereux.

Ils l'étaient d'autant plus qu'ils avaient désormais la conviction d'avoir gagné la partie. Ils étaient entrés dans ce que l'on pourrait appeler la « troisième phase » d'une évasion.

– La première est celle où le détenu fonce sans hésiter, en se persuadant qu'il doit se jeter à l'eau.

– La deuxième est la plus délicate. Une fois dehors, alors que l'alerte a été donnée, il s'inquiète de l'engrenage ainsi déclenché. La détermination cède la place au doute. Il doit reprendre son souffle.

– S'il franchit cette étape – et c'était le cas pour les deux de Liancourt – vient la fameuse troisième phase, celle où, ayant atteint son but, il n'envisage plus l'échec. Son énergie s'en trouve décuplée, sa violence aussi.

Les évadés avaient disparu. Ils avaient probablement réussi à rejoindre leurs complices. L'enquête, menée par le commissaire Mireille Ballestrazzi et les policiers de la PJ de Creil, s'orienta vers les quatre ou cinq personnes qui leur avaient rendu visite à Liancourt. C'est à ce moment, quelques jours après l'évasion, que la BRI se vit confier, en liaison avec la PJ de Creil, une vaste mission de surveillance. Pendant plus d'un mois, nous allions suivre et photographier les proches des deux hommes en cavale, au total une vingtaine de personnes, dont un visiteur de prison.

Le commissaire Jean-Marc Bloch, mon nouvel adjoint, se chargea d'orchestrer cette phase d'approche. Dès qu'il avait remplacé Jo Querry, nommé en juin 1981 à la BRB, il s'était vite intégré à la brigade, acceptant du même coup ses usages et son état d'esprit. Des anciens aux dernières recrues, tout le monde appréciait ses qualités d'homme et de policier. Il était alors à l'aube d'une brillante carrière à la BRI [1].

Un appartement nous intriguait, au douzième étage d'un immeuble de la cité des 3 000, à Aulnay-sous-Bois. L'endroit ne payait pas de mine mais il offrait l'essentiel pour un couple de locataires visiblement soucieux de discrétion : une vue panoramique du quartier. Nous étions convaincus que les évadés s'y cachaient.

Accueillir deux hommes en cavale ne pose aucune difficulté dans une cité. Les voisins de palier ne se connaissent pas forcément. On peut s'entre-tuer derrière une porte, mourir de solitude derrière une autre, nul ne s'en aperçoit. Alors, héberger des truands...

1. Jean-Marc Bloch a été nommé, en octobre 1989, chef de la BRI.

Comme nous voulions démanteler l'intégralité de leur réseau de soutien, nous allions déclencher une dizaine d'interventions simultanées dans la région parisienne.

Il est 6 heures, en ce 4 mai 1982. C'est une fin de nuit fraîche et pluvieuse sur la cité des 3 000. Sept inspecteurs m'accompagnent pour « l'opération point 12 ». « 12 » pour douzième étage [1].

La mise en place du dispositif doit se faire en douceur. Un déploiement massif serait vite remarqué. A l'inverse, un comportement trop méfiant, avec des hommes qui longent les murs, pourrait paraître suspect. Il ne faut jamais sous-estimer le sens civique, et surtout la curiosité, des insomniaques, des concierges ou des lève-tôt ! Ils alertent police-secours et les gardiens rappliquent, toutes sirènes hurlantes ! Il suffit d'un rien, d'un cri, d'une poubelle renversée, d'une porte claquée, pour qu'une affaire échoue.

Trois antigangs se positionnent dans le hall, devant l'ascenseur et l'escalier de secours, de façon à contrer une éventuelle fuite des deux truands.

L'irruption dans l'appartement ne pose aucun problème. Deux inspecteurs se chargent de la locataire en titre et de ses trois enfants, regroupés chez une voisine.

Accompagné de Fanfan Santini, je vais d'une pièce à l'autre. Nous n'avons pas besoin de parler, les mots seraient superflus ; ces gestes, nous les avons faits des dizaines de fois ensemble.

Nous ouvrons les portes une à une.

Ils sont dans la chambre du fond.

Le Muet, surpris en plein sommeil, s'assied sur le lit, les mains sur la tête. Raymond G., couché près de lui, a bondi de l'autre côté, il s'est emparé d'une arme, l'a dirigée contre sa poitrine en hurlant : « N'avancez pas ou je me tue ! » Il en est capable, il l'a prouvé il y a cinq ans, devant Lambert et Marlet.

Nous ne bougeons pas. Fanfan, d'un flegme déconcertant, braque sa mitraillette sur eux. Je ne peux m'empêcher de repenser

1. Nos liaisons radio pouvant être captées par des truands ou des journalistes équipés de scanners, nous donnions généralement des noms de code à nos interventions et des surnoms aux personnes filées. Par exemple, lors du rapt de Mme Kluger, une personnalité du show-biz enlevée le 18 avril 1981, nous étions convenus d'un langage codé. Un soir, quatre inspecteurs virent l'un des suspects téléphoner chez les Kluger à partir d'une cabine. Il était prévu de signaler le début et la fin de la conversation en citant le nom d'une quelconque station de métro. L'un de nous est intervenu sur les ondes pour parler à deux reprises de « Duroc ». Résultat : les journalistes se précipitèrent vers cette station, ce qui nous permit de suivre tranquillement notre homme, de libérer Mme Kluger dans un appartement de Courbevoie et d'arrêter les auteurs de l'enlèvement !

à la scène de la serrurerie, quand nous avions débusqué Dupré, l'un des évadés de Fleury-Mérogis.

Nous sommes quatre dans la chambre, deux policiers et deux truands, et chacun redoute le geste de l'autre. Le Muet est sur le lit, torse nu, les mains sur la tête. L'autre, seulement vêtu d'un slip, nous fait face, un 11-43 sur la poitrine. C'est un grand type au visage osseux, au regard fiévreux. Il est pris de tremblements :

– Je vais me foutre en l'air !

J'essaie d'engager un dialogue, de le tranquilliser en replaçant mon arme à la ceinture. J'invite aussi son ami à prendre une position plus confortable, les mains à plat devant lui. Sage précaution : un fusil à canon scié est dissimulé sous son oreiller...

La tension retombe quelque peu mais Raymond ne veut rien savoir. Plus le temps s'écoule, plus je crains le pire. S'il venait à se suicider là, devant nous, certains parleraient encore de « bavure » !

Il faut gagner du temps. Parler, encore parler. S'estimant trahi, il consent enfin à s'expliquer.

– On nous avait promis l'impunité si on relâchait l'otage. On l'a fait et vous venez nous arrêter ! On a été massacrés par les assises et ça continue ! J'en ai marre, je n'en peux plus, je vais me foutre en l'air, tu m'entends, je vais m'en tirer une !

– Qu'est-ce que c'est que cette histoire ? Qui t'avait promis ça ?

– La chancellerie ! Et au plus haut niveau... Tu m'entends : au plus haut niveau ! Demande à mon avocat !

– Ça ne tient pas debout...

– Je te donne ma parole. Appelle mon avocat, tu verras bien. Et puis non, tiens, qu'il vienne s'expliquer ici !

– Bon, je vais essayer de le joindre. En attendant, tu ne fais pas le con, OK ?

– Vous non plus ! Je resterai comme ça. Au premier geste, je tire !

Me Philippe Lemaire, joint par téléphone, promet de venir dès que possible. C'est un remarquable professionnel pour lequel j'ai de l'estime, même si nous n'avons jamais été du même côté de la barre.

Il ne sera pas là avant une heure. Une éternité.

Au bout d'une trentaine de minutes de cet oppressant huis

clos, Raymond me réclame une cigarette. J'accepte, pensant qu'il va se détendre. Peine perdue ! Toujours debout, entre le lit et le mur, en slip, une Gitane à la bouche, le canon du 11-43 plaqué sur la tempe ou au niveau du cœur, il réitère ses menaces de suicide !

Il y a maintenant plus d'une heure que nous sommes dans l'appartement. Me Lemaire n'est toujours pas là. Cette fois, le malfaiteur n'exige plus une cigarette mais du café. L'un des inspecteurs restés dans la cuisine apporte quatre tasses sur un plateau. Comme il ne peut entrer, je joue les serveurs.

– Voilà pour ces messieurs, le service est compris ; pour le pourboire c'est à l'appréciation de la clientèle !

Seul le Muet, sur le lit, esquisse un sourire. Raymond, craignant une manœuvre de diversion, hésite un instant, saisit une tasse, tout en gardant son pistolet contre la tempe.

Fanfan Santini, toujours aussi calme, plaisante sur cette situation, en pesant chacun de ses mots. Notre travail psychologique se poursuit.

Et les minutes passent...

Raymond grille plusieurs cigarettes.

Me Lemaire arrive enfin, stupéfait de nous découvrir dans la chambre, immobiles. Il s'entretient à voix basse avec son client. J'entends seulement le malfaiteur lui dire « ce n'est pas ce qui avait été convenu ». L'avocat semble gêné. La conversation s'éternise.

Je m'adresse à Raymond :

– Alors qu'est-ce qu'on fait ? On ne va pas rester comme ça toute la journée ? On a joué le jeu jusqu'au bout, tu ne crois pas ?

– C'est vrai, vous avez été réglos. Pas les autres.

Il jette son arme sur le lit. Le Muet se lève. Ils s'habillent.

Nous les conduisons au « 36 », où sont déjà interrogées une quinzaine de personnes qui les ont aidés dans leur cavale. Trois d'entre elles ont été arrêtées juste avant de commettre un braquage !

Je suis convaincu que Raymond G. ne bluffait pas, qu'il voulait se suicider. Je suis également convaincu qu'il disait la vérité à propos des promesses non tenues. Il avait eu, devant nous, le comportement d'un homme désespéré et sincère. On est parfois amené à rencontrer des truands qui ont au moins le mérite de la sincérité. G. était de ceux-là.

Il me fut malgré tout impossible d'en savoir davantage sur ces mystérieuses « promesses » du ministère de la Justice, faites « au plus haut niveau » ! J'appris juste, mais c'était déjà très étonnant, que les évadés de Liancourt n'étaient pas recherchés officiellement. Aucun mandat d'arrêt n'avait été délivré à leur encontre, et ils le savaient !

La fière justice de France, celle-là même qui suspecte si souvent la police de manœuvres douteuses, venait une nouvelle fois de s'illustrer par un « oubli » pour le moins étrange.

La détresse au quotidien

Le huis clos d'Aulnay-sous-Bois, ces deux heures passées devant Raymond G., m'avait entraîné jusqu'aux limites du supportable. J'avais beau être habitué à ces situations de crise, je les vivais comme des épreuves morales et physiques. L'image est facile mais c'est encore la plus pertinente : j'étais alors comme un équilibriste sans filet. Plus je progressais sur ce fil d'incertitude, plus j'avais le sentiment que mon destin, et surtout celui des autres, tenaient à mes choix, à mes pulsions. Malgré la présence des hommes de la BRI, j'éprouvais une sensation d'infinie solitude, la solitude du décideur, celle qui prend toute sa mesure quand elle se résume à une question de vie ou de mort, comme le 2 novembre 1979, porte de Clignancourt.

Le plus difficile était de ne rien laisser paraître, de masquer ce méli-mélo de confiance et d'appréhension par une décontraction de surface. Je devais le contenir, mener contre lui une guerre secrète, une sorte de bataille des apparences. Voilà pourquoi, dans l'affaire Dupré, j'avais pris le temps d'uriner contre un mur avant de pénétrer dans la serrurerie. Voilà pourquoi, dans l'affaire des évadés de Liancourt, j'avais servi des cafés aux deux hommes.

En jouant la comédie du flegme et du sourire, je m'étais un peu menti à moi-même, j'avais feint d'ignorer tout ce qui me nouait le ventre, j'avais délibérément occulté les images passées, les obsèques de Roland, les souffrances d'un Gérald ou d'un Roger...

Ce double jeu constituait un extraordinaire défi intime. J'aimais le relever, j'y avais pris goût, non pas par attrait du risque, mais davantage parce qu'il me permettait de mieux me connaître, de garder un profil de gagneur en allant au bout de mes ressources.

J'y voyais surtout un passage obligé, une condition sine qua non à la réussite d'une opération. Pour obtenir la reddition d'un preneur d'otages ou convaincre un forcené, il fallait que je sois détendu, au moins en apparence. Bien sûr, je sortais souvent exténué de ces combats intérieurs. Mais lorsque je parvenais à mes fins, quand la décontraction triomphait de la force, j'avais au moins la satisfaction du devoir accompli.

Il y a comme ça, dans la vie, des instants privilégiés où l'on se dit « tu l'as fait ». La proximité de la mort renforce cette satisfaction, elle l'amplifie, la décuple.

Depuis mes débuts de « négociateur », en 1973, je n'avais pas changé de méthode pour les prises d'otages : je l'avais juste perfectionnée au fil des interventions. Bien qu'aucune affaire ne ressemble à une autre, il faut garder en mémoire chaque cas, avec son lot d'erreurs, de regrets ou d'idées judicieuses, pour mieux gérer le suivant.

En marge de la BRI, la brigade anticommando, avec ses dix ans d'existence et sa soixantaine d'interventions dans des affaires délicates, était riche d'un vécu sans équivalent en France, pas même au GIGN. Elle était intervenue dans des banques, dans des ambassades, dans des aéroports, dans des cités, face à des braqueurs, des terroristes, des forcenés. Je m'étais enrichi, au sens moral du terme, en profitant pleinement de ces expériences. Je m'étais pris au jeu de la psychologie, que j'estimais plus exaltant que celui des armes. Il n'y avait pas, à mes yeux, meilleure récompense qu'une reddition sans violence. L'action armée était l'ultime recours, lorsque nous n'avions plus d'autre choix. Comme aux premiers temps, à Brest ou à Nice [1], je préférais le dialogue, la force des mots et du bon sens.

Je ne dérogeais jamais à ce principe, même devant des hommes ou des femmes retranchés derrière les barricades de leur démence. Quitte à surprendre ceux de nos interlocuteurs qui avaient encore de nous des idées préconçues, je cherchais d'abord à analyser le contexte, à obtenir le maximum de renseignements sur le forcené, à dresser de lui un portrait fidèle. J'avais appris à déceler les fractures psychiques, ces drames intimes d'où naît la folie. Car il y a toujours, chez un esprit tourmenté, une faille à exploiter, un événement déclencheur : un licenciement, un affront, une séparation,

1. Sur la prise d'otage de Brest, lire le chapitre « Baptême brestois ». Sur la prise d'otage de Nice, lire le chapitre « Les tribulations d'un acrobate mexicain ».

un deuil... il faut mettre sa vie à nu, remuer le passé, fouiller le désordre de ses obsessions. Pour compliquer le diagnostic, il arrive que les délires se superposent, qu'ils s'ajoutent à la dépression, à l'alcoolisme, à la toxicomanie. On se doit alors de faire un choix, de tirer une ficelle pour tenter sa chance. La marge de manœuvre est étroite, on ne sait jamais si l'évocation d'un souvenir pénible ne va pas entraîner une réaction inverse, une rupture définitive.

Au printemps 1982, dans un village des Yvelines, un ouvrier agricole de trente et un ans s'était réfugié dans sa fermette délabrée, armé d'un fusil de chasse. Depuis la mort de ses parents, il vivait quasiment en ermite, avec ses chèvres et son bouc. Tout le monde connaissait ce pauvre bougre un peu simplet, gras et sale. Ce soir-là, dans une crise plus grave que les précédentes, il avait tiré des décharges de chevrotine contre la véranda des voisins, une 2 CV, des volets clos, dans la rue, comme ça, au hasard... Le maire, les gendarmes, des gens qui le connaissaient bien, n'avaient pu lui faire entendre raison. Il avait continué ses tirs durant une grande partie de la nuit.

Avec une dizaine d'hommes de la BAC, j'avais d'abord discuté avec le maire, le médecin de famille et une psychologue. A l'évidence, sa vie avait basculé le jour où il avait dû quitter les pompiers de Paris et renoncer à son rêve d'enfance, devenir un « soldat du feu » professionnel. C'était le tournant, la fracture de son existence.

Je m'étais approché de la masure, suivi de Fanfan et de Jean-Yves Toumit.

– Moulard? Moulard? Tu m'entends?

– Qui est là? Qu'est-ce que tu me veux?

– Je viens te voir, c'est Martin, des pompiers de Paris.

– Qu'est-ce que tu me veux? Je ne me souviens pas de toi.

– Comment ça, tu ne te souviens pas? Adjudant Martin, de la caserne Champerret!

Il avait entrouvert un volet, juste pour me voir devant la grille.

– Alors, tu ne viens pas? Je croyais te faire plaisir en passant chez toi.

– Je voudrais bien descendre mais il y a des types qui veulent me tuer.

– Qu'est-ce que tu racontes, il n'y a personne!

La porte s'était ouverte lentement, je l'avais vu apparaître. Il avait l'air d'un gros nounours, il tenait son fusil à hauteur des hanches. Il m'avait regardé, l'air étonné :

– Mais par où t'es passé ? J'avais fermé la grille !

– Non, le cadenas n'y était pas. Qu'est-ce que tu fous avec ton fusil ? C'est pas des manières d'accueillir les copains !

– Ils veulent me tuer, je te dis. Et ceux-là, derrière toi, qui c'est ?

– Euh... C'est le caporal Toumit et le sergent Santini, tu les reconnais maintenant ?

– Oui, tu as raison, oui. Y a que des pompiers alors ?

– Rien que des pompiers !

Il avait posé son fusil le long du mur, je m'étais approché pour lui serrer la main. Nous n'avions même pas songé à lui mettre les menottes, il était en confiance.

Cette psychologie-là ne s'apprend pas dans les manuels, on ne l'enseigne pas dans les écoles de police. Elle s'acquiert de-ci de-là, par tranches de vies, grâce à ce métier qui amène à côtoyer toutes sortes de situations. Des commissariats de quartier aux brigades du « 36 », c'est une plongée permanente dans les entrailles de la société, au-devant de ce qu'elle a de plus irrationnel, de plus violent. De la simple scène de ménage à la prise d'otages, le policier est un spectateur des pulsions de la communauté. Au jour le jour, il constate ses excès, il tient le registre de ses horreurs, il sourit devant l'absurde, s'indigne du sordide, passe du loufoque à l'effrayant. Pour bien faire son travail, il doit comprendre les hommes et leurs folies. Cette confrontation obligée avec la détresse ordinaire est source d'angoisses et de révoltes, mais elle apporte d'indispensables notions de psychologie, une meilleure connaissance de l' « autre ».

Moi aussi, j'ai croisé des « cas », au cours de ma carrière, du commissariat d'Argenteuil au Quai des Orfèvres. J'ai rencontré des dizaines d'originaux, au mieux des doux dingues, au pire des déments. Ma première arrestation ne fut-elle pas celle d'un jeune homme qui se croyait « téléguidé » chaque samedi après-midi, dans le centre ville d'Argenteuil [1] ? Par la suite, il y eut Caruso, le funambule mexicain de Nice ; Jacques R., l'illuminé des studios de RTL et de la caravelle d'Orly [2] ; Moulard, le pompier refoulé... et bien d'autres encore !

1. Lire le chapitre « Des djebels au Quai des Orfèvres ».

2. Le 9 février 1974, Max Ménier est pris en otage par Jacques R. L'animateur vedette de RTL sera libéré après plusieurs heures de négociations. Le 30 septembre 1977, quatre-vingt-dix-neuf passagers et les membres d'équipage sont retenus en otages, dans un avion d'Air Inter à Orly. Jacques R. lâche sa grenade qui tue un voyageur. Il sera arrêté lors d'une opération conjointe GIGN-BAC.

Certains sont venus à moi, comme cet homme d'une trentaine d'années, qui voulait me confier qu'une irrésistible envie le prenait parfois de tuer une femme. Pas de la violer, juste de la frapper, de l'étrangler. Il se mit à trembler, puis à pleurer, en me parlant d'un assassin qui sévissait dans la région de Creil. « Je suis peut-être celui que tout le monde recherche. Je suis peut-être le tueur, je suis à ce moment-là dans un état second, je ne sais pas ce que je fais... »

Des collègues enquêtèrent sur lui. Il collectionnait effectivement les coupures de journaux relatant ces crimes mais rien ne prouvait qu'il était le coupable. Lors d'une autre entrevue, il insista : « Faites-moi confiance, je suis le tueur de l'Oise, aidez-moi ! » En poursuivant les investigations, mes collègues acquirent la certitude qu'il n'avait rien à se reprocher. Il avait juste oublié de réintégrer son hôpital psychiatrique !

La notoriété aidant, j'étais souvent sollicité par des informateurs spontanés ; qui pour dénoncer un voisin malhonnête, qui pour invoquer un complot des services secrets... A la suite de chaque affaire relatée dans les médias, je recevais un courrier de ministre. Les gens voyaient en la brigade la solution à toutes leurs obsessions ou la cible de toutes leurs rancœurs. J'ai gardé de pleins tiroirs de lettres d'admirateurs et très rarement d'ennemis. On m'a voulu du mal ou du bien, envoyé en enfer ou au paradis. On m'a même demandé en mariage : j'ai toujours refusé ! Une femme, professeur de philosophie, m'a appelé à la rescousse parce qu'elle avait été violée « à distance » par des Chinois. Des Chinois de Chine, à des milliers de kilomètres de là ! D'autres correspondances m'ont profondément ému, comme cet homme qui m'écrivit des dizaines de fois pour me supplier de sauver sa mère, retenue en otage. Il s'exprimait correctement et paraissait sain d'esprit. Renseignements pris, la pauvre femme était décédée en 1944, dans un camp nazi.

De l'émotion au rire, du tragique à l'anecdotique, tout cela m'a servi. J'en ai tiré, je crois, une connaissance approfondie de la nature humaine.

J'ai également beaucoup appris avec ceux qui m'entouraient, les hommes de la BAC. Fanfan à Aulnay-sous-Bois, Jean-Yves Toumit dans les Yvelines... Ils avaient ce sens de l' « humain », indispensable à tout policier de terrain. Ils savaient trouver le mot juste, le geste rassurant pour calmer un forcené.

Un soir, Jojo Thalmann, notre haltérophile-acrobate, passa ainsi des heures contre les volets clos d'une porte-fenêtre, à discuter avec un mari jaloux, claquemuré dans son pavillon d'Eure-et-Loir. Armé d'une carabine de l'armée américaine, il voulait que sa femme le rejoigne pour qu'il se suicide devant elle, d'une balle dans la tête. Avec son langage de bon copain, Jojo sut gagner sa confiance. Quand le forcené voulut se déplacer dans le pavillon pour aller chercher des canettes de bière, l'inspecteur accepta, tout en lui conseillant à voix basse de ne rien m'en dire : « Je vais me faire engueuler par mon patron, tu comprends, Roger ? » D'heure en heure, une forme de complicité s'établit entre eux. Et c'est à Jojo qu'il remit son arme, tard dans la nuit.

Je craignais les affaires de ce genre, moralement très pénibles. Il n'était plus question, alors, d'ambassades, de « raison d'Etat » ou de pressions politiques, mais des simples misères humaines, celles dont on ne parle pas car elles sont cachées derrière la porte d'une HLM ou d'un pavillon de banlieue. Nous avions l'impression d'entrer par effraction dans la vie d'un couple, d'une famille, de violer leur intimité en cherchant le secret de leurs violences. Au début de ma carrière, à la 1re BT puis à la Crim, j'avais connu la même sensation. J'avais ressenti un profond malaise au contact des drames privés, à l'écoute de ces dizaines d'histoires de femmes battues, d'enfants martyrisés, de solitudes absolues.

Ce malaise, né d'un sentiment d'impuissance, je l'éprouvais toujours, douze ans plus tard, avec la BAC. La présence des médias, des badauds, des élus locaux, l'inévitable grand cirque du voyeurisme qui accompagnait nos sorties, tout cela renforçait notre gêne. C'était un peu comme si le ban et l'arrière-ban de la société assistaient au « spectacle » par-dessus notre épaule, pour assouvir une curiosité malsaine.

Nous-mêmes, en dépit de l'assurance acquise au fil des ans, nous devions lutter pour ne pas craquer devant l'horreur. Je me souviens ainsi de ce dimanche après-midi où la brigade avait été appelée à Sainte-Geneviève-des-Bois pour maîtriser un père de famille d'origine sénégalaise.

Les disputes étaient fréquentes au sein du couple mais, cette fois, ce jeune plombier au chômage avait sombré dans le délire. Armé d'un fusil de chasse, il s'était barricadé dans son appartement, avec son épouse et ses quatre enfants, trois garçons et une fille, âgés de treize mois à sept ans. Il se disait prêt à les abattre si l'on se mêlait de ses problèmes personnels.

Parti assister à un match de foot de mon fils aîné, j'avais dû laisser le fiston, ses copains et leurs sacs de sport sur la bande d'arrêt d'urgence de l'autoroute, afin qu'un dirigeant du club les prenne au passage ! J'avais ensuite foncé vers Sainte-Geneviève-des-Bois à l'adresse indiquée par la radio PJ.

Sitôt arrivé, je tombe sur le maire, sénateur (PC) de l'Essonne. Un accueil pour le moins hostile.

– Ah, c'est vous les flingueurs de la police !

L'indifférence étant la meilleure riposte, je ne réponds pas. De toute façon, il y a plus urgent : à travers la porte d'entrée de l'appartement, l'un des petits garçons dit en pleurant : « Papa a tué maman, il y a du sang partout ! »

Ayant recueilli quelques renseignements sur le forcené, j'essaie d'amorcer le dialogue. Le maire préfère sortir de l'immeuble et haranguer les curieux, en critiquant ce « gouvernement de droite » qui utilise la brigade antigang pour « régler un différend familial, résultat d'une politique sociale désastreuse ». La récupération partisane n'a décidément pas de limites.

Dans son bunker du troisième étage, Laurent Diatta me tient des propos incohérents, sur son infortune conjugale, sur le président sénégalais Léopold Sédar Senghor, sur des personnages imaginaires, qu'il implore de lui venir en aide... Il passe sans arrêt du calme à l'hystérie, il ne veut rien entendre.

– Si vous entrez, je tue les petits !

Je prends des risques en retardant l'intervention. La vie de sa femme – est-elle morte ou blessée ? – et des enfants dépend en partie de mes décisions. Pendant près de trois heures, soutenu par le préfet Jacques Perrilliat, je vais tout de même m'efforcer de régler l'affaire en douceur, avec la patience pour seule arme.

Le choix du dialogue a au moins un aspect positif puisqu'il ramène le maire à plus de raison. Il me confie, l'air gêné :

– Monsieur le commissaire, quand vous êtes arrivés, j'ai été profondément injuste avec vous. J'étais persuadé que vous alliez abattre ce pauvre bougre. J'admire votre patience et votre courage.

Profitant d'une phase positive du forcené, je décide de pénétrer dans l'appartement.

La porte résiste, on peut juste la pousser de quelques centimètres car il a bloqué l'entrée avec une banquette, un frigo et plusieurs fauteuils. Dans l'entrebâillement, je l'aperçois, agenouillé derrière sa barricade. Il pointe son fusil vers moi, une cartouchière au bras, un poignard à la ceinture. Ses gosses sont torse nu, en short ou en slip. Je ne vois pas sa femme. Il me braque sans rien dire, sans tirer non plus. Je recule.

Quelques minutes plus tard, je recommence la même manœuvre d'approche. À la troisième tentative, je pousse davantage la porte. Il me voit mieux, je peux lui parler.

– Laurent, je veux t'aider, je me suis renseigné sur toi, je voudrais te dire quelque chose, entre nous, sans que personne entende. Allez, laisse-moi venir.

– Mais je te connais, toi, je t'ai vu à la télé ! Tu ne peux pas entrer ici, il y a tous les meubles, et puis regarde !

Il rigole en me montrant un sac rempli de cartouches. Il se lève doucement, le fusil à hauteur des hanches, il paraît soudain apaisé. Nous commençons à discuter des copains, du football. J'en profite pour repérer les lieux : les meubles ; les gosses au regard perdu ; les traînées de sang, là-bas, dans le couloir...

Contrairement à ce que l'on pourrait croire, un esprit dérangé n'est pas forcément moins vigilant qu'un esprit présumé « sain ». Le truand s'accroche à son argent et à sa liberté ; il est prudent. Le terroriste vit pour sa cause ; il est pragmatique. Le « fou » (appelons-le ainsi même s'il ne s'agit pas toujours d'une vérité médicale) n'a pas de points d'ancrage dans le domaine du raisonnable ; il est donc capable de tout, de se rendre ou de craquer, de céder ou de résister.

Diatta place deux de ses fils devant le mur, les mains en l'air.

– Plus haut, Isidore, plus haut je t'ai dit !

Les gamins sont terrorisés. Les deux autres s'agrippent aux jambes du père, debout derrière sa barricade. Il s'exprime de plus en plus vite... Des mots incompréhensibles, comme des incantations... Il chantonne, il danse, il sautille d'un pied sur l'autre... Une fois, deux fois, trois fois, il lance une particule de métal blanc, grosse comme une pièce de cinquante centimes, qu'il regarde virevolter. Ses yeux brillent, il transpire, il bave, agité d'une transe hystérique.

D'un geste fulgurant, il épaule son arme et tire au jugé sur la porte. La décharge de chevrotine atteint l'encadrement, je reçois des éclats de bois et des plombs sur la poitrine. Le gilet pare-balles, renforcé d'une plaque métallique, m'a protégé mais j'ai reculé sous l'effet du choc. Rien de grave, juste quelques égratignures.

Je reprends mes esprits dans le couloir. Le maire s'approche. Il a définitivement changé d'avis.

– Monsieur le commissaire, c'est courageux ce que vous faites mais ce type est fou, il faut tirer, il va nous tuer les gosses !

Je retourne vers l'appartement. Armé, cette fois.

Laurent Diatta est assis, la tête entre les mains. Il lève son regard vers moi, comme pour s'excuser, puis saisit son fusil et se met à sautiller, en lançant ses particules. Un coup de feu vient ponctuer cette danse macabre. Le maire a sans doute raison, nous ne pouvons plus attendre.

Je fais une brève incursion dans l'encadrement de la porte, pour tirer un coup de feu d'intimidation dans le plafond et permettre ainsi à José Gentilini et Jean Faye, deux anticommandos, de démonter rapidement les gonds.

Une fois la porte enlevée, nous sommes enfin plus libres de nos mouvements. Revolver au poing, je le somme de lâcher son fusil. L'abattre est au-dessus de mes forces. C'est un fou, un malade, je ne peux me résoudre à le tuer devant ses enfants. Il me tire dessus. Le gilet pare-balles me protège encore ; seuls des fragments de bourre et des projections de poudre m'atteignent à la main, au poignet droit et au pied.

Diatta fonce dans la salle de séjour en hurlant et en dansant. Nous le poursuivons, avec Christian Caron et Jacques Demarle. Les gosses courent dans tous les sens. Il les regroupe autour de lui, menace de les abattre puis de se suicider. Je profite d'un bref instant où aucun enfant n'est dans l'axe pour lui tirer une balle dans la cuisse. Je veux le blesser, pas le tuer.

Il tombe à la renverse, rampe sur le dos jusqu'à la baie vitrée, qu'il fracasse d'un coup de crosse. Assis sur le balcon, il appelle les deux petits près de lui et aligne les aînés le long du mur, comme des fusillés.

Christian Lambert, posté à l'étage supérieur, parvient à le blesser à l'épaule droite pour l'empêcher de tirer. Il grimace à peine, redresse son fusil, et commence à viser les enfants quand une troisième balle l'atteint à la cuisse et l'oblige à lâcher enfin son arme.

Il souffre mais il n'a pas perdu connaissance.

– Je vous ai fait une sacrée guerre, hein ?

Une profonde entaille lui barre l'abdomen.

– Qu'est-ce que tu t'es fait ?

– C'est en traversant la vitre.

Les gosses, confiés au médecin du SAMU, sont sains et saufs, mais dans quel état psychologique ? Dans le couloir conduisant aux chambres, nous avons découvert le corps décapité de leur mère. Des lambeaux de chair sont collés au plafond, les murs sont maculés de sang.

Dans la soirée, nous apprendrons le décès de Laurent Diatta, des suites de ses blessures au ventre. Nous apprendrons également qu'il martyrisait ses fils, surtout le plus grand, qui portait des traces de coups dans le dos. La peau était devenue du cuir, selon l'expression même du médecin...

Dans un mea culpa sincère devant les habitants de la cité, le Sénateur-Maire de Sainte-Genenière-des-Bois saluera « la patience, le sang-froid, le courage des policiers »...

Malgré ma double fonction de chef de la BRI et de la BAC, je n'étais pas dispensé de ces interventions chez des anonymes à la dérive. Je ne voulais surtout pas m'en éloigner, faire de mon bureau du « 36 » une tour d'ivoire. Il n'était pas question de m'enfermer dans une logique élitiste, axée sur la pègre et le terrorisme. Je ne voulais pas perdre le sens des réalités de la société. La « célébrité » aurait pu m'y pousser, m'obliger à prendre de la hauteur, à m'isoler pour des raisons de sécurité et de discrétion, mais ce n'était pas dans ma nature. Du fait de mes origines, de mon passé, j'avais une autre idée de mon métier – « au centre des choses », comme l'écrivait Camus – et une autre idée de la vie. Je n'avais d'ailleurs pas modifié mes habitudes : nous habitions toujours le même pavillon, sans protection particulière; nous partions toujours en vacances dans la même région, en Charente-Maritime; je suivais toujours l'équipe de foot de mon fils, chaque dimanche après-midi; j'assistais toujours aux matches du Paris S-G, en tribune populaire du Parc des Princes.

L'époque, elle, avait changé. Au tournant des années quatre-vingt, la France avait viré de la droite à la gauche, de Giscard à Mitterrand.

Depuis mon arrivée au « 36 », en 1971, je m'étais gardé d'afficher mes convictions politiques, ce n'était ni dans mon tempérament ni dans ma conception du métier. Aux journalistes qui avaient essayé de me coincer au détour d'un entretien, j'avais répondu, avec une constance très républicaine : « Je n'ai qu'une carte en poche, celle de policier. »

Quelque part, j'avais néanmoins une image d'homme de droite, probablement à cause de l'affaire de Broglie, des accusations de « bavures », de la mort de Mesrine, du soutien que nous avaient apporté des ministres de l'Intérieur comme Raymond Marcellin, Jacques Chirac ou Christian Bonnet. Et puis, en ce temps-là, on n'imaginait pas qu'un flic puisse tracer sa route sans pencher d'un bord ou d'un autre; à droite, de préférence. On ne pouvait pas rester chef de service sans se voir soupçonner d'être l'instrument du « pouvoir », le bras armé de la « répression », un « joker » du gouvernement, comme me l'avait dit, un jour, un délégué syndical...

Pour toutes ces raisons, j'avais craint un moment d'être sacrifié sur l'autel de mai 1981. Dans les coulisses du nouveau gouvernement, quelques militants y songeaient sans doute, de même qu'une poignée de syndicalistes policiers, des aigris aux rancunes tenaces, qui voyaient comme un symbole dans mon éventuelle mise au « placard ».

Or nous étions maintenant à l'été 1982, François Mitterrand était à l'Elysée, Pierre Mauroy à Matignon, Gaston Defferre place Beauvau, et moi, toujours au « 36 », chef de la BRI, chef de la BAC. Mon heure n'avait pas encore sonné. Mieux, en septembre 1981, j'avais même été chargé de traiter une prise d'otages fort délicate pour le gouvernement puisqu'elle impliquait un commando du mouvement arménien ASALA retranché dans le consulat de Turquie à Paris [1].

Malgré les félicitations que m'avaient adressées le ministre de l'Intérieur et le Premier ministre pour mon comportement dans cette affaire, j'ignorais quelle serait la suite de ma carrière. A bien observer autour de moi, je comprenais qu'au-delà du virage politique de 1981, c'est la société, le pays tout entier, qui étaient en mouvement. La police, le milieu, le Quai des Orfèvres... Tout avait changé, y compris l'antigang.

Je serais contraint, tôt ou tard, de tourner la page.

1. Le 25 septembre 1981 à 11 heures, un commando de l'ASALA prend en otages cinquante et une personnes dans les locaux consulaires, boulevard Haussmann. Les quatre hommes réclament la libération de compatriotes emprisonnés en Turquie, ce que les autorités d'Ankara refusent. En liaison avec mon ancien patron Marcel Leclerc, désormais responsable de la Crim, je mène les négociations avec le chef du commando. Il se tient à une fenêtre, abrité derrière un otage, et je lui parle depuis le trottoir. Vers 3 heures du matin, nous obtiendrons finalement la reddition du « commando suicide Yeghia Kechichian ».

Fin d'une époque

Je suis un privilégié : j'ai exercé, pendant plus de dix ans, des fonctions qui rendent nostalgique. Au « 36 », sous la double casaque antigang et anticommando, je n'ai pas seulement été un fonctionnaire de police, je n'ai pas seulement atteint, puis dépassé, l'objectif que je m'étais fixé en 1959, à mon retour d'Algérie. Je crois surtout avoir connu, avec ces brigades-là, avec ces hommes-là, des moments à nul autre comparables, de ceux qui font date dans une existence. Bons ou mauvais, j'ai tenu à les évoquer dans ce livre, à les porter noir sur blanc, sans cacher mon plaisir ni fuir mes responsabilités.

Loin de subir ces années, je les ai dévorées, du premier jour jusqu'au dernier. Sans jamais regarder ma montre ni mon bulletin de salaire, j'ai engrangé plus de souvenirs, plus d'émotions qu'il n'en faut pour contenter une mémoire exigeante.

Comme tous les autres, comme tous ces collègues devenus amis, je l'ai fait quelquefois au détriment de ma vie privée, en sacrifiant à ce métier des nuits de sommeil, des semaines de vacances, des plaisirs familiaux. Je lui ai tout donné. Trop, beaucoup trop, probablement. Je l'ai vécu comme une passion, sans pouvoir m'en défaire, toujours à écouter la radio, à sursauter à la moindre sonnerie de téléphone. J'ai parfois été d'une humeur exécrable : il a fallu que ma femme soit d'une tolérance infinie pour accepter mes excès et partager mes peines. J'ai souvent été en danger : il a fallu qu'elle soit courageuse pour préserver nos enfants des angoisses qu'elle pouvait ressentir.

Ces dix années d'antigang ne m'ont pas apporté la richesse. Ceux qui croient – et ils sont nombreux – que certains policiers sont rémunérés en fonction des risques encourus, et au nombre d'arrestations figurant à leur palmarès, se trompent lourdement. Les hommes de l'antigang, tout comme leurs collègues d'autres brigades du même type, restent des fonctionnaires, payés comme des fonctionnaires.

Aujourd'hui, je mesure combien cette expérience m'a apporté. Mon trésor de flic ne se résume pas à un quelconque « tableau de chasse », au décompte des malfaiteurs arrêtés et des otages libérés. Il ne tient pas non plus à quelques célébrités du crime, à Willoquet, à Mesrine. Non, il est constitué des relations, durables ou ponctuelles, complices ou conflictuelles, que j'ai pu avoir avec des policiers, des voyous, des magistrats, des ministres, des terroristes, des crapules et des honnêtes gens.

J'ai été, à ma manière, un témoin de mon temps. J'ai vécu au cœur de mon époque, au plus près de ses pulsions.

A l'approche de l'an 2000, maintenant que les faits divers n'occupent plus la même place dans une société française qui cherche sa voie, il devient difficile d'imaginer ce que fut cette décennie 1972-1982. Peu de nuits sans qu'un voyou soit exécuté à Paris, Lyon ou Marseille; pas une journée sans que dix à quinze agences bancaires et bureaux de poste soient attaqués.

C'est encore le cas de nos jours, malheureusement, mais il faut croire que la mort d'un homme n'intéresse plus grand monde, qu'un braquage est devenu chose banale. D'autres affaires, politico-financières, ont pris le relais. Policiers et braqueurs ne sont plus à l'avant-scène : les juges d'instruction et les malfaiteurs en col blanc leur ont succédé. La magistrature, qui nous reprochait jadis les excès du vedettariat, frétille d'aise sous les feux de l'actualité. On parle davantage des juges rennais, lyonnais ou parisiens que des patrons du Quai des Orfèvres. Ce n'est pas un regret, juste un constat amusé, une ironie facile devant l'évolution des mœurs judiciaires et médiatiques.

Alors oui, c'est vrai, je suis nostalgique, comme tous les inspecteurs et commissaires qui ont travaillé au quatrième étage du « 36 », les Frédo, les Stella, les Plouy, aujourd'hui à la retraite ; les Moreau, les Lambert, les Fiamenghi, les Santini, toujours en activité.

Aujourd'hui encore, lors de nos rencontres, nous évoquons souvent les mêmes anecdotes, les mêmes affaires. Le temps a fait son œuvre d'usure et le danger, que nous avons côtoyé de si près, n'est plus qu'une lointaine sensation ; il s'incline devant les mille souvenirs de ces années de vie commune. Ce côté « anciens combattants » est encore le plus bel hommage que nous puissions rendre à nos amis disparus : Roland Linck, mort en 1980 ; Gérard Marlet, décédé le 17 juin 1986 dans un accident de la circulation ; Christian Caron, tué lors d'une intervention du RAID [1] chez un forcené le 31 août 1989.

A l'été 1982, lorsque j'ai compris que le temps de l'antigang était révolu pour moi, j'ai ressenti comme une appréhension, le sentiment de ne pas savoir faire autre chose, la peur du vide en quelque sorte. Je savais qu'il m'était impossible de prolonger : on ne peut pas, et l'on ne doit pas, rester toute sa carrière à la tête d'un même service, car la routine menace.

Dans l'attente d'une affectation ici ou là, je continuais à diriger la BRI mais j'étais un peu dans la situation du spécialiste confronté à une évolution inéluctable, privé de ses repères habituels. J'appréhendais le moment où il me faudrait abandonner mes vieux complices. La route qui s'ouvrait devant moi n'était pas balisée, je redoutais de m'y engager. Plus de braqueurs, plus de prises d'otages, plus les mêmes copains... Et pourtant, j'allais bientôt devoir changer, me remettre en question, au sein d'une police dans l'expectative depuis l'avènement des socialistes, en mai 1981.

J'étais en fait à un tournant de ma vie d'homme et de ma carrière de policier. Pour nous, pour moi, c'était une étape déterminante. Comme la fin d'une époque.

1. Le RAID (Recherche, assistance, intervention, dissuasion) est un groupe d'élite de la Police nationale, créé en 1985.

Remerciements

Au moment de conclure ce premier tome, je tiens à remercier Nicole et Cécile relectrices attentives, dont l'aide m'a été précieuse. Je voudrais également saluer la mémoire de mes amis policiers qui ne sont plus avec nous aujourd'hui. Ce livre est aussi le leur, et celui des hommes de l'Antigang.

Table

Cet ouvrage a été composé et réalisé par la
SOCIÉTÉ NOUVELLE FIRMIN-DIDOT (Mesnil-sur-l'Estrée)
pour le compte de LA LIBRAIRIE PLON

Achevé d'imprimer en janvier 1997

Imprimé en France
N° d'édition : 12707 – N° d'impression : 36655
Dépôt légal : janvier 1997